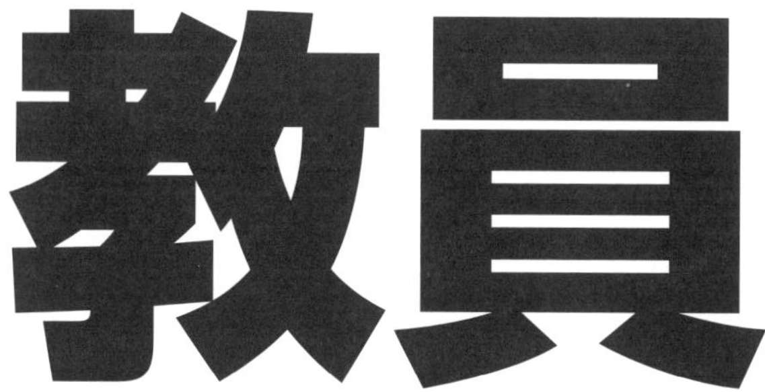

教員採用試験対策

問題集

専門教科

小学校全科

本試験の出題傾向を徹底分析！
得点力がアップする！
教員採用試験必携の問題集

TOKYO ACADEMY 東京アカデミー｜編

東京アカデミー七賢出版

はじめに

教員採用試験は，自治体ごとに実施され，その出題傾向は多種多様です。そのため，受験生にとっては対策を立てる上で大変困難を極めます。また，近年の試験では，人物試験を重視する傾向にあり，その対策にも多くの時間が必要となります。これらの状況を考えると，筆記試験においては，限られた時間の中でより的確かつ効率よく学習を進めていくことが求められます。

このオープンセサミシリーズは，全国に拠点をもつ東京アカデミーのネットワークを最大限に活かして過去の教員採用試験を徹底的に分析し，より効率よく，かつ合理的に，合格に必要な知識を身に付けることができるよう編集されたものです。

多くの受験生が見事合格を勝ちとり，晴れて教師としてご活躍されますよう，ご健闘を心からお祈り申し上げます。

本書が，受験生の皆さまの合格の一助となりましたら幸いです。

東京アカデミー編集部スタッフ一同

表示説明

重要度 ➡教員採用試験における出題頻度を示します。

A　非常に重要　（出題頻度が非常に高い）

B　重要　（出題頻度が高い）

C　普通　（出題がある）

星印 ➡各問題の難易度を示します。

☆　普通　　☆☆　やや難しい　　☆☆☆　難しい

この本の構成や内容は，オープンセサミシリーズの参考書，セサミノート（サブノート）に準拠しています。参考書，セサミノートで知識の定着をはかり，問題集で実践力をつけることでより効果的な学習ができます。併用して利用されることをおすすめします。

※本書掲載の学習指導要領およびそれに関連する記述は，平成29年3月に告示された内容に準じております。

小学校全科

Contents

1 国語

2 社会

3 算数

4 理科

5 生活

6 音楽

7 図画工作

8 家庭

9 体育

10 外国語活動・外国語

11　特別の教科　道徳

12　その他

解答解説

1
国語

Open Sesame

学習指導要領

●解答解説P364～365

●傾向と対策　重要度：B

学習指導要領は全般的に出題されているが，特に，学年目標，教科目標については確実に頭に入れておきたい。各学年の目標が2学年のまとまりで示されているので，押さえるのは比較的易しい。しかし，より踏み込んだ具体的な指導の内容や方法について出題される場合もあるので，自分なりに授業構成，指導計画の作成と配慮事項を理解しておくことが必要である。

また，各学年の内容においては，各領域で取り上げる言語活動の例が示されており，これに関する出題も予想される。

1　☆☆

次の文は，小学校学習指導要領「国語科」の「改訂の要点」の一部である。空欄に適語を入れよ。

国語科で育成を目指す資質・能力を「国語で(　A　)に理解し(　B　)に表現する資質・能力」と規定するとともに，「(　C　)」，「(　D　)」，「学びに向かう力，人間性等」の三つの柱で整理した。

また，従前，「話すこと・聞くこと」，「書くこと」，「読むこと」の３領域及び〔伝統的な言語文化と国語の特質に関する事項〕で構成していた内容を，〔(　C　)〕及び〔(　D　)〕に構成し直した。

2　☆

次の文は，小学校学習指導要領「国語科」の目標である。空欄に適語を入れよ。

言葉による見方・考え方を働かせ，言語活動を通して，国語で正確に理解し適切に表現する資質・能力を次のとおり育成することを目指す。

(1)　(　A　)に必要な国語について，その(　B　)を理解し適切に使うことができるようにする。

(2)　(　A　)における人との関わりの中で(　C　)を高め，思考力や(　D　)を養う。

⑶　言葉がもつよさを認識するとともに，(　E　)を養い，国語の大切さを自覚し，国語を(　F　)してその能力の向上を図る態度を養う。

3 ☆

次の文は，小学校学習指導要領「国語科」の目標に示されている「伝え合う力」についての解説である。空欄に適語を入れよ。

「伝え合う力を高める」とは，人間と人間との関係の中で，(　A　)や考えを尊重し，(　B　)を通して正確に理解したり適切に表現したりする力を高めることである。

4 ☆

次の文は，小学校学習指導要領「国語科」の学年目標の一部である。空欄に適語を入れよ。

〔第1学年・第2学年〕

⑵　(　A　)立てて考える力や感じたり想像したりする力を養い，日常生活における人との関わりの中で伝え合う力を高め，自分の思いや考えをもつことができるようにする。

⑶　言葉がもつよさを(　B　)とともに，楽しんで読書をし，国語を大切にして，思いや考えを伝え合おうとする態度を養う。

〔第3学年・第4学年〕

⑵　(　C　)立てて考える力や(　D　)感じたり想像したりする力を養い，日常生活における人との関わりの中で伝え合う力を高め，自分の思いや考えを(　E　)ことができるようにする。

⑶　言葉がもつよさに(　F　)とともに，(　G　)読書をし，国語を大切にして，思いや考えを伝え合おうとする態度を養う。

〔第5学年・第6学年〕

⑵　(　C　)立てて考える力や(　D　)感じたり想像したりする力を養い，日常生活における人との関わりの中で伝え合う力を高め，自分の思いや考えを(　H　)ことができるようにする。

⑶　言葉がもつよさを(　I　)とともに，(　J　)読書をし，国語の大切さを(　K　)して，思いや考えを伝え合おうとする態度を養う。

5 ☆☆

次の文は，小学校学習指導要領「国語科」における各学年の書写に関する事項である。第3学年及び第4学年の事項をすべて選べ。

① 用紙全体との関係に注意して，文字の大きさや配列などを決めるとともに，書く速さを意識して書くこと。
② 漢字や仮名の大きさ，配列に注意して書くこと。
③ 姿勢や筆記具の持ち方を正しくして書くこと。
④ 毛筆を使用して点画の書き方への理解を深め，筆圧などに注意して書くこと。
⑤ 毛筆を使用して，穂先の動きと点画のつながりを意識して書くこと。

6 ☆☆

次の文は，小学校学習指導要領「国語科」の「話すこと・聞くこと」に関する各学年の指導内容である。第1学年及び第2学年の内容をすべて選べ。

① 目的を意識して，日常生活の中から話題を決め，集めた材料を比較したり分類したりして，伝え合うために必要な事柄を選ぶこと。
② 互いの立場や意図を明確にしながら計画的に話し合い，考えを広げたりまとめたりすること。
③ 話の中心や話す場面を意識して，言葉の抑揚や強弱，間の取り方などを工夫すること。
④ 相手に伝わるように，行動したことや経験したことに基づいて，話す事柄の順序を考えること。
⑤ 互いの話に関心をもち，相手の発言を受けて話をつなぐこと。
⑥ 目的や意図に応じて，日常生活の中から話題を決め，集めた材料を分類したり関係付けたりして，伝え合う内容を検討すること。

7 ☆☆☆

次のア～オは，小学校学習指導要領「国語科」の「書くこと」に関する各学年の指導内容である。それぞれを低・中・高学年に分けたものとして，正しく組み合わせているものを選べ。

ア．相手や目的を意識して，経験したことや想像したことなどから書くことを選び，集めた材料を比較したり分類したりして，伝えたいことを明確にすること。

イ．文章を読み返す習慣を付けるとともに，間違いを正したり，語と語や文と文との続き方を確かめたりすること。

ウ．筋道の通った文章となるように，文章全体の構成や展開を考えること。

エ．目的や意図に応じて，感じたことや考えたことなどから書くことを選び，集めた材料を分類したり関係付けたりして,伝えたいことを明確にすること。

オ．自分の考えとそれを支える理由や事例との関係を明確にして，書き表し方を工夫すること。

	低学年	中学年	高学年
①	ア・イ	オ	ウ・エ
②	ア・イ	ウ	エ・オ
③	ア	イ・ウ	エ・オ
④	イ	ア・エ	ウ・オ
⑤	イ	ア・オ	ウ・エ

8 ☆☆

小学校学習指導要領「国語科」の「指導計画の作成と内容の取扱い」に関する記述として，正しいものをすべて選べ。

① 小学校入学当初においては，社会科を中心とした合科的·関連的な指導や，弾力的な時間割の設定を行うなどの工夫をする。

② 「読むこと」の教材については，説明的な文章を中心に取り扱う。

③ 〔知識及び技能〕に示す事項については，〔思考力，判断力，表現力等〕に示す事項の指導を通して指導することを基本とする。

④ 各学年の内容の指導については，必要に応じて当該学年より前の学年において初歩的な形で取り上げたり，その後の学年で程度を高めて取り上げたりするなどして，弾力的に指導する。

⑤ 学校図書館の利用に際しては，児童が読む図書について，取り扱う資料や書籍を限定するなどして，指導の効果を高めるよう工夫する。

9 ☆

次の文は，小学校学習指導要領「国語科」の「指導計画の作成と内容の取扱い」の一部である。空欄に適語を入れよ。

(1) 「A話すこと・聞くこと」に関する指導については，（　A　）的，計画的に指導する機会が得られるように，第1学年及び第2学年では年間（　B　）単位時間程度，第3学年及び第4学年では年間（　C　）単位時間程度，第5学年及び第6学年では年間（　D　）単位時間程度を配当すること。その際，（　E　）のための教材を活用するなどして指導の効果を高めるよう工夫すること。

(2) 「B書くこと」に関する指導については，第1学年及び第2学年では年間（　F　）単位時間程度，第3学年及び第4学年では年間（　G　）単位時間程度，第5学年及び第6学年では年間（　H　）単位時間程度を配当すること。その際，実際に（　I　）を書く活動をなるべく多くすること。

10 ☆☆

次の文は，小学校学習指導要領「国語科」の「指導計画の作成と内容の取扱い」の一部である。これについて，各問いに答えよ。

「C読むこと」に関する指導については，読書意欲を高め，日常生活において読書活動を活発に行うようにするとともに，他教科等の学習における読書の指導や（　A　）における指導との関連を考えて行うこと。

(1) 空欄Aに適語を入れよ。

(2) 下線部に関し，児童の読書意欲を高めるためにどのような指導が効果的であると考えられるか。簡潔に述べよ。

11 ☆

次の文は，小学校学習指導要領「国語科」の「指導計画の作成と内容の取扱い」の一部である。空欄に適語を入れよ。

毛筆を使用する書写の指導は第（　A　）学年以上の各学年で行い，各学年年間（　B　）単位時間程度を配当するとともに，毛筆を使用する書写の指導は硬筆による書写の能力の（　C　）を養うよう指導すること。

12 ☆

次の文は，小学校学習指導要領「国語科」の「指導計画の作成と内容の取扱い」の一部である。空欄に適語を入れよ。

(ア) 学年ごとに配当されている漢字は，児童の(　A　)に配慮しつつ，必要に応じて，(　B　)の学年又は(　C　)の学年において指導することもできること。

(イ) 当該学年より(　D　)の学年に配当されている漢字及びそれ以外の漢字については，(　E　)を付けるなど，児童の(　A　)に配慮しつつ提示することができること。

(ウ) 他教科等の学習において必要となる漢字については，当該教科等と(　F　)指導するなど，その確実な(　G　)が図られるよう指導を工夫すること。

(エ) 漢字の指導においては，学年別漢字配当表に示す漢字の字体を(　H　)とすること。

2 漢字と語句

●解答解説P365～370

●傾向と対策

重要度：A

長文読解の中の小問として出題されることが多い。漢字を扱った問題では，書き取り・読みのほか，漢字の成り立ち・筆順・部首・画数を問う問題，熟語を使って重箱読み・湯桶読みを分ける問題，同音異義語を書く問題，四字熟語の空欄を埋める問題など様々な形で出題されている。すべての漢字を練習し直すことは困難であるが，小学校高学年から中学校で学習する漢字は一覧表などで確認しておくだけでも整理できるものである。また，語句に関する問題には，故事成語・慣用句・ことわざを扱った問題，「近ずく」などの誤った仮名づかいを直す問題などが出題されている。故事成語やことわざは，同じ意味のものをまとめて覚えておくとよい。故事成語や慣用句では，意味だけでなく漢字で書けるようにしておきたい。

13 ☆

次の下線部の漢字の読み方を，ひらがなで書け。

(1) 排斥運動　(2) 聖戦完遂　(3) 獲物をねらう
(4) 鉄道を敷設する　(5) 脈絡のない話　(6) 無料で頒布する
(7) 余韻を楽しむ　(8) スキー発祥の地　(9) 威厳を保つ
(10) 身柄を拘束される　(11) 辛抱強い人　(12) 舗装道路
(13) 草が繁茂する　(14) 含蓄のある言葉　(15) 不朽の名作
(16) 粗末な衣服　(17) 岐路に立つ　(18) 余暇の利用
(19) 衝撃の告白　(20) 怠惰な生活

14 ☆☆

次の下線部のカタカナを，漢字で書け。

(1) 酒のメイガラ　(2) ビミョウな変化
(3) 女人キンセイの寺　(4) 旅をマンキツする
(5) 英語にホンヤクする　(6) ヒヨリ見主義
(7) 快くショウダクする　(8) 古代のイセキ
(9) 和洋セッチュウの家　(10) お寺のケイダイ

⑾ 世界にコウケンする　⑿ 本にケイサイされる
⒀ チクジ報告する　⒁ 全体をハアクする
⒂ 食物センイ　⒃ テイサイを気にする
⒄ ユカイな話　⒅ フヨウ家族
⒆ キンミツな関係　⒇ ケンキョな女性

15 ☆

次の下線部の漢字の読み方を，ひらがなで書け。

⑴ 知性を培う　⑵ 穏やかな表情　⑶ 気が紛れる
⑷ 川底に潜む　⑸ 強く拒む　⑹ 健やかに育つ
⑺ 鉄を鍛える　⑻ 体が衰える　⑼ 心が和む
⑽ 城を築く　⑾ 速やかに知らせる　⑿ 心を煩わす
⒀ 静かに諭す　⒁ 身なりを繕う　⒂ 鈍い音
⒃ 朗らかな性格　⒄ 役割を担う　⒅ 花を摘む
⒆ 専ら励む　⒇ 金を費やす

16 ☆☆

次の下線部のカタカナを，送り仮名を付けて漢字で書け。

⑴ アワテテ逃げる　⑵ ユルヤカな坂道　⑶ 通りをヘダテル
⑷ 遠くをナガメル　⑸ 希望をツノル　⑹ 顔をオオウ
⑺ 交通をサマタゲル　⑻ 海にタダヨウ　⑼ 身をカクス
⑽ 父をホコリに思う　⑾ 欠員をオギナウ　⑿ イキオイよく走る
⒀ 公平なサバキ　⒁ 台風にソナエル　⒂ 一歩シリゾク
⒃ 教室でサワグ　⒄ 水がニゴル　⒅ 鉛筆をケズル
⒆ 計画をネル　⒇ イコイの家

17 ☆

漢字の成り立ちについて，次の各問いに答えよ。

⑴ 空欄にあてはまる語句を入れよ。

(　　　)文字とは，2つ以上の文字を組み合わせて作られた新しい文字のことである。例えば，「田」と「力」を合わせて「男」というように新しい意味を表す文字を作る。

(2) 次の漢字のうち，形声文字を2つ選び，訓読みせよ。

上　川　林　炎　洗　本　花　明　森　山

18 ☆

次の二字熟語について，重箱読みのものにはA，湯桶読みのものにはB，いずれでもないものにはCと，それぞれ答えよ。

(1) 身分　(2) 坂道　(3) 美人　(4) 役場　(5) 台所
(6) 強気　(7) 社会　(8) 納屋　(9) 敷布　(10) 野宿

19 ☆

次の漢字の部首名を答えよ。

(1) 発　(2) 広　(3) 冷　(4) 雑　(5) 歌
(6) 包　(7) 熱　(8) 順　(9) 快　(10) 刊

20 ☆

次の漢字の太線の部分は何画目になるか。また，総画数では何画の漢字か。

(1) 飛　(2) 何　(3) 必　(4) 成

21 ☆☆

漢和辞典には3種類の索引が用意されており，3通りの引き方ができる。3種類の索引をすべて説明せよ。

22 ☆☆

次の空欄にあてはまる漢字を書け。ただし，同じ漢字は使わないこととする。

(1) ア．危険を（おか　）す　イ．法律を（おか　）す
ウ．他人の権利を（おか　）す
(2) ア．新入社員を（と　）る　イ．事務を（と　）る
ウ．相撲を（と　）る
(3) ア．食を（た　）つ　イ．布地を細かく（た　）つ
ウ．消息を（た　）つ

(4) ア．手紙が(つ　　)く　　イ．教職に(つ　　)く
ウ．根が(つ　　)く
(5) ア．スクリーンに(うつ　　)す　　イ．手本の文字を(うつ　　)す
ウ．住居を都心に(うつ　　)す

23 ☆☆

次の熟語のうち，構成の仕方の異なるものをそれぞれ1つ選び，記号で答えよ。

(1) ア．道路　イ．過失　ウ．永久　エ．進退　オ．濃厚
(2) ア．日没　イ．再会　ウ．地震　エ．国営　オ．雷鳴
(3) ア．巧拙　イ．勝敗　ウ．東西　エ．往復　オ．求職
(4) ア．天然　イ．緑化　ウ．知的　エ．知性　オ．弱点
(5) ア．無断　イ．否決　ウ．禁止　エ．未開　オ．非常

24 ☆☆

次の下線部のカタカナを，漢字で書け。

(1) ア．二人は好タイショウだ
イ．子どもタイショウの行事
ウ．線タイショウの図形
(2) ア．机をイドウさせる
イ．人事イドウ
ウ．二人の考えのイドウ
(3) ア．イギのある仕事
イ．イギを唱える
ウ．同音イギ語
(4) ア．民族カイホウのための戦い
イ．サークルのカイホウを出す
ウ．病状がカイホウに向かう
(5) ア．絵画をカンショウする
イ．内政カンショウ
ウ．カンショウ的な気分になる
(6) ア．違法コウイの取り締まり
イ．コウイ室で着替える
ウ．コウイ的な態度

(7) ア．キョクチ的な大雨
イ．贅沢のキョクチを味わう
ウ．キョクチで訓練を行う
(8) ア．社長に責任をツイキュウする
イ．利潤をツイキュウする
ウ．学問をツイキュウする
(9) ア．カンヨウな人物
イ．カンヨウ植物を育てる
ウ．根気が何よりカンヨウである
(10) ア．身元をホショウする
イ．災害のホショウをする
ウ．安全をホショウする

25 ☆☆

次の語の対義語を書け。

(1) 需要　(2) 縮小　(3) 形式　(4) 寒冷　(5) 原則
(6) 倹約　(7) 独唱　(8) 生産　(9) 総合　(10) 客観

26 ☆

次の四字熟語にある誤字をそれぞれ正しく直せ。

(1) 言語同断　(2) 守尾一貫　(3) 意味深重
(4) 不足不離　(5) 紛骨砕身

27 ☆☆

次の（　）にそれぞれあてはまる漢字を1字ずつ入れ，四字熟語を完成させよ。

(1) 一（　）二（　）　(2) 三（　）四（　）
(3) 五（　）六（　）　(4) 七（　）八（　）
(5) 半（　）半（　）　(6) （　）苦（　）苦
(7) 大（　）小（　）　(8) 日（　）月（　）
(9) 夏（　）冬（　）　(10) 羊（　）狗（　）

28 ☆☆

次の空欄にあてはまる四字熟語をそれぞれ記号で選び，漢字を書け。

(1) 「私はいつも試験の結果に(　　　)してしまう。」

　ア．うおうさおう　　　イ．いっきいちゆう

　ウ．うよきょくせつ　　エ．いっしんふらん

(2) 「彼は企画書を作成するために，資料の収集に(　　　)する。」

　ア．ふそくふり　　　　イ．しようまっせつ

　ウ．とうほんせいそう　エ．てっとうてつび

(3) 「彼女の(　　　)な態度に皆が腹を立てている。」

　ア．ぼうじゃくぶじん　イ．たんとうちょくにゅう

　ウ．にっしんげっぽ　　エ．じがじさん

(4) 「どんな状況においても，我々は(　　　)に対応することが大切だ。」

　ア．しりめつれつ　　　イ．しょぎょうむじょう

　ウ．せんさばんべつ　　エ．りんきおうへん

(5) 「私たちのプロジェクトは問題もなく，(　　　)に進行している。」

　ア．じゅんぷうまんぱん　イ．じごうじとく

　ウ．ういてんぺん　　　　エ．だいたんふてき

29 ☆☆

次の文の四字熟語が正しく使われているものをすべて選べ。

① この小説は空前絶後の作品であると自負している。

② 人間誰しも幼少時代の記憶は，快刀乱麻としている。

③ 私は一心不乱の思いで，新刊の発売日を待っている。

④ 手前味噌ではありますが，この器は他の店ではみられない一品です。

⑤ この図鑑は細部にわたって手抜かりなく悠悠自適に編集されている。

30 ☆☆

次の空欄にあてはまる語句を漢字1字または2字で書き，ことわざを完成させよ。

(1) 笑う(　)には福来たる　　(2) 無理が通れば(　)が引っ込む

(3) 豚に(　)　　(4) (　)に交われば赤くなる

(5)　(　)に短し，たすきに長し　　(6)　魚心あれば(　)
(7)　けがの(　)　　(8)　のれんに(　)押し
(9)　(　)は寝て待て　　(10)　(　)に塩

31 ☆

次のうち，正しいものを選べ。

① 「ごまめの歯ぎしり」は，「てごたえがないこと」の意味である。
② 「転ばぬ先の杖」は，「念には念を入れる」と同じ意味で用いられる。
③ 「火のない所に煙は立たぬ」とは，「家計が苦しいこと」を意味する。
④ 「馬子にも衣装」とは，「人間は見た目ではなく内面が大切であること」を意味する。
⑤ 「馬の耳に念仏」とは，「突然のことであわてふためく」ことを意味する。

32 ☆☆

次の空欄にあてはまる語句を入れよ。

(1)　二階から(　　　)……遠回りで効き目がないこと。
(2)　ひょうたんから(　　　)……意外なところから意外なものがでること。
(3)　猫に(　　　)……価値あるものも価値のわからない人に与えては役に立たないこと。
(4)　焼け石に(　　　)……少しばかりの援助や労力では効果がないこと。
(5)　立て板に(　　　)……すらすらとよどみなく話すこと。

33 ☆☆

次のことわざの内容に最も近いと思われるものをア～クから選び，記号で答えよ。

(1)　石橋をたたいて渡る　　(2)　身から出た錆
(3)　地獄で仏　　(4)　石の上にも三年
(5)　月夜に提灯

ア．意外　　イ．自業自得　　ウ．幸運　　エ．慎重
オ．忍耐　　カ．無常　　キ．蛇足　　ク．努力

34 ☆

次の（　）の中に身体の一部を表す漢字を入れ，〔　〕の熟語の意味と同じ慣用句にせよ。

(1)　（　）を握る〔同盟〕　　(2)　（　）騒ぎがする〔不安〕
(3)　（　）にかける〔自慢〕　　(4)　（　）がすべる〔失言〕
(5)　（　）をつぶる〔黙認〕　　(6)　（　）が下がる〔敬服〕

35 ☆

次の慣用句の意味として，適当なものをそれぞれ選べ。

(1)　眉唾物（まゆつばもの）
　①　うわさ　②　あやしいもの　③　誉め言葉
(2)　溜飲（りゅういん）を下げる
　①　憂鬱だった気分をすっきりさせること
　②　周囲からの評判を悪くすること
　③　周囲の人に悪影響を及ぼすこと
(3)　白羽の矢が立つ
　①　非難の対象となること
　②　多くの人の中から選び出されること
　③　立派な仕事をして世間に名が広まること
(4)　飼い犬に手を噛まれる
　①　能力が正当に評価されないこと
　②　世間から注目を集めること
　③　よくした相手に裏切られること
(5)　やぶさかでない
　①　あることに対して努力を惜しまないこと
　②　どうすることもできないこと
　③　おかしくてたまらないこと

36 ☆☆

次の文を読んで，各問いに答えよ。

早朝のジョギングは，体力をつけるだけでなく，勉強の能率をあげる効果がある。矛盾とはまさにこのことだろう。

(1) 「矛盾」とはどのような意味か。15字以内で答えよ。

(2) 「矛盾」では文意にあわない。文意にあう語を【　　　】から選べ。

【　漁夫の利，一石二鳥，一網打尽，一攫千金，濡れ手で粟　】

37 ☆

次の故事成語の意味として，適切なものをそれぞれ選べ。

(1) 切磋琢磨

① 弟子が先生より立派になること

② 互いに刺激しあい，向上させること

③ 書物をくり返し熱心に読むこと

(2) 助長

① 不必要な力添えをして，かえって害すること

② 子どもの成長によい環境を作ること

③ 前後のつじつまが合わないこと

(3) 四面楚歌

① 周囲の力添えを得ること

② 余計な口をはさむこと

③ 周囲がみな敵で孤立すること

(4) 他山の石

① どんなことでも自分を磨く助けになること

② 世に名を得ようと努力すること

③ 多くの中で最もすぐれていること

(5) 背水の陣

① 決死の覚悟で事にあたること

② 口先でごまかすこと

③ 相手の作戦を見抜くこと

3 文法・敬語・文学史

●解答解説P371～376

●傾向と対策

重要度：**C**

文法の問題として単独で出題されることはほとんどない。長文読解の中で，文中に出てくる用言の活用形や言葉の品詞を問う問題，例文をいくつか挙げ文中と同じ使われ方をしている助詞や助動詞を答える問題として出題されることがあるが，出題頻度は比較的少ない。敬語についての出題は多いが，出題パターンは限られているので，主なものを整理しておくとよい。ポイントは，主語は誰で，誰に対する行為であるのかをはっきりさせることである。問題を解きながら，尊敬表現と謙譲表現の使われる場面に慣れ，感覚として身に付けておくことが大切である。また，文学史の対策としては，一覧表などを活用し，整理するとよい。

38 ☆

次の文は，いくつの文節からできているか。文節の区切りに／を入れよ。

「おばあさんとアキラの家は，村はずれの原っぱにありました。」

39 ☆☆

次の下線部の語句の品詞名と，この場合の活用形を漢字で答えよ。

(1) おしゃべりを<u>楽しみ</u>ながら歩いた。

(2) 先生から<u>楽しい</u>話をお聞きした。

(3) 姉は写真を見ながら<u>楽しげに</u>説明してくれた。

40 ☆☆

次の下線部の語句の品詞名を漢字で答えよ。

(1) <u>来る</u>日も来る日もさがしに出かけた。

(2) <u>来る</u>日曜日は学校の運動会が行われる。

(3) 姉は<u>大</u>きなカバンをかかえていった。

(4) このケーキは<u>大きい</u>のでおなか一杯になる。

(5) <u>おかしい</u>そぶりをみせる。

(6)　それは<u>おかしな</u>話だね。

41　☆

次に示す例文の下線部と同じ種類の活用をするものを選べ。

〈例文〉　私は，人の話を聞いて，よく<u>笑う</u>。

① 私は先生に見つからないように，一目散に<u>走っ</u>た。
② 彼女は毎日朝早く<u>起きる</u>ようにしている。
③ あなたが<u>くれ</u>ば，パーティーが盛り上がるだろう。
④ みんな，周りに落ちているごみを<u>集めろ</u>。
⑤ 私は新しい洋服を<u>着</u>て，外出した。

42　☆

次の各文の下線部「ない」のうち，文法上，1つだけ他と性質の異なっているものを選べ。

① 私はよく<u>ない</u>と思います。
② ぼくは絶対に読ま<u>ない</u>。
③ 彼女は悪く<u>ない</u>はずだ。
④ 利益も少なく<u>ない</u>。
⑤ ぼくは全然楽しく<u>ない</u>。

43　☆

次の例文の下線部「られ」と同じ意味・用法のものを1つ選べ。

〈例文〉　春の気配がだんだんと感じ<u>られ</u>る。

① 校内図書館の本は自由に借り<u>られ</u>る。
② 偉い先生が授業を見に来<u>られ</u>た。
③ 今夜は安心して寝<u>られ</u>る。
④ 遠く離れた弟妹の身が案じ<u>られ</u>る。
⑤ お手伝いをして先生にほめ<u>られ</u>た。

44 ☆☆

次の例文の下線部「ようだ」と同じ意味・用法のものを1つ選べ。
〈例文〉 うわさは本当のようだ。
① 全問正解したのはまるで夢のようだ。
② この実験の条件は次のようだ。
③ この雲行きでは，明日は雨のようだ。
④ 雪が積もって，木に花が咲いたようだ。
⑤ 彼のように勤勉な人は少ない。

45 ☆☆

次の例文の下線部「の」と同じ意味・用法のものを1つ選べ。
〈例文〉 私のをあげよう。
① 列車から降りると潮の香りがした。
② 今晩は父の作った料理を食べる。
③ ぼくが着ている服は兄のだ。
④ 買うの買わぬのといつまでも話している。
⑤ よせと言うのに全く聞かなかった。

46 ☆☆

次の例文の下線部「で」と同じ意味・用法のものを1つ選べ。
〈例文〉 医者をすぐによんでほしい。
① 子どもと庭で遊ぶ。
② 彼女は大学生である。
③ 北海道を自動車で旅行する。
④ 湧き水を水筒にくんでいく。
⑤ 氷は透明で，ガラスのようだ。

47 ☆

次の例文の下線部「に」と同じ意味・用法のものを1つ選べ。

〈例文〉 冷たいコーラを飲むとさわやかになる。

① 雨は，午後から雪になるようだ。
② 夜中になってやっと静かになった。
③ 教科書を机の中に入れる。
④ 寝る前に宿題を仕上げた。
⑤ 次の日曜日はスキーに行こう。

48 ☆☆

敬語について，次の各問いに答えよ。

(1) 「尊敬語」「謙譲語」「丁寧語」の3分類のうち,「食べる」の意を表す「尊敬語」「謙譲語」を用いて，典型的な例文をそれぞれ漢字混じりの 15 字以内で答えよ。

(2) 次の表現のうち，正しいものを選べ。

① 私の妹は，あなたのお母さんにお会いになりました。
② さあ，私たちも劇場にまいりましょう。
③ 私の描いた絵を拝見して下さい。
④ あなたのお母さんは，今家にいますか。
⑤ 私の兄はあなたのことをよくお話しになる。

49 ☆

次の各文の下線部の敬語の種類はどれにあたるか。最も適当なものを【　　　】から選べ。

(1) 力のない私ですが，部長としての責任もありますので記事を書かせていただくことになりました。
(2) 遠慮なさらずに，いつでもおいで下さいね。
(3) この作家の本はとてもおもしろいので,友人にも読むように勧めています。
(4) 先生が,「お母さんによろしくお伝え下さい」とおっしゃいました。
(5) 父が，合格のお祝いにお宅にうかがいたいと申しております。

【 尊敬語，謙譲語，丁寧語 】

50 ☆☆

次の各文の下線部にふさわしい敬語表現を〔 〕から選び，記号で答えよ。

(1) 当社の課長が明後日そちらへうかがうと<u>言っている</u>。

〔ア．申されております　イ．おっしゃっております　ウ．申しております〕

(2) 他のお客様が<u>迷惑だ</u>から，もう少しお静かに願います。

〔ア．ご迷惑なさいます　イ．迷惑です　ウ．ご迷惑申します〕

(3) 父は仕事の都合で参観日には<u>行かない</u>。

〔ア．お出かけになりません　イ．参りません　ウ．いらっしゃいません〕

(4) 先生は同級会に<u>来る</u>でしょうか。

〔ア．参る　イ．お出かけになる　ウ．いらっしゃる〕

(5) 妹の描いた絵を<u>見て</u>下さい。

〔ア．ご覧になって　イ．拝見して　ウ．お目にして〕

51 ☆☆

次の各文には2箇所ずつ敬語表現の使い方の違うところがある。正しく直して全文を書き，また直したところに下線を引け。

(1) 私のお父さんが，こうおっしゃっておりました。

(2) 校長先生，おりましたら職員室にまいって下さい。

(3) 先生，どうぞ私のお料理を食べて下さい。

(4) 部長は，まだ会社にご出勤していらっしゃいません。

(5) 先生によろしくとお母さんが言いました。

52 ☆☆☆

次の各文で，話し手（母）が最も敬意を表している人を，ア～オからそれぞれ選び，記号で答えよ。

(1) 「鈴木さんは，小林さんと一緒に，中島さんが下さったチケットで映画を見てきたんだって。」と，母が私に言った。

(2) 「鈴木さんは，小林さんと一緒に，中島さんがくれたチケットで映画を見にいらっしゃったんだって。」と，母が私に言った。

ア．鈴木さん　イ．小林さん　ウ．中島さん　エ．私　オ．母

53 ☆☆

三大和歌集について，次の各問いに答えよ。

	万葉集	古今和歌集	（　A　）
成立	（　B　）時代末頃	平安時代初期	鎌倉時代初期
編者・撰者	大伴家持らが中心	紀友則・（　C　）・凡河内躬恒・壬生忠岑ら	源通具・寂蓮・藤原定家・藤原家隆ら

⑴　空欄にあてはまる語句を入れよ。

⑵　下線部の藤原定家が詠んだ歌を次から選べ。

①　ひさかたの光のどけき春の日にしづ心なく花の散るらむ

②　見渡せば花も紅葉もなかりけり浦の苫屋の秋の夕暮れ

③　さびしさはその色としもなかりけりまき立つ山の秋の夕暮れ

④　人はいさ心も知らずふるさとは花ぞ昔の香ににほひける

⑤　田子の浦ゆうち出でて見れば真白にぞ富士の高嶺に雪は降りける

54 ☆

平安時代の文学について，次の各問いに答えよ。

⑴　我が国最初の勅撰和歌集は何か。

⑵　『竹取物語』に関する記述として，正しいものを2つ選べ。

①　日本古来の神話の1つである。

②　我が国最古の作り物語である。

③　「をかし」の文学である。

④　平安時代初期の作品である。

⑤　作者は菅原孝標女である。

⑶　「をとこもすなる日記といふものを……」という書き出しで始まる，男性による仮名文字の日記の作者は誰か。また，作品名を答えよ。

⑷　我が国最大の説話集で，各説話が「今は昔」で始まる作品名を答えよ。

55 ☆

次の空欄にあてはまる語句を入れよ。

	枕草子	（　A　）
成立	1001年頃	1008年頃
作者	（　B　）	紫式部
特色	我が国初の随筆文学。 「をかし」の文学。	古代物語文学の集大成。 「（　C　）」の文学。

56 ☆☆

鎌倉・室町時代の文学について，次の各問いに答えよ。

(1)　随筆『方丈記』の作者名を答えよ。

(2)　仏教の無常観が中心思想であり，琵琶法師の語りで広まった軍記物語を何というか。

(3)　「つれづれなるままに，日暮らし……」で始まる随筆の作者は誰か。また，作品名を答えよ。

57 ☆☆

江戸時代の文学について，次の各問いに答えよ。

(1)　江戸を出発し，東北・北陸方面を回った5ヶ月余りにわたる旅の俳諧紀行文の作者は誰か。また，その作品名を答えよ。

(2)　『世間胸算用』など町人の人情や世相を生き生きと描いた，「町人物」とよばれる浮世草子の代表的作者は誰か。

(3)　次の作品の作者をア～カから選び，記号で答えよ。

①　『おらが春』　　②　『国性爺合戦』　　③　『雨月物語』

④　『玉勝間』　　⑤　『新花摘』

ア．十返舎一九　　イ．与謝蕪村　　ウ．近松門左衛門

エ．小林一茶　　オ．上田秋成　　カ．本居宣長

58 ☆☆

明治時代の文学について，次の各問いに答えよ。

(1)　3行書きの短歌で身近な生活感情を歌ったのは誰か。

(2)　小説の根本は現実をありのままに映すことにあるという写実主義の小説論を日本で最初に書いたのは，誰の何という本か。

(3)　次の作品の作者をア～キから選び，記号で答えよ。

①　『病牀六尺』　②　『たけくらべ』　③　『邪宗門』
④　『草枕』　⑤　『高瀬舟』

ア．北原白秋　イ．森鷗外　ウ．島崎藤村　エ．正岡子規
オ．樋口一葉　カ．幸田露伴　キ．夏目漱石

59 ☆☆

大正時代の文学について，次の各問いに答えよ。

(1)　詩集『道程』の作者は誰か。

(2)　『今昔物語集』に素材を求め，『羅生門』『鼻』などを書いた人は誰か。

(3)　『伊豆の踊子』の作者で，後にノーベル文学賞を受賞した人は誰か。

(4)　詩集『春と修羅』，童話『注文の多い料理店』の作者は誰か。

(5)　武者小路実篤や志賀直哉らを中心とする人道主義的理想主義の作家らの集まりを何派というか。

60 ☆☆

昭和時代の文学について，次の各問いに答えよ。

(1)　友情と信頼の美しさを描いた太宰治の作品は何か。

(2)　民話「鶴女房」をもとにした木下順二の戯曲は何か。

(3)　次の作品の作者をア～キから選び，記号で答えよ。

①　『路傍の石』　②　『潮騒』　③　『黒い雨』
④　『しろばんば』　⑤　『春琴抄』

ア．井伏鱒二　イ．壺井栄　ウ．谷崎潤一郎　エ．山本有三
オ．竹山道雄　カ．井上靖　キ．三島由紀夫

61 ☆

次の文を読んで，各問いに答えよ。

雨ニモマケズ　風ニモマケズ　雪ニモ夏ノ暑サニモマケヌ　丈夫ナカラダヲモチ　欲ハナク　決シテ瞋ラズ　イツモシヅカニワラッテヰル　（以下略）

(1)　この詩の作者を答えよ。

(2)　次のうち，(1)で答えた作者の著書でないものを選べ。

ア．『注文の多い料理店』　イ．『銀河鉄道の夜』　ウ．『春と修羅』
エ．『風の又三郎』　オ．『山羊の歌』

62 ☆☆

次は，作家とその代表的な文学作品の冒頭部分である。このうち，誤っている組み合わせのものを選べ。

① 島崎藤村……木曾路はすべて山の中である。あるところは岨(そば)づたいに行く崖の道であり，……

② 太宰治………朝，食堂でスウプを一さじ，すつと吸つてお母さまが，「あ。」と幽(かす)かな叫び声をお挙げになつた。

③ 紀貫之………ゆく河の流れは絶えずして，しかももとの水にあらず。よどみに浮かぶうたかたは，かつ消え，かつ結びて，久しくとどまりたる例なし。

④ 松尾芭蕉……月日は百代の過客にして，行きかふ年も又旅人なり。舟の上に生涯を浮かべ，馬の口とらへて老いをむかふる者は，日々旅にして旅を栖(すみか)とす。

63 ☆

次の作品の作者をア～キから選び，記号で答えよ。

(1)　『一握の砂』　(2)　『若菜集』　(3)　『みだれ髪』
(4)　『和解』　(5)　『蟹工船』

ア．島崎藤村　イ．与謝野晶子　ウ．島木赤彦　エ．石川啄木
オ．斎藤茂吉　カ．志賀直哉　キ．小林多喜二

64 ☆☆

次の各問いに答えよ。

(1) 古典の中で四鏡とよばれる作品をすべて書け。

(2) 古典の中で，三大随筆といえば何を指すか。その成立年代順に書け。

(3) 古典の中で，三大歌集といえば何を指すか。その成立年代順に書け。

(4) 次の作家は，ア～ウのどの文学グループに分けられるか，それぞれ記号で答えよ。

① 横光利一　② 有島武郎　③ 島崎藤村　④ 武者小路実篤
⑤ 川端康成

ア．自然主義　イ．白樺派　ウ．新感覚派

4 読解

●解答解説P377～381

●傾向と対策

重要度：A

近年の本試験では，幸田文，河合隼雄，小林秀雄らの作品が複数取り上げられている。また，新聞の社説やコラム欄からの出題も目につく。日頃から，小説や随筆，文学作品など幅広く作品に触れておくとよい。問題の傾向としては，漢字の読み・書き取り，接続語などの空欄補充，指示語の示す言葉の書き出し，主題の書き出しなどの小問に分けられていることが多い。書き出す問題では，30～80字程度にまとめるような問題が多く，新聞の社説やコラム欄の要旨を50字程度にまとめる練習によって，主題の把握や段落相互の関係を見抜く力を磨くことができる。

65 ☆

次の詩を読んで，各問いに答えよ。

いにしへの日はなつかしや
すがの根のながき春日を
野にいでてげんげつませし
ははそはの母もその子も
そこばくの夢をゆめみし
ひとの世の暮るるにはやく
もろともにけふの日はかく
つつましく膝をならべて
<u>あともなき夢のうつつ</u>を
うつうつとかたるにあかぬ
春の日をひと日旅ゆき
ゆくりなき汽車のまどべゆ
そこここにもゆるげんげ田
くれなゐのいろをあはれと
眼にむかへことにはいへど
もろともにいざおりたちて
その花をつままくときは

とことはにすぎさりにけり

ははそはのははもそのこも
はるののにあそぶあそびを
ふたたびはせず

（三好達治『花筐』）

(1) この詩の形式として，適切なものを次から選び，記号で答えよ。

ア．文語定型詩　　イ．文語自由詩　　ウ．文語散文詩

エ．口語定型詩　　オ．口語自由詩

(2) 下線部は何を指して，このように言っているか。詩中の言葉を使って，15字以内で答えよ。

(3) この詩の主題を次から選び，記号で答えよ。

ア．母と旅行中に昔の思い出を悲しい気持ちで語り合っている。

イ．もう戻らない日々とわかっていながら，過去の記憶を手繰り寄せている。

ウ．昔，母と旅行をして一緒に野草を摘んだことを昨日のことのように思い出している。

エ．幼い日に母と共にれんげを摘んだことをなつかしく思い出している。

オ．昔，母と汽車にのって語り合ったことをなつかしく思い出している。

(4) この詩の作者である三好達治の作品を次から選び，記号で答えよ。

ア．『測量船』　　イ．『月に吠える』　　ウ．『赤光』

エ．『一握の砂』　　オ．『若菜集』

66 ☆☆

次の文章を読んで，各問いに答えよ。

私のところに相談に来られた人々で，別に私がすすめたわけでもないのに，絵を描いたり，小説，詩，和歌，俳句などをつくったり，音楽をしたり，いろいろな芸術的なことをされるようになった方が多い。本人も自分がそのようなことをするとは思ってもみなかったのに，と自分であきれることもある。なかには入選したり当選したりする作品もある。

人間が生まれてくるということは，そのなかに「創造の種子」をもっている，ということであろう。その種子から芽がのびてゆくときに，その人の属する集団のもつ価値観と一致する部分の多い人は，それを伸ばしてゆくのが容易であろう。（　a　），その場合のその人の創造性は他に見えにくいし，つい安易になって，全体の傾向に合わせてしまって，そのなかにある自分の創造性を見出すこと

を①オコタるかも知れない。

これに反して，自分の「創造の種子」が，その人の属する集団，（　b　）家庭，地域，社会，国家などの傾向と異なる場合は，なかなか困難が大きい。生きてゆくためには，その人は一応は集団に適応しなくてはならない。時には，自分の「創造の種子」を強く圧迫することによって，[それ]を成し遂げ，本人もそれでよいと思っているときさえある。そのようなときに，その人は神経症の症状をはじめ，いろいろな「困難」や「苦悩」に出会って，われわれのところに相談に(a)来られる。

もちろん，その人たちの願いは，早くその苦しみから逃れたい，ということである。それに対しても応じようとしつつ，一方では，心理療法家はその人の「創造の種子」が発芽し，伸びてゆくのを援助したい，という気持ももっている。これは実に難しいことである。創造の種子を発芽させてゆくことは，その人にとって，その人の所属している集団，家族とか社会とかに反する生き方をすることにもなってくるから，それはむしろ苦しみを倍加させることにもなる。

ここに簡単に書いてしまったことを実際に行うには，戦ったり②ダキョウしたり，方向転換をしてみたり，といろいろなことが生じその人なりの「創造の作品」ができあがってくる。ここで言う〔作品〕とは，その人の人生そのものなのである。このような方向を見出し，自らの力で創造活動を(b)続けられるということになったときに，その人とわれわれは(c)別れることになるが，それまでは数年，あるいは，十年を越える年月を要するときもある。

この経過のなかで③スデに述べたように，芸術作品を生み出してゆき，それが一般的にも(d)評価されるようなものになるときもある。

しかし，私が大切にしているのは，そのようなことも含めて，その人の生き方全体の創造であり，「私が生きた」と言えるような人生をつくり出すことなのである。創造には犠牲がつきもので，そこには何らかの犠牲が生じるだろう。そのことも明確に意識し，そのような犠牲の責任者としての自覚をもって，「私が生きた」と言えることが必要である。「私が生きた」という実感をもったとき，それはいつ誰によっても(e)奪われることのないものであることが明らかで，「創造」の実感も伴うはずである。それが明確なものになればなるほど一般的な社会的評価はそれほど気にならなくなるし，それはもっともっと④フヘンテキな存在の一部としての責任を果したという自己評価につながってゆくだろう。

（河合隼雄『こころの処方箋』）

(1)　文中の下線部①～④のカタカナを漢字で書け。

(2)　文中の[それ]の指す言葉を，文中の語を用いて10字程度で答えよ。

(3)　空欄（　a　），（　b　）にあてはまる接続詞を次からそれぞれ選び，記号で答えよ。

ア．しかし　　イ．つまり　　ウ．だから　　エ．なおさら

(4)　点線部「入選したり当選したり」と同じ内容を示す部分を，文中より10字以内で抜き出せ。

(5)　二重下線部(a)〜(e)のうち，文法上異なっているものを選び，記号で答えよ。

67 ☆☆

次の文章を読んで，各問いに答えよ。

西行の名前を私が知ったのは，まだ物心もつかぬうちであった。神奈川県の大磯に，「鴫立沢（しぎたつさわ）」の旧跡がある。

A心なき身にもあはれは知られけり　鴫たつ沢の（　a　）

の歌によったもので，海岸の松林の中に，かやぶき屋根の「西行庵」が建っており，門前に小さな沢が流れている。

その隣に私の祖父の①インキョ所があったので，小学校へ入る以前から，週末には必ず訪ねるしきたりになっていた。もちろん西行が誰だか知らなかったし，昔の坊さんなどにまったく興味はなかったが，沢で蟹をとったり，松林の中で遊ぶことはたのしかった。

そうしている間に自然に「鴫たつ沢」の歌も覚えたが，鴫立沢は②コユウ名詞ではなく，③好事家たちがつくりあげた歌枕にすぎないことを知ったのはよほど後のことである。要するにそれは鴫の立つ沢なのであって，特定の地名に限定しない方が西行の歌にはふさわしい。とはいうものの西行の名をはじめて知り，歌に出合ったのもBそこであったことを思うと，私にとってはやはりなつかしい地名なのである。

そういうふうにして，雨が土にしみこむように，いつしか西行は私の心の中に住みついてしまった。折にふれ，歌集も読んでみた。ここに一々あげることはできないが，出家はしても仏道に打ちこむわけではなく，稀代の数奇者であっても浮気者ではない。強いかと思えば女のように涙もろく，孤独を愛しながら人恋しい思いに堪えかねているといったふうで，まったく④ムジュンだらけでつかみ所がないのである。

人間は多かれ少なかれ誰でもそういう（　b　）をしょいこんでいるものだが，大抵は苦しまぎれにいいかげんな所で妥協してしまう。だが，西行は一生そこから目を放たず，C正直に，力強く，持って生まれた不徹底な人生を生きぬき，その苦しみを歌に詠んではばからなかった。

（白洲正子『名人は危うきに遊ぶ』）

⑴　下線部①②④のカタカナを漢字に直せ。
⑵　下線部③の漢字の読みと意味を答えよ。
⑶　空欄aにあてはまる語句を答えよ。
⑷　空欄bにあてはまる語句を次から選び，記号で答えよ。
ア．バランス　　イ．バリエーション　　ウ．フラストレーション
エ．レッテル　　オ．パラドックス
⑸　下線部Aの歌が収められている作品を次から選び，記号で答えよ。
ア．『万葉集』　　イ．『古今和歌集』　　ウ．『新古今和歌集』
エ．『今昔物語集』　　オ．『十訓抄』
⑹　下線部Bは何を指すか，文中より抜き出せ。
⑺　下線部Cはどのようなことか，下線部Aの歌を活用して簡単に説明せよ。

68 ☆

次の文章を読んで，各問いに答えよ。

A．ときとすると，A砂漠はかすかにささやくことがある。アルジェのカスバの下で，私はそれを聞いた。バグダッドの古く懐かしいカルフ地区でも，そのささやきに耳をとられた。カサブランカの大スークの屋根の下では，その音に思わず立ちどまったほどだ。かすかに砂の降る音である。それは，日本の秋から冬にかけて山野をかけ抜ける①時雨の音に似ていた。乾と湿，その性質は全く逆なのであるが。

B．こうした町々では，どこにいても――キャフェに座っていても，通りを歩いていても，ホテルで寝ていても，市場（スーク）に立っていても，たえず，一種の名状しがたい暗い力，人間を威圧するような，不気味な②フンイキに包まれる。それはまさしくB砂漠の沈黙の力である。

C．私は，なぜか砂漠に心ひかれる。砂漠そのものというより，砂漠の気配が感じられるような場所にたまらない魅力を感じるのである。例えば中東の町々，イラクのバグダッド，シリアのダマスカス，ヨルダンのアンマン，更にサハラ砂漠を③身近に感じさせるカイロ・トリポリ・アルジェ・カサブランカなどの町々である。あるいはカヒール砂漠を間近に控えたテヘラン，バルチスタン砂漠を後ろにもつアフガニスタンのカンダハル……。

D．そんなとき，私はいつも埋もれた古代の都市を思い浮かべた。もし人間が，生きようとする意志を，いっときでも④ホウキしたなら，そして，実際に生活の営みをやめてしまったなら，こうした砂が，たちまち都を覆ってしまうであろう。アルジェも，カサブランカも，バグダッドも，見る見るうちに砂に埋も

れてしまうに違いない。してみれば，この砂の音こそ，人間の文明を，その死に抗して奮い立たせている⑤ケイホウと言えまいか。だから私は，砂のささやきが聞こえるこうした町々にひきつけられるのである。そのような町々では，何よりも文明というものの運命が耳に響いてくるからだ。

（森本哲郎『埋もれた古代都市』）

⑴　下線部①～⑤の漢字をひらがなに，カタカナを漢字に直せ。

⑵　下線部A，Bで共通して用いられている修辞法を次から選び，記号で答えよ。

ア．擬人法　　イ．直喩　　ウ．誇張法　　エ．隠喩　　オ．反復法

⑶　段落A～Dを正しく並べ替えよ。

69 ☆☆

次の文章を読んで，各問いに答えよ。

教育は，成長をたすける仕事である。教育という文字そのものが，すでにそのことを示している。そこには，（　a　）とともに（　b　）という要因があって，はじめて教育が成立し，しかもその営みの根底をなすものは（　a　）でなく（　b　）なのである。このことが忘れられれば，教育は①ヒズみと退廃をさけることができない。

心身が病むとき，その病気から人間が抜けだすことができるのは，人間のうちに，心身の違和にうちかって調和を②カイフクする力（自然治癒力）がそなわっているからである。その力の発動をさまたげている要因を除去することによって，その力がはたらく。健康がカイフクされる。医師は，この力がはたらくのを③ソガイしている諸条件を除去する手段・方法の知識によって，治癒をたすけるのである。

教育を可能にする根本の前提は，生命をもった個体である。(a)それは自己の内に④フダンに成長する力をもっている。それが欠けているところでは，どんな教育の努力も実を結ぶことができない。しかも，生命体が成長をとげるためには，成長に必要な栄養の⑤セッシュが絶対の必要事である。新しい，あるいはおさない生命は，しかし，自己の必要とするものが何であるかを知らず，知ってもそれを自ら確保する力をもたない。またそれを明確にして，人に訴える術ももたない。かれらは文字通りに，ヘルプレス（自らたすけることができない）な，本来たよりない存在なのである。

学校という制度的存在のなかに「投げだされている」子どもたちも，(b)これと同じたよりない存在である。そのたよりない子どもたちがすくすくのびてゆくため

には，かれらの成長に必要なものへの周囲の配慮が不可欠である。周囲にあたたかい配慮が欠け，⑥シイ的におのれの欲するところを施すのに急であるならば，その結果は，生命の圧殺につながってゆく。生命あるもの，生命への⑦イケイだけが，教育をこの退廃からすくってくれる。いま，このことを銘記する以上の緊急事はない。

（林竹二『教えるということ』）

(1) 本文中の（　a　）（　b　）にあてはまる言葉をそれぞれ3文字で答えよ。
(2) 下線部①〜⑦のカタカナを漢字で書け。
(3) 下線部(a)「それ」，(b)「これ」は何を指すか。文中の言葉を使って答えよ。
(4) 筆者が一番訴えたいことを的確に表している一文を抜き出せ。

70 ☆☆☆

次の文章を読んで，各問いに答えよ。

寝るまえに，へやのカーテンをそっとあけてガラス窓越しに富士を見る。月のある夜は富士が青白く，水の精みたいな姿で立っている。私は溜息をつく。Aああ，富士が見える。星が大きい。あしたは，お天気だな，とそれだけが，幽かに生きている喜びで，そうしてまた，そっとカーテンをしめて，そのまま寝るのであるが，あした，天気だからとて，別段この身には，なんということもないのに，と思えば，おかしく，ひとりでふとんの中で苦笑するのだ。苦しいのである。仕事が，①ジュンスイに運筆することの，その苦しさよりも，いや，運筆はかえって私の楽しみでさえあるのだが，そのことではなく，私の世界観，芸術というもの，あすの文学というもの，いわば，新しさというもの，私はそれらについて，いまだぐずぐず，思い悩み，②コチョウではなしに，身もだえしていた。

素朴な，自然のもの，したがって③カンケツな鮮明なもの，そいつをさっと一挙動でつかまえて，そのままに紙に，うつしとること，それよりほかにはないと思い，そう思うときには，B眼前の富士の姿も，別な意味をもって目にうつる。この姿は，この表現は，結局，私の考えている「単一表現」の美しさなのかもしれない，と少し富士に④ダキョウしかけて，けれどもやはりどこかこの富士の，あまりにも棒状の素朴には閉口しているところもあり，これがいいなら，ほていさまの置物だっていいはずだ，ほていさまの置物は，どうにもがまんできない，あんなもの，とても，いい表現とは思えない。Cこの富士の姿も，やはりどこかまちがっている。これはちがう，とふたたび思いまどうのである。

（太宰治『富嶽百景』）

(1) 下線部①〜④のカタカナを漢字で書け。

(2) 下線部A「ああ，富士が見える」の文を品詞分解せよ。

(3) 下線部B「眼前の富士」とはどんな姿か。その姿を表現している言葉を本文中から10字程度で抜き出せ。

(4) 下線部C「この富士の姿も，やはりどこかまちがっている」について，どうしてそう考えたのか。本文中の言葉を使って50字程度で述べよ。

(5) この文章の作者である太宰治の他の代表作品を1つ挙げよ。

71 ☆☆

次の文を読んで，各問いに答えよ。

永年，人と人との関係に疲れ切ってしまった謙作にはここの生活はよかった。彼はよく阿弥陀堂という三四町登った森の中にある堂へ行った。特別保護建造物だが，縁など朽ち腐れ，ひどく荒れはてていた。(　a　)それがかえって彼には親しい感じをさせた。縁へ登る石段に腰かけていると，よく前を大きな蜻蜓(やんま)が十間ほどのところを往ったり来たりした。両方に強く翅(はね)を張って地上三尺ばかりの高さをまっすぐに飛ぶ。(　b　)あるところで向きを変えるとまたまっすぐに帰って来る。翡翠の大きな眼，黒と黄の段だら染め，細くひきしまった腰から尾への強い線，———みんな美しい。ことにそのいかにもしっかりした動作が謙作にはよく思われた。彼は人間の小人，———例えば(注)水谷のような人間の動作とこれと較べ，どれだけかこの小さな蜻蜓(やんま)のほうが上等か知れない気がした。二三年前京都の博物館で見た鷹と金鶏鳥(きんけいちょう)の(注)双幅に心を惹かれたのも要するに同じ気持だったろうと，それを憶い出した。

彼は石の上で二匹の蜥蜴が後足で立上ったり，跳ねたり，からまり合ったり，軽快な動作で遊び戯れているのを見，自らも快活な気分になった。

彼はまたここに来て鶺鴒(せきれい)が駆けて歩く小鳥で，決して跳んで歩かないのに気がついた。そういえば鳥は歩いたり，跳んだりすると思った。

よく見ているといろいろなものがすべて面白かった。彼は阿弥陀堂の森で葉の真中に黒い①<u>小豆</u>粒のような実を一つずつ載せている小さな灌木を見た。掌に大切そうにそれを一つ載せている様子が，彼にはいかにも信心深く思われた。

人と人との下らぬ交渉で日々を浪費して来たような自身の過去を②<u>顧</u>み，③<u>彼はさらに広い世界が展けたように感じた</u>。

(注)　水谷＝一登場人物。軽薄な感じの青年。
　　　双幅＝二つで一組となっている掛物。

(志賀直哉『暗夜行路』)

⑴　下線部①②の漢字の読みをひらがなで書け。

⑵　空欄a，bにあてはまる接続詞を次から選び，記号で答えよ。

ア．つまり　　イ．そして　　ウ．しかし　　エ．例えば　　オ．もし

⑶　下線部③の心情を適切に説明したものを次から選び，記号で答えよ。

ア．対人関係の苦労が解消されて，謙遜な気持ちから生じる喜び。

イ．新緑の中で心身ともにリラックスし，動植物とともに生きることを決心した気持ち。

ウ．人里離れた生活から再び世俗の中に混じることへの不安。

エ．自然の動植物に触れるにつれて，無意識のうちに芽生えた自己を肯定する気持ち。

オ．これまでの人間関係も無駄ではなかったと反省する気持ち。

72　☆☆

次の短歌を読んで，各問いに答えよ。

A　清水へ祇園をよぎる桜月夜こよひ逢ふ人みなうつくしき

B　のど赤き玄鳥（つばくらめ）ふたつ屋梁（はり）にゐて(　　　)母は死にたまふなり

C　白鳥は哀しからずや空の青海のあをにも染まずただよふ

D　いちはつの花咲きいでて我目には今年ばかりの春行かんとす

⑴　Aに使われている技法は何か。次から選び，記号で答えよ。

ア．字余り　　イ．二句切れ　　ウ．体言止め　　エ．倒置法

⑵　Bの空欄にあてはまる枕詞を次から選び，記号で答えよ。

ア．ひさかたの　　イ．たらちねの　　ウ．あしひきの　　エ．ぬば玉の

⑶　Cの作者名を次から選び，記号で答えよ。

ア．与謝野晶子　　イ．木下利玄　　ウ．斎藤茂吉　　エ．若山牧水

⑷　Dの歌意を答えよ。

73　☆

次の短歌について，各問いに答えよ。

A　金色のちひさき鳥のかたちして銀杏ちるなり夕日の岡に

B　やはらかに柳あをめる北上の岸辺目に見ゆ泣けとごとくに

⑴　A，Bの作者を答えよ。

⑵　A，Bに共通してみられる修辞法を，次から選び，記号で答えよ。

ア．体言止め　　イ．倒置法　　ウ．直喩　　エ．対句法　　オ．擬人法

⑶ Bの句が表しているものを次から選び，記号で答えよ。

ア．自嘲　イ．望郷　ウ．回顧　エ．反省　オ．希望

74 ☆☆

次の俳句について，各問いに答えよ。

A　五月雨をあつめて早し最上川

B　春の海終日のたりのたりかな

C　古池や蛙とびこむ水の音

D　名月を取ってくれろとなく子かな

E　稲づまや浪もてゆへる秋津しま

⑴ A，Bの句の作者名を答えよ。

⑵ D，Eの句の季語と季節を答えよ。

⑶ A～Eの中で体言止めの句を選べ。

75 ☆

次の俳句を春夏秋冬の順に番号で並べ替えよ。

① 朝顔につるべとられてもらひ水

② 赤い椿白い椿と落ちにけり

③ 噴水のしぶけり四方に風の街

④ 流れゆく大根の葉の早さかな

76 ☆☆

次の俳句の季語とその季語の表す季節を答えよ。

⑴ 万緑の中や吾子の歯生え初むる

⑵ 遠山に日の当りたる枯野かな

⑶ あはれ子の夜寒の床の引けば寄る

⑷ 菜の花や月は東に日は西に

⑸ 雪残る頂一つ国境

77 ☆☆

次の文中の下線部①～③のような表現方法を何というか。ア～オからそれぞれ選び，記号で答えよ。

きっぱりと冬が来た
八つ手の白い花も消え
①公孫樹（いちょう）の木も箒（ほうき）になった
②きりきりともみ込むような冬が来た
③人にいやがられる冬
草木に背かれ，虫類に逃げられる冬が来た

ア．直喩法　　イ．隠喩法　　ウ．擬人法　　エ．倒置法　　オ．体言止め

2
社会

Open Sesame

学習指導要領

●解答解説P382～383

●傾向と対策 重要度：B

教科目標，学年目標，「指導計画の作成と内容の取扱い」については空欄補充問題，各学年の内容については学年を答える問題，「内容の取扱い」については正誤問題などに対応できるようにしておきたい。いずれも正確な知識が求められるため，キーワードを中心に確実に覚えておこう。

1 ☆☆

次の表は，小学校学習指導要領「社会科」の「改訂の要点」において示されている，学年別の学習対象についてまとめたものである。空欄に適語を入れよ。

学年	学習対象
第３学年	自分たちの(　A　)を中心とした地域
第４学年	自分たちの(　B　)を中心とした地域
第５学年	我が国の国土や(　C　)
第６学年	我が国の政治の働きや歴史上の主な事象 (　D　)する世界と日本の役割

2 ☆

次の文は，小学校学習指導要領「社会科」の目標である。空欄に適語を入れよ。

社会的な見方・考え方を働かせ，課題を追究したり解決したりする活動を通して，グローバル化する国際社会に主体的に生きる平和で(　A　)な国家及び社会の形成者に必要な(　B　)としての資質・能力の基礎を次のとおり育成することを目指す。

(1)　地域や我が国の国土の地理的環境，現代社会の仕組みや働き，地域や我が国の歴史や伝統と文化を通して(　C　)について理解するとともに，様々な資料や(　D　)を通して情報を適切に調べまとめる技能を身に付けるようにする。

(2)　(　E　)の特色や相互の関連，意味を多角的に考えたり，社会に見られる課題を把握して，その解決に向けて社会への関わり方を（　F　）したりする力，考えたことや（　F　）したことを適切に表現する力を養う。

(3)（　E　）について，よりよい社会を考え主体的に問題解決しようとする態度を養うとともに，多角的な思考や理解を通して，（　G　）に対する誇りと愛情，（　G　）の一員としての自覚，我が国の（　H　）と歴史に対する愛情，我が国の将来を担う国民としての自覚，世界の国々の人々と共に生きていくことの大切さについての自覚などを養う。

3 ☆☆

次の文は，小学校学習指導要領「社会科」における各学年の目標の一部である。空欄に適語を入れよ。

〔第3学年〕

(2) 社会的事象の特色や相互の関連，意味を考える力，社会に見られる（　A　）を把握して，その解決に向けて社会への関わり方を選択・判断する力，考えたことや選択・判断したことを（　B　）する力を養う。

(3) 社会的事象について，主体的に学習の問題を解決しようとする態度や，よりよい社会を考え学習したことを（　C　）に生かそうとする態度を養うとともに，思考や理解を通して，（　D　）に対する誇りと愛情，（　D　）の一員としての自覚を養う。

〔第4学年〕

(2) 社会的事象の特色や相互の関連，意味を考える力，社会に見られる（　A　）を把握して，その解決に向けて社会への関わり方を選択・判断する力，考えたことや選択・判断したことを（　B　）する力を養う。

(3) 社会的事象について，主体的に学習の問題を解決しようとする態度や，よりよい社会を考え学習したことを（　C　）に生かそうとする態度を養うとともに，思考や理解を通して，（　D　）に対する誇りと愛情，（　D　）の一員としての自覚を養う。

〔第5学年〕

(2) 社会的事象の特色や相互の関連，意味を（　E　）に考える力，社会に見られる（　A　）を把握して，その解決に向けて社会への関わり方を選択・判断する力，考えたことや選択・判断したことを（　F　）したり，それらを基に（　G　）したりする力を養う。

(3) 社会的事象について，主体的に学習の問題を解決しようとする態度や，よりよい社会を考え学習したことを（　C　）に生かそうとする態度を養うとともに，（　E　）な思考や理解を通して，我が国の（　H　）に対する愛情，我が国の（　I　）の発展を願い我が国の将来を担う国民としての自覚を養う。

〔第6学年〕

⑵　社会的事象の特色や相互の関連，意味を（　E　）に考える力，社会に見られる（　A　）を把握して，その解決に向けて社会への関わり方を選択・判断する力，考えたことや選択・判断したことを（　F　）したり，それらを基に（　G　）したりする力を養う。

⑶　社会的事象について，主体的に学習の問題を解決しようとする態度や，よりよい社会を考え学習したことを（　C　）に生かそうとする態度を養うとともに，（　E　）な思考や理解を通して，我が国の歴史や（　J　）を大切にして国を愛する心情，我が国の将来を担う国民としての自覚や平和を願う日本人として世界の国々の人々と（　K　）ことの大切さについての自覚を養う。

4 ☆☆

次の文は，小学校学習指導要領「社会科」における各学年の目標である。空欄に適語を入れよ。また，それぞれ第何学年の目標か答えよ。

⑴　自分たちの都道府県の地理的環境の特色，地域の人々の健康と生活環境を支える働きや（　A　）から地域の安全を守るための諸活動，地域の伝統と文化や地域の発展に尽くした先人の働きなどについて，人々の生活との関連を踏まえて理解するとともに，調査活動，地図帳や各種の（　B　）を通して，必要な情報を調べまとめる技能を身に付けるようにする。

⑵　身近な地域や市区町村の地理的環境，地域の安全を守るための諸活動や地域の産業と（　C　）の様子，地域の様子の移り変わりについて，人々の生活との関連を踏まえて理解するとともに，調査活動，地図帳や各種の（　B　）を通して，必要な情報を調べまとめる技能を身に付けるようにする。

⑶　我が国の政治の（　D　）と仕組みや働き，国家及び社会の発展に大きな働きをした先人の業績や優れた（　E　），我が国と関係の深い国の生活やグローバル化する（　F　）における我が国の役割について理解するとともに，地図帳や地球儀，統計や年表などの各種の（　G　）を通して，情報を適切に調べまとめる技能を身に付けるようにする。

⑷　我が国の国土の地理的環境の特色や産業の現状，社会の情報化と産業の関わりについて，（　H　）との関連を踏まえて理解するとともに，地図帳や地球儀，統計などの各種の（　G　）を通して，情報を適切に調べまとめる技能を身に付けるようにする。

5 ☆

次は小学校学習指導要領「社会科」における内容である。それぞれ第何学年で扱うか，第3学年，第4学年，第5学年，第6学年に分類せよ。

ア．飲料水，電気，ガスを供給する事業は，安全で安定的に供給できるよう進められていることや，地域の人々の健康な生活の維持と向上に役立っていることを理解すること。

イ．放送，新聞などの産業は，国民生活に大きな影響を及ぼしていることを理解すること。

ウ．我が国と経済や文化などの面でつながりが深い国の人々の生活は，多様であることを理解するとともに，スポーツや文化などを通して他国と交流し，異なる文化や習慣を尊重し合うことが大切であることを理解すること。

エ．地域の発展に尽くした先人は，様々な苦心や努力により当時の生活の向上に貢献したことを理解すること。

オ．消防署や警察署などの関係機関は，地域の安全を守るために，相互に連携して緊急時に対処する体制をとっていることや，関係機関が地域の人々と協力して火災や事故などの防止に努めていることを理解すること。

カ．国や地方公共団体の政治は，国民主権の考え方の下，国民生活の安定と向上を図る大切な働きをしていることを理解すること。

キ．食料生産に関わる人々は，生産性や品質を高めるよう努力したり輸送方法や販売方法を工夫したりして，良質な食料を消費地に届けるなど，食料生産を支えていることを理解すること。

ク．販売の仕事は，消費者の多様な願いを踏まえ売り上げを高めるよう，工夫して行われていることを理解すること。

ケ．我が国の国土の地形や気候の概要を理解するとともに，人々は自然環境に適応して生活していることを理解すること。

6 ☆

小学校学習指導要領「社会科」の各学年の内容について，次の各問いに答えよ。

(1) 第3学年，第4学年，第5学年で学習の対象として指導する地域の規模をそれぞれ答えよ。

(2) 第6学年の歴史学習について，次の空欄に適語を入れよ。

　我が国の歴史上の主な事象を手掛かりに，大まかな歴史を理解するとともに，関連する(　A　)，(　B　)を理解すること。

7 ☆☆☆

小学校学習指導要領「社会科」における「内容の取扱い」について，次の各問いに答えよ。

(1) 第4学年の「内容の取扱い」のうち，「廃棄物の処理」について取り上げる際に留意する点を答えよ。

(2) 第6学年の「内容の取扱い」として，正しいものをすべて選べ。

① 歴史の学習においては，児童の興味・関心を重視し，取り上げる人物や文化遺産の重点の置き方に工夫を加えるなど，精選して具体的に理解できるようにする。

② 歴史の「神話・伝承」については，古事記，日本書紀，風土記を必ず取り上げるようにする。

③ 歴史の学習を通じて，国宝，重要文化財に指定されているものや，世界文化遺産に登録されているものなどを取り上げ，我が国の代表的な文化遺産を通して学習できるように配慮する。

④ 我が国の政治の働きについては，国会などの議会政治や選挙の意味，租税の役割の中から選択して取り上げるようにする。

⑤ 「国や地方公共団体の政治」については，社会保障，自然災害からの復旧や復興，地域の開発や活性化の取組を必ず取り上げるようにする。

8 ☆☆

小学校学習指導要領「社会科」における「内容の取扱い」について，正しいものには○を，誤っているものには×をつけよ。

(1) 第3学年で学習する，地域に見られる生産や販売の仕事については，「生産」では，農家，工場などの中から選択して取り上げ，「販売」では，商店を取り上げる。

(2) 第4学年で学習する，自然災害から人々を守る活動については，地震災害，津波災害，風水害，火山災害，雪害などの中から，過去に県内で発生したものを選択して取り上げる。

(3) 第4学年で学習する，県内の特色ある地域の様子については，現代的な技術を生かした地場産業が盛んな地域，情報化が進展している地域及び地域の資源を保護・活用している地域を取り上げる。

(4) 第5学年で学習する，「放送，新聞などの産業」については，放送，新聞，電信電話を必ず取り上げる。

(5) 第6学年で学習する，グローバル化する世界と日本の役割については，我が国とつながりが深い国から数か国を取り上げ，それらの中から児童が1か国を選択して調べるよう配慮する。

9 ☆☆☆

小学校学習指導要領「社会科」における第6学年の歴史学習について，「内容の取扱い」に例示されていない人物を選べ。

ア．本居宣長　イ．行基　ウ．足利尊氏（高氏）
エ．平清盛　オ．徳川家光

10 ☆

次の文は，小学校学習指導要領「社会科」の「指導計画の作成と内容の取扱い」である。空欄にあてはまる語句をア～シから選び，記号で答えよ。

(1) 各学校においては，（　A　）を生かし，児童が興味・関心をもって学習に取り組めるようにするとともに，観察や見学，聞き取りなどの調査活動を含む具体的な体験を伴う学習やそれに基づく（　B　）の一層の充実を図ること。

(2) 学校図書館や公共図書館，コンピュータなどを活用して，情報の（　C　）などを行うようにすること。また，（　D　）の学年において，地図帳を活用すること。

(3) 博物館や資料館などの施設の活用を図るとともに，身近な地域及び国土の（　E　）などについての調査活動を取り入れるようにすること。

ア．表現活動　イ．交流活動　ウ．地域の特色
エ．地域の実態　オ．歴史や文化財　カ．産業や歴史
キ．遺跡や文化財　ク．収集やまとめ　ケ．第3学年以降
コ．第4学年以降　サ．全て　シ．選択や判断

11 ☆☆☆

47都道府県の名称と位置について，子どもたちが意欲的に学習に取り組むようにするため，指導する際にどのような工夫をするか，具体的に述べよ。

12 ☆☆☆

第3学年で「火事を防ぐ」という単元を設定するとして，子どもたちが意欲的に学習に取り組むようにするため，どのような活動を取り入れるか，具体的に述べよ。

2 地理

●解答解説P384～392

●傾向と対策

重要度：A

地形図の読み方や縮尺，地図記号，時差，日本の気候区分，野菜・果実の主要生産地，工業の特色，漁獲量の推移，各都道府県の特色，地球環境問題についてよく出題されている。いずれの事項も，中学で学習するレベルの知識で十分対応できるため，確実に基礎を固めた上で，問題に慣れておこう。

13 ☆

次の地図の名称を答えよ。また，その用法をア～ウからそれぞれ選び，記号で答えよ。

(1)

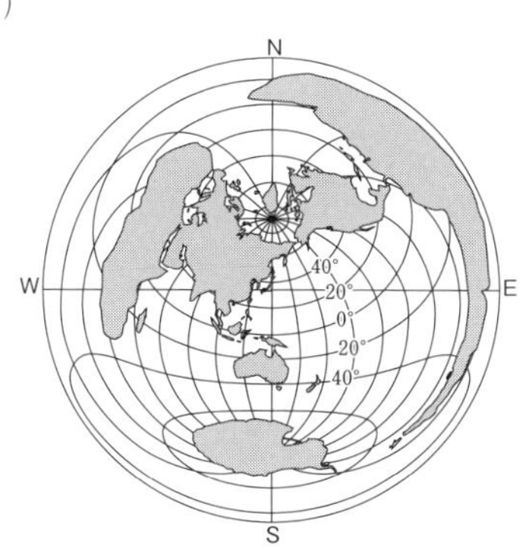

(2)

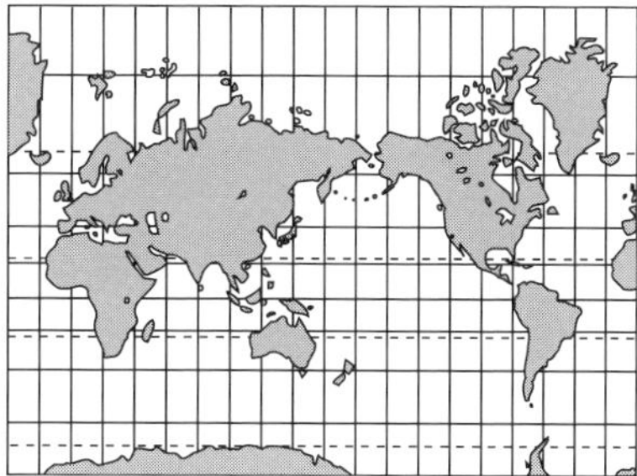

(3)

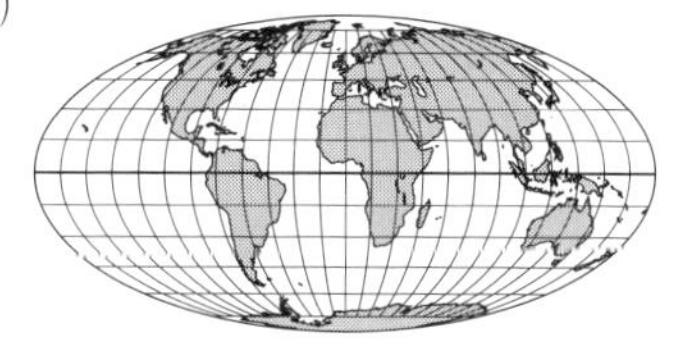

ア．航海図に利用される。
イ．航空図に利用される。
ウ．ドットマップに利用される。

14 ☆

次の地図は東京を中心として表した世界地図である。これを見て，各問いに答えよ。

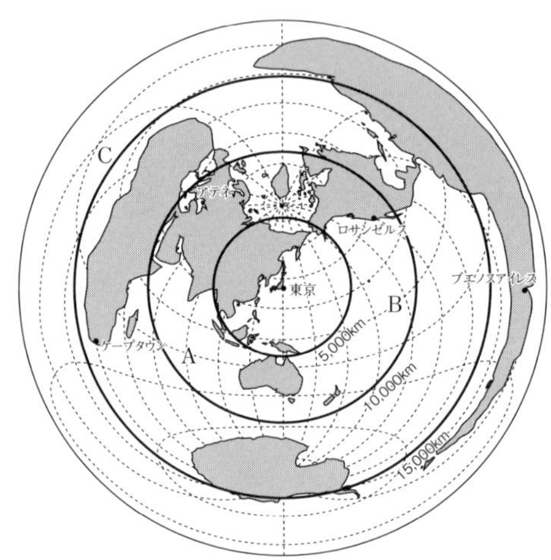

(1) 東京から見たときのアテネとブエノスアイレスの方位の組み合わせとして正しいものを選べ。

	アテネ	ブエノスアイレス
①	北西	南東
②	北西	東
③	西	南東
④	西	東

(2) 東京から北に向かって出発し，そのまま進路をかえずに地球を一周したとき，通過しない大陸をア～エから選び，記号で答えよ。

ア．ユーラシア大陸　　イ．オーストラリア大陸
ウ．アフリカ大陸　　エ．南極大陸

(3) 東京から各地域までの距離についての記述として，正しいものを選べ。

① 東京から，南アメリカ大陸までは東西南北とも15,000km以内にある。
② 東京から，アジアの国々はすべて5,000km以内にある。
③ 東京からは，アテネとロサンゼルスはほぼ同じ距離にある。
④ 東京からは，ブエノスアイレスよりもロサンゼルスの方が遠い。
⑤ 東京からは，ケープタウンよりもロサンゼルスの方が遠い。

(4) 地図中のA～Cの海洋名を答えよ。

15 ☆

地図について，次の各問いに答えよ。

(1) 次の地図記号は何を表しているか答えよ。

A　　　B　　　C　　　D

(2) 国土地理院発行の2万5千分の1地形図で示されている等高線のうち，計曲線は何m間隔か。次から選び，記号で答えよ。

ア．5m　　イ．10m　　ウ．20m　　エ．50m　　オ．100m

16 ☆☆

次の地形図Ⅰ・Ⅱは，三重県亀山市の関町（東海道の宿場町）の1939（昭和14）年，2019（平成31）年にそれぞれ発行された地形図の一部である。これを見て，次の各問いに答えよ。

〈図Ⅰ〉　　　　（1939年）

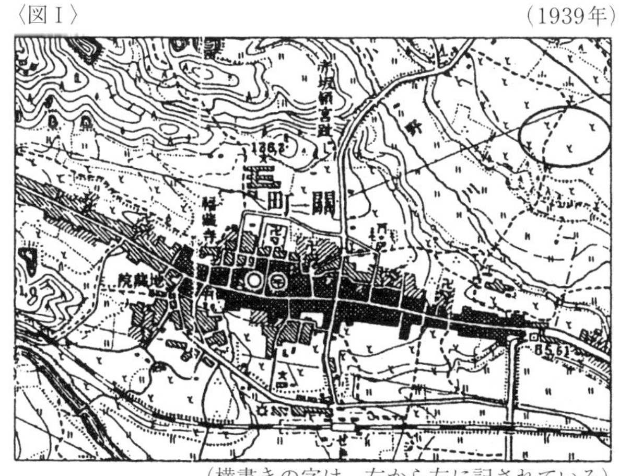

（横書きの字は，右から左に記されている）

〈図Ⅱ〉　　　　　　　　　　　　　　　　　　（2019年）

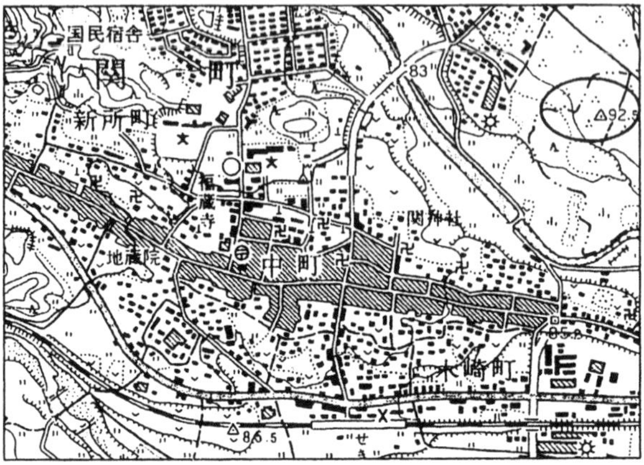

(1)　図Ⅰ，Ⅱ中◯で示された場所を比較してみると，土地利用の様子に変化があったことがわかる。その土地利用を表す地図記号の組み合わせとして正しいものを選べ。

	図Ⅰ	図Ⅱ
①	果樹園	桑畑
②	竹林	畑・果樹園
③	桑畑	茶畑
④	針葉樹林	広葉樹林
⑤	茶畑	竹林

(2)　図Ⅰ，Ⅱ中◯で示された場所は，水田として利用されていない。地形図から判断して，水田として利用するのが難しい理由として正しいものを選べ。

①　付近に川がなく，水が得にくいから。

②　扇状地であるため，川が伏流して水無し川になっているから。

③　付近に発電所があるため，水質が汚染されやすいから。

④　河川より標高が高く，水を得にくいから。

(3)　関の宿場町（関宿）は現在も昔の町並みが保存されている。この町並みは2万5千分の1地形図上では7.2cmある。実際の距離は何kmか答えよ。

17 ☆☆

時差について，次の各問いに答えよ。ただし，日本の標準時子午線は東経135度とする。

(1) 東京が11月20日午後8時45分のとき，ロンドン（経度0度）の日時を答えよ。

(2) 太郎君のお父さんは，11月25日午後8時に成田空港を出発して12時間かかってある都市に着いた。そこで2時間仕事をしたあと，家に電話をして太郎君に「お父さんのいる都市の日時は，ちょうど成田空港を出発した日時と同じだよ。」と言った。太郎君のお父さんのいる都市として正しいものを次から選び，記号で答えよ。

ア．カイロ（東経30度）　　イ．ニューヨーク（西経75度）
ウ．ロサンゼルス（西経120度）　　エ．アムリットサル（東経75度）

18 ☆

地図中Yの緯線とほぼ同緯度にある都市を次から選び，記号で答えよ。

ア．カイロ　　イ．ロンドン
ウ．マドリード　　エ．マルセイユ

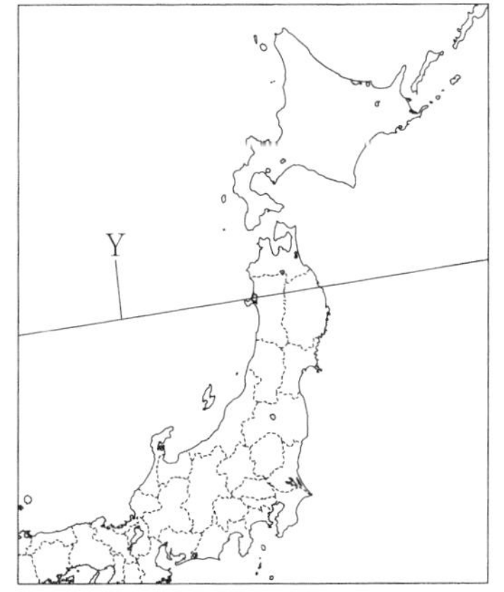

19 ☆

次の地図を見て，各問いに答えよ。

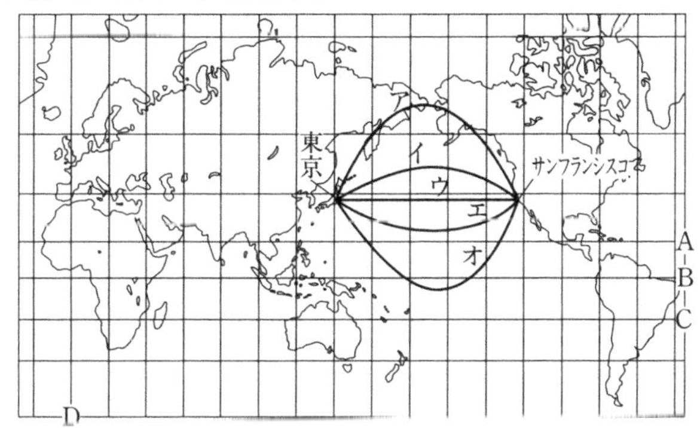

(1) 地図中のA～Cのうち赤道はどれか選べ。

(2) 地図中のDの経線を何というか。

(3) 地図中のア～オのうち，東京とサンフランシスコの最短コース（大圏航路）はどれか選べ。

20 ☆☆

次の気温・降水量のグラフに該当する気候区をア～カから，地名をa～fからそれぞれ選び，記号で答えよ。

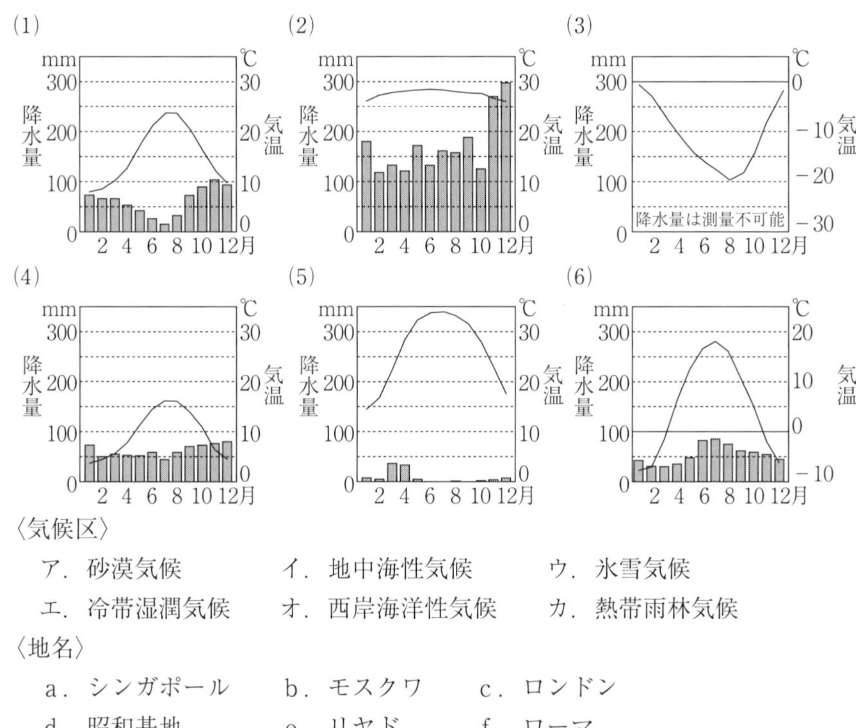

〈気候区〉

ア．砂漠気候　イ．地中海性気候　ウ．氷雪気候

エ．冷帯湿潤気候　オ．西岸海洋性気候　カ．熱帯雨林気候

〈地名〉

a．シンガポール　b．モスクワ　c．ロンドン

d．昭和基地　e．リヤド　f．ローマ

21 ☆

ヨーロッパについて，次の地図を見て各問いに答えよ。

⑴　次の記述にあてはまる国名を答えよ。また，その位置を地図中ア～クから選び，記号で答えよ。

A．農業人口は労働人口の約3％であるが，西欧最大の農業国で，主要食料のほとんどを自給自足している。原子力発電の占める比重が大きい。

B．デルタとポルダー（干拓地）からできた国土で，その4分の1は標高が海面下にある。EUの玄関港のユーロポートがある。

C．南部は零細農家が多く，工業を中心とする北部との経済格差が大きい。EC（ヨーロッパ共同体）結成当時の原加盟国である。

⑵　2023年6月現在，EU加盟国でユーロを使用していない国を地図中のア～クから2つ選び，記号で答えよ。

⑶　地図中のキやクの北部では，夏に太陽が沈まない夜が出現する。この現象の名称を答えよ。

22 ☆☆☆

アメリカ合衆国について，次の各問いに答えよ。

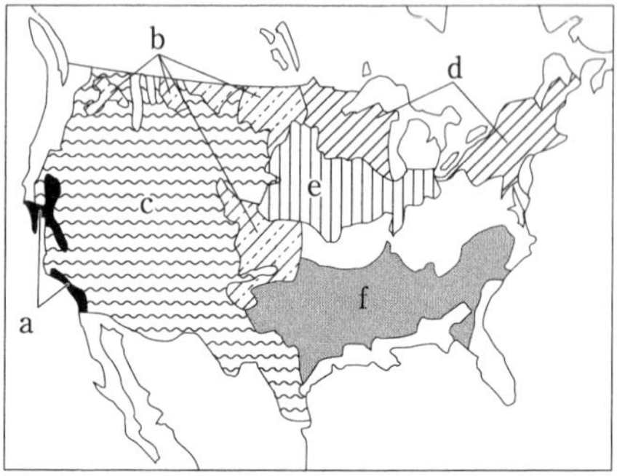

⑴　右の図は，アメリカ合衆国の農牧業の区分図である。地図中ａ～ｆの地域の特徴にあてはまるものを①～⑥からそれぞれ選び，記号で答えよ。

①　温暖な気候で，綿花地帯が広がり，近年は混合農業も盛んである。

②　とうもろこし地帯で，多角経営農家が多い。

③　乾燥気候で，肉牛・羊の企業的牧畜業が盛んである。

④　比較的降水量が少ない地域で，大型機械を使用する広大な小麦地帯となっている。

⑤　地中海式農業地域で，大規模な灌漑による果樹・米の生産が多い。

⑥　大都市向けの園芸農業や酪農が盛んである。

⑵　次の文の空欄にあてはまる語句をア～クからそれぞれ選び，記号で答えよ。

アメリカ合衆国は世界有数の農業国で，機械化された大規模農業により，(　Ａ　)生産性はやや低いが(　Ｂ　)生産性はきわめて高い。また，その土地の特性に合ったものを栽培する(　Ｃ　)による商品作物栽培が行われている。近年は，農業関連産業ともよばれる(　Ｄ　)の支配下におかれた農家が増えている。

ア．フィードロット　　イ．土地　　ウ．労働
エ．集約的農業　　オ．適地適作　　カ．エスタンシア
キ．ファゼンダ　　ク．アグリビジネス

⑶　サンフランシスコ郊外のサンノゼ周辺には，電子工業関連の企業や研究所が集中している地域があるが，この地域は何とよばれているか答えよ。

⑷　⑶の地域を含む北緯37度以南の地域は，1970年代以降，工業が著しく発展しているが，この地域は何とよばれているか答えよ。

23 ☆

東南アジアについて，次の地図を見て各問いに答えよ。

⑴　次の記述にあてはまる国名を答えよ。また，その位置を地図中ア～オから選び，記号で答えよ。

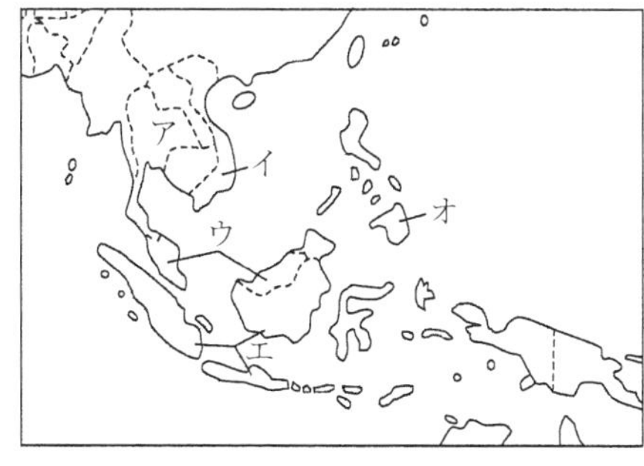

A．イギリスとフランスの間の緩衝国であり，東南アジアでは欧米諸国の植民地支配を受けなかった唯一の国である。世界有数の米の輸出国であるが，近年では輸出志向型産業の食品加工，繊維，電子・電気産業が発達している。

B．国民の半数以上がマレー系住民であるが，国民の約2割を占める華僑が経済の実権を握っているため，マレー系の住民を優遇するブミプトラ政策を実施している。また，ルック・イースト政策によって近代化を推進し，天然ゴムやすずなどのモノカルチャー経済から脱出した。

C．フランスの植民地であったが，第二次世界大戦後，独立するにあたって南北に分裂した。南北統一後も数々の紛争があり，近代化が大幅に遅れたことから，1980年代後半よりドイモイ（刷新）政策を打ち出し，成果を上げている。

⑵　次の表は，ある作物の主要生産国の生産量と世界生産量に占める割合（2020年）を示したものである（表中の国名の記号は地図中の記号を指す）。この作物に該当するものをａ～ｄから選び，記号で答えよ。

国名	生産量（千t）	割合（%）
ア	4,703	31.7
エ	3,366	22.7
イ	1,226	8.3
インド	963	6.5
中国	668	6.3

（『世界国勢図会2022/23』）

ａ．米　　ｂ．天然ゴム　　ｃ．パイナップル　　ｄ．バナナ

⑶　1967年に結成され，2023年6月現在，東南アジア10ヵ国が加盟している組織の名称をアルファベットで答えよ。

24 ☆☆

中国について，次の地図を見て各問いに答えよ。

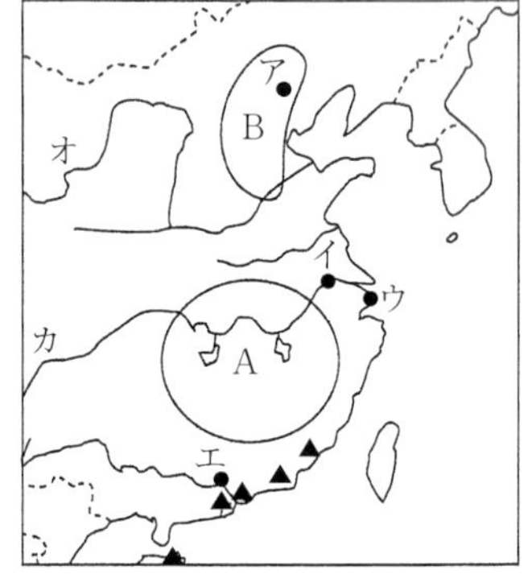

⑴　A・Bの都市を，地図中ア～エから，Cの河川をオ・カから選び，記号で答えよ。

A．北京　　B．上海　　C．長江

⑵　地図中の▲の都市は，経済的な優遇措置が認められた地域として指定されているが，その地域の名称と目的を簡潔に述べよ。

⑶　地図中Aの地域で主に栽培され，世界第1位の生産量(2020年)である農作物を次から選び，記号で答えよ。

a．小麦　　b．大豆

c．米　　d．とうもろこし

⑷　地図中Bの地域に分布する肥沃な土の名称を答えよ。

25 ☆

西アジア・北アフリカについて，次の地図を見て各問いに答えよ。

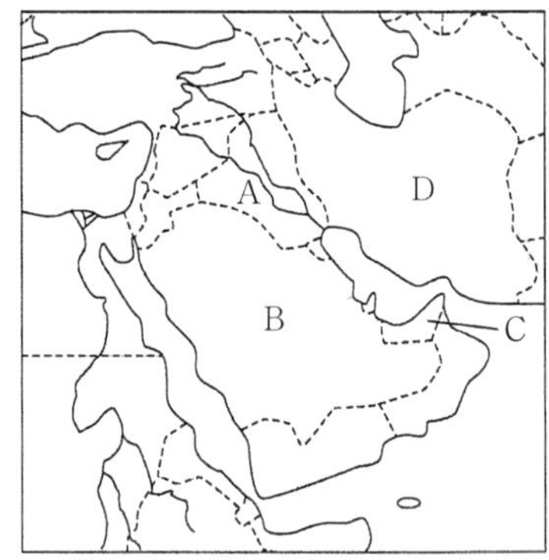

⑴　地図中のA～Dの国名をそれぞれ答えよ。また，このうち，原油の輸出量が世界第1位(2019年)である国を選び，記号で答えよ。

⑵　この地域の大部分の人々が信仰する宗教を答えよ。

⑶　イランなどの乾燥地域では，山麓の湧水地から地下水路を引いて灌漑農業を行っている。この地下水路を何というか答えよ。

⑷　西アジアの産油国を中心に，石油の価格や生産量を調整し産油国の利益を得るため，1960年に結成された国際機関をアルファベットで答えよ。

26 ☆☆

オーストラリアについて，次の地図を見て各問いに答えよ。

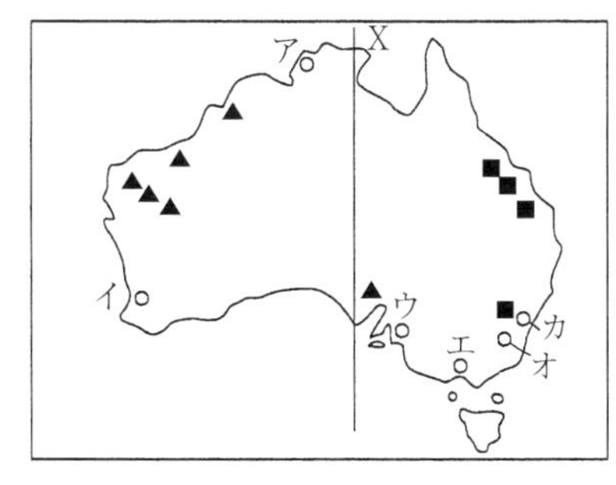

⑴　次のうち，経線Xに位置する都市を選び，記号で答えよ。

ア．札幌　　イ．横浜　　ウ．名古屋
エ．明石　　オ．唐津

⑵　次の記述にあてはまる都市名を答えよ。また，その位置を地図中ア～カから選び，記号で答えよ。

A．経済・文化の中心であり，最大の人口をもつ。2000年にはオリンピックが開催された。

B．国内第2の人口をもつ港湾都市であり，小麦，酪製品，羊毛，肉類などが輸出されている。

C．首都であり，行政区・住宅区などが計画的に建設された。

⑶　地図中の■と▲はある鉱山資源の分布を示している。それぞれの鉱山資源の名を次から選び，記号で答えよ。

ア．石炭　　イ．ボーキサイト　　ウ．鉄鉱石　　エ．金　　オ．原油

⑷　次の表は，我が国のオーストラリアとの主な貿易品目（2021年）を示したものである。空欄にあてはまる品目をア～オからそれぞれ選び，記号で答えよ。

オーストラリアへの輸出		オーストラリアからの輸入	
（　A　）	58.8%	（　B　）	32.7%
機械類	15.5%	液化天然ガス	26.8%
石油製品	7.3%	鉄鉱石	18.8%
タイヤ・チューブ	3.6%	銅鉱	4.5%
自動車部品	1.8%	肉類	3.5%

（『日本国勢図会2023/24』）

ア．自動車　　イ．航空機　　ウ．石炭
エ．原油　　オ．アルミニウム

27 ☆

次の記述に該当する国名を答えよ。

(1) ポルトガル語が公用語で，開拓移民として移住した日系人の子孫も多い。コーヒー豆やさとうきびの生産量は世界第1位（2020年），鉄鉱石の産出量は世界第2位（2019年）である。

(2) 世界第2位の国土面積をもち，森林資源が豊富で製紙・パルプ工業が発達する。イギリス系白人が多数を占めるが，ある1つの州だけはフランス系住民が多く，分離独立を求める動きもある。

(3) 14億を超える人口を擁し，その約8割がヒンドゥー教徒である。カーストとよばれる身分制度が根強く残る。近年は，低コストで優秀な人材に支えられ，IT産業が急発展している。

(4) 公用語は，フランス語，オランダ語，ドイツ語で，首都にはEU（欧州連合）の本部がある。豊富な石炭を使って早くから先進工業国として発展し，貿易依存度が高い。

(5) 赤道直下の島国であり，世界最大のイスラーム人口を有する多民族国家である。地下資源に恵まれ，日本への主な輸出品は石炭や液化天然ガスである。

(6) アフリカ大陸の最南端に位置し，プラチナやマンガンなどの天然資源が豊富である。長く続いてきた人種隔離政策は1991年に撤廃された。

28 ☆

日本の国土について，次の各問いに答えよ。

(1) 次の文の空欄にあてはまる語句をア～サから選び，記号で答えよ。

日本の領土は，北海道・本州・四国・九州の4つの大きな島と多数の島々からなり，国土面積は約（　A　）万km^{2}である。日本の国土のうち最南端に位置するのは，波の浸食から守るため護岸工事が行われた（　B　）である。これは，（　B　）が水没した場合，日本の領海や（　C　）が大幅に減少してしまうためである。

ア．南大東島　イ．与那国島　ウ．南鳥島　エ．沖ノ鳥島
オ．84　カ．65　キ．38　ク．21
ケ．領海水域　コ．接続水域　サ．排他的経済水域

(2) 次の図は，北方四島を示している。図中のa，bの島の名前を答えよ。

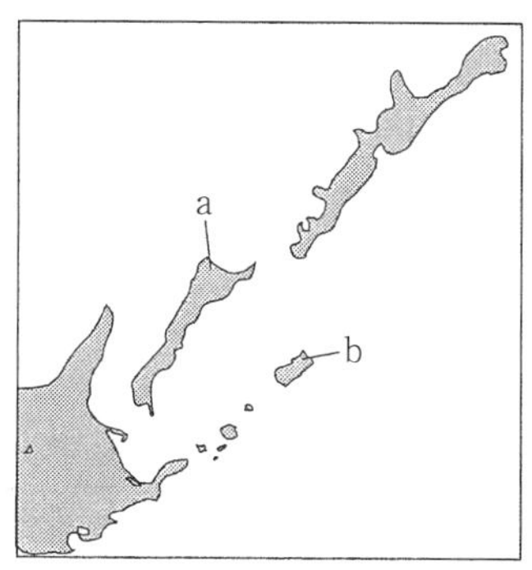

29 ☆

日本の気候について，次の各問いに答えよ。

(1) 次のグラフA～Dにあてはまる都市の組み合わせとして正しいものを選べ。

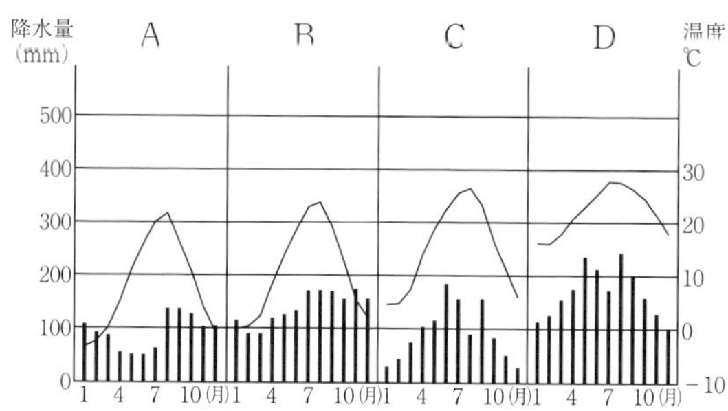

	A	B	C	D
①	仙台	札幌	松本	那覇
②	札幌	秋田	岡山	那覇
③	札幌	仙台	東京	熊本
④	秋田	松本	岡山	熊本

(2) 各地の気候に関する記述として，適切でないものを選べ。

① 北海道の気候は冷帯に属し，冬が長く梅雨の長雨がない。

② 日本海側の気候は，夏，フェーン現象により高温になることがある。

③ 太平洋側の気候は，夏に雨が多いが，冬は乾燥した晴れの日が多い。

④ 瀬戸内の気候は，季節風の影響をあまり受けず，降水量が少ない。

⑤ 内陸の気候は，気温の年較差が小さく，最寒月でも氷点下になる地域はない。

⑥ 南西諸島の気候は，気温が高く，年平均気温が20℃を超える地域がある。

30 ☆

次の表は，主な農産物の都道府県別生産の割合（2021年，ウのみ2022年）を示したものである。表中のア～ウに入る農産物名とA～Cに入る都道府県名を答えよ。

ア			イ			もも		
	生産量単位（t）	割合（%）		生産量単位（t）	割合（%）		生産量単位（t）	割合（%）
山梨	40,600	24.6	（　C　）	147,800	19.7	山梨	34,600	32.2
（　A　）	28,800	17.4	愛媛	127,800	17.1	福島	24,300	22.6
岡山	15,100	9.1	静岡	99,700	13.3	（　A　）	10,600	9.9
（　B　）	14,600	8.8	熊本	90,000	12.0	（　B　）	8,880	8.3
福岡	6,910	4.2	長崎	52,000	6.9	（　C　）	7,310	6.8
全国計	165,100	100.0	全国計	749,000	100.0	全国計	107,300	100.0

りんご			ウ			レタス		
	生産量単位（t）	割合（%）		生産量単位（t）	割合（%）		生産量単位（t）	割合（%）
青森	415,700	62.8	新潟	631,000	8.7	（　A　）	178,800	32.7
（　A　）	110,300	16.7	北海道	553,200	7.6	茨城	87,000	15.9
岩手	42,400	6.4	秋田	456,500	6.3	群馬	54,500	10.0
（　B　）	32,300	4.9	（　B　）	365,300	5.0	長崎	35,000	6.4
福島	18,600	2.8	宮城	326,500	4.5	兵庫	25,900	4.7
全国計	661,900	100.0	全国計	7,269,000	100.0	全国計	546,800	100.0

（『日本国勢図会2023/24』）

31 ☆

次の表は，日本，イタリア，フランス，ドイツ，イギリス，アメリカの食料自給率を表している。日本とイギリスの組み合わせとして正しいものを選べ。

（%　2018年，日本は2020年度）

	A	B	C	D	E	F
穀類	29	116	97	101	187	61
豆類	8	172	53	13	79	39
野菜類	79	84	42	41	68	151
果実類	39	61	12	31	64	104
肉類	53	114	75	120	102	81
卵類	97	104	94	70	98	99
牛乳・乳製品	63	101	89	106	104	86

（『日本国勢図会2023/24』）

	日本	イギリス
①	A	C
②	A	F
③	C	F
④	F	A
⑤	F	C

32 ☆☆

日本の工業について，次の地図を見て各問いに答えよ。

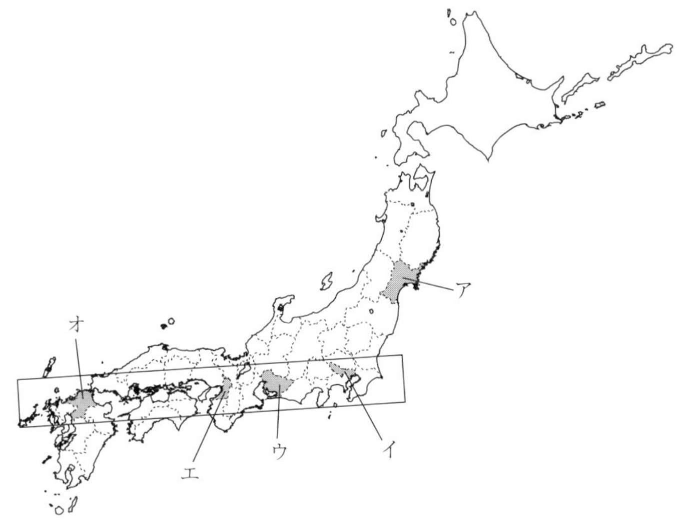

(1) 地図中に示した帯状の地域は，三大工業地帯を含めた工業の盛んな地域である。この地域の名称を答えよ。

(2) 次の表は，ある都府県の主な生産物とその全国に占める割合及び全国順位（2019年）である。あてはまる都府県を地図中のア～オから選び，記号と都府県名を答えよ。

補聴器	80％	1位
電子顕微鏡	69％	1位
テレビ等放送装置	64％	1位
航空機用エンジンの部品類	38％	1位

（『県勢2023』）

(3) 次のグラフは，日本の主な工業地帯の産業別出荷額割合（2020年）を表している。A・Bにあてはまる工業名を，ア～ウから選び，記号で答えよ。

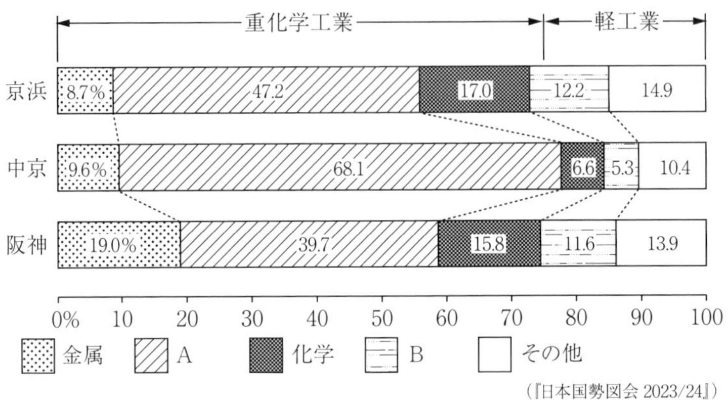

（『日本国勢図会 2023/24』）

ア．繊維　　イ．食料品　　ウ．機械

(4) 1980年代以降の急激な円高や貿易摩擦などにより，国内の工場が海外に多く移転するようになった。このような工業の海外進出に伴い，国内の産業が衰えることを何というか。

33 ☆

次の伝統工芸が行われている県をア～シからそれぞれ選び，記号で答えよ。

(1) 萩焼　(2) 輪島塗　(3) 天童将棋駒　(4) 益子焼
(5) 伊万里焼　(6) 小千谷縮　(7) 南部鉄器　(8) 越前和紙

ア．新潟県　イ．岩手県　ウ．山形県　エ．石川県
オ．栃木県　カ．茨城県　キ．福井県　ク．富山県
ケ．山口県　コ．香川県　サ．佐賀県　シ．鹿児島県

34 ☆☆

日本の漁業について，次の各問いに答えよ。

(1) 次の文の空欄にあてはまる語句を入れよ。

水産業は，かつての「とる漁業」から「育てる漁業」へと変化してきている。例えば，人工のいけすなどで稚魚や稚貝などを育て，成長させてからとる漁業を(　A　)といい，志摩半島沿岸の(　B　)，浜名湖周辺の(　C　)などが有名である。また，人工的にふ化させた稚魚などを海に放流し，成長してからとる漁業を(　D　)といい，瀬戸内海のクルマエビやタイ，北海道の(　E　)やマスが有名である。

(2) 次のグラフは，日本の漁業部門別生産量の推移を示したものである。これについて各問いに答えよ。

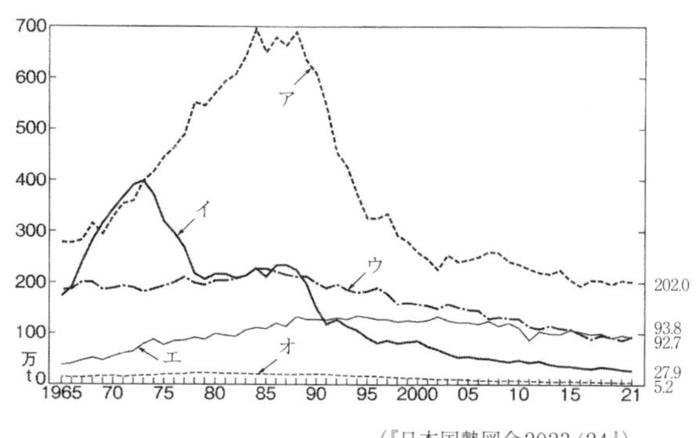

(『日本国勢図会2023/24』)

① 図中のア～オは，遠洋漁業，沿岸漁業，沖合漁業，内水面漁業・養殖業，海面養殖業のいずれかを示している。このうち，沖合漁業を表すものを選び，記号で答えよ。

② 図中のイの生産量は，1970年代に急激に減少している。この原因として考えられることを2つ挙げよ。

35 ☆☆

九州地方について，次の地図を見て各問いに答えよ。

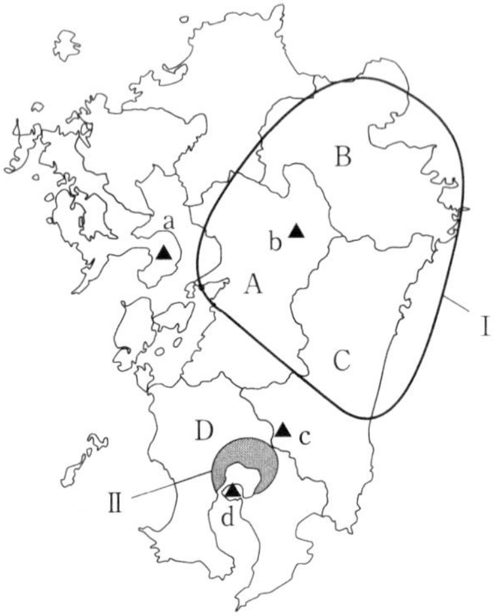

⑴　地図中のⅠの地域は，1980年代以降，ある工場が内陸の空港や高速道路沿いに進出し発展してきたことから，何とよばれているか。

⑵　地図中のⅡの地域において，主に行われているものを次から選び，記号で答えよ。

ア．畜産業　　イ．稲作

ウ．果樹栽培　　エ．野菜の促成栽培

⑶　地図中のａ～ｄの活火山のうち，阿蘇山はどれか。記号で答えよ。

⑷　次の表は，九州地方で多く生産されている農畜産物の都道府県別生産量・飼養羽数の割合を示したものである（表中の県名の記号は地図中の記号を指す，アは2021年，イ・ウは2022年）。表中のア～ウに入る農畜産物をａ～ｆからそれぞれ選び，記号で答えよ。

ア			イ			ウ		
	生産量（重量ｔ）	割合（％）		生産量（重量ｔ）	割合（％）		飼養羽数（万羽）	割合（％）
茨城	33,400	22.5	（　Ｄ　）	210,000	29.5	（　Ｄ　）	2,809	20.2
（　Ｃ　）	26,800	18.0	茨城	194,300	27.3	（　Ｃ　）	2,760	19.8
（　Ｄ　）	13,300	9.0	千葉	88,800	12.5	岩手	2,110	15.2
高知	13,000	8.8	－	－	－	青森	806	5.8
全国計	148,500	100.0	全国計	710,700	100.0	全国計	13,923	100.0

（『日本国勢図会2023/24』）

ａ．かぼちゃ　　ｂ．ピーマン　　ｃ．さつまいも

ｄ．トマト　　ｅ．採卵鶏　　ｆ．肉用若鶏

36 ☆

中国・四国地方について，次の地図を見て各問いに答えよ。

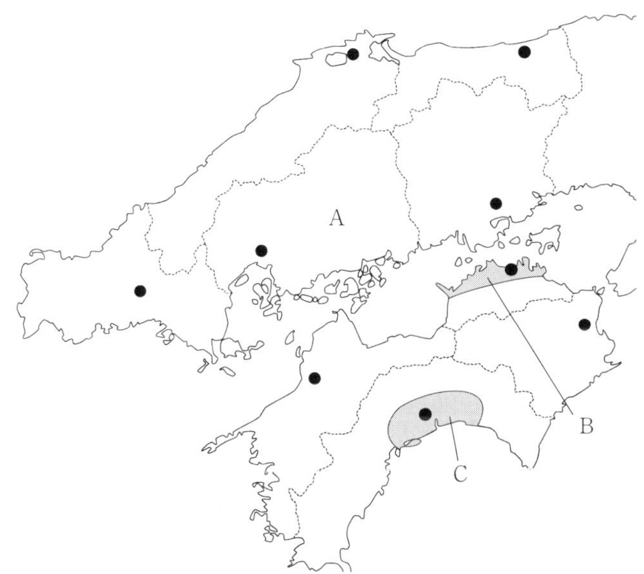

⑴　地図中のAの県で養殖され，生産量が全国第1位(2020年)であるものを答えよ。また，養殖や栽培漁業に被害をもたらす，プランクトンの異常発生による現象を何というか。

⑵　地図中のBの地域に関して，次の文の空欄にあてはまる語句を答えよ。

　Bは(　ア　)平野で，季節風が中国山地と四国山地に遮られることから降水量が少ない。そのため，古くから(　イ　)が多く作られた。また，(　ウ　)川から水をひいて香川用水を造り，灌漑に利用している。

⑶　地図中のCの地域は，温暖な気候やビニルハウスを利用して，ピーマンやなすなどの夏野菜を栽培し，他の産地と収穫の時期をずらして出荷している。このような栽培方法を何というか。

⑷　地図中の●で示した都市は，各県の県庁所在地である。これらのうち，県名と県庁所在地名が異なる都市を県名とともにすべて答えよ。

37 ☆☆

近畿・北陸地方について，次の各問いに答えよ。

(1) 次の文の空欄にあてはまる語句を入れよ。

北部の若狭湾沿岸には（　A　）とよばれる出入りの多い海岸地形があり，（　B　）発電所が分布している。また，三重県の（　C　）半島にも（　A　）があり，ここの英虞湾では真珠の養殖が行われている。南部の紀伊山地には，（　D　）杉が多く植生しており，熊野川河口の新宮で製材業が盛んである。大阪平野や京都盆地では，お茶などの商品作物を栽培する（　E　）農業が行われている。

(2) 次の表は，近畿地方7県（滋賀県，京都府，奈良県，大阪府，兵庫県，和歌山県，三重県）の概要をまとめたものである。このうち，DとEにあてはまる府県名を答えよ。

府県名	人口密度（人/km^2, 2022年）	耕地面積（ha, 2022年）	農業産出額（億円, 2021年）	製造品出荷額等（億円, 2020年）
A	353.8	19,600	391	17,367
B	350.7	50,500	585	76,155
C	552.8	29,500	663	53,048
D	191.2	31,300	1,135	24,021
E	643.1	72,400	1,501	153,303
F	301.7	57,000	1,067	105,138
G	4,609.4	12,200	296	171,202

（『日本国勢図会2023/24』）

(3) 阪神工業地帯に関する記述として，正しいものをすべて選べ。

① 第二次世界大戦前は繊維工業が中心であったが，戦後は重化学工業が発達した。他の工業地帯に比べると金属工業の割合は低い。

② 自動車など機械工業を中心とした重化学工業が盛んであり，印刷・出版業も発達した総合工業地帯である。

③ 臨海部には造船，鉄鋼などの大工場があり，都市内部には衣服や食品などの中小工場が多い。

④ 工業製品出荷額は，京浜工業地帯，中京工業地帯に次いで国内第3位（2020年）である。

⑤ 地盤沈下や大気汚染の進行，工業用水の不足などから，工業地帯の再開発は困難な状況にある。

38 ☆☆

中部地方について，次の地図を見て各問いに答えよ。

⑴　地図中のＡ～Ｃの山脈名をそれぞれ答えよ。また，これら3つの山脈は標高が高いことから，ヨーロッパにある山脈にちなみ何とよばれているか。

⑵　地図中のＤ川周辺の低湿地には，堤防で囲まれた集落がみられるが，これを何というか。

⑶　次の文は，地図中のア～ウの都市について説明したものである。あてはまる都市名とその位置を記号で答えよ。

①　天竜川の河口近くに位置するこの都市は，楽器・オートバイの生産が盛んで，付近の浜名湖ではウナギの養殖が行われている。

②　中京工業地帯の中心であるこの都市は，明治時代にある人物が自動織機を発明したことにより発展し，会社の名前が都市名になった。現在は自動車関連産業が盛んである。

③　豊かな水資源と森林に恵まれ，明治以後パルプ・製紙工業が発達している。現在は自動車・電気機械・化学工業も盛んである。

39 ☆☆

関東地方について，次の各問いに答えよ。

(1) 次の記述の空欄にあてはまる語句を入れよ。

関東平野は，日本で2番目に長い（　A　）川・荒川などに沿った低地と，火山灰土である（　B　）におおわれた台地からなる。冬には関東平野一帯に（　C　）とよばれる乾燥した北西季節風が吹く。

茨城県の鹿島臨海工業地域の中心となっている鹿島港は，（　D　）海岸の陸地に掘り込み式工業港として作られた。日立市には電気機械工業が発達し，（　E　）には日本初の原子力発電所が建設された。また，つくば市には官民の研究機関や大学が集中しており，（　F　）都市として知られている。

(2) 次の表は関東地方の各都県における人口の動き（2020年）を示している。地図中のア～キから表中A～Dに該当する都県をそれぞれ選び，記号と都県名を答えよ。

都県名	昼間人口（千人）	常住人口（千人）	流入超過人口（千人）	昼夜間人口比率
A	6,435	7,345	－910	87.6
B	5,550	6,284	－734	88.3
C	16,752	14,048	2,704	119.2
D	8,306	9,237	－931	89.9
E	2,799	2,867	－68	97.6
F	1,914	1,933	－19	99.0
G	1,934	1,939	0	100.0

（『県勢2023』）

40 ☆☆

東北地方について，次の地図を見て各問いに答えよ。

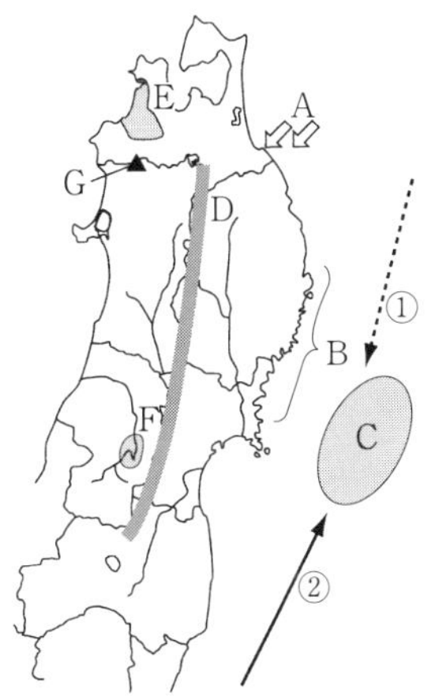

(1) 地図中のAの風は夏に吹く冷たい北東風である。この風を何というか。また，この風が吹く期間が長くなると，どのような自然災害がおこるか答えよ。

(2) 地図中のBの地域の海岸名を答えよ。また，この海岸の南部に発達する地形を何というか答えよ。

(3) 地図中のCの海域は潮目とよばれ，良い漁場となっている。潮目とはどのようなところか，①・②の海流の名称を用いて簡潔に説明せよ。

(4) 地図中Dの山脈の太平洋側にほぼ沿う形で，高速道路と新幹線が走っており，これらの沿線にはIC（集積回路）工場が集中している。そのため，このあたり一帯は何とよばれるか答えよ。

(5) 地図中のE及びFの地域で主に栽培されている果実は何か，それぞれ答えよ。

(6) 地図中のGの山地は世界遺産に登録されているが，その山地の名称を答えよ。また，そこに広がっている天然林の名称を答えよ。

41 ☆☆

北海道地方について，次の地図を見て各問いに答えよ。

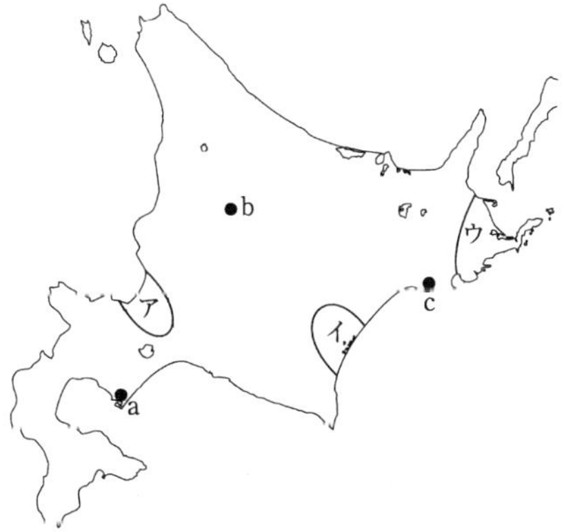

(1) 次の文の空欄にあてはまる語句を答えよ。

地図中アは(　A　)平野で，農業に適さない(　B　)とよばれる土壌が分布していたが，客土などの工夫により現在では稲作が盛んである。イの(　C　)平野は一戸当たりの耕地面積が広い。また，ウの(　D　)台地は北海道の酪農の中心地である。

(2) 次の文は，地図中のa～cの都市について説明したものである。あてはまる都市名とその位置を記号で答えよ。

① ニューヨークをモデルにして造られた計画的な都市で，パルプ・製紙工業や食品工業が発達している。冬は寒さが厳しい。

② 北洋漁業の基地として発展し，缶詰やかまぼこなどの水産加工工場が立地する。近年は沿岸漁業が中心である。

③ 付近で石炭の産出が多く，その積出港として発達した。明治時代末に鉄鋼業がおこり，それ以降，北海道を代表する工業都市となった。

(3) 次の表は，北海道地方で多く栽培されているある農作物の都道府県別生産の割合(2022年)を示したものである。この農産物名をア～エから選び，記号で答えよ。

	生産量(単位t)	割合(%)
北海道	108,900	44.9
宮城	15,800	6.5
秋田	11,500	4.7
滋賀	10,600	4.4
全国計	242,800	100.0

(『日本国勢図会2023/24』)

ア．大豆　　イ．らっかせい　　ウ．じゃがいも　　エ．だいこん

42 ☆☆

日本の各都道府県の特徴について，次の各問いに答えよ。

(1) 次の文は，それぞれ何県について述べたものか。それぞれ県名と県庁所在地名を答えよ。

① 米軍基地が県内に多く存在している。第三次産業有業者割合が高く，農作物ではパイナップル・さとうきびなどの生産量が多い。また，昼間人口と常住人口がほぼ同じである。

② この県には日本最大の湖があり，この湖に工場廃水や合成洗剤を含む生活排水が流れ込んだことにより赤潮がたびたび発生した。そのため，県は

「富栄養化防止条例」を制定し，リンを含む合成洗剤の販売・使用を禁止して，水質の保全に努めている。

③　この県の県庁所在地は盆地になっており，扇状地を利用してぶどうやももの生産が盛んである。他の生産物として，ウイスキーの生産も盛んである。

④　かつては絹織物を中心とする繊維工業が盛んであったが衰退した。嬬恋では涼しい気候を利用して，キャベツなどの栽培が盛んである。また，尾瀬の湿原を訪れる観光客も多い。

(2)　次の表はある県の概要をまとめたものであり，A～Cはそれらの県の略地図である。表のア～ウにそれぞれ該当する略地図を選び，その記号と県名・県庁所在地名を答えよ。

県	面積（km^2）	人口（万人）	主な生産物
ア	5,774	176	液晶パネル，錠・かぎ，いせえび
イ	15,275	120	あわび類，おきあみ類，りんどう
ウ	6,097	285	ピーマン，メロン，はくさい

（『県勢2023』）

A

B

C

43 ☆☆

日本の貿易について，次の各問いに答えよ。

⑴ 次の表は，各国の日本への輸出額と輸出品目の割合（2021年）を示したものである。表中のA～Cにあてはまる国名をア～カから選び，記号で答えよ。

A		B		C	
20,381,814（百万円）		1082,533（百万円）		1,551,643（百万円）	
輸出品目	割合（%）	輸出品目	割合（%）	輸出品目	割合（%）
機械類	49.0	鉄鉱石	51.2	液化天然ガス	23.9
衣類	7.8	肉類	9.0	石炭	18.5
金属製品	3.6	とうもろこし	6.8	原油	16.6
織物類	2.9	有機化合物	5.3	パラジウム	9.7
家具	2.6	コーヒー	4.6	魚介類	8.9

（『日本国勢図会2023/24』）

ア．ロシア　イ．韓国　ウ．ブラジル
エ．オーストラリア　オ．中国　カ．サウジアラビア

⑵ 次の表は，日本の主要輸入品の輸入先（2021年，金額円による百分比）を示している。表中のa～cにあてはまる品目名をア～オから選び，記号で答えよ。

a		b		c	
国名	割合（%）	国名	割合（%）	国名	割合（%）
アメリカ	29.1	フィリピン	18.9	オーストラリア	55.3
タイ	13.4	アメリカ	18.7	ブラジル	28.3
オーストラリア	13.1	中国	14.1	カナダ	7.0

（『日本国勢図会2023/24』）

ア．石炭　イ．鉄鉱石　ウ．果実　エ．肉類　オ．木材

44 ☆

地球環境問題に関する次の各問いに答えよ。

⑴ 1972年に「かけがえのない地球」をスローガンとして，国連人間環境会議が開催されたが，その開催地を次から選び，記号で答えよ。

ア．スイス　イ．ストックホルム
ウ．オスロ　エ．コペンハーゲン

⑵ 1992年に「持続可能な開発」を基本理念とし，ブラジルのリオデジャネイロで開催された国際会議の通称名を答えよ。

(3) 湿地を保全することにより水鳥などの生態系を保護することを目的とした条約は，一般に何とよばれているか。次から選び，記号で答えよ。

ア．マシュハド条約　　イ．ワシントン条約

ウ．テヘラン条約　　エ．ラムサール条約

(4) 地球温暖化を防止するため，2015年に開催された気候変動枠組み条約第21回締約国会議で採択された協定を何というか。

45 ☆

次の各問いに答えよ。

(1) 我が国のラムサール条約の登録地とその場所の組み合わせとして，誤っているものをすべて選べ。

① 佐潟――新潟県

② 谷津干潟――千葉県

③ 伊豆沼・内沼――静岡県

④ 出水ツルの越冬地――北海道

⑤ 藤前干潟――愛知県

⑥ 片野鴨池――石川県

(2) 次の地図中のAの島は自然遺産に登録されている。その島の名称とそこにある天然林の名前を答えよ。また，地図中B～Eにあてはまる文化遺産をア～カからそれぞれ選び，記号で答えよ。

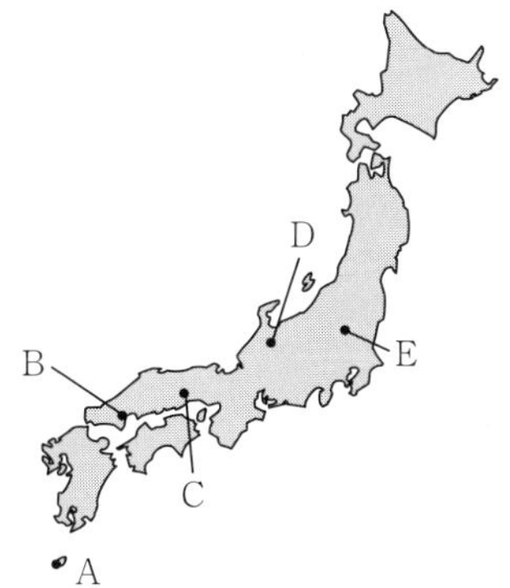

ア．中尊寺　　イ．厳島神社　　ウ．日光の社寺

エ．姫路城　　オ．兼六園　　カ．白川郷・五箇山の合掌造り集落

3 歴史

●解答解説P392～403

●傾向と対策

重要度：A

原始・古代では，聖徳太子・聖武天皇・平清盛，中世では，源頼朝・承久の乱・元寇・勘合貿易，近世では，織田信長・鎖国・江戸時代の三大改革，近代・現代では，日米修好通商条約の締結やその改正・日清戦争・日露戦争，そして日本文化史が頻出事項である。特に，絵や写真，地図を利用した問題が多いため，それらの問題に慣れておく必要がある。全般的に難解な問題は少なく，小学校～中学校レベルの基本的な知識が問われる場合がほとんどであるため，基礎的知識を確実に身に付けておこう。

46 ☆☆

次の各問いに答えよ。

(1) 次の史料は，古代の日本の様子について記述された中国の歴史書の一部である。その名称をア～エからそれぞれ選び，記号で答えよ。また，史料Cの下線部の「女王」とは誰のことを指すか答えよ。

A．建武中元二年、倭の奴国、貢を奉じて朝賀す。使人自ら大夫と称す。倭国の極南界なり。光武、賜ふに印綬を以てす。

B．夫れ楽浪海中に倭人有り、分れて百余国と為る。歳時を以て来り献見すと云ふ。

C．景初二年六月、倭の<u>女王</u>、大夫難升米等を遣し郡に詣り、天子に詣りて朝献せんことを求む。

ア．『後漢書』東夷伝　　イ．『宋書』倭国伝

ウ．「魏志」倭人伝　　エ．『漢書』地理志

(2) 次の記述は，日本の遺跡についてのものである。それぞれに該当する遺跡名を答えよ。

ア．青森県にある縄文時代の集落遺跡で，多数の竪穴住居跡，掘立柱建物跡，道路跡などが発見され，大型高床建物とみられる掘立柱建物跡には直径70～80センチメートルに及ぶ柱根が残っている。

イ．静岡県にある弥生時代の集落遺跡で，杭や矢板を並べて区画した多数の

水田跡，住居跡，高床倉庫跡などが発見された。

ウ．佐賀県にある弥生時代の環濠集落遺跡で，大規模なV字形の外環壕によって囲まれ，その中に，大型建物跡を有する北内郭と多数の竪穴住居跡を有する南内郭が存在する。

47 ☆

聖徳太子について，次の各問いに答えよ。

(1) 次の史料名を答えよ。

一に曰く、和を以て貴しとなし、忤ふること無きを宗とせよ。
二に曰く、篤く三宝を敬へ。
三に曰く、詔を承りては必ず謹め。君をば則ち天とす、臣をば則ち地とす。

(2) 次の記述の空欄にあてはまる語句を入れよ。

聖徳太子(厩戸王)は，(　A　)天皇のとき摂政となり，(　B　)と協力し，天皇中心の統一国家を目指した。優秀な人材を登用するために(　C　)の制度を設け，さらに中国の政治制度や文化を取り入れるため小野妹子らを(　D　)として中国に派遣した。また，仏教思想を厚く信仰し，大坂には四天王寺を，斑鳩には(　E　)を創建した。

48 ☆☆

次の文を読んで，各問いに答えよ。

律令国家では，(　A　)を制定して，6年毎に戸籍を作成しこれに基づき6歳以上の男女に口分田を割り当て，農民には $_{a}$<u>租をはじめ労役や兵役など</u>を課した。しかし，8世紀初め頃になると $_{b}$<u>口分田が荒廃し，不足した</u>ことから，(　B　)を制定し，新たに開墾した土地の永久私有を認めることとした。これによって，私有地が広がり，律令政治の基本方針の1つである(　C　)の原則は崩れていった。

(1) 文中の空欄にあてはまる語句を入れよ。

(2) 下線部aには，租のほか調，庸，雑徭などがある。このうち，租と雑徭の内容にあてはまるものを次からそれぞれ選び，記号で答えよ。

ア．国司の命令によって，水利工事や国府の雑用に年間60日を限度に奉仕する労役。

イ．絹・布・糸や各地の特産品を納めるもの。

ウ．年に10日都で労役に服するか，かわりに布などを納めるもの。

エ．口分田1反につき収穫高の3％程度の稲を納めるもの。

(3) 下線部bについて，口分田が荒廃し，不足した理由を2つ答えよ。

(4) 次の史料名と作者名を答えよ。

> …綿も無き布肩衣の　海松(みる)の如　わわけさがれる　襤褸(かかふ)のみ　肩に打ち懸け　伏廬(ふせいお)の　曲廬(まげいお)の内に　直土(ひたつち)に　藁解き敷きて　父母は　枕の方に　妻子(めこ)どもは　足(あと)の方に　囲(かく)み居て　憂へ吟(さまよ)ひ　竈(かまど)には　火気(ほけ)ふき立てず　甑(こしき)には　蜘蛛の巣懸きて　飯炊(いいかし)く　事も忘れて　…

49 ☆☆

次の史料を読んで，各問いに答えよ。

盧舎那大仏造立の詔

粤(ここ)に天平十五年歳次癸未十月十五日を以て、菩薩の大願を発して盧舎那仏の金銅像一軀を造り奉る。……夫れ天下の富を有つ者は朕なり。天下の勢を有つ者も朕なり。此(こ)の富勢を以てこの尊像を造る。事や成り易き、心や至り難き。

(『続日本紀』)

(1) この詔を発布した天皇は誰か。

(2) 天皇の命を受けて，大仏造立に協力した僧は誰か。

(3) (1)の天皇の命で大仏の他，全国に造られたものを2つ挙げよ。

(4) 大仏や(3)は何のために造られたのか，簡潔に述べよ。

50 ☆

天平文化期の作品・建築物として正しいものをすべて選び，記号で答えよ。

ア．日本書紀　　イ．枕草子　　ウ．万葉集　　エ．古今和歌集

オ．正倉院　　カ．唐招提寺　　キ．金閣寺　　ク．平等院鳳凰堂

51 ☆☆

次の文を読んで，各問いに答えよ。

ア．最澄は，比叡山に延暦寺を開き（　A　）宗を広めた。空海は，高野山に金剛峰寺を開き（　B　）宗を広め，（　C　）大師ともよばれた。

イ．平治の乱で勝利を収めた（　D　）は，武士として初めて太政大臣となり，政権を握った。

ウ．娘を次々と天皇の妃にして権力を強めていった$_{a}$藤原氏の政治は（　E　）とよばれ，頼通らの頃に全盛期をむかえた。

エ．国内政治の乱れから唐が急速に衰えたことから，（　F　）の建議により，遣唐使の派遣は中止された。

(1)　ア～エを年代順に並べ替えよ。ただし，各文とも年代は下線部の頃とする。

(2)　文中の空欄にあてはまる語句を入れよ。

(3)　下線部aのうちの一人で，次の短歌を残した人物の名前を答えよ。

「此(こ)の世をば　我が世とぞ思ふ　望月の　かけたることも　無しと思へば」

52 ☆

国風文化における作品とその作者を正しく組み合わせてあるものを選べ。

①　『枕草子』――――紫式部

②　『新古今和歌集』――紀貫之

③　『源氏物語』――――清少納言

④　『更級日記』――――菅原孝標女

⑤　『土佐日記』――――紀友則

53 ☆☆

次の文を読んで，各問いに答えよ。

摂関政治が衰えたことから，$_{a}$1086年に（　A　）天皇は位を譲って上皇となった後も御所の$_{b}$院で政治を始めた。上皇と天皇の対立に藤原氏一族の争いが結びつき，1156年には（　B　）がおこった。上皇方と天皇方はそれぞれ平氏・源氏を味方につけて戦い，天皇方の勝利に終わった。

(1)　文中の空欄にあてはまる語句を入れよ。

(2)　下線部aと最も近い時期におこった世界のできごとを次から選び，記号で答えよ。

ア．セルジューク朝が成立した

イ．チンギス＝ハンがモンゴルを統一した

ウ．十字軍の遠征が始まった

エ．ローマ帝国が東西に分裂した

オ．唐が滅びた

カ．フランク王国が3つに分裂した

(3)　下線部bのことを何というか答えよ。

54 ☆

鎌倉幕府について，次の文を読んで，各問いに答えよ。

壇の浦の戦いで平氏一門を滅ぼした（　A　）は，1192年に征夷大将軍に任ぜられ，[a]鎌倉幕府が成立した。将軍と主従関係を結んだ有力な武士を（　B　）といい，[b]将軍から領地を与えられるかわりに，将軍に忠誠を誓い，戦時には一族を率いて出陣し，平時には京都や鎌倉の警備を務めた。源氏が3代で倒れると，政権を朝廷に取り戻そうとした（　C　）上皇は1221年に挙兵したが失敗して隠岐に流された。これを（　D　）といい，幕府はこの後，京都に[c]六波羅探題を置いた。

13世紀後半には，[d]元のフビライ＝ハンが2度にわたり北九州に襲来したが，執権（　E　）がこれを撃退した。戦いに参加したにも関わらず十分な恩賞をもらえなかった（　B　）の生活が窮乏化したことから，これを救済するため，幕府は（　F　）を発令した。しかし，その効果は一時的なものに終わり，幕府の権威は落ちていった。

(1) 文中の空欄にあてはまる語句を入れよ。

(2) 下線部aの組織のうち，（　B　）の統括，軍事・警察の任にあたった役所名を答えよ。

(3) 下線部bのように，土地を仲立ちとして御恩と奉公の関係で結ばれた主従関係を何というか。

(4) 下線部cについて，その主な役割を2つ挙げよ。

(5) 下線部dについて，このことを何というか。

55 ☆

次の史料を読んで，各問いに答えよ。

一　諸国守護人奉行の事

右、右大将家の御時定め置かるる所は、大番催促・謀叛・殺害人等の事なり。

一　諸国地頭、年貢所当を抑留せしむる事

右、年貢を抑留するの由、本所の訴訟有らば、即ち結解を遂げ勘定を請くべし。

(1) この史料の名称と制定した人物を答えよ。

(2) この史料は全部で51ヵ条からなるが，最も多く規定されていた内容を次から選び，記号で答えよ。

ア．所領の支配・相続について　　イ．守護・地頭の権限について
ウ．重罪人の処罰について　　エ．公家の犯罪について

56 ☆☆

次のア～オの文を読んで，各問いに答えよ。

ア．室町幕府第3代将軍(　A　)によって，南北朝が統一された。

イ．新政に不満が高まっていくのを見た(　B　)は兵を挙げ，京都に別の天皇をたてた。

ウ．(　B　)は京都において武家政治を復活させ，征夷大将軍に任じられて新しい幕府を開いた。

エ．守護大名の山名氏と細川氏の争いに，将軍家や管領家の相続争いが結びつき，(　C　)の乱がおこった。

オ．(　D　)天皇のよびかけに応じ，(　B　)や新田義貞らが鎌倉幕府の倒幕を果たした。

(1)　文中の空欄にあてはまる語句を入れよ。

(2)　ア～オを古いものから順に並べ替えよ。

(3)　アのときに行われていた貿易を何というか。

(4)　エの乱後，守護大名にかわって戦国大名が台頭し，下の者が上の者に実力で打ち勝ち地位をうばう風潮が一世を風靡したが，このような風潮を何というか。

57 ☆☆

室町時代の文化について，次の史料Ⅰ・Ⅱを見て各問いに答えよ。

史料Ⅰ

史料Ⅱ

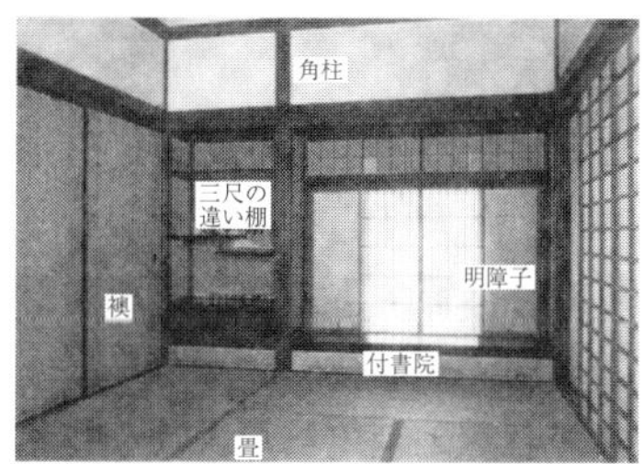

(1) 史料Ⅰは「秋冬山水図」であり，この画風は宋・元から伝えられたものである。このような画風を何というか答えよ。また，この絵の作者名を答えよ。

(2) 史料Ⅱの建築様式が用いられているものを次から選び，記号で答えよ。また，これを建てた人物名を答えよ。

ア．正倉院　　　　イ．東大寺南大門
ウ．平等院鳳凰堂　　エ．銀閣（慈照寺）

(3) この時代にその基礎が据えられ，現在の暮らしの中でも親しまれているものを次から2つ選び，記号で答えよ。

ア．俳句　　イ．華道　　ウ．浮世絵　　エ．かな文字　　オ．能

58 ☆☆

次の語群を見て，各問いに答えよ。

ア．平清盛が太政大臣になる　　イ．文永の役がおこる
ウ．御成敗式目が制定される　　エ．南朝と北朝が合一する
オ．建武の新政が始まる　　　　カ．勘合貿易が始まる
キ．鎌倉幕府が成立する　　　　ク．平将門の乱がおこる

(1) 年代の古い順に並べたとき，5番目にくるものを選び，記号で答えよ。

(2) 語群の事柄より後の年代におこった海外のできごとを2つ選び，記号で答えよ。

A．李氏朝鮮建国　　　　　B．大憲章（マグナ＝カルタ）制定
C．唐が滅亡　　　　　　　D．十字軍の遠征開始
E．カルヴァンの宗教改革　F．コロンブスがアメリカ大陸を発見

59 ☆☆☆

次の史料と地図を見て，各問いに答えよ。

⑴　史料の人物名を答えよ。

⑵　この人物が最初に来航した地点を地図中のア～エから選び，記号で答えよ。

⑶　この人物がアジア布教に乗りだした理由を，「宗教改革」の語句を用いて簡潔に説明せよ。

60 ☆☆

次の史料と地図を見て，各問いに答えよ。

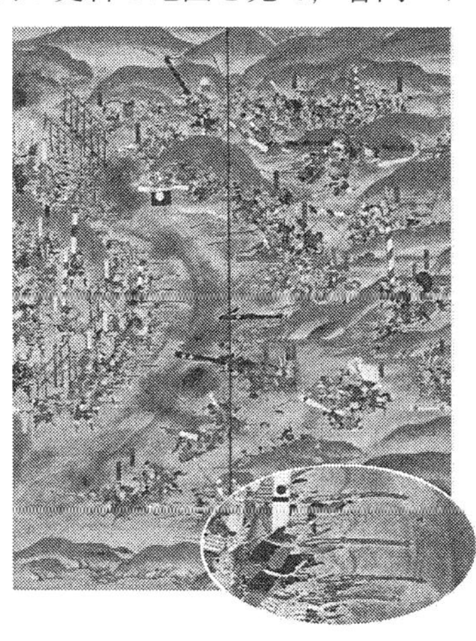

織田信長は，1560年$_a$桶狭間の戦いで(　A　)を破り，1568年には京都へのぼって(　B　)を第15代将軍職につけ，全国統一に踏みだした。しかし，1573年(　B　)が，将軍権力回復をめざし敵対すると，これを追放し室町幕府を滅ぼした。1575年には(　C　)合戦で武田勝頼に大勝し，翌年$_b$安土城を築き始めた。さらに，商工業を保護し城下への集住を図るため(　D　)を実施し，各地の関所も廃止した。東海・近畿・北陸地方をほぼ統一した信長は，中国地方の毛利氏を打とうとしたが，$_c$本能寺の変で家臣の明智光秀に敗れた。

(1)　文中の空欄にあてはまる語句を入れよ。

(2)　史料は空欄Cの戦いの様子を示している。この戦いで威力を発揮した武器が初めて日本に伝わったのはどこか，地図中のア～キから選び，記号で答えよ。

(3)　下線部a～cの場所を地図中のア～キからそれぞれ選び，記号で答えよ。

61　☆☆

次の史料と年表を見て，各問いに答えよ。

> 一　諸国百姓、刀、脇指、弓、やり、てつはう、其外武具のたぐひ所持候事、堅く御停止候。其子細は、入らざる道具をあひたくはへ、年貢・所当を難渋せしめ、自然(じねん)、一揆を企て、給人にたいし非儀の動(はたらき)をなすやから、勿論御成敗あるべし。然れば其所の田畠不作せしめ、知行ついえになり候の間、其国主、給人、代官として、右武具悉取りあつめ、進上致すべき事。
>
> (『小早川家文書』)

(1)　上の史料を発布したのは誰か。また，発布されたのは年表中のどのできごとの間か，番号で答えよ。

(2)　上の史料を発布した目的を2つ挙げよ。

(3)　年表中のA，Bにあてはまる語句を入れよ。

(4)　年表中の②と同じ年から，土地調査が行われるようになった。このことを何というか。

年	できごと
1573	室町幕府が滅びる………………①
1582	本能寺の変………………………②
1585	秀吉が関白となる………………③
1590	秀吉が全国を統一する…………④
1592	(　A　)の役
1597	(　B　)の役
1600	関ヶ原の戦い……………………⑤
1603	江戸幕府の成立…………………⑥

62 ☆

次の各問いに答えよ。

(1) 安土・桃山時代に茶道を大成した人物名を答えよ。

(2) 次のうち，桃山文化の作品を選び，記号で答えよ。

ア. 

イ. 

ウ. 

エ. 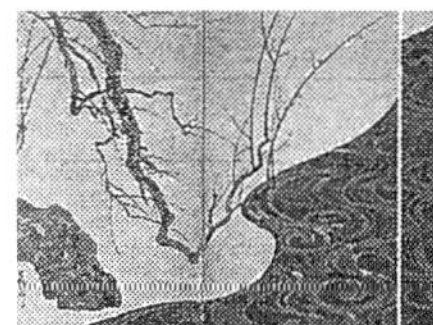 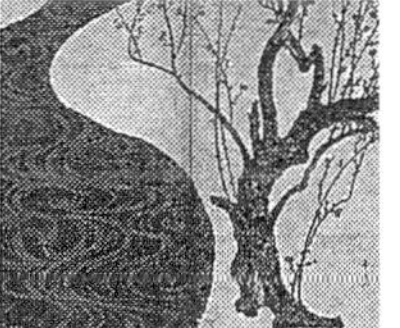

(3) 次の史料は，女の人が踊っている様子を表している。この踊りを始めた人物名を答えよ。

63 ☆

次の史料を見て，各問いに答えよ。

(1)　この人物の名前を答えよ。

(2)　この人物が1603年に朝廷から任ぜられた役職名を答えよ。

(3)　この人物についての記述として，誤っているものを選べ。

①　豊臣政権においては，五大老の筆頭として重要な政務についていた。

②　豊臣秀吉の死後，石田三成らと対立し，関ヶ原の戦いでこれを破り，全国の支配権を握った。

③　生類憐みの令という極端な動物愛護令を出して，庶民の反発をかった。

④　オランダ船リーフデ号の航海士ヤン＝ヨーステンと航海長ウィリアム＝アダムズを江戸に招き，外交・貿易の相談役とした。

⑤　死後は久能山に葬られ，その後，日光東照宮に祀られている。

64 ☆

次の史料を読んで，各問いに答えよ。

一　大名小名(しょうみょう)、在(ざい)江戸交替(こうたい)、相定(あいさだむ)ル所也。毎歳(まいとし)夏四月中参勤致(いた)スベシ。

(1)　上の史料を定めた将軍名を答えよ。

(2)　上の史料にあるような制度を定めた目的を2つ挙げよ。

65 ☆☆

次の文を読んで，各問いに答えよ。

九州のキリスト教徒の農民など約4万人が(　A　)を大将として，重い年貢の取り立てと $_a$<u>キリスト教に対する厳しい取り締まり</u>に反対し，$_b$<u>1637年</u>に一揆をおこした。これを(　B　)という。これを受けて，幕府は日本人が海外へ行くことや海外から帰国することも禁止した。さらに，1639年には(　C　)船の来航を禁止し，1641年にはオランダ商館を長崎の(　D　)に移した。これ以後，日本に来る貿易船はオランダ船と(　E　)船だけとなった。このような対外政策を $_c$<u>鎖国</u>という。

(1) 文中の空欄にあてはまる語句を入れよ。
(2) 下線部aについて，幕府が実施した政策を1つ挙げよ。
(3) 下線部bに最も近い時期におこった世界のできごとを次から選び，記号で答えよ。
ア．アメリカで独立戦争がおこる
イ．イギリスでイギリス（ピューリタン）革命がおこる
ウ．イギリスが東インド会社を設立する
エ．中国でアヘン戦争がおこる
(4) 下線部cについて，幕府が鎖国をした目的を2つ挙げよ。

66 ☆☆

江戸時代の幕政の改革について，次の文を読んで各問いに答えよ。

A．旗本や御家人の生活難を救うため，商人からの借金を帳消しにした。また，昌平坂学問所での朱子学以外の講義を禁止した。

B．長崎貿易を制限するため海舶互市新例を定め，金銀の国外流出を防ごうとした。

C．株仲間を奨励して，税収を上げ幕府の財政を立て直そうとした。

D．倹約を命じるとともに，株仲間を解散させて物価の安定を図った。また，江戸・大坂周辺の大名や旗本の領地を幕府領にしようとした。

E．参勤交代による江戸在任期間を半減するかわりに米を上納させる上げ米を実施した。また，目安箱を設け民衆の意見を政治に反映させようとした。

(1) A～Eの政策を行った人物名をそれぞれ答えよ。
(2) A，D，Eの改革をそれぞれ何というか。
(3) 改革が行われた時期を古い順に並び替え，記号で答えよ。
(4) 次の史料は，ある改革のときに出された法令である。この法令名を答えよ。また，A～Eのうち，どの改革のときのものか。

> 盗人御仕置の事
> 一　人を殺し、盗致し候者　引廻しの上獄門
> 一　追剝致し候者　獄門…
> 人殺幷疵付等御仕置の事
> 一　主殺　二日晒（さらし）、一日引廻、鋸挽の上　磔……

67 ☆

江戸時代の学問について，各問いに答えよ。

社会が安定していく中で，それまで公家や僧のものとされていた学問を，武士や民衆も学ぶようになった。『古事記』を研究した(　A　)は，『古事記伝』を著し(　B　)を大成した。また，キリスト教関係以外の漢訳洋書の輸入制限が緩和されてからは(　C　)が発達した。(　D　)は前野良沢らとともに，オランダ語の人体解剖書『ターヘル＝アナトミア』を翻訳して『(　E　)』を出版した。翻訳したときの回想録を『(　F　)』という。(　G　)は幕命でほぼ全国の沿岸を測量し，『大日本沿海輿地全図』を作成した。

⑴　文中の空欄にあてはまる語句を入れよ。

⑵　右の史料は江戸時代の教育機関の様子を表したものである。この機関の名称を答えよ。

68 ☆☆

江戸時代の文化について，各問いに答えよ。

⑴　次の史料のうち，元禄文化，化政文化に該当するものをア～エからそれぞれ選び，記号で答えよ。

ア

イ

ウ

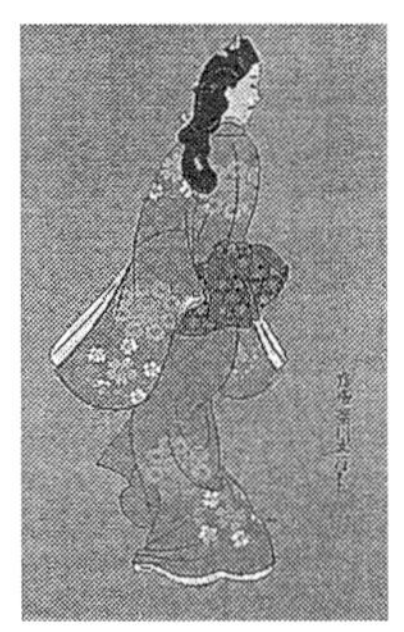

エ

(2) 元禄文化についての記述として，正しいものを選べ。

① 洒落・通を好み利那的・享楽的・退廃的な色彩が濃い文芸・芸術に特色をもつ，江戸中心に発達した町人文化。

② 新興武家と豪商の財力とを土台にした現実的・人間的な面をもつ一方，城郭に代表される豪華で雄大な文化。

③ 遊里の事情に通じた粋な気性を尊ぶ大坂・京都などの上方豪商を主な担い手として発達した，人間的で華麗な町人文化。

④ 京都の公家文化をもとに新興の武士の生活の中からおこった文化が加味され，さらに大陸から禅宗など宋・元文化の影響も加わった文化。

(3) 次の作品を元禄文化，化政文化に分類せよ。また，作品の作者をa～fより選び，記号で答えよ。

A.『国性爺合戦』　B.『日本永代蔵』
C.『おらが春』　D.『東海道中膝栗毛』
E.『南総里見八犬伝』　F.『奥の細道』

a．小林一茶　b．十返舎一九　c．井原西鶴
d．松尾芭蕉　e．近松門左衛門　f．曲亭(滝沢)馬琴

69 ☆☆

次の文を読んで，各問いに答えよ。

1853年，アメリカの東インド艦隊司令長官(　A　)が4隻の軍艦を率いて浦賀に来航し，開国を要求した。1854年にも再び来航して開国をせまったため，幕府は(　B　)を結び下田・箱館を開港した。これにより，200年以上続いた鎖国体制は崩壊した。さらに，1858年にはアメリカ総領事(　C　)と大老(　D　)が[a]日米修好通商条約を結んだ。幕府の専制を批判する声に対して，(　D　)は[b]攘夷論を唱える長州藩の吉田松陰らを処罰した。この弾圧は反発を強め，(　D　)は[c]1860年に水戸浪士らに暗殺され，この後，幕府の権威が急速に衰えていった。

(1) 文中の空欄にあてはまる語句を入れよ。

(2) 下線部aについて，新たに開港することが定められた港が4つあるが，それらをすべて挙げよ。

(3) 下線部bについて，これを何というか。また，文中の吉田松陰の開いた塾の名前を答えよ。

(4) 下線部cについて，これを何というか。

70 ☆☆

次の年表を見て，各問いに答えよ。

年代	できごと
1853	ペリーが浦賀に来航………… ①
1866	薩長連合(同盟)が結ばれる…… ②
1867	大政奉還……………………… ③
1877	西南戦争……………………… ④

(1) 年表中①の下線部について，この都市のある県の県庁所在地名を答えよ。

(2) 年表中②の仲立ちをした土佐藩出身の人物名を答えよ。

(3) 次のア～ケのうち，年表中③～④の間におこったものをすべて選び，古い順に記号で答えよ。

ア．生麦事件　　イ．廃藩置県　　ウ．四国連合艦隊下関砲撃事件

エ．地租改正　　オ．版籍奉還　　カ．王政復古の大号令

キ．蛮社の獄　　ク．学制発布　　ケ．第一回帝国議会

(4) 次の史料は何か答えよ。また，空欄にあてはまる語句を入れよ。

一　広ク(　　　)ヲ興シ万機公論ニ決スベシ

一　上下心ヲ一ニシテ盛ニ経綸ヲ行フベシ

一　官武一途庶民ニ至ル迄各其志ヲ遂ゲ人心ヲシテ倦ザラシメン事ヲ要ス

71 ☆☆

次の年表を見て，各問いに答えよ。

年代	できごと
1874	民撰議院設立の建白書が出される… ①
1881	(　A　)が出される
1882	立憲改進党が結成される…………… ②
1885	内閣制度ができる…………………… ③
1889	大日本帝国憲法が発布される……… ④
(　B　)	第一回帝国議会が開かれる………… ⑤

(1) 年表中の空欄にあてはまる語句・数字を入れよ。

(2) 年表中①を提出した中心人物を答えよ。また，これ以降，各地で国会開設の要求が次々とおこったが，この運動を何というか。

(3) 年表中②の中心人物を答えよ。

(4) 年表中③において初代内閣総理大臣になった人物を答えよ。

(5) 年表中④はどこの国の憲法を参考にしたか答えよ。

(6) 年表中⑤のとき，有権者数は総人口の約何％であったか，次から選び，記号で答えよ。

ア．1.1％　　イ．2.2％　　ウ．5.5％　　エ．18.7％

72 ☆☆

次の文を読んで，各問いに答えよ。

明治政府にとって，欧米諸国との[a]不平等条約を改正することは重要な課題であった。そこで，予備交渉として1871年に（　A　）を大使とし，欧米に使節を派遣した。外務大臣（　B　）は鹿鳴館を建てるなど極端な欧化政策をとったが，政府内外から厳しい批判を受け失敗に終わった。条約の一部が改正されたのは，1894年，外務大臣（　C　）が[b]日英通商航海条約を締結したことによる。さらに残りの部分が改正され，不平等条約改正が実現したのは，（　D　）年に外務大臣（　E　）が日米通商航海条約を改正したことによる。

(1) 文中の空欄にあてはまる語句を入れよ。

(2) 下線部aについて，不平等な点を2つ答えよ。

(3) 下線部bについて，日本の条約改正要求にイギリスが最初に応じた理由を簡潔に述べよ。

73 ☆☆☆

次の年表を見て，各問いに答えよ。

(1) 年表中A～Dにあてはまる語句を入れよ。ただし，Bには，日清戦争の原因となった事件が入る。

(2) 年表中①の条約を結んだ日本と清の全権の名前をそれぞれ答えよ。

(3) 年表中②の三国干渉の内容を，その国名を含めて簡潔に説明せよ。

(4) 年表中③が結ばれた理由を簡潔に述べよ。

年代	できごと
1882	壬午事変
1884	（　A　）事変
1894	（　B　）
	日清戦争勃発
1895	下関条約締結……………………　①
	三国干渉…………………………　②
1902	（　C　）同盟締結……………　③
1904	日露戦争勃発……………………　④
1905	（　D　）条約締結……………　⑤

(5) 年表中④の原因となった事件を次から選び，記号で答えよ。

ア．江華島事件　　イ．大阪事件

ウ．満州事変　　エ．義和団事件

74 ☆

次の文を読んで，各問いに答えよ。

20世紀に入り，ドイツ，オーストリア，イタリアの(　A　)とイギリス，フランス，ロシアの(　B　)は，海外市場やバルカン半島の支配権をめぐって対立した。1914年 a オーストリア皇太子夫妻が，セルビアの青年将校に暗殺された事件をきっかけに b 第一次世界大戦がおこり，戦争はアメリカの連合国参戦などにより，ドイツの敗北に終った。1919年パリ講和会議が開かれ，連合国とドイツの間で(　C　)条約が結ばれた。そして，1920年には，アメリカ大統領ウィルソンの(　D　)をもとに c 国際連盟が設立された。この間，日本は1915年に(　E　)を中国政府に提出し，これによって中国各地で排日運動が高まった。

(1) 文中の空欄にあてはまる語句を入れよ。

(2) 下線部aについて，この事件を何というか答えよ。

(3) 下線部bについて，日本が参戦する理由とした同盟を答えよ。

(4) 下線部cについて，1920～26年に国際連盟事務局次長の職に就いた日本人を次から選び，記号で答えよ。

ア．吉野作造　　イ．内村鑑三　　ウ．新渡戸稲造　　エ．美濃部達吉

75 ☆☆

次の年表を見て，各問いに答えよ。

年代	できごと
1929	世界恐慌……………… ①
1931	満州事変……………… ②
1932	五・一五事件………… ③
1937	日中戦争……………… ④
1939	第二次世界大戦
1940	三国同盟締結………… ⑤
1941	太平洋戦争
1945	ポツダム宣言受諾…… ⑥

(1) 年表中①に対し，アメリカ，イギリス・フランスのとった政策をそれぞれ答えよ。

(2) 年表中②について，中国は国際連盟に日本の侵略行為であると訴えた。これに対し，国際連盟が派遣した調査団の名称を答えよ。

(3) 年表中③について，この事件で暗殺された首相の名前を答えよ。

(4) 年表中④について，そのきっかけとなった事件を何というか。

(5) 年表中⑤について，同盟国のうち我が国以外の2つの国名と，それぞれの国の指導者の名前を答えよ。

(6) 年表中⑥について，この後，日本と連合国との間で締結された条約の名称を答えよ。

76 ☆☆

次の年表を見て，各問いに答えよ。

年代	できごと
1867	大政奉還…………………………① (ア) 版籍奉還 (イ) 廃藩置県 (ウ) 学制公布 (エ) 五箇条の御誓文
1873	地租改正…………………………②
1875	(　A　)締結
1877	西南戦争…………………………③

⑴　年表中の(ア)～(エ)を年代の古い順に並べ替えよ。

⑵　年表中①を行った将軍の名前を答えよ。

⑶　年表中②に関する次の文の空欄にあてはまる語句・数字を入れよ。

　地租改正によって，地主が地価の(　a　)％の税を豊凶による増減なく現金で納めるようになった。政府の財政収入は安定したが，農民の負担は重く各地で(　b　)がおこったことから，政府は地租率を(　c　)％に引き下げた。

⑷　年表中の空欄Aは当時のロシアと締結した条約であるが，その条約名を答えよ。

⑸　年表中③は政府に不満をもった士族の反乱であるが，彼らの指導者の名前を答えよ。

77 ☆☆

次の年表を見て，各問いに答えよ。

年代	できごと
538	仏教の伝来……………………… ①
645	大化の改新……………………… ②
710	元明天皇が(　A　)に遷都
794	(　B　)天皇が平安京に遷都
1016	(　C　)が摂政になる
1232	北条泰時が(　D　)を制定
1600	(　E　)の戦い
1641	鎖国の完成……………………… ③
1868	戊辰戦争がおこる………………… ④
1889	(　F　)発布
1911	日米通商航海条約改正により，(　G　)を回復
1925	普通選挙法公布…………………… ⑤
1946	(　H　)公布
1951	サンフランシスコ平和条約締結… ⑥
1956	日ソ共同宣言……………………… ⑦
1978	(　I　)条約締結

(1) 年表中の空欄にあてはまる語句を入れよ。

(2) 年表中①を伝えた朝鮮の当時の国名を答えよ。

(3) 年表中②の中心人物となった2人の名前を答えよ。

(4) 年表中③以降も我が国と交渉をもち，将軍の代替わりごとに，それを奉祝する慶賀使を幕府に派遣した国がある。その国名を答えよ。

(5) 年表中④の最後の戦場となった箱館にある，幕臣が立てこもった城郭を何というか。

(6) 年表中⑤について，次の記述の空欄にあてはまる語句を入れよ。

普通選挙法は，(　ア　)内閣のときに成立し，(　イ　)歳以上のすべての(　ウ　)に選挙権が与えられた。また，これと同年に(　エ　)が公布された。

(7) 年表中⑥と同じ年に，日米間で締結された条約は何か。

(8) 年表中⑦によって日本の加盟が認められた国際組織は何か。

78 ☆☆

次の年表と史料・地図を見て，各問いに答えよ。

> 此比都ニハヤル物。夜討、強盗、謀綸旨。召人、早馬、虚騒動。生頸、還俗、自由出家。俄大名、迷者、安堵、恩賞、虚軍。本領ハナルヽ訴訟人。文書入タル細葛。追従、讒人、禅律僧。下克上スル成出者。器用ノ堪否沙汰モナク。モルヽ人ナキ決断所。キツケヌ冠上ノキヌ。持モナラハヌ笏持テ。内裏マジハリ珍シヤ。……

(1) 上の史料に関係するできごとを年表中①～⑦から選び，番号で答えよ。

(2) 年表中の空欄にあてはまる語句を入れよ。

(3) 年表中①，③，⑥，⑦に関係のある場所を地図中のａ～ｉからそれぞれ選び，記号で答えよ。

(4) 年表中③と④の間に広まった仏教とその開祖の組み合わせとして正しいものを選び，記号で答えよ。

ア．浄土宗 —— 親鸞
イ．臨済宗 —— 日蓮
ウ．時宗 —— 一遍
エ．曹洞宗 —— 栄西
オ．法華宗 —— 道元

年代	できごと
57	奴国王が中国から金印を受ける…①
752	（　Ａ　）大仏開眼……………………②
1185	壇の浦の戦い……………………………③
1297	永仁の徳政令出される……………④
1333	建武の新政始まる……………………⑤
1467	応仁の乱…………………………………⑥
1637	島原・天草一揆………………………⑦
1918	米騒動……………………………………⑧
1920	日本が（　Ｂ　）に加盟
1933	日本が（　Ｂ　）を脱退
1950	（　Ｃ　）戦争が始まる
1955	アジア・アフリカ会議開催………⑨
1975	（　Ｄ　）戦争終結

(5) 年表中⑧の後，本格的政党内閣を組織した首相は誰か答えよ。

(6) 年表中⑨が開催されたインドネシアの都市名を答えよ。

79 ☆☆

次の(1)〜(7)について，それぞれ年代の古い順に並べ替えよ。

(1) ア．『太平記』　イ．『源氏物語』　ウ．『貧窮問答歌』
　エ．『平家物語』

(2) ア．承久の乱　イ．応仁の乱　ウ．壬申の乱
　エ．平治の乱

(3) ア．大宝律令　イ．武家諸法度　ウ．御成敗式目
　エ．刀狩令

(4) ア．公事方御定書　イ．海舶互市新例　ウ．棄捐令
　エ．人返し令

(5) ア．日ソ中立条約　イ．サンフランシスコ平和条約
　ウ．下関条約　エ．ポーツマス条約

(6) ア．フェートン号事件　イ．ラクスマンが根室に来航
　ウ．ノルマントン号事件　エ．レザノフが長崎に来航

(7) ア．名誉革命がおこる　イ．イギリス(ピューリタン)革命がおこる
　ウ．フランス革命がおこる　エ．アメリカ独立戦争がおこる

80 ☆

次のⅠ～Ⅲの文は，日本の文化について述べたものである。これを読んで，各問いに答えよ。

Ⅰ　文化の爛熟期に当たり，江戸を中心にした町人文化が発達した。小説では，『（　A　）』を著した十返舎一九や『南総里見八犬伝』を著した（　B　），浮世絵では，「東海道五十三次」を描いた（　C　）らが活躍した。

Ⅱ　新たに出てきた権力者や豪商の活力を反映した，豪華で雄大な文化が発達した。障壁画では，狩野派が健筆を振るい，中でも「唐獅子図屛風」を描いた（　D　）が有名である。また，茶道を大成した（　E　）が造ったとされる妙喜庵待庵という茶室が残されている。

Ⅲ　新興勢力として台頭してきた武士の気風を反映した，素朴で力強い文化が発達した。絵画としては，実際の人物に似せ，忠実に写生する似絵が描かれた。彫刻としては，（　F　）によって彫られた東大寺南大門の金剛力士像が有名である。

(1)　文中の空欄にあてはまる語句を入れよ。

(2)　Ⅰ～Ⅲの文が表している文化を次からそれぞれ選び，記号で答えよ。

ア．元禄文化　イ．東山文化　ウ．国風文化　エ．化政文化
オ．飛鳥文化　カ．北山文化　キ．鎌倉文化　ク．天平文化
ケ．桃山文化　コ．白鳳文化

81 ☆

次の文に適する人物をア～ソからそれぞれ選び，記号で答えよ。

(1)　金閣を建立した。
(2)　「ポッピンを吹く女」を描いた。
(3)　『古今和歌集』を編纂した。
(4)　浄土真宗の開祖。
(5)　法隆寺の建立を命じた。
(6)　「見返り美人図」を描いた。
(7)　「紅白梅図屛風」を描いた。
(8)　東大寺の大仏造営に協力し，僧の第一人者となった。

ア．道鏡　イ．法然　ウ．足利義満　エ．菱川師宣
オ．尾形光琳　カ．親鸞　キ．喜多川歌麿　ク．狩野永徳

ケ．紀貫之　コ．行基　サ．足利義政　シ．聖徳太子
ス．葛飾北斎　セ．与謝蕪村　ソ．歌川（安藤）広重

82 ☆

次の人物と関係が深いものをア～セからそれぞれ選び，記号で答えよ。

(1)　東郷平八郎　(2)　勝海舟　(3)　志賀潔　(4)　徳川家光
(5)　織田信長　(6)　足利義政　(7)　平清盛　(8)　北条義時

ア．応仁の乱　イ．日宋貿易　ウ．勘合貿易
エ．咸臨丸　オ．黄熱病の研究　カ．承久の乱
キ．日露戦争　ク．東大寺大仏建立　ケ．赤痢菌の発見
コ．元寇　サ．楽市・楽座　シ．参勤交代
ス．刀狩　セ．西南戦争

83 ☆

次の文は歴史上の人物について述べたものである。各人物の写真を①～⑥から，また，その人物と関係が深い場所を地図中のア～ケからそれぞれ選び，記号で答えよ。

(1)　私は1874年に民撰議院設立の建白書を提出し，1881年には自由党を結成して党首となりました。
(2)　私は『学問のスヽメ』を著して，西洋の近代思想を日本に紹介し，慶応義塾（現在の慶応義塾大学）を創設しました。
(3)　私は，日本に来る途中何度も遭難し目が不自由になりましたが，754年に来日することができました。759年に唐招提寺を開きました。
(4)　私は，1885年に初代内閣総理大臣になりました。その後，明治政府の重鎮として活躍しましたが，1909年に満州のハルビン駅で暗殺されました。
(5)　私は，1853年にアメリカの東インド艦隊司令長官として，日本に開国を促しに来ました。その翌年には，日米和親条約が締結されました。
(6)　私は，1159年の平治の乱に勝利した後，1167年に武士として初めて太政大臣になりました。また，対外的には宋と貿易をしました。

84 ☆☆

次の文を読んで，各問いに答えよ。

A．私は，北海道開拓使官有物払い下げを批判し，国会の開設といった意見を述べて政府を追放されました。a国会開設の勅諭が出た翌年に（　ア　）を結成しました。また，東京専門学校（現在の早稲田大学）を創設しました。

B．私は紀州藩に生まれましたが，将軍になることができました。(　イ　)を設けて，庶民の意見を政治に生かそうとしたり，年貢の徴収方法を変更したりしました。

C．私の父は平治の乱で敗れました。私は兄の挙兵に参じ(　ウ　)の戦いで，平氏を滅ぼしました。その後，兄と仲たがいし奥州に逃れましたが，そこで殺されました。

D．私は，30余りの小国を支配し，呪術をもって政治を行いました。中国に使いを送り，皇帝から「親魏倭王」の称号を受けました。私の支配していた国を(　エ　)といいます。

E．私は兄の死後，甥の大友皇子と争いました。これを(　オ　)といいます。これに勝利した私は，飛鳥浄御原宮で即位しました。

(1)　文中の空欄ア～オにあてはまる語句を入れよ。

(2)　文中Aの「私」は誰か答えよ。

(3)　文中Bの人物がおこなったことと関係が深いものを次から選べ。

①　「大名は毎年4月に参勤せよ」

②　「今川家の家臣は勝手に他国の者と結婚してはならない」

③　「関所をよけて山越えをしたものは，その場ではりつけの刑にする」

④　「日本の旅順･大連の租借の期限，南満州鉄道の期限を99ヵ年延長する」

(4)　文中Eの時代に関係があるものを次から選べ。

ア．唐招提寺金堂　　イ．高松塚古墳壁画

ウ．平等院鳳凰堂　　エ．日光東照宮

(5)　文中の下線部aの頃に最も近い世界のできごとを次から選べ。

①　アメリカ南北戦争が始まる

②　ロシア革命がおこる

③　アヘン戦争がおこる

④　三国同盟(ドイツ・イタリア・オーストリア)を結ぶ

(6)　A～Eの文を古い順に並べ替え，記号で答えよ。

4 政治・経済・国際社会

●解答解説P404～411

●傾向と対策

重要度：A

政治では，自由権・社会権などの基本的人権の分類，三権分立，国会や内閣の権限，衆議院の優越，議院内閣制，地方自治の直接請求権，経済では，租税と社会保障制度，国際社会では，国際連合，UNESCO，UNICEFなどの国連機関についての出題が多い。内容的には，中学校レベルの問題がほとんどを占めるため，基礎的な事項を確実に把握しておくことが大切である。

85 ☆☆

日本国憲法について，次の各問いに答えよ。

(1) 日本国憲法の三大基本原理として，国民主権，平和主義が挙げられるが，あと1つは何か。また，国民の三大義務は何か，すべて答えよ。

(2) 次は日本国憲法の前文である。空欄にあてはまる語句をア～キから選び，記号で答えよ。

日本国民は，正当に選挙された（　A　）における代表者を通じて行動し，われらとわれらの子孫のために，諸国民との協和による成果と，わが国全土にわたつて自由のもたらす恵沢を確保し，政府の行為によつて再び（　B　）の惨禍が起ることのないやうにすることを決意し，ここに（　C　）が国民に存することを宣言し，この憲法を確定する。

ア．国民　イ．国会　ウ．国家　エ．主権
オ．権限　カ．戦争　キ．紛争

86 ☆

自由権について，次の各問いに答えよ。

(1) 自由権に関する次の文の空欄にあてはまる語句を入れよ。

日本国憲法が保障している自由権には大きく分けると，精神的自由，（　　）的自由，人身（身体）の自由という3つの種類のものがある。

(2) 次のうち，自由権にあてはまるものをすべて選べ。

ア．選挙権　イ．財産権　ウ．黙秘権
エ．団体行動権　オ．請願権

87 ☆

基本的人権について，次の各問いに答えよ。

(1) 日本国憲法第25条では「すべて国民は，健康で文化的な最低限度の生活を営む権利を有する。」と規定されているが，これは次のうちどの権利に属するか。

ア．平等権　イ．自由権　ウ．受益権　エ．参政権　オ．社会権

(2) 次の権利のうち，新しい人権ではないものをすべて選べ。

ア．知る権利　イ．プライバシーの権利　ウ．住居の不可侵
エ．環境権　オ．国家賠償請求権

88 ☆☆

次は，日本国憲法の条文である。空欄にあてはまる語句を入れよ。

(1) この憲法が国民に保障する自由及び権利は，国民の不断の努力によつて，これを保持しなければならない。又，国民は，これを濫用してはならないのであつて，常に(　A　)のためにこれを利用する責任を負ふ。

(2) 国民は，すべての基本的人権の享有を妨げられない。この憲法が国民に保障する基本的人権は，侵すことのできない(　B　)として，現在及び将来の国民に与へられる。

(3) すべて国民は，法の下に平等であつて，人種，信条，性別，社会的身分又は門地により，政治的，経済的又は(　C　)関係において，差別されない。

(4) (　D　)を選定し，及びこれを罷免することは，国民固有の権利である。

(5) すべて国民は，法律の定めるところにより，その保護する子女に(　E　)を受けさせる義務を負ふ。(　F　)は，これを無償とする。

89 ☆

次の図は，我が国の政治のしくみを示したものである。これについて，各問いに答えよ。

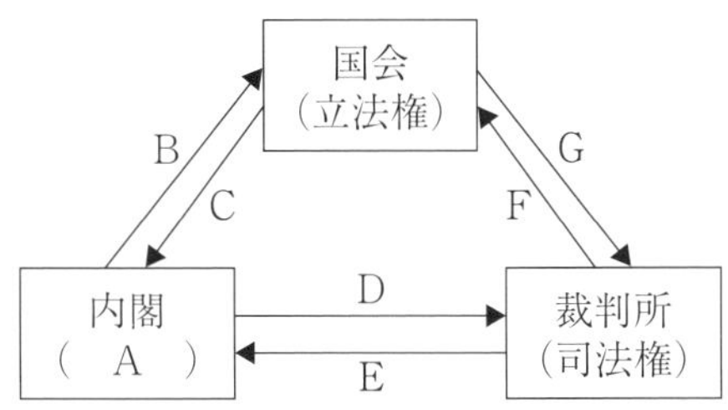

(1) 図のように，三権相互の抑制と均衡により，権力の濫用を防ぎ国民の権利・自由をできる限り保障しようとするしくみを何というか答えよ。

(2) 空欄Aにあてはまる語句を入れよ。

(3) B～Gにあてはまる語句を次からそれぞれ選び，記号で答えよ。

ア．違憲立法(法令)審査権　　イ．内閣総理大臣の指名

ウ．命令・規則・処分の違憲審査　　エ．衆議院の解散

オ．弾劾裁判所の設置　　カ．最高裁判所長官の指名

90 ☆☆

国会について，次の各問いに答えよ。

(1) 次の記述の空欄にあてはまる語句を入れよ。

我が国の国会は，衆議院と参議院からなる(A)制のしくみをとっており，(B)の最高機関であり，国の唯一の(C)である。

(2) 次の国会の名称を答えよ。

ア．毎年1回1月に召集され，会期は150日である。

イ．衆議院解散後の総選挙の日から30日以内に召集される。

ウ．内閣が必要と認めたとき，または，いずれかの議院の総議員の4分の1以上の要求があるときに召集される。

(3) 衆議院と参議院について，次の表の空欄にあてはまる数字を入れよ。

	定数	任期	被選挙権
衆議院	465名	(A)年(解散あり)	満(B)歳以上
参議院	(C)名	6年(3年ごとに半数改選)	満(D)歳以上

⑷　次のうち，国会の権限としてあてはまらないものを選べ。
ア．憲法改正の発議　　イ．内閣総理大臣の指名　　ウ．予算の議決
エ．法律案の議決　　オ．条約の締結

91 ☆☆

衆議院の優越について，次の各問いに答えよ。

⑴　衆議院と参議院は権限が対等ではなく，衆議院の優越が認められている。その理由を簡潔に述べよ。

⑵　次のうち，衆議院の優越としてあてはまらないものをすべて選べ。
ア．予算案の議決　　イ．弾劾裁判所の設置　　ウ．内閣総理大臣の指名
エ．予算の先議権　　オ．国政調査権

⑶　次の記述の空欄にあてはまる語句を入れよ。
法律案について，衆議院と参議院が異なった議決をした場合，衆議院で出席議員の(　A　)以上の多数で再び可決をしたときは，法律として成立する。また，参議院が衆議院の可決した法律案を受け取った後，国会休会中の期間を除いて(　B　)日以内に議決しないときは，衆議院は参議院がその法律案を否決したものとみなすことができる。

92 ☆☆

内閣について，次の各問いに答えよ。

⑴　我が国は議院内閣制をとり入れている。その内容について簡潔に説明せよ。

⑵　内閣について，次の文の空欄にあてはまる語句を入れよ。
・内閣総理大臣は(　A　)の指名に基づき，(　B　)が任命する。
・内閣総理大臣とその他の国務大臣は，すべて(　C　)でなければならない。
・衆議院で内閣不信任決議案が可決された場合，内閣は(　D　)日以内に(　E　)するか，あるいは(　F　)するかを選択しなければならない。

⑶　内閣が意思決定をするため，内閣総理大臣が主宰し，すべての国務大臣が出席して開かれる会議のことを何というか。

93 ☆

次のうち，内閣の権限として正しいものをすべて選べ。

ア．条約の締結　イ．条例の制定　ウ．弾劾裁判所の設置
エ．予算の作成　オ．最高裁判所長官の任命

94 ☆☆

裁判所について，次の各問いに答えよ。

(1) 裁判所がもっている権限で，国会や内閣が制定した法律，命令，規則などが，憲法に適合しているかどうかを判断する権限を何というか。

(2) 最高裁判所は「憲法の番人」とよばれるが，その理由を簡潔に説明せよ。

(3) 最高裁判所裁判官の選任について，国民のコントロールを及ぼす制度を何というか。

95 ☆☆

我が国の裁判に関する記述として，正しいものを選べ。

① すべて司法権は，最高裁判所及び下級裁判所，特別裁判所に属する。

② 最高裁判所の裁判官は，弾劾裁判所による罷免以外にその地位を失うことはない。

③ 違憲立法(法令)審査権は，最高裁判所のみが有する。

④ すべての裁判官は，その良心に従い独立して職権を行い，憲法及び法律にのみ拘束される。

⑤ 三審制がとられており，第一審の判決に不服がある場合，上級の裁判所に上告し，さらにそれに不服があれば控訴することができる。

96 ☆

地方自治について，次の各問いに答えよ。

(1) 国や地方公共団体が保有する情報について，住民からその開示を求める請求を受けたとき，原則としてこれを開示する義務を負う制度を何というか。

(2) 地方公共団体の行政活動を住民の立場から監視し，住民からの苦情に対して調査や処理を行う制度を何というか。

(3) 地方財政に関する次の文の空欄にあてはまる語句を入れよ。

地方公共団体の活動の裏付けとなる地方財政は，住民税，固定資産税などの地方税や大規模な事業を行ったり，災害復旧事業を行ったりする際に発行される地方債と，国が使途を限定して地方公共団体へ交付する(　A　)，国から地方へ税の再配分といった形で使途に制限なく交付する(　B　)などによってまかなわれている。

97 ☆☆

地方公共団体の住民が有する権利について，次の各問いに答えよ。

(1) 地方公共団体の住民には，議会の解散の請求や事務の監査の請求などを行うことが認められている。この権利を何というか。

(2) 次の請求を行うために必要な署名数とその請求先を答えよ。

A．条例の制定・改廃の請求　　B．議会の解散の請求
C．首長の解職の請求　　D．事務の監査の請求

98 ☆☆

我が国の選挙制度に関する次の文の空欄にあてはまる語句を入れよ。

衆議院議員選挙では(　A　)制が採用されている。有権者が(　B　)名を記入して投票する小選挙区選挙で289名が，全国を11ブロックとし有権者が(　C　)名を記入して投票する(　D　)選挙で176名が選出される。

一方，参議院議員選挙では，都道府県単位で行われる選挙区選挙で148名，全国を1単位とする(　D　)選挙で100名が選出される。(　D　)では，有権者は(　B　)名あるいは(　C　)名を記入して投票し，政党に比例配分された議席数について，候補者個人の得票数が多い順に当選者が確定する(　E　)名簿式を基本とするが，2019年から特定枠が導入された。

99 ☆

次は，憲法改正について規定した日本国憲法第96条第1項の条文である。空欄にあてはまる語句をア～カから選び，記号で答えよ。

「この憲法の改正は，各議院の総議員の(　A　)の賛成で，(　B　)が，これを発議し，国民に提案してその承認を経なければならない。この承認には，特別の国民投票又は国会の定める選挙の際行はれる投票において，その(　C　)の賛成を必要とする。」

ア．過半数　　イ．3分の1以上　　ウ．3分の2以上
エ．衆議院　　オ．内閣　　　　　カ．国会

100 ☆☆

需要と供給について，次の各問いに答えよ。

⑴　売り手と買い手との間に取り引きが行われる場を何というか。

⑵　次の文の空欄にあてはまる語句を入れよ。

　需要が供給を上回って超過需要の状態にあるとき，価格は(　A　)し，それとともに(　B　)が減り(　C　)が増えて，需給は一致する。逆に，供給が需要を上回って超過供給の状態にあるとき，価格は(　D　)し，それに伴い(　E　)の減少と(　F　)の増加が生じて，やはり需給は一致する。

⑶　⑵のように，価格の上下変動を通じて，自動的に需要量と供給量が一致するようになることを何というか。

101 ☆

独占禁止政策について，次の各問いに答えよ。

⑴　公正かつ自由な競争を促進することを目的として，市場の独占や不公正な取引を制限・禁止することを定めた法律を何というか。

⑵　⑴の法律に基づいて，独占の発生や大企業の行き過ぎを監視し，違法カルテルや過大景品の排除命令などを出す行政委員会を何というか。

102 ☆☆

国民所得に関する記述として，誤っているものを選べ。

①　国民総生産(GNP)は，国内総生産に海外からの純所得を加えたものである。

②　国内総生産(GDP)は，国内の総生産額から，中間生産物を差し引いたものである。

③　国民純生産(NNP)は，国民総生産から，減価償却費(固定資本減耗費)を差し引いたものである。

④　国民所得(NI)は，国民総生産から，減価償却費(固定資本減耗費)及び補助金を差し引き，間接税を加えたものである。

103 ☆

株式会社に関する記述として，正しいものを選べ。

① 株主は会社に損失が発生した場合，そのすべてを共同して負担しなければならない。

② 株主は会社の業績にかかわらず，毎年一定の配当を受け取ることができる。

③ 株主総会では，株主は1株1票の議決権をもつ。

④ 株式会社の最高意思決定機関は取締役会である。

104 ☆

次の文は金融政策について述べたものである。それぞれ何というか答えよ。

(1) 市中銀行が受け入れた預金のうち日本銀行に預け入れる割合を上下させることにより，市中銀行が貸出に回すことができる手持ち資金の量を調節しようとする政策。

(2) 日本銀行が市中銀行を相手に，国債や手形などの有価証券を公開の市場で売買することにより通貨量を調整しようとする金融政策を何というか。

105 ☆☆

財政について，次の各問いに答えよ。

(1) 次のア～クの税を，表のA～Dにそれぞれ分類せよ。

ア．所得税　イ．事業税　ウ．相続税　エ．固定資産税

オ．消費税　カ．法人税　キ．酒税　ク．ゴルフ場利用税

	直接税	間接税
国　税	A	B
地方税	C	D

(2) 所得が高くなるほど高い税率が適用される租税制度を何というか。

(3) 政府が国の信用に基づいて調達した資金などを用い，社会資本の整備や中小企業対策などに融資するしくみを何というか。

(4) 一般会計歳入の不足分を補い，人件費や事務経費などの経常的な支出にあてるための国債で，財政法上，発行が禁止されているものを何というか。

106 ☆☆

国際収支と為替レートについて，次の各問いに答えよ。

(1) 国際収支の大項目のうち，商品とサービスの輸出入に基づく，外国との支払い・受け取りの収支のことをまとめて何というか。

(2) 円高に関する次の文の空欄にあてはまる語句をア～カから選び，記号で答えよ。ただし，同じ語句を2度使ってもよいものとする。

円高とは，円の対外的価値が(　A　)することで，例えば1ドル＝(　B　)円から1ドル＝(　C　)円になることをいう。輸出品の価格が(　D　)するため，輸出産業には(　E　)となるが，輸入品の価格は(　F　)するため，輸入産業には(　G　)となる。

ア．100　　イ．200　　ウ．上昇　　エ．下落　　オ．不利　　カ．有利

107 ☆

労働に関する次の文の空欄にあてはまる語句を入れよ。

(1) 労働三権とは，団結権，団体交渉権，(　A　)権のことをいう。

(2) 労働三法とは，(　B　)法，労働組合法，労働関係調整法のことをいう。

(3) 職場での男女平等を目指し1985年に制定された(　C　)法は，1997年に改正され，募集・採用，配置・昇進にあたっての男女差別について，従来の努力義務から禁止規定に改められた。

108 ☆

我が国の社会保障制度について，次の各問いに答えよ。

(1) 我が国の社会保障制度は，日本国憲法第25条の生存権に基づいて整備され，その基本的な柱として社会福祉など4つの分野が挙げられる。社会福祉以外の3つの分野をすべて答えよ。

(2) 障害のある人や高齢者が，一般社会の中で安全・快適に暮らせるよう，身体的・精神的・社会的な障壁を取り除こうとする考え方のことを何というか。次から選び，記号で答えよ。

ア．ユニバーサルデザイン　　イ．ノーマライゼーション

ウ．バリアフリー

109 ☆

次の文は，消費者問題に関する法律や制度について述べたものである。それぞれの名称を答えよ。

(1) 1968年施行の消費者保護基本法を抜本改正し，2004年に施行された法律。消費者政策の重点が「消費者の自立支援」にかわり，国際消費者機構（CI）が定める8つの消費者の権利が明記されている。

(2) 消費者が商品の欠陥や説明不足が原因で損害を受けた場合，製造業者など企業の過失の有無に関わらず，企業に損害賠償を負わせることができることを定めた法律。

(3) 消費者が購入契約を結び代金を支払った後でも，一定期間内であれば無条件で契約を解除できる制度。

110 ☆

地球環境問題に関する次の記述の空欄にあてはまる語句を，ア～カから選び，記号で答えよ。

1972年にスウェーデンのストックホルムで(　A　)が開催された。この会議は，国連主催による環境についての初の国際会議で，「(　B　)」がスローガンとされ，人間環境宣言が採択された。また，1992年にはブラジルのリオデジャネイロで，(　C　)が開催された。将来の世代に資源と良好な環境を残せるように開発と環境保全を調和させる「(　D　)」を基本理念とし，「環境と開発に関するリオ宣言」や気候変動枠組み（地球温暖化防止）条約などが採択された。

ア．地球サミット（国連環境開発会議）　　イ．国連人間環境会議

ウ．環境開発サミット（持続可能な開発に関する世界首脳会議）

エ．かけがえのない地球　　オ．持続可能な開発

カ．宇宙船地球号

111 ☆☆

次の文は，国際連合について述べたものである。これを読んで，各問いに答えよ。

国際連合は，国際平和と安全の維持，国際問題の解決と人権尊重のための国際協力などを目的として，サンフランシスコ会議で決定された(　A　)に基づき，(　B　)年に発足した。本部はアメリカの(　C　)にある。国連の主要機関の1

つである安全保障理事会は，国際平和と安全の維持に関する主要な責任を負う機関であり，5つの$_{ア}$常任理事国と10の非常任理事国とで構成される。安全保障理事会は，経済制裁，交通・外交の断絶といった非軍事的強制措置のほか軍事的強制措置をとることができ，$_{イ}$平和維持活動の派遣も行っている。また，（　D　）理事会は，経済・社会・文化・教育・保健などの分野で国際協力を進めることを目的としており，多くの$_{ウ}$国連専門機関や$_{エ}$非政府組織などと連携して活動している。

(1)　空欄にあてはまる語句を入れよ。

(2)　下線部アについて，安全保障理事会の5常任理事国のうち，アメリカ，イギリス以外の国名を答えよ。

(3)　下線部イ，エについて，その名称をアルファベットで答えよ。

(4)　下線部ウについて，国連専門機関の1つにユネスコがある。その日本語での名称と活動の目的を簡潔に述べよ。

112 ☆

次は国連専門機関や補助機関についての説明である。それぞれの名称をア～クから選び，記号で答えよ。

(1)　労働者の利益保護と生活水準の向上を目的として，賃金・労働条件の改善などについての勧告や条約の採択などを行う機関。

(2)　世界中の人々の健康の保持・増進と公衆衛生の向上を目的とする機関。

(3)　難民の国際的な保護・救済の促進を目的とする機関。

(4)　GATTにかわり発足した，サービス貿易や知的所有権などの広範な分野の国際ルールの確立，貿易国間の紛争処理などを通じ，多角的な貿易自由化を推進する機関。

(5)　発展途上国の児童に対する医療・食糧などの援助，天災や戦災に見舞われた地域の母子に対する緊急支援を行う機関。

(6)　南北問題の解決のため，発展途上国の経済発展と貿易の促進を目的とする機関。

ア．国際復興開発銀行（IBRD）
イ．国連難民高等弁務官事務所（UNHCR）
ウ．国際通貨基金（IMF）　エ．国連児童基金（UNICEF）
オ．国際労働機関（ILO）　カ．国連貿易開発会議（UNCTAD）
キ．世界保健機関（WHO）　ク．世界貿易機関（WTO）

113 ☆

地域的統合について，次の各問いに答えよ。

(1) 2023年6月現在，EU（欧州連合）に加盟していない国を選べ。

ア．チェコ　イ．ポーランド　ウ．スイス
エ．スウェーデン　オ．ギリシャ

(2) 次のうち，東南アジア諸国の経済成長や社会・文化的発展の促進，政治・経済的安定の確保を目的として設立された地域機構を選べ。

ア．USMCA　イ．OECD　ウ．MERCOSUR
エ．APEC　オ．ASEAN

114 ☆☆

国際協力について，次の各問いに答えよ。

(1) 我が国は，外国からの援助を必要とする国に対して，政府開発援助（ODA）を行っている。ODAの目的と内容について簡潔に述べよ。

(2) 毎年1回，アメリカ，イギリス，フランス，ドイツ，イタリア，日本，カナダ，ロシアの首脳が集まり，政治・経済問題などについて討議する場を何というか（2014年以降ロシアは参加停止）。

(3) 立場の弱い発展途上国の生産者や労働者の生活改善や自立をめざし，発展途上国でつくられた農作物や製品を適正な価格で継続的に購入することを何というか。

115 ☆☆

次のア～カの国のうち，排他的経済水域の面積が国土面積より広い国をすべて選び，記号で答えよ。

ア．日本　イ．オーストラリア　ウ．インドネシア
エ．ブラジル　オ．アメリカ合衆国　カ．ニュージーランド

3

算数

Open Sesame

学習指導要領

●解答解説P412～414

●傾向と対策

重要度：A

学習指導要領からは，教科目標がよく出題されている。特に空欄補充問題に対応できるよう，キーワードを中心に確実に覚えておく必要がある。また，各学年の内容に関して，何学年のものかを回答させる問題もみられるため，各領域の学年間の関連を整理しておこう。また，指導法に関する問題が増加傾向にあり，分数の加法・除法，三角形や平行四辺形の面積の求め方についての指導法を具体的に記述する問題がよくみられる。自分なりの指導法を確立しておこう。

1 ☆☆

次の文は，小学校学習指導要領「算数科」の「改訂の趣旨及び要点」の一部である。空欄に適語を入れよ。

算数科の学習における「（　A　）な見方・考え方」とは，「事象を数量や図形及びそれらの関係などに着目して捉え，根拠を基に筋道を立てて考え，（　B　）的・発展的に考えること」であると考えられる。また，算数科においては，「事象を数理的に捉え，数学の問題を見いだし，問題を自立的，（　C　）的に解決し，解決過程を振り返って概念を形成したり（　D　）したりする過程」といった算数の問題発見・解決の過程が重要である。

2 ☆

次の文は，小学校学習指導要領「算数科」の目標である。空欄に適語を入れよ。

数学的な見方・考え方を働かせ，数学的活動を通して，数学的に考える資質・能力を次のとおり育成することを目指す。

⑴　数量や図形などについての（　A　）な概念や性質などを理解するとともに，日常の事象を（　B　）に処理する技能を身に付けるようにする。

⑵　日常の事象を（　B　）に捉え（　C　）をもち（　D　）を立てて考察する力，（　A　）な数量や図形の性質などを見いだし統合的・発展的に考察する力，数学的な表現を用いて事象を簡潔・明瞭・的確に表したり目的に応じて

（　E　）に表したりする力を養う。

(3)　数学的活動の楽しさや数学のよさに気付き，学習を振り返ってよりよく問題解決しようとする態度，算数で学んだことを（　F　）や学習に活用しようとする態度を養う。

3 ☆☆

次の文は，小学校学習指導要領「算数科」における各学年の目標の一部である。空欄に適語を入れよ。

〔第3学年〕

数とその表現や数量の関係に着目し，必要に応じて具体物や（　A　）などを用いて数の表し方や計算の仕方などを考察する力，平面図形の特徴を図形を構成する要素に着目して捉えたり，身の回りの事象を図形の（　B　）から考察したりする力，身の回りにあるものの特徴を（　C　）に着目して捉え，（　C　）の単位を用いて的確に表現する力，身の回りの事象をデータの特徴に着目して捉え，（　D　）に表現したり適切に判断したりする力などを養う。

〔第4学年〕

数とその表現や数量の関係に着目し，目的に合った表現方法を用いて計算の仕方などを考察する力，図形を構成する要素及びそれらの（　E　）に着目し，図形の（　B　）や図形の計量について考察する力，伴って変わる二つの数量やそれらの関係に着目し，変化や対応の特徴を見いだして，二つの数量の関係を表や式を用いて考察する力，目的に応じてデータを収集し，データの特徴や傾向に着目して表や（　F　）に的確に表現し，それらを用いて問題解決したり，解決の過程や結果を（　G　）に捉え考察したりする力などを養う。

〔第5学年〕

数とその表現や計算の意味に着目し，目的に合った表現方法を用いて数の（　B　）や計算の仕方などを考察する力，図形を構成する要素や図形間の関係などに着目し，図形の（　B　）や図形の計量について考察する力，伴って変わる二つの数量やそれらの関係に着目し，変化や対応の特徴を見いだして，二つの数量の関係を表や式を用いて考察する力，目的に応じてデータを収集し，データの特徴や傾向に着目して表や（　F　）に的確に表現し，それらを用いて問題解決したり，解決の過程や結果を（　G　）に捉え考察したりする力などを養う。

〔第6学年〕

数とその表現や計算の意味に着目し，（　H　）に考察して問題を見いだすとともに，目的に応じて多様な表現方法を用いながら数の表し方や計算の仕方などを考察する力，図形を構成する要素や図形間の関係などに着目し，図形の（　B　）や図形の計量について考察する力，伴って変わる二つの数量やそれらの関係に着目し，変化や対応の特徴を見いだして，二つの数量の関係を表や式，（　F　）を用いて考察する力，身の回りの事象から設定した問題について，目的に応じてデータを収集し，データの特徴や傾向に着目して適切な手法を選択して（　I　）を行い，それらを用いて問題解決したり，解決の過程や結果を（　J　）に考察したりする力などを養う。

4　☆

次の文は，小学校学習指導要領「算数科」における各学年の目標である。第4学年の目標を選べ。

①　数の表し方，整数の計算の意味と性質，小数及び分数の意味と表し方，基本的な図形の概念，量の概念，棒グラフなどについて理解し，数量や図形についての感覚を豊かにするとともに，整数などの計算をしたり，図形を構成したり，長さや重さなどを測定したり，表やグラフに表したりすることなどについての技能を身に付けるようにする。

②　小数及び分数の意味と表し方，四則の関係，平面図形と立体図形，面積，角の大きさ，折れ線グラフなどについて理解するとともに，整数，小数及び分数の計算をしたり，図形を構成したり，図形の面積や角の大きさを求めたり，表やグラフに表したりすることなどについての技能を身に付けるようにする。

③　分数の計算の意味，文字を用いた式，図形の意味，図形の体積，比例，度数分布を表す表などについて理解するとともに，分数の計算をしたり，図形を構成したり，図形の面積や体積を求めたり，表やグラフに表したりすることなどについての技能を身に付けるようにする。

④　数の概念とその表し方及び計算の意味を理解し，量，図形及び数量の関係についての理解の基礎となる経験を重ね，数量や図形についての感覚を豊かにするとともに，加法及び減法の計算をしたり，形を構成したり，身の回りにある量の大きさを比べたり，簡単な絵や図などに表したりすることなどについての技能を身に付けるようにする。

⑤　整数の性質，分数の意味，小数と分数の計算の意味，面積の公式，図形の

意味と性質，図形の体積，速さ，割合，帯グラフなどについて理解するとともに，小数や分数の計算をしたり，図形の性質を調べたり，図形の面積や体積を求めたり，表やグラフに表したりすることなどについての技能を身に付けるようにする。

5 ☆☆

小学校学習指導要領「算数科」において各学年で指導する内容は，4つの領域に分けられている。次の内容はそれぞれどの領域に含まれるものか，また，第何学年の内容か答えよ。

(1) 反比例の関係について知ること。

(2) 数を十や百を単位としてみるなど，数の相対的な大きさについて理解すること。

(3) 百分率を用いた表し方を理解し，割合などを求めること。

(4) 直線の平行や垂直の関係について理解すること。

(5) 日常生活に必要な時刻や時間を求めること。

6 ☆

次のア～オは，小学校学習指導要領「算数科」における各学年の内容の一部である。第3学年の内容のみを組み合わせているものを選べ。

ア．そろばんによる数の表し方について知ること。

イ．四捨五入について知ること。

ウ．棒グラフの特徴やその用い方を理解すること。

エ．角の大きさの単位（度（°））について知り，角の大きさを測定すること。

オ．正方形，長方形，直角三角形について知ること。

① ア，イ　② ア，ウ　③ イ，エ　④ ウ，オ　⑤ エ，オ

7 ☆

小学校学習指導要領「算数科」における「測定」及び「変化と関係」領域の内容について，次の各問いに答えよ。

(1) 次の単位はそれぞれ第何学年で最初に扱うものとされているか。

ア．長さ（cm）　イ．体積（cm^3）

ウ．重さ（g）　エ．時間（秒）

(2) 次の面積の求め方のうち，第5学年で最初に指導するものをすべて選べ。

① 長方形の面積　② 三角形の面積
③ 円の面積　④ 平行四辺形の面積
⑤ 正方形の面積

8 ☆☆

小学校学習指導要領「算数科」の「データの活用」領域について，次の内容を第3学年から第6学年まで正しい順に並べかえよ。

A．円グラフや帯グラフの特徴とそれらの用い方を理解すること。
B．日時の観点や場所の観点などからデータを分類整理し，表に表したり読んだりすること。
C．折れ線グラフの特徴とその用い方を理解すること。
D．起こり得る場合を順序よく整理するための図や表などの用い方を知ること。

9 ☆

小学校学習指導要領「算数科」において，次の用語を最初に指導する学年を答えよ。

(1) 直角
(2) 小数点
(3) 線対称
(4) 平行
(5) 約分

10 ☆☆

次の文は，小学校学習指導要領「算数科」における第5学年の目標と内容の一部である。空欄に適語を入れよ。

1 目標

(1) 整数の性質，(　A　)の意味，(　B　)と(　A　)の計算の意味，面積の公式，図形の意味と性質，図形の体積，速さ，割合，帯グラフなどについて理解するとともに，(　B　)や(　A　)の計算をしたり，図形の性質を調べたり，図形の面積や体積を求めたり，表やグラフに表したりすることなどについての技能を身に付けるようにする。

2　内容

C　変化と関係

(2)　異種の二つの量の(　C　)として捉えられる数量に関わる数学的活動を通して，次の事項を身に付けることができるよう指導する。

ア　次のような知識及び技能を身に付けること。

(ア)　速さなど(　D　)当たりの大きさの意味及び表し方について理解し，それを求めること。

11 ☆☆

減法と除法について，次の各問いに答えよ。

(1)　減法の計算の仕方には主に減加法と減々法がある。「13－8」を例として，2通りの計算の仕方を簡潔に説明せよ。

(2)　除法が用いられる具体的な場合は2つに大別される。その名称を答え，「12÷4」を例としてそれぞれの考え方を用いる文章題を1つずつ作成せよ。

12 ☆☆

算数科における指導について，次の各問いに答えよ。

(1)　「量の大きさの比較」の段階には次の4つがある。空欄に適語を入れよ。

(　A　)比較，間接比較，任意単位による測定，(　B　)単位による測定

(2)　間接比較，任意単位による測定について，具体例を用いてそれぞれ簡潔に説明せよ。

13 ☆

次の文は，小学校学習指導要領「算数科」の「指導計画の作成と内容の取扱い」の一部である。空欄に適する語句を書け。

(1)　各学年の内容は，次の学年以降においても必要に応じて継続して指導すること。数量や図形についての(　A　)な能力の習熟や維持を図るため，適宜練習の機会を設けて(　B　)に指導すること。(中略)また，学年間の指導内容を円滑に接続させるため，適切な(　C　)による学習指導を進めるようにすること。

(2) 数量や図形についての感覚を豊かにしたり，表やグラフを用いて（　D　）を高めたりするなどのため，必要な場面において（　E　）などを適切に活用すること。

(3) 数量や図形についての豊かな感覚を育てるとともに，およその大きさや形を捉え，それらに基づいて適切に判断したり，（　F　）な処理の仕方を考え出したりすることができるようにすること。

(4) 筆算による計算の技能を確実に身に付けることを重視するとともに，目的に応じて計算の結果の（　G　）をして，計算の仕方や結果について適切に判断できるようにすること。また，低学年の「A 数と計算」の指導に当たっては，そろばんや具体物などの教具を適宜用いて，数と計算についての意味の理解を深めるよう留意すること。

14　☆☆☆

第5学年の児童に分数のわり算の指導をする。「$\frac{2}{5} \div 3$」の場合，計算の仕方を児童にどのように説明すればよいか。図を用いた説明と計算のきまりを用いた説明の2通りの方法で答えよ。

15　☆☆

右の図のような三角形の面積の求め方について，5年生の児童が答えそうな計算方法を3つ答えよ。ただし，平行四辺形の面積の求め方は習っているものとする。

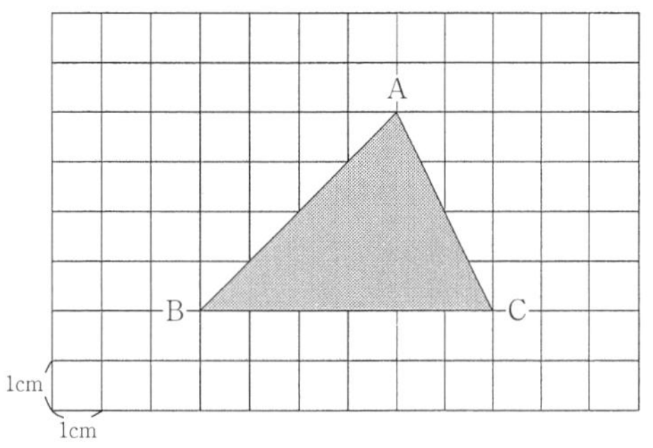

数や式と計算

●解答解説P415～419

●傾向と対策

重要度：**A**

この分野では，分数をまじえた四則混合計算が頻出事項であり，そのほか，因数分解，平方根，数列，公倍数・公約数の問題が多い。いずれも基本事項を把握した上で，素早く正確に答えが出せるよう問題に慣れておこう。また，数列は小学校で学習する規則性についての問題がほとんどであり，難解なものは少ない。多くの問題をこなして，解法を身に付けておこう。

16 ☆

次の計算をせよ。

(1) $3 \div (-9) - \dfrac{2}{3} \times \dfrac{5}{2}$

(2) $3.5 \div \dfrac{6}{5} - \left\{12 \times \left(\dfrac{1}{3} - 0.3\right) - 0.15\right\}$

(3) $\left(-\dfrac{1}{3}\right)^2 \times \left(-\dfrac{1}{2}\right)^3 \div \left\{\dfrac{1}{2} \times \left(\dfrac{1}{6} - \dfrac{1}{3}\right)\right\}^2$

(4) $\dfrac{5a+2}{4} - \dfrac{a-1}{3}$

(5) $12a^2b \div (-6ab) \times 3ab^2$

(6) $(x-5)(x+7) - (x-4)^2$

(7) $2\sqrt{6} \times (-3\sqrt{3}) \div (-9\sqrt{2})$

(8) $(\sqrt{2} - 3)^2 - \dfrac{4}{\sqrt{2}}$

17 ☆

次の式を因数分解せよ。

(1) $x^2 - x - 12$

(2) $4x^2 - 4x + 1$

(3) $xy + 3x - 2y - 6$

(4) $a^2 - 2ab + b^2 - c^2$

18 ☆

$a=3$，$b=-4$のとき，$(6a^2-15ab)\div 3a$の値を求めよ。

19 ☆

$3<\sqrt{n}<4$を満たす整数nの個数を求めよ。

20 ☆☆

次の式の値を求めよ。

(1)　$x=\sqrt{5}+2$，$y=\sqrt{5}-2$のとき，x^2-y^2の値

(2)　$a=\sqrt{7}+\sqrt{5}$，$b=\sqrt{7}-\sqrt{5}$のとき，a^2+b^2-3abの値

(3)　$x-y=\sqrt{3}$，$xy=\sqrt{2}$のとき，x^2-xy+y^2の値

21 ☆

$\sqrt{175n}$が自然数となるような自然数nのうち，最も小さいものを求めよ。

22 ☆

$\frac{n}{6}$と$\frac{48}{n}$がともに整数となる自然数nの個数を求めよ。

23 ☆☆

公約数と公倍数について，次の各問いに答えよ。

(1)　80と120の公約数の個数を求めよ。

(2)　168と210の最大公約数と最小公倍数をそれぞれ求めよ。

24 ☆☆

次の各問いに答えよ。

(1)　3で割っても5で割っても2余る数のうち，100に最も近い整数を求めよ。

(2)　5で割ると3余り，6で割ると2余る整数のうち，2001に最も近い整数を求めよ。

25 ☆

ある駅から電車は8分ごとに，バスは12分ごとに発車する。午前10時に電車とバスが同時に発車した後，午後3時までに電車とバスは同時に何回発車するか。

26 ☆

同じ大きさの正方形のタイルを敷き詰めて，縦200cm，横144cmの長方形を作りたい。できるだけ大きな正方形を使うことにすると，タイルは全部で何枚必要か。

27 ☆☆

縦6cm，横10cm，高さ5cmの直方体を同じ向きに積んで，最も小さい立方体を作るとき，直方体は全部で何個必要か。

28 ☆

1から200までの整数のうち，次のような数はいくつあるか。

(1)　5でも7でも割り切れる数

(2)　5または7で割り切れる数

(3)　5で割り切れるが，7で割り切れない数

29 ☆☆

ある年の3月2日が火曜日であったとき，次の年の2月3日は何曜日か。ただし，いずれの年もうるう年ではないものとする。

30 ☆

記数法について，次の各問いに答えよ。

(1) 10進法で19と表される数は，2進法ではいくらか。

(2) 2進法で11010と表される数は，10進法ではいくらか。

(3) 10進法で67と表される数は，3進法ではいくらか。

31 ☆

次の図のように，おはじきを並べて正方形を作る。14番目の正方形を作るには，おはじきが全部で何個必要か。

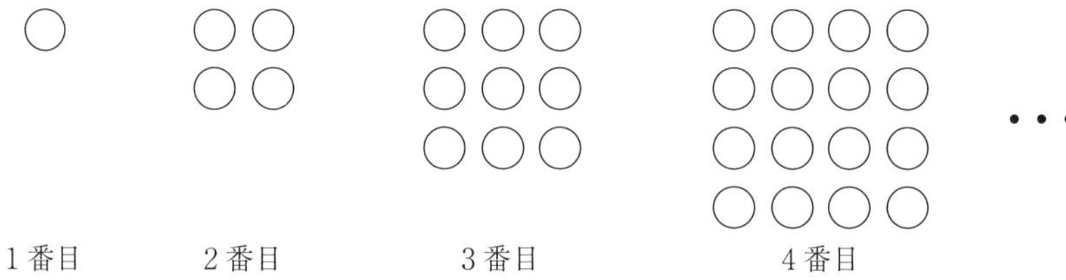

32 ☆

次の図のように，同じ大きさの立方体を積んでいく。15段まで積むとき，一番下の段には何個の立方体があるか。

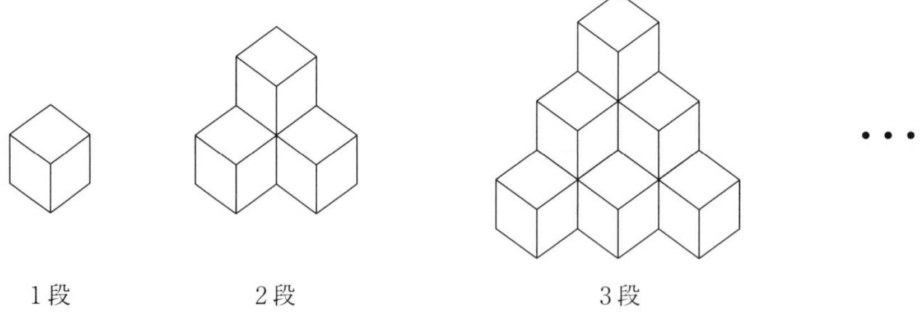

33 ☆☆☆

右の図のように，マッチ棒で三角形を1段目に1つ，2段目に3つ，3段目に5つと作っていく。20段目まで作るとき，20段目には三角形がいくつあるか。また，そのときマッチ棒は全部で何本必要か。

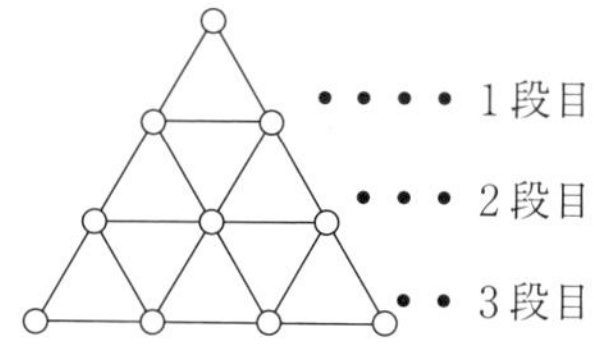

34 ☆☆

右の表において，上から3段目，左から4番目の数は15である。上からm段目，左からn番目の数を求めよ。

1	5	9	13	……
2	6	10	14	……
3	7	11	15	……
4	8	12	16	……
5	9	13	17	……
6	10	14	18	……
⋮	⋮	⋮	⋮	

35 ☆☆

黒い碁石を図のように，正五角形の形に並べていく。一辺の碁石の数が9個になったとき，碁石は全部でいくつあるか。

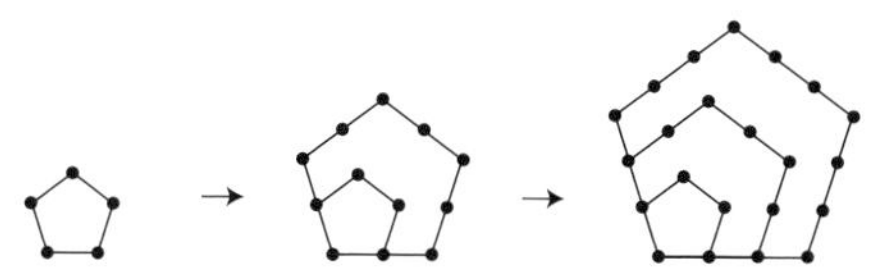

3 方程式・不等式

●解答解説P419～424

●傾向と対策

重要度：A

出題頻度の高い分野であるが，そのほとんどが文章題である。速さ，濃度，整数などに関して，1次方程式や連立方程式，2次方程式を利用して解く問題が多い。いずれの問題も中学レベルのものであるので，多くの問題に取り組みパターン化してその解法を確実にマスターしておこう。

36 ☆

次の方程式・不等式を解け。

(1) $x(x-10)=3(x-2)(x+2)$

(2) $(x+3)^2-1=2x^2-x+14$

(3) $4x-5y=6x+y-10=-14$

(4) $3-2(3-x)\geqq 5x-9$

37 ☆

1次方程式 $ax-3(a-1)x=7-6x$ の解が $x=-1$ のとき，a の値を求めよ。

38 ☆

次の各問いに答えよ。

(1) $2x^2-ax-6=0$ の解の1つが2のとき，他の解を求めよ。

(2) $x^2-6x-b=0$ の解の1つが $3-\sqrt{5}$ のとき，b の値を求めよ。

39 ☆

何人かの子どもに，みかんを6個ずつ分けようとしたら4個不足し，4個ずつにして分けたところ14個余った。みかんの個数を求めよ。

40 ☆

50円切手と80円切手を全部で12枚購入し，720円払った。購入した50円切手と80円切手の枚数をそれぞれ求めよ。

41 ☆

弟が65m/分の速さで歩いて家を出発したところ，兄は弟が出発してから9分後に自転車に乗って260m/分の速さで弟を追いかけた。兄は出発してから何分後に弟に追いつくか。

42 ☆☆

A，B，Cの3人が，AとBは同じ場所から東から西へ，Cは西から東へ同時に出発した。AとCが出会ってから2分後にBとCが出会ったという。最初にA，BとCが離れていた距離を求めよ。ただし，Aは分速120m，Bは分速80m，Cは分速100mとする。

43 ☆☆

家から1800m離れた駅へ行くのに，一定の速さで歩き出した。30分かけて駅に着く予定であったが，途中で速さを早めて毎分90mの速さで歩いたので，予定より6分速く駅に着いた。毎分90mで歩いた距離を求めよ。

44 ☆☆

一定の速さで走っている列車がある。長さ220mの鉄橋を渡り始めてから渡り終わるまでに20秒かかり，長さ980mのトンネルに列車の最後尾が入ってから最前部が出るまでに40秒かかった。この列車の時速を求めよ。

45 ☆

15％の濃度の食塩水が400gある。これを10％の濃度の食塩水にするには，何gの水を加えたらよいか。

46 ☆☆

10％の濃度の食塩水100gがある。この食塩水に20％と30％の食塩水を加えると，25％の食塩水が500gできた。20％の食塩水を何g加えたか。

47 ☆☆☆

Aの容器には1200gの食塩水が，Bの容器には600gの水が入っている。Aの容器の食塩水の半分をBの容器に入れ，よくかき混ぜてから，Bの容器の200gをAの容器に戻したところ，Aの容器の食塩水の濃度は7％になった。はじめにAの容器に入っていた食塩水の濃度を求めよ。

48 ☆

A，Bの2人である仕事を仕上げるのに，A1人では30日，B1人では20日かかる。Aがこの仕事にとりかかってから，何日か経った後，BがAに代わって仕事をし，25日で仕上げることができた。Aの働いた日数を求めよ。

49 ☆☆☆

ある仕事をするのに，AとBの2人が一緒に2日間働くと全体の$\frac{1}{3}$が終わった。残りをBが1人ですると10日かかり，Cが1人ですると8日かかる。この仕事を3人で始めからすると何日かかるか。

50 ☆

2桁の正の整数がある。この整数は各位の数の和が7で，十の位の数と一の位の数を入れかえると，もとの数の2倍よりも2大きくなる。この整数を求めよ。

51 ☆

あるCDの定価は，原価の2割増である。このCDを定価の2割引で売ったところ100円の損が出た。このCDの原価を求めよ。

52 ☆☆☆

午後2時から午後3時の間で，時計の長針と短針が反対方向を向いて一直線（180°）になる時刻は，午後2時何分か。

53 ☆☆

ある学校の昨年度の全校児童数は，男女合わせて600人であったが，今年度は男子が8％増え，女子が12％減ったので，全体として22人減った。今年度の男子の児童数を求めよ。

54 ☆

1本80円の鉛筆と50円の鉛筆を，1000円以内で合計16本購入したい。80円の鉛筆をできるだけ多く購入するには，それぞれ何本購入すればよいか。

55 ☆

ある展覧会場の入場料は，1人500円で，100人以上の団体は2割引になる。100人未満の団体が100人の団体として入場した方が安くなるのは，何人以上の場合か求めよ。

56 ☆☆

2桁の正の整数がある。その数の平方は，一の位と十の位の数を入れかえた数の平方より792小さいという。この整数を求めよ。

57 ☆

連続する2つの自然数の平方の和が85である。この2数を求めよ。

58 ☆☆

連続する3つの奇数があり，最も小さい数と真ん中の数との積は，真ん中の数と最も大きい数との積より108小さいという。この3つの奇数の和を3倍した数を求めよ。

59 ☆

縦20m，横26mの長方形の土地がある。これに右の図のように同じ幅の道をつくり，残った土地の面積が396m^{2}になるようにするとき，道の幅を何mにすればよいか。

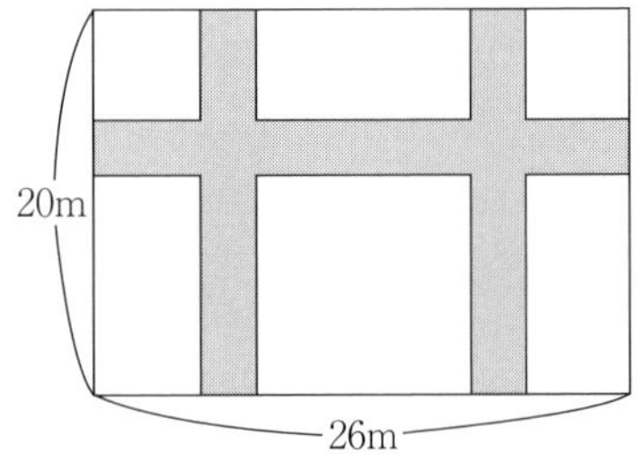

4 関数

●解答解説P424～428

●傾向と対策

重要度：**B**

1次関数と2次関数の融合問題が最も多い。2次関数といっても，頂点が原点にある$y=ax^2$の形のものが大半を占めている。直線の方程式を求める問題や，直線や放物線で囲まれた図形の面積を求める問題が多く出題されているが，いずれも関数の性質や方程式の基本形を押さえておけば十分対応できる。

60 ☆

yはxに比例し，$x=-2$のとき$y=4$である。xの変域が$-4 \leqq x \leqq 6$のとき，yの変域を求めよ。

61 ☆

次のような直線の式を求めよ。

(1) 点$(3,\ 2)$を通り，直線$y=-\dfrac{3}{2}x+4$に平行な直線

(2) 2点$(4,\ -8)$，$(-6,\ -3)$を通る直線

62 ☆☆

右の図で，lは傾きが$\dfrac{1}{2}$で点C$(0,\ -3)$を通る直線，mは点$(1,\ 1)$，$(3,\ -1)$を通る直線である。直線lとmの交点をA，mとy軸との交点をBとするとき，△ABCの面積を求めよ。

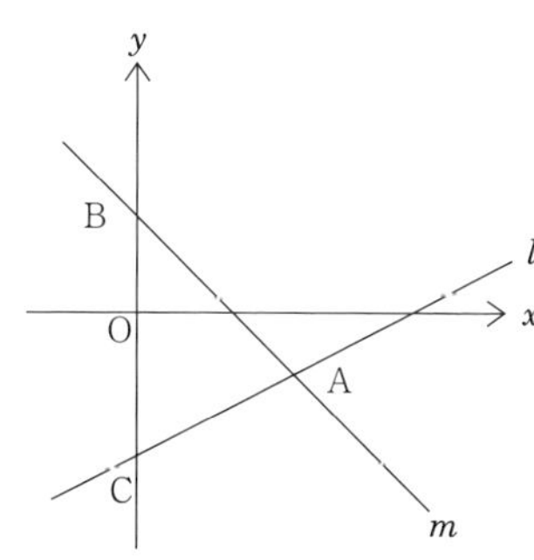

63 ☆☆

右の図のように，3直線l，m，nがあり，それぞれの式は，$y=2x$，$y=\frac{1}{2}x$，$y=-\frac{1}{2}x+10$で表される。2直線m，nの交点をA，2直線l，nの交点をBとするとき，次の各問いに答えよ。

(1) 点A，Bの座標をそれぞれ求めよ。

(2) 点Aを通り，△ABOの面積を2等分する直線の式を求めよ。

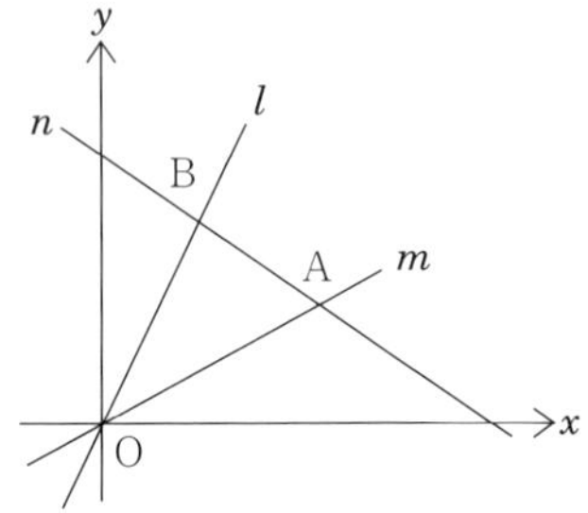

64 ☆☆☆

右の図で，直線$y=3x+5$とy軸との交点をA，直線$x=a$と直線$y=3x+5$との交点をB，直線$x=a$とx軸との交点をCとする。台形OABCの面積が16となるようなaの値を求めよ。ただし，$a>0$とする。

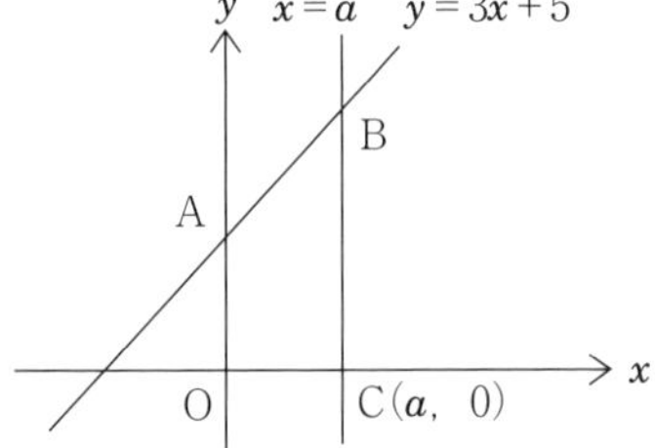

65 ☆

2次関数$y=\frac{1}{2}x^2$で，xの変域を$-4<x<3$とするとき，yの変域を求めよ。

66 ☆

関数$y=ax^2$について，xの値が-1から4まで変化するときの変化の割合が，$y=-3x+2$の変化の割合と等しいとき，aの値を求めよ。

67 ☆

yがxの2乗に比例し，$x=4$のとき$y=4$である。この式を求めよ。

68 ☆

関数$y=\frac{1}{2}x^2$上の2点A，Bのx座標をそれぞれ-2，4とする。2点A，Bを結ぶ直線の式を求めよ。

69 ☆

右の図のように，関数$y=ax^2$と関数$y=-x+4$のグラフが2点A，Bで交わっている。交点Aのx座標が-2であるとき，aの値を求めよ。

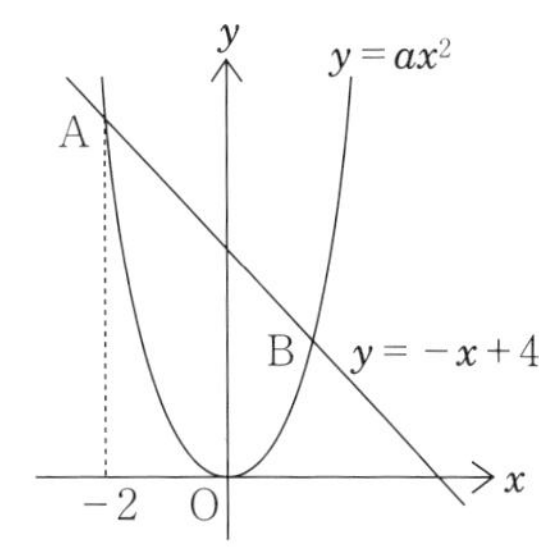

70 ☆☆

右の図のように，放物線$y=x^2$と直線$y=2x+4$が交わっている。直線上の点Pからx軸に垂線を下ろし，x軸との交点をRとし，直線PRと放物線との交点をQとする。PQ＝QRとなるとき，点Pの座標をすべて求めよ。

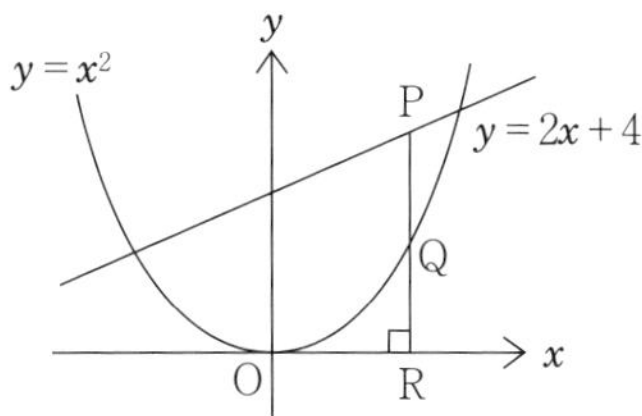

71 ☆☆

右の図のように，放物線$y=ax^2$と直線$y=bx+3$とが，2点A，Bで交わっており，直線$y=bx+3$はy軸と点Pで交わっている。点Aのx座標は-2で，AP：PB＝2：3である。aの値を求めよ。

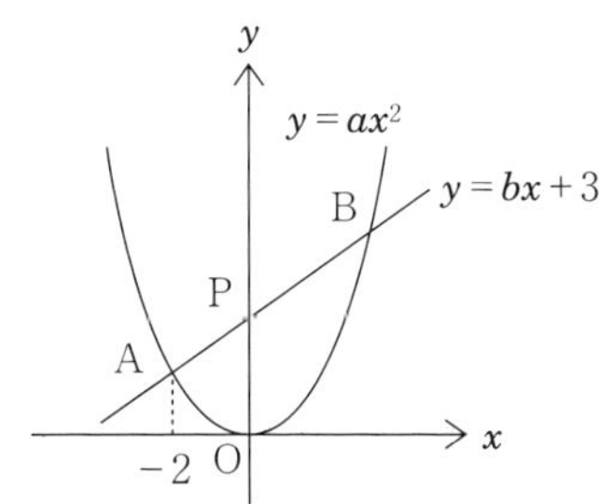

72 ☆☆

右の図のように，関数 $y=\frac{1}{2}x^2$ のグラフ上に，2点A，Bがある。A，Bの x 座標がそれぞれ -4，6であるとき，次の各問いに答えよ。

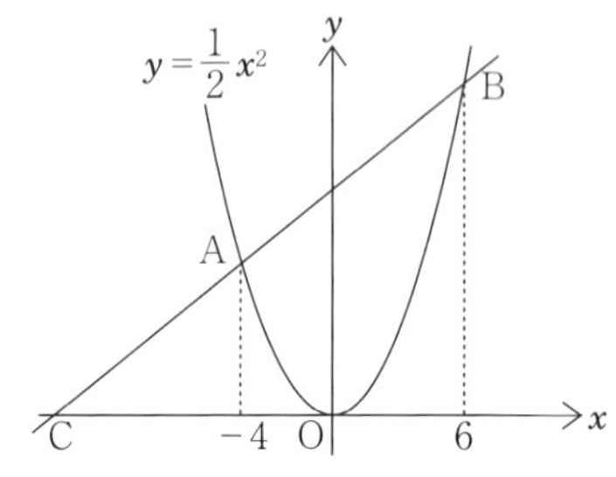

(1)　2点A，Bを通る直線の式を求めよ。

(2)　A，Bを通る直線が x 軸と交わる点をCとするとき，△BCOの面積を求めよ。

73 ☆☆

右の図のように，放物線 $y=x^2$ と $y=2x+3$ が2点A，Bで交わっており，$y=2x+3$ と y 軸の交点をC，放物線上を原点から点Aまで動く点をPとする。次の各問いに答えよ。

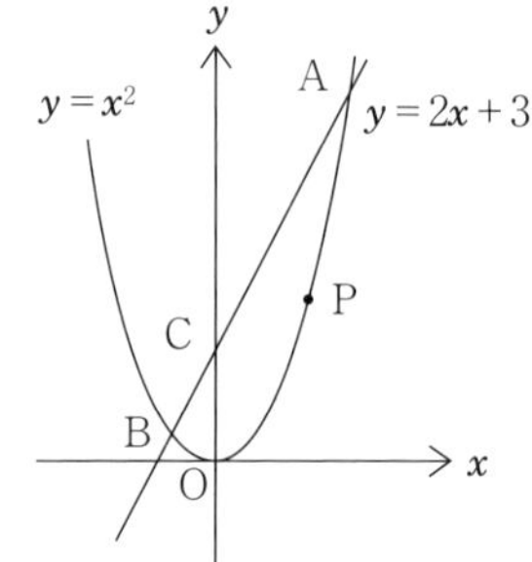

(1)　△OABの面積を求めよ。

(2)　△OCPの面積が△OABの面積の半分になるとき，点Pの座標を求めよ。

74 ☆☆☆

2次関数 $y=ax^2+bx+c$ のグラフは，点（4，-4）を通り，$x=2$ のとき最大値8をとるという。a，b，c の値を求めよ。

75 ☆☆

変数 x の定義域を $-2\leqq x\leqq 3$ としたとき，2次関数 $y=x^2-2x-1$ の最大値と最小値をグラフをかいて求めよ。

5 図形

●解答解説P429～440

●傾向と対策

重要度：A

算数の中で最も出題数の多い分野である。内容的には，相似，円の性質，三平方の定理を利用して，線分の長さ，角度，面積・体積を求める問題が多い。単に基本事項を覚えただけでは問題に対応できないため，いろいろな問題に取り組み，それらの知識のうち何を使って解くかがすぐにひらめくよう練習を積んでおこう。

76 ☆☆

右の図で，AB // CDである。∠PQRの大きさを求めよ。

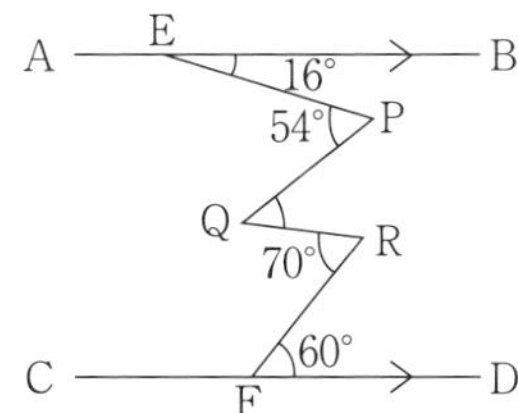

77 ☆

右の図の三角形ABCで，AD = BCのとき，∠DABの大きさを求めよ。

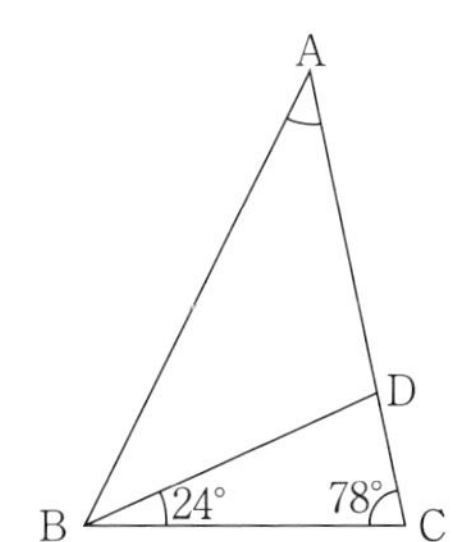

78 ☆☆

一定の幅でまっすぐな紙テープを右の図のように折ったときの∠xの大きさを求めよ。

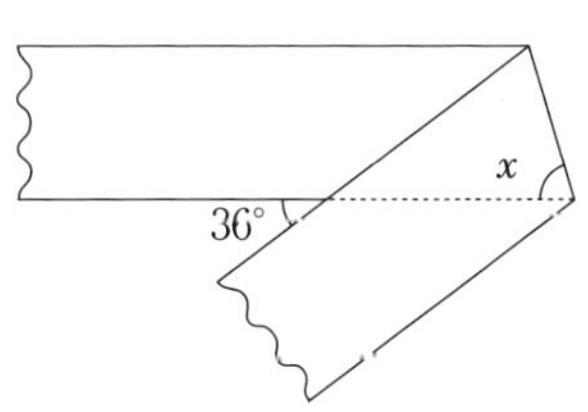

79 ☆☆

右の図の$\angle a$〜$\angle e$の5つの角の総和は何度か。

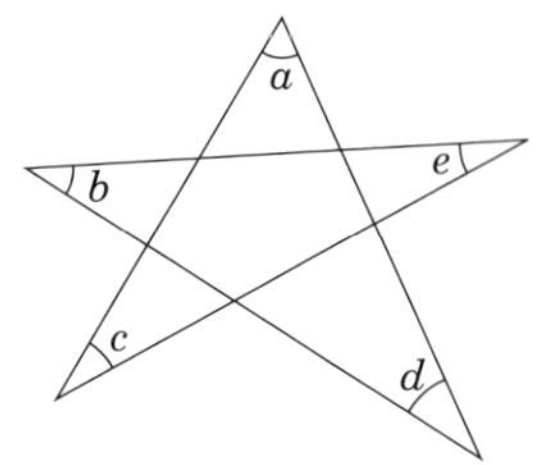

80 ☆

右の図において，AB = 6cm，CD = 9cm，AB // EF // CDとする。EFの長さを求めよ。

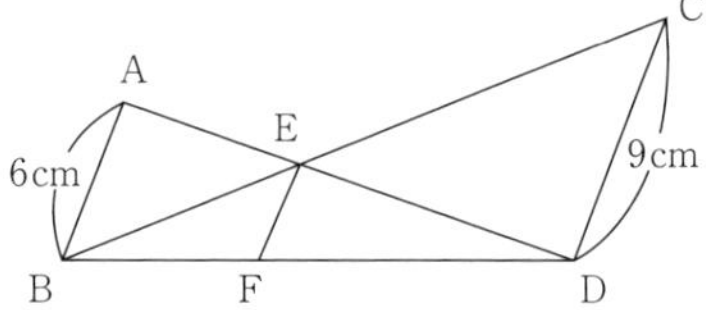

81 ☆☆

次の三角形ABCについて，各問いに答えよ。

(1) ∠Aの二等分線を作図せよ。ただし，作図に使った線は消さないこと。

(2) (1)で作図した∠Aの二等分線と辺BCとの交点をDとする。点Dを通り，辺ABに平行な直線と辺ACとの交点をEとする。AB = 5cm，AC = 8cmのとき，AEの長さを求めよ。

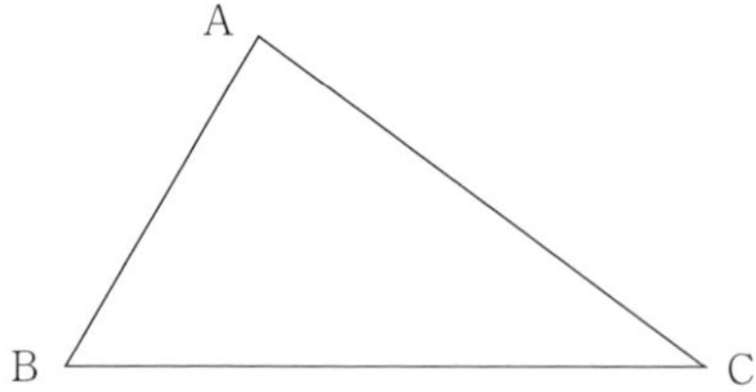

82 ☆

右の図の三角形ABCで，∠A＝∠DBC，AB＝10cm，AD＝5cm，DC＝4cmのとき，次の各問いに答えよ。

(1) △ABCと相似な三角形を答えよ。

(2) BCの長さを求めよ。

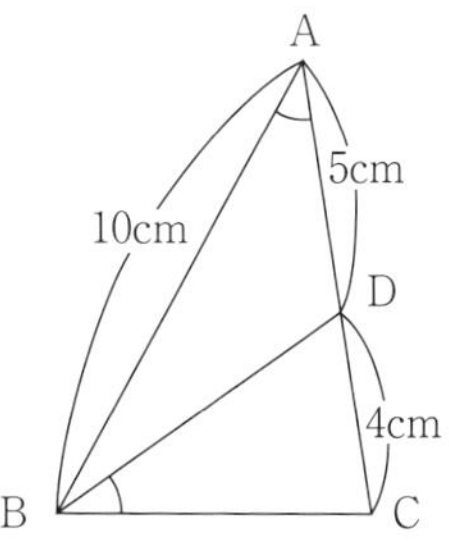

83 ☆

右の図で，Mは平行四辺形ABCDの辺BCの中点である。対角線BDの長さを12cm，BDとAMの交点をPとするとき，DPの長さを求めよ。

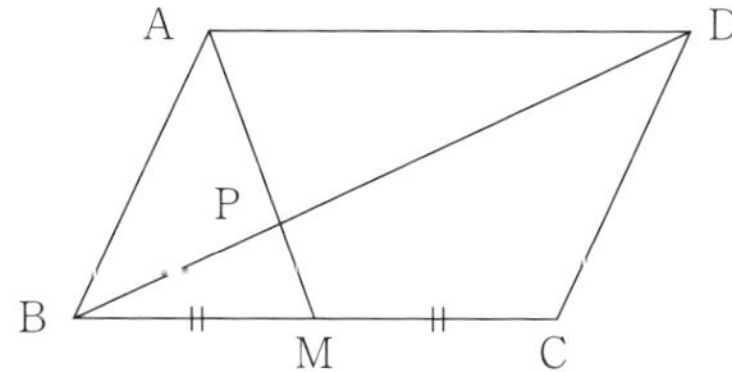

84 ☆☆

右の図の平行四辺形ABCDにおいて，AE＝EF＝FDとするとき，次の各問いに答えよ。

(1) GE：EBを求めよ。

(2) △GEFの面積は，△GBCの面積の何倍か。

(3) 平行四辺形ABCDの面積を$24cm^2$とするとき，△GEFの面積を求めよ。

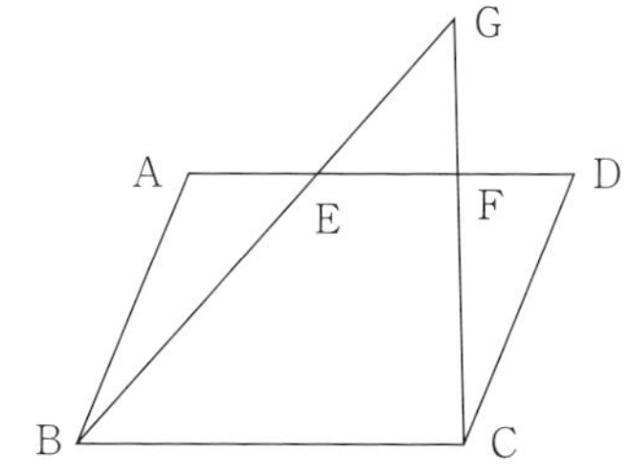

85 ☆☆

右の図のようなAD // BCの台形ABCDがある。EはABを2：1に内分する点，AD＝10cm，BC＝20cm，△AEDの面積が$40cm^2$であるとき，△EBCの面積を求めよ。ただし，DEとCBの延長の交点をFとする。

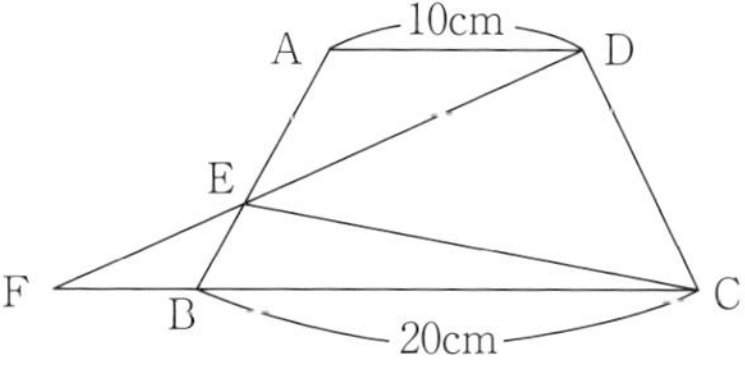

86 ☆

次の図で，xの値を求めよ。

(1)

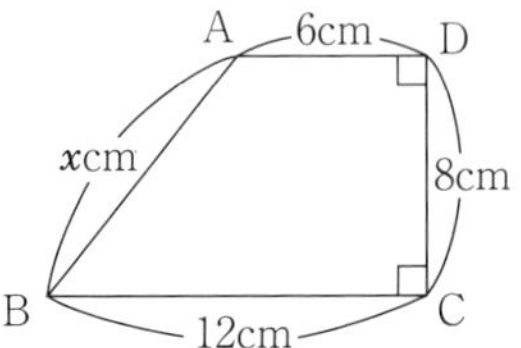

(2)

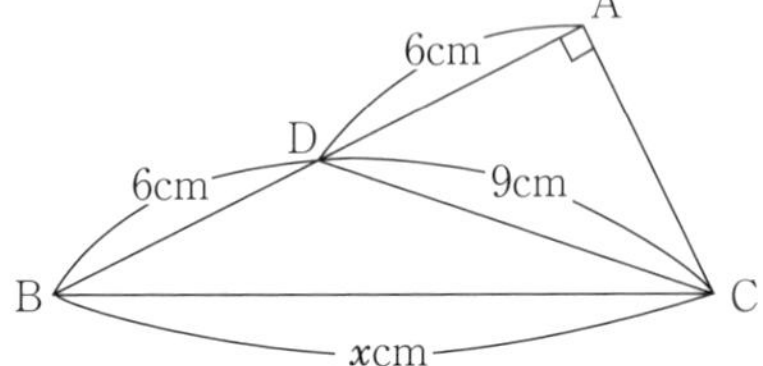

87 ☆☆

長方形ABCDを，右の図のように頂点Cが頂点Aに重なるように線分PQを折り目として折った。このときのxの値を求めよ。

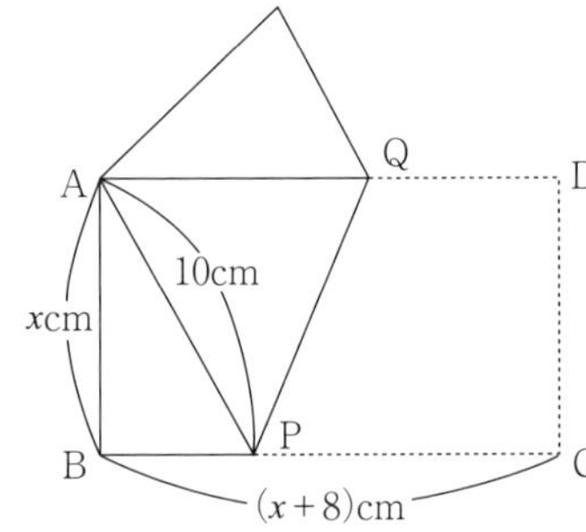

88 ☆☆☆

右の図のような1辺の長さが4cmの正方形ABCDに，正三角形AEFが内接している。DFの長さを求めよ。

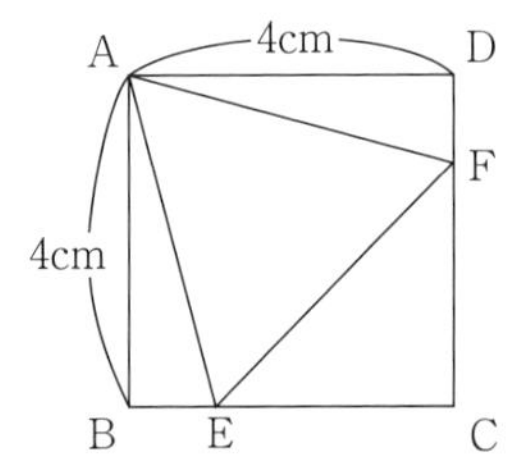

89 ☆☆

右の図の台形ABCDにおいて，AD // BC，∠BAD = 90°，AB = 8cm，AD = 9cm，DC = 10cmである。対角線の交点をPとするとき，△PBCの面積を求めよ。

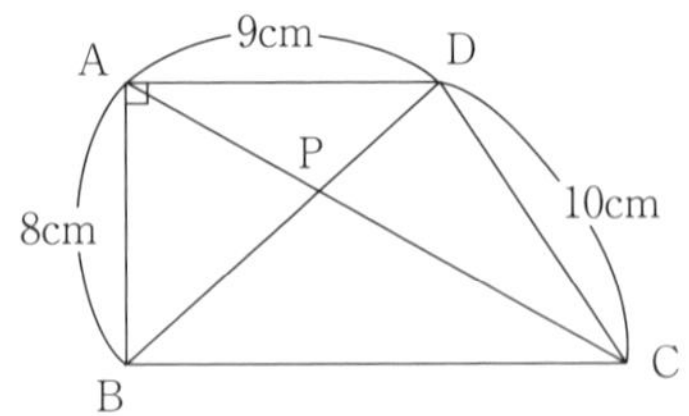

90 ☆☆

右の図の台形ABCDにおいて，AD // BC，AD = 4cm，BC = 8cm，∠B = 45°，∠C = 60°である。この台形の面積を求めよ。

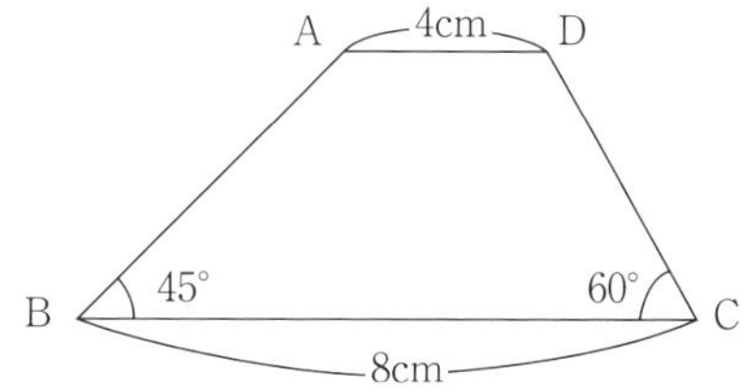

91 ☆☆

右の図のような1辺の長さが2cmの立方体において，△AFHの面積を求めよ。

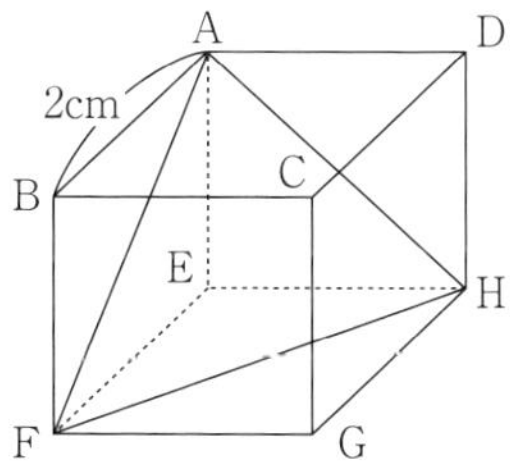

92 ☆☆

右の図のような1辺の長さが8cmの立方体において，点P，Qがそれぞれ辺EF，FGの中点であるとき，四角形APQCの面積を求めよ。

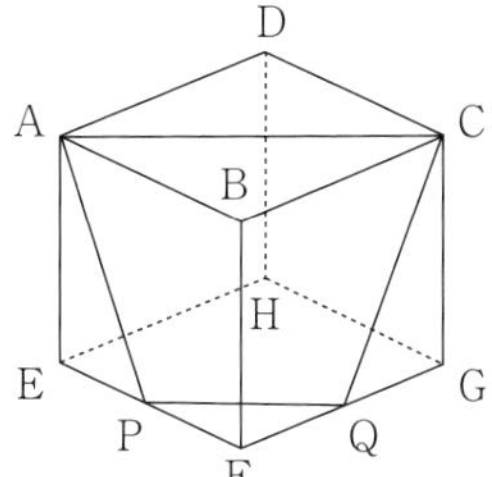

93 ☆

右の図において，Oは円の中心，A，B，C，P，Qは円周上の点である。∠AOC = 150°，∠BQC = 30°のとき，∠APBの大きさを求めよ。

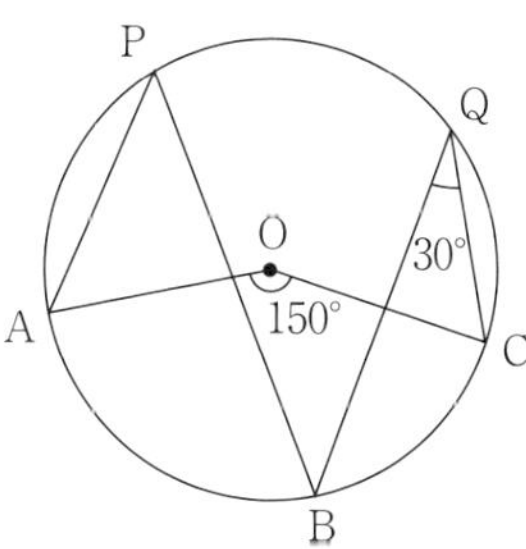

94 ☆☆

右の図のように，四角形ABCDが円に内接している。辺ABと辺DCのそれぞれの延長の交点をE，辺ADと辺BCのそれぞれの延長の交点をFとする。∠BEC = 56°，∠CFD = 34°であるとき，∠BADの大きさを求めよ。

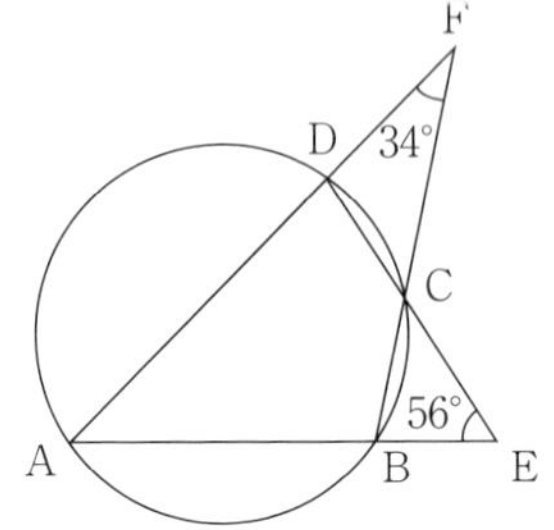

95 ☆

右の図のように，三角形ABCに円Oが内接している。∠BAC = 80°のとき，∠BOCの大きさを求めよ。

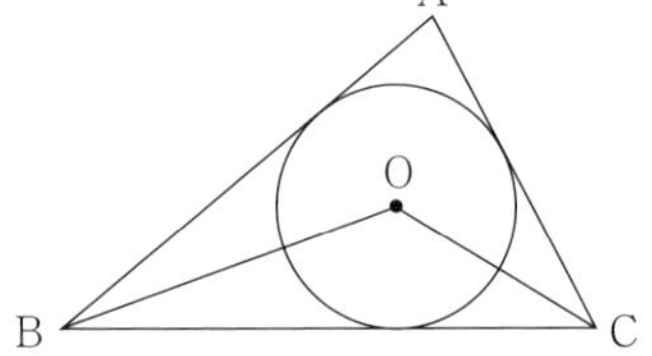

96 ☆☆☆

右の図のようなBC = 8cm，∠B = 90°である直角三角形ABCに，半径2cmの円が内接している。ABの長さを求めよ。

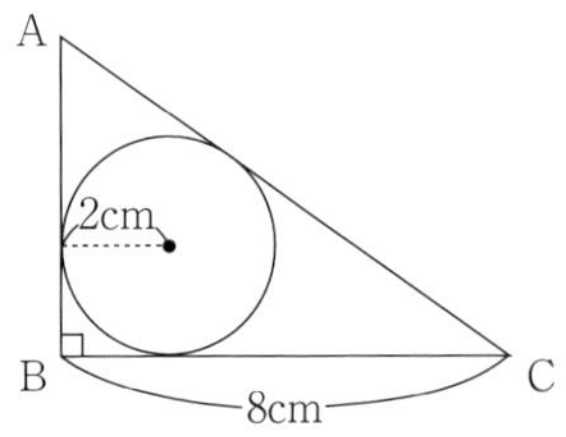

97 ☆☆

右の図のような1辺の長さが12cmの正三角形の中に，半径の等しい3つの円が外接し，また，正三角形に内接している。この円の半径を求めよ。

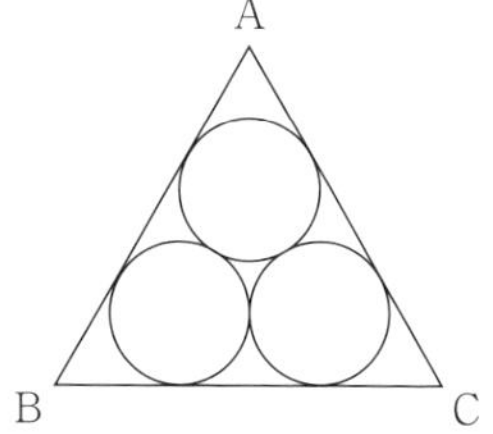

98 ☆☆

右の図のように，半径10cmの円Oと，半径6cmの円O′が外接しているとき，ABの長さを求めよ。

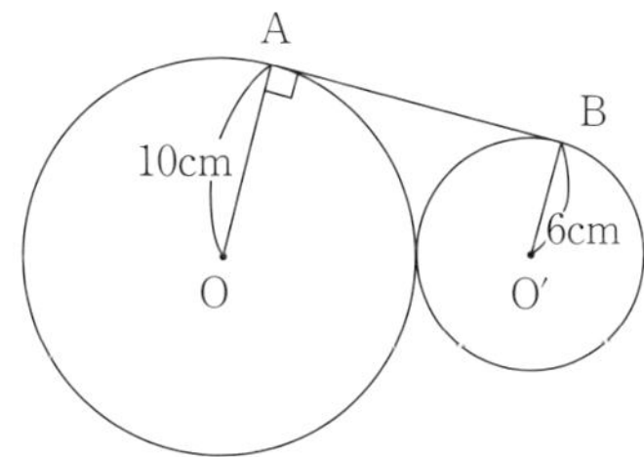

99 ☆

右の図のようなAB＝4cm，AC＝3cm，BC＝5cmの直角三角形ABCがある。BCを直径とする半円の上に，AB，ACをそれぞれ直径とする半円がある。斜線部分の面積を求めよ。

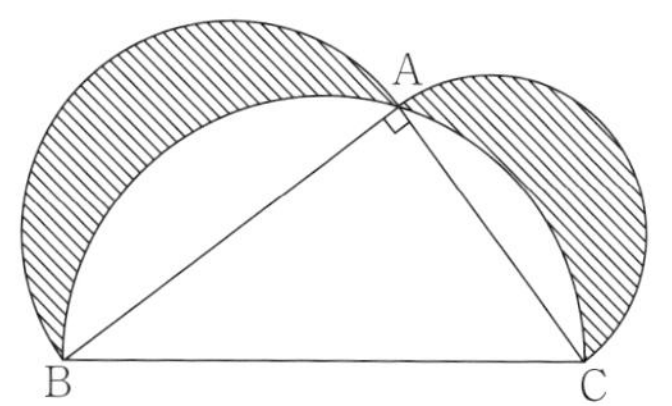

100 ☆☆

右の図のような半径12，中心角60°の扇形に円が内接している。斜線部分の面積を求めよ。

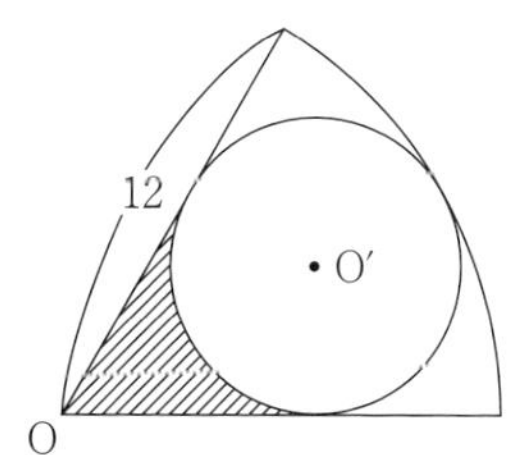

101 ☆☆

右の図のような1辺の長さが8cmの正方形ABCDにおいて，EFはBCに平行でAE = 2cmであるとき，斜線部分の面積を求めよ。

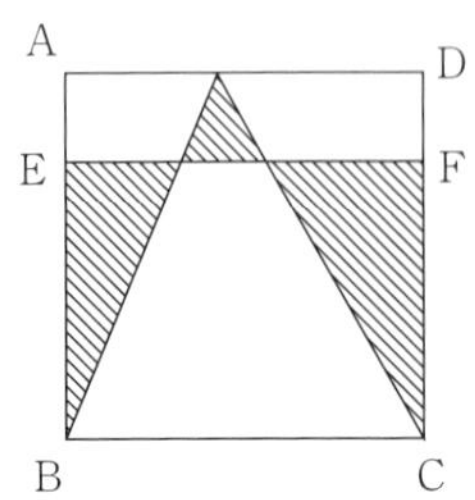

102 ☆

右の図のようなAB = 8cm，BC = 10cm，∠ABC = 60°の平行四辺形の内部に点Pをとるとき，△PADと△PBCの面積の和を求めよ。

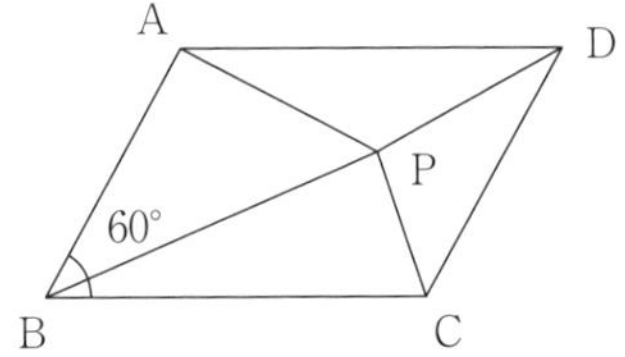

103 ☆☆

右の図のような台形ABCDがある。点Pは頂点Bより出発して台形ABCDの辺上を毎秒1cmの速さで，頂点C，頂点Dを通って頂点Aまで進む。このときに作られる△ABPについて，次の各問いに答えよ。

(1) 辺PAと辺PBの長さが等しい二等辺三角形になるのは何秒後か。

(2) 32秒後の△ABPの面積を求めよ。

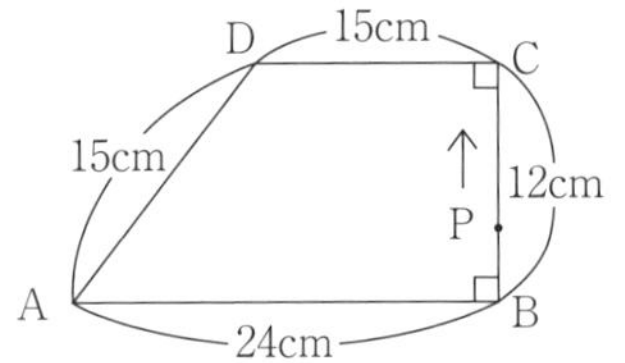

104 ☆

右の図のような円すいについて，次の各問いに答えよ。

(1) 円すいを展開したとき，扇形の中心角を求めよ。

(2) 円すいの表面積を求めよ。

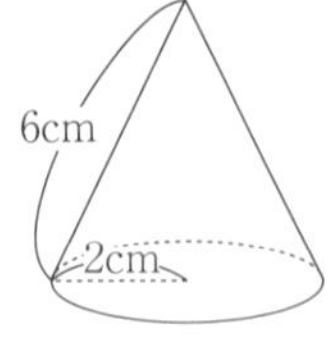

105 ☆☆

右の図のような円すいの展開図について，次の各問いに答えよ。

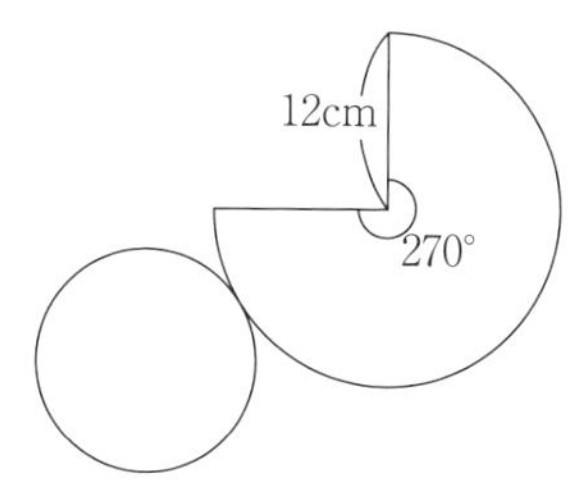

(1) 円すいの底面の半径を求めよ。

(2) 円すいの高さと体積を求めよ。

106 ☆☆

右の図のような正四角すいで，OA = 18cm，AB = 12cm のとき，次の各問いに答えよ。

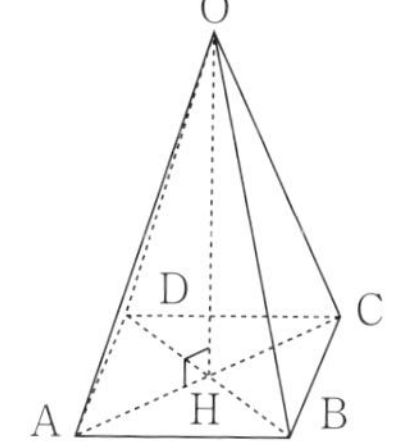

(1) 高さを求めよ。

(2) 体積を求めよ。

(3) 側面積を求めよ。

107 ☆☆

右の図のような高さ3cm，底面の円周9cmの円柱で，A点から円柱の側面を1周してB点までひもを巻きつけたときの最も短いひもの長さを求めよ。ただし，ABは円柱の軸に平行である。

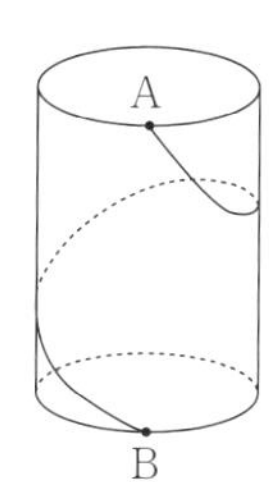

108 ☆☆

右の図のような高さが60cmの直円すいの容器に，底面から30cmの高さまで水を入れた。次の各問いに答えよ。

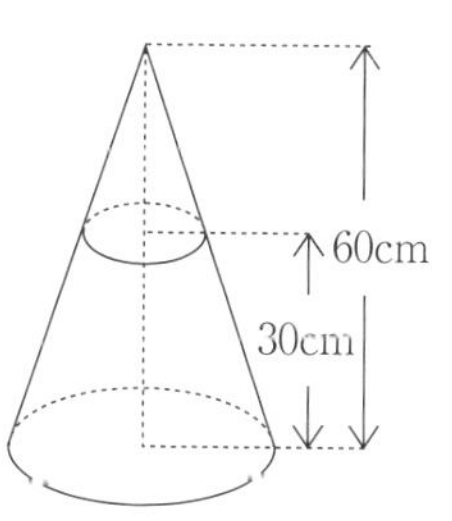

(1) 入れた水の量は，この直円すいの容積の何倍か。

(2) この水を，底面が同じ大きさの直円柱に入れかえると，水面の高さは底面から何cmになるか。

109 ☆☆

右の図のように，1辺の長さが4cmの立方体ABCD－EFGHを，頂点B，D，Gを通る平面で切ったとき，小さい方と大きい方の立体の体積比を求めよ。

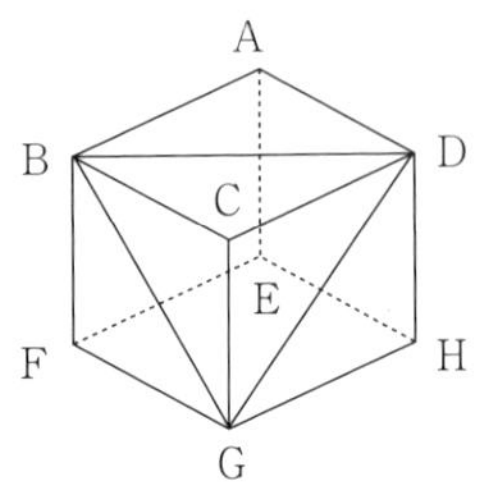

110 ☆☆

右の図は1辺の長さが6cmの正四面体の展開図である。ACとBFの中点をそれぞれG，Hとするとき，この正四面体の2点G，Hの距離を求めよ。

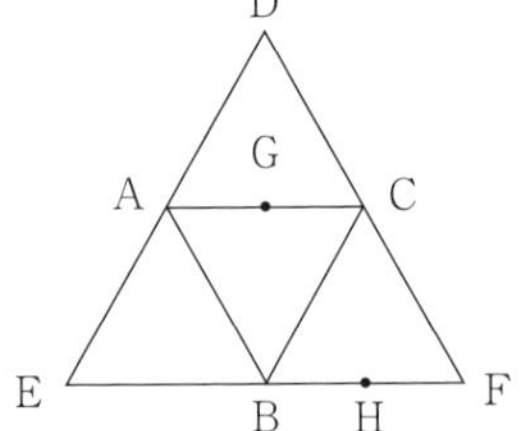

111 ☆☆

次のうち，立方体に組み立てられないものを選べ。

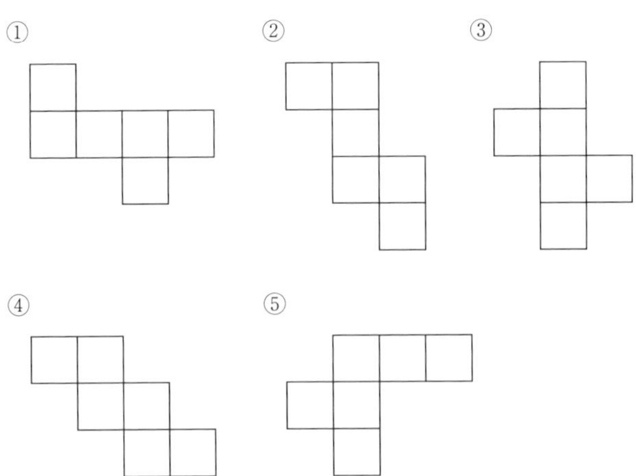

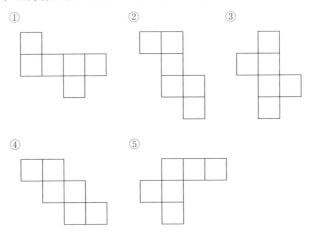

112 ☆☆

右の図は立方体の展開図である。これを組み立てて立方体を作ったとき，辺MNと重なる辺はどの辺か。また，頂点Aと重なる頂点はどれか。

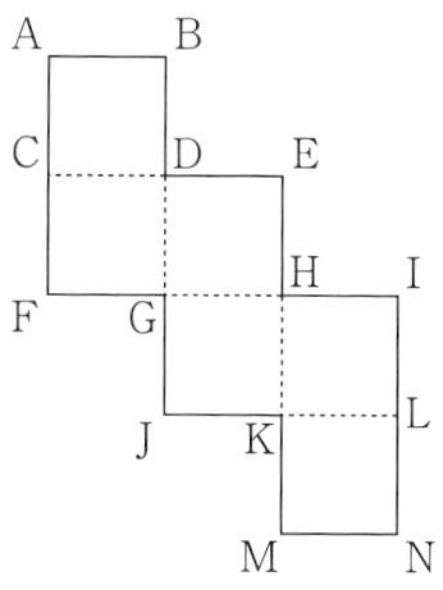

113 ☆

下の図において3点A，B，Cを通る円を描け。ただし，使用したコンパスや定規の線は消さないで残しておくこと。

A •

C •　　　　• B

6 確率・データの活用

●解答解説P441～447

●傾向と対策

重要度：B

確率・データの活用については，例年出題が多くみられるが，難解な問題は少なく，比較的基本を重視したものになっている。順列（順番を問題にする）か，組合せ（順番を無視する）かを区別した上で，場面に応じてそれぞれの公式を使いこなせるようにしておく必要がある。データの活用については，平均値・中央値・最頻値の求め方を中心に，問題を多く解き，解法を身に付けておこう。

114 ☆

10円玉が3個，50円玉が1個，100円玉が2個ある。これらの一部または全部を使って払える金額は何通りあるか。

115 ☆

7人の子どもの中から3人の放送委員を選ぶとき，その選び方は全部で何通りあるか。

116 ☆☆

男子3人，女子2人が横1列に並ぶ。女子どうしが隣り合わない並び方は全部で何通りあるか。

117 ☆☆

0，1，2，3，4の5つの数字から異なる3個の数字を用いて3桁の整数をつくるとき，偶数は全部で何個あるか。ただし，同じ数字は2度以上使わないものとする。

118 ☆☆☆

1，2，3，4，5の5つの数字から異なる3個の数字を用いて3桁の整数をつくるとき，3の倍数になるものは全部で何個あるか。ただし，同じ数字は2度以上使わないものとする。

119 ☆☆

正方形を2本の対角線で4つの部分に分け，各部分を4色の絵の具で塗り分けるとき，全部で何通りの塗り方があるか。ただし，4色すべて使うものとする。

120 ☆☆☆

赤・青・黄の3色のうち何色か使って，右の図のような紙に色を塗るとき，色の塗り方は何通りあるか。ただし，隣り合う所は，同じ色を塗らないものとする。

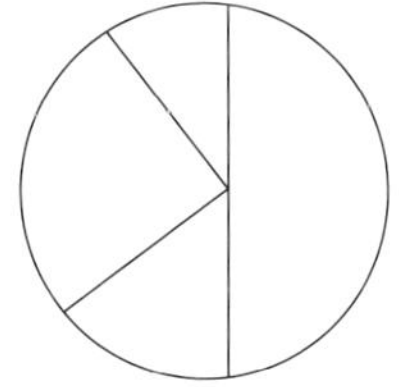

121 ☆☆

a，a，a，b，c，cの6文字をすべて用いて1列に並べる方法は全部で何通りあるか。

122 ☆☆

3枚の硬貨を同時に投げるとき，次の確率を求めよ。

(1)　3枚とも表の出る確率

(2)　1枚が表で，2枚が裏の出る確率

123 ☆

2個のサイコロを同時に投げたとき，次の確率を求めよ。

(1)　出た目の和が7となる確率

(2)　出た目の和が5の倍数となる確率

124 ☆

2個のサイコロを同時に投げたとき，一方の目が他方の目より大きくなる確率を求めよ。

125 ☆

3個のサイコロを同時に投げたとき，出た目の積が偶数になる確率を求めよ。

126 ☆

袋の中に赤球2個，白球3個，黒球4個が入っている。この中から同時に2個を取り出すとき，赤球と白球が出る確率を求めよ。

127 ☆

袋の中に赤球6個，白球5個，黒球3個が入っている。この中から同時に3個を取り出すとき，3個とも同じ色である確率を求めよ。

128 ☆☆

袋の中に白球4個，赤球5個が入っている。この中から同時に3個を取り出すとき，少なくとも1個が白球である確率を求めよ。

129 ☆

A，B，C，D，E，Fの子ども6人の中から2人を選ぶとき，少なくとも1人がAかBである確率を求めよ。

130 ☆☆

10本のくじの中に当たりくじが3本ある。Aが最初に引き，くじを戻さずに，次にBが引くとき，Bが当たる確率を求めよ。

131 ☆

下の表は，小学校6年生20人の50m走の記録を度数分布表に整理したものである。次の各問いに答えよ。

記録（秒）	度数（人）
7.0以上　7.5未満	2
7.5　～　8.0	
8.0　～　8.5	
8.5　～　9.0	7
9.0　～　9.5	2
9.5　～　10.0	1
計	20

⑴　7.5秒以上8.0秒未満の相対度数が0.15であった。この階級の度数を求めよ。

⑵　⑴のとき，8.0秒以上8.5秒未満の相対度数を求めよ。

132 ☆

男子高校生A～Eの5人の身長を調べたところ，Bさんの身長は170cmで，Bさんとの身長差は下の表のようになった。5人の身長の平均値を求めよ。

	A	B	C	D	E
Bさんとの差（cm）	−5	0	10	6	−3

133 ☆

下のドットプロットはあるクラスの清掃活動における空き缶拾いの缶の数をまとめたものである。次の各問いに答えよ。

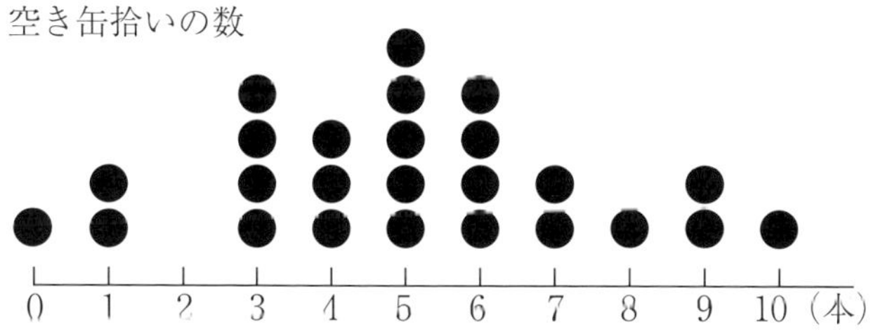

(1) 範囲を求めよ。

(2) 平均値，中央値，最頻値の正しい組合せを選べ。

	平均値	中央値	最頻値
①	4.8本	4本	3本
②	5本	4.5本	3本
③	5本	5本	5本
④	5.2本	5.5本	5本
⑤	5.5本	6本	6本

134 ☆

下のヒストグラムは女子高校生30人のハンドボール投げの記録を表したものである。次の各問いに答えよ。

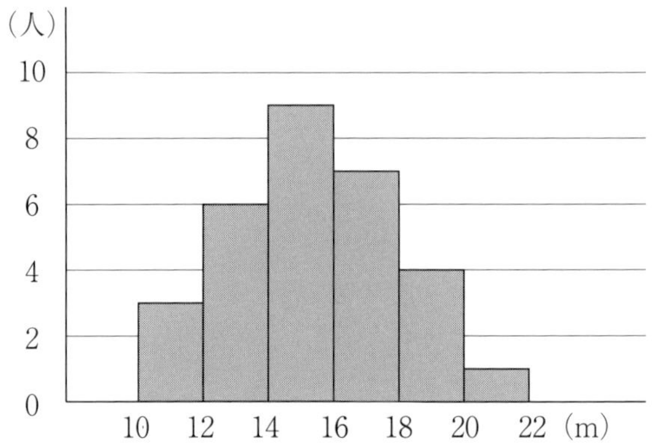

(1) 14m以上16m未満の階級の相対度数を求めよ。

(2) 平均値，最頻値をそれぞれ求めよ。また，中央値はどの階級に属するか答えよ。

135 ☆

下のデータは，一郎さんが昨年度出場したバスケットボールの1試合における得点数を表している。次の各問いに答えよ。

6	8	10	4	2
8	4	14	6	8
2	8	7	12	6

（単位は点）

(1) このデータの平均値を求めよ。
(2) このデータの中央値を求めよ。
(3) このデータの最頻値を求めよ。

136 ☆

下の表は，成人女性24人の靴のサイズを調べて度数分布表に整理したものである。この24人の靴のサイズの平均値，中央値，最頻値を求めよ。ただし，平均値は小数第二位で四捨五入し，小数第一位まで求めよ。

靴のサイズ（cm）	度数（人）
22.0	1
22.5	2
23.0	3
23.5	6
24.0	7
24.5	4
25.0	1
計	24

137 ☆☆

下の表は，ある小学校のＡクラスとＢクラスで行った100点満点のテストの結果を度数分布表に整理したものである。この表からいえることを次の①～⑤から選べ。

階級（点）	Ａクラス	Ｂクラス
40以上50未満	4	3
50 ～ 60	5	3
60 ～ 70	6	9
70 ～ 80	9	8
80 ～ 90	8	7
90 ～ 100	3	5
計	35	35

① Ａクラス，Ｂクラスとも平均値より高い人数は15人である。

② ＡクラスとＢクラスの平均値の差は2点である。

③ 平均値はＡクラスの方が高い。

④ 中央値は，Ａクラスが80点以上90点未満，Ｂクラスが60点以上70点未満に属する。

⑤ 最頻値は，Ａクラス，Ｂクラスとも75点である。

138 ☆

下の図は，中学生20人の平日の平均学習時間の調査結果をヒストグラムにしたものである。このデータの箱ひげ図として，あり得るものを①～⑤から選べ。

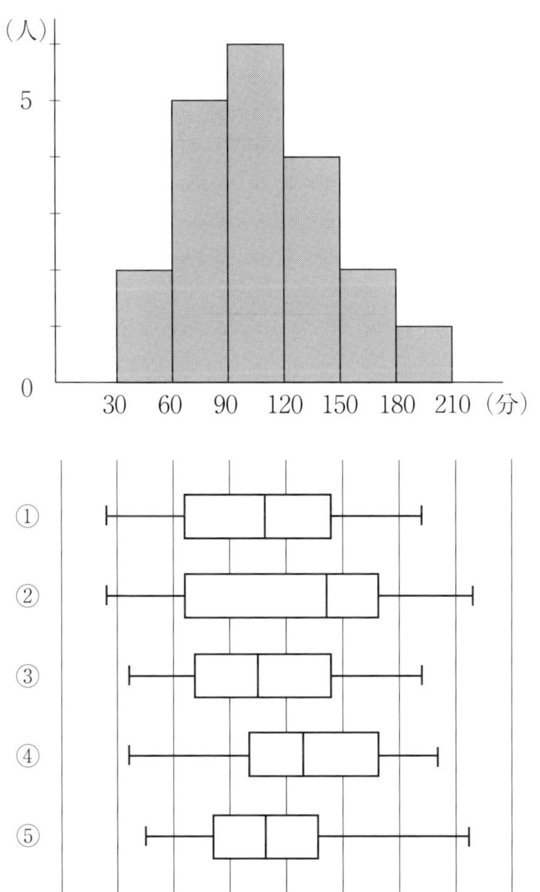

4
理科

Open Sesame

学習指導要領

●解答解説P448～449

●傾向と対策　重要度：B

教科目標の空欄補充問題や，各学年の目標に関して何学年のものかを答えさせる問題に確実に対応できるようにしておこう。教科目標は必ず暗記しておくようにし，各学年の目標については，特有の語句が使われているので内容とともに頭に入れておきたい。

1　☆☆

次は，小学校学習指導要領「理科」の改訂により，追加，移行及び中学校への移行が行われた主な内容について示したものである。空欄にあてはまる語句をア～クから選び，記号で答えよ。

○追加した内容

・(　A　)〔第3学年〕

・雨水の行方と地面の様子（第4学年）

・(　B　)〔第6学年〕

○学年間で移行した内容

・(　C　)〔第6学年（第4学年より移行）〕

・水中の小さな生物〔第6学年（第5学年より移行）〕

○中学校へ移行した内容

・(　D　)〔第6学年〕

ア．電流の働き　　イ．光電池の働き　　ウ．音の伝わり方と大小
エ．天気の変化　　オ．電気による発熱　　カ．人の体のつくりと働き
キ．人と環境　　ク．植物の結実

2 ☆

次の文は，小学校学習指導要領「理科」の目標である。空欄にあてはまる語句を正しく組み合わせているものを選べ。

（　A　）に親しみ，理科の見方・考え方を働かせ，（　B　）をもって観察，実験を行うことなどを通して，（　A　）の事物・現象についての問題を（　C　）に解決するために必要な資質・能力を次のとおり育成することを目指す。

(1)　（　A　）の事物・現象についての理解を図り，観察，実験などに関する（　D　）な技能を身に付けるようにする。

(2)　観察，実験などを行い，問題解決の力を養う。

(3)　（　A　）を愛する（　E　）や主体的に問題解決しようとする態度を養う。

	A	B	C	D	E
①	環境	興味・関心	科学的	実践的	感性
②	環境	見通し	論理的	基本的	心情
③	自然	興味・関心	科学的	実践的	感性
④	自然	見通し	論理的	基本的	心情
⑤	自然	見通し	科学的	基本的	心情

3 ☆☆☆

小学校学習指導要領「理科」の教科目標について，次の各問いに答えよ。

(1)　「見通しをもつ」とはどういうことか。簡潔に説明せよ。

(2)　「観察，実験など」の活動とはどのような活動か。簡潔に説明せよ。

4 ☆

小学校学習指導要領「理科」の各学年の目標と内容は，各学年とも2つの領域に分けられている。その2つを挙げよ。

5 ☆

次の文は，小学校学習指導要領「理科」における各学年の目標の一部である。それぞれ第何学年のものか答えよ。

(1) 身の回りの生物，太陽と地面の様子についての理解を図り，観察，実験などに関する基本的な技能を身に付けるようにする。

(2) 人の体のつくりと運動，動物の活動や植物の成長と環境との関わり，雨水の行方と地面の様子，気象現象，月や星についての理解を図り，観察，実験などに関する基本的な技能を身に付けるようにする。

(3) 生物の体のつくりと働き，生物と環境との関わり，土地のつくりと変化，月の形の見え方と太陽との位置関係についての理解を図り，観察，実験などに関する基本的な技能を身に付けるようにする。

(4) 物の溶け方，振り子の運動，電流がつくる磁力についての理解を図り，観察，実験などに関する基本的な技能を身に付けるようにする。

6 ☆

次の文は，小学校学習指導要領「理科」における各学年の目標の一部である。空欄に適語を入れよ。また，(1)～(4)はそれぞれ第何学年の目標か答えよ。

(1) ① 生命の（　A　），流れる水の働き，（　B　）の規則性についての理解を図り，観察，実験などに関する基本的な技能を身に付けるようにする。

② 生命の（　A　），流れる水の働き，（　B　）の規則性について追究する中で，主に予想や（　C　）を基に，解決の方法を発想する力を養う。

③ 生命の（　A　），流れる水の働き，（　B　）の規則性について追究する中で，生命を尊重する態度や主体的に問題解決しようとする態度を養う。

(2) ① 物の性質，風とゴムの力の働き，（　D　）の性質，磁石の性質及び電気の回路についての理解を図り，観察，実験などに関する基本的な技能を身に付けるようにする。

② 物の性質，風とゴムの力の働き，（　D　）の性質，磁石の性質及び電気の回路について追究する中で，主に（　E　）や共通点を基に，問題を見いだす力を養う。

③ 物の性質，風とゴムの力の働き，（　D　）の性質，磁石の性質及び電気の回路について追究する中で，（　F　）に問題解決しようとする態度を養う。

(3) ① 空気，水及び金属の性質，(　G　)の働きについての理解を図り，観察，実験などに関する基本的な技能を身に付けるようにする。
② 空気，水及び金属の性質，(　G　)の働きについて追究する中で，主に既習の内容や生活経験を基に，根拠のある予想や(　C　)を発想する力を養う。
③ 空気，水及び金属の性質，(　G　)の働きについて追究する中で，(　F　)に問題解決しようとする態度を養う。

(4) ① 燃焼の仕組み，(　H　)の性質，てこの規則性及び(　I　)の性質や働きについての理解を図り，観察，実験などに関する基本的な技能を身に付けるようにする。
② 燃焼の仕組み，(　H　)の性質，てこの規則性及び(　I　)の性質や働きについて追究する中で，主にそれらの仕組みや性質，規則性及び働きについて，より(　J　)な考えをつくりだす力を養う。
③ 燃焼の仕組み，(　H　)の性質，てこの規則性及び(　I　)の性質や働きについて追究する中で，(　F　)に問題解決しようとする態度を養う。

7 ☆

次の小学校学習指導要領「理科」の内容とそれらを取り上げる学年を，正しく組み合わせているものを選べ。

ア．太陽と地面の様子　イ．電流の働き　ウ．植物の発芽，成長，結実
エ．電気の利用　オ．光と音の性質　カ．天気の変化
キ．月と星　ク．燃焼の仕組み　ケ．生物と環境
コ．流れる水の働きと土地の変化

	第3学年	第4学年	第5学年	第6学年
①	ア・イ・オ	キ・コ	ウ・カ	エ・ク・ケ
②	ア・オ	イ・キ	ウ・カ・コ	エ・ク・ケ
③	ア・イ・コ	ウ・オ	エ・キ・ケ	カ・ク
④	イ・オ・ケ	ア・キ・コ	エ・カ・ク	ウ
⑤	オ・コ	ア・キ	イ・エ・ク	ウ・カ・ケ

8 ☆☆

次の文は，小学校学習指導要領「理科」における第5学年「B生命・地球」の内容である。その取扱いに関する記述として，正しいものを①～④から選べ。

(1) 植物の育ち方について，発芽，成長及び結実の様子に着目して，それらに関わる条件を制御しながら調べる活動を通して，次の事項を身に付けることができるよう指導する。

ア 次のことを理解するとともに，観察，実験などに関する技能を身に付けること。

(ア) 植物は，種子の中の養分を基にして発芽すること。

(イ) 植物の発芽には，水，空気及び温度が関係していること。

(ウ) 植物の成長には，日光や肥料などが関係していること。

(エ) 花にはおしべやめしべなどがあり，花粉がめしべの先に付くとめしべのもとが実になり，実の中に種子ができること。

① (ア)の「種子の中の養分」については，でんぷんを扱うこと。

② (ア)，(イ)及び(ウ)については，土を発芽の条件や成長の要因として扱わないこと。

③ (エ)については，おしべ，めしべ，がく，花びら及び柱頭，子房を扱うこと。

④ (エ)の受粉については，風や昆虫及び人や河川が関係していることにも触れること。

9 ☆☆☆

小学校学習指導要領「理科」において，各学年の「A物質・エネルギー」の指導にあたっては，2，3種類以上のものづくりによる学習活動を行う。次の(1)～(4)の内容は，それぞれ第何学年のものか答えよ。

(1) てこの規則性を活用したものづくりとしては，てこの働きを利用するという観点から，てこ，てんびんばかりなどが考えられる。

(2) 風やゴムの力の働きを活用したものづくりとしては，風やゴムの力を動力に変換するという観点から，風やゴムの力で動く自動車や風車などが考えられる。

(3) 電流がつくる磁力を利用したものづくりとしては，電流の大きさなどによって電磁石の強さを変えるという観点から，モーター，クレーンなどが考えられる。

(4) 空気や水の性質を活用したものづくりとしては，空気は圧し縮められるが，水は圧し縮められないという観点から，空気でっぽうや水でっぽうなどが考えられる。

10 ☆☆☆

次の文は，小学校学習指導要領「理科」における「指導計画の作成と内容の取扱い」の一部である。空欄に適語を入れよ。

(1) 観察，実験などの指導に当たっては，(　A　)に応じてコンピュータや(　B　)などを適切に活用できるようにすること。

(2) 生物，天気，川，(　C　)などの指導に当たっては，野外に出掛け地域の自然に親しむ活動や(　D　)な活動を多く取り入れるとともに，生命を尊重し，(　E　)の保全に寄与する態度を養うようにすること。

(3) 個々の児童が主体的に(　F　)の活動を進めるとともに，日常生活や他教科等との関連を図った学習活動，目的を設定し，計測して(　G　)するという考え方に基づいた学習活動が(　H　)するようにすること。

(4) (　I　)や科学学習センターなどと連携，協力を図りながら，それらを積極的に活用すること。

(5) 観察，実験などの指導に当たっては，(　J　)に十分留意すること。また，(　K　)に十分配慮するとともに，使用薬品についても適切な措置をとるよう配慮すること。

物質・エネルギー（物理分野）

●解答解説P449～457

●傾向と対策

重要度：A

オームの法則を用いて解く回路に関連した出題が最も多い。運動や力に関する問題については，解法を身に付けておく必要がある。公式など基本事項をしっかり理解した上で類題をこなし，すぐに対応できるようにしておきたい。また，小学校の教材である，てこのつり合い，振り子の長さと周期の関係，中学校の教材である，とつレンズによってできる像，電磁石，電磁誘導の出題も多くみられる。難解な問題は少ないため，基礎を固めておこう。

11 ☆

鏡にうつる像について，次の各問いに答えよ。

(1) 自分の全身を見るには，鏡の縦の長さは身長の何倍必要か。次のア～エから選び，記号で答えよ。

ア．身長の2倍　　イ．身長と同じ　　ウ．身長の$\frac{1}{2}$倍　　エ．身長の$\frac{1}{4}$倍

(2) 鏡にうつって見える像の種類を何というか。

12 ☆☆

凸レンズについて，次の各問いに答えよ。

(1) 図1のように，焦点距離10cmの凸レンズの左側15cmの位置に物体を置いたとき，スクリーンに像ができた。このようにレンズを通った光が実際にスクリーンの上に集まってできる像を何というか。

〈図1〉

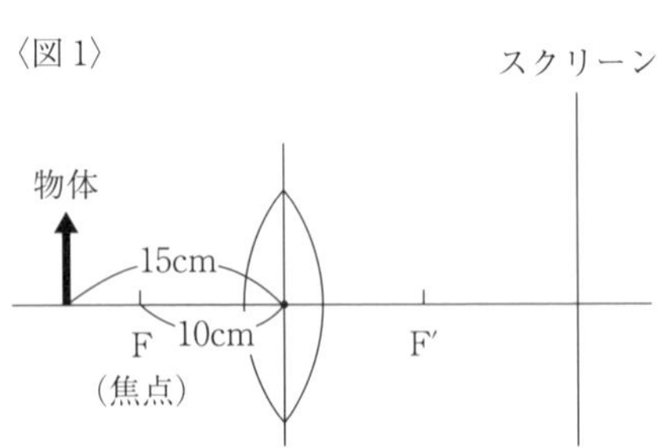

(2) (1)のとき，凸レンズとスクリーンの距離は何cmか。また，像の倍率はいくらか。

(3) 図2のように，物体を凸レンズの焦点の内側に置き，凸レンズを通して物体を見たところ，物体の拡大された像が見られた。このときの像のでき方を作図せよ。ただし，作図に用いた線は消さないこと。

〈図2〉

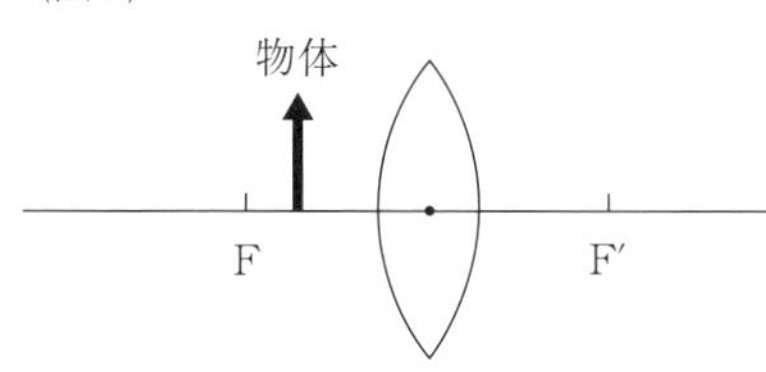

(4) (3)のときの像を何というか。

13 ☆

図は，花火が打ち上げられて，破裂し音が出ている位置と，一郎君と花子さんの位置が同一直線上にある状態を模式的に示したものである。花火が見えてから音が聞こえるまでの時間は，一郎君が2.7秒で，花子さんは4.5秒であった。一郎君と花子さんの間の距離は何mか。ただし，音の速さは340m/sとする。

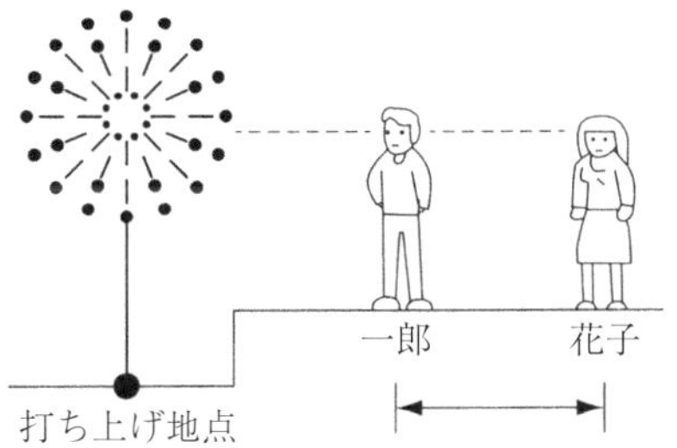

14 ☆

図のように，質量10kgの物体を机の上に置いた。次の各問いに答えよ。ただし重力加速度を$9.8\mathrm{m/s^2}$とする。

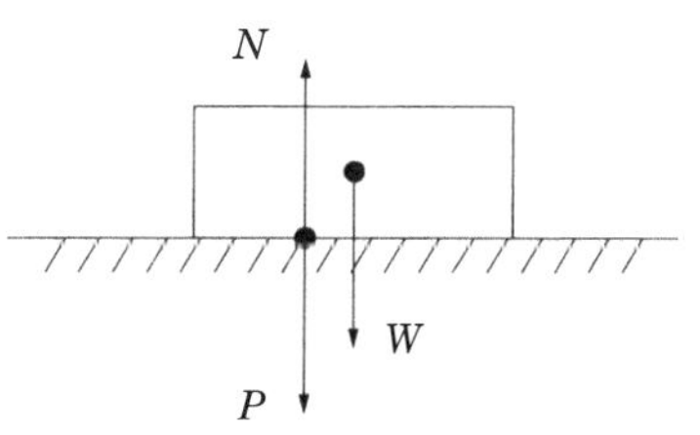

(1) 力のはたらきについて，次の文の空欄にあてはまる語句を入れよ。ただし，空欄B, Cには，*W*, *N*, *P*のいずれかが入る。

この物体には，(　A　)力*W*が作用し，その結果，机は物体によって(　B　)の力で押されている。物体が机を押すので，机は(　C　)の力で物体を押し返す。これを(　D　)の法則という。*W*，*N*，*P*の大きさは(　E　)。

(2) この物体が机から受ける垂直抗力は何Nか。

15 ☆☆

水平面と30°の角度をなす滑らかな斜面上に，図のように質量5.0kgの物体を置いた。次の各問いに答えよ。ただし，摩擦は考えないものとし，$\sqrt{3}=1.73$，100 gの物体にはたらく重力の大きさを1Nとする。

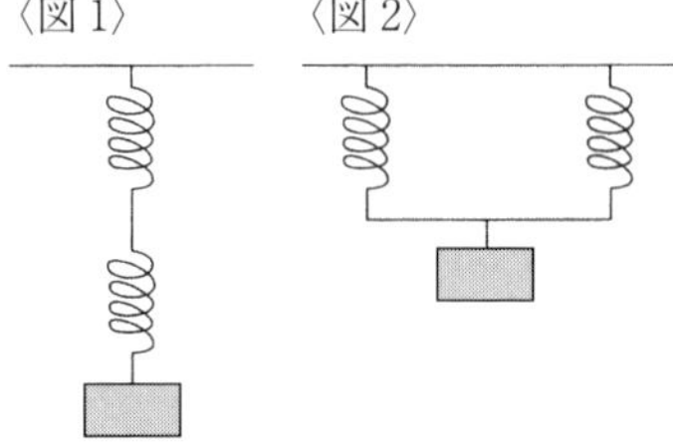

(1) 図中において，物体が滑り降りようとする力と垂直抗力の方向を，図のア～エからそれぞれ選び，記号で答えよ。

(2) この物体が受ける垂直抗力は何Nか。

(3) この物体を斜面上に静止させておくには，何Nの力を図のア～エのどの向きに加えればよいか。

16 ☆

重さ20Nの物体をつるしたとき，10cmのびるばねがある。ばねとひもの質量や滑車の摩擦はないものとして，次の各問いに答えよ。

〈図1〉　〈図2〉

(1) 図1のように，このばねを直列に2本つなぎ，下端に重さ10Nの物体をつるしたとき，ばね全体ののびは何cmか。

(2) 図2のように，このばねを並列につないで，その下端に重さ10Nの物体をつるしたとき，ばねののびは何cmになるか。

17 ☆☆

図1のように，あるばねにいろいろな質量のおもりをつり下げて，おもりの質量とばねののびとの関係を調べた。図2は，その結果をグラフに表したものである。ばねとひもの質量や滑車の摩擦はないものとして，次の各問いに答えよ。ただし，100 gの物体にはたらく重力の大きさを1Nとする。

〈図1〉

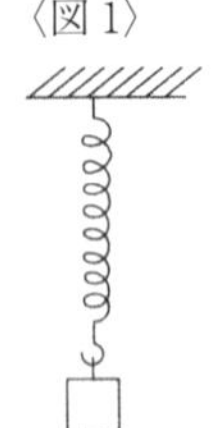

〈図2〉

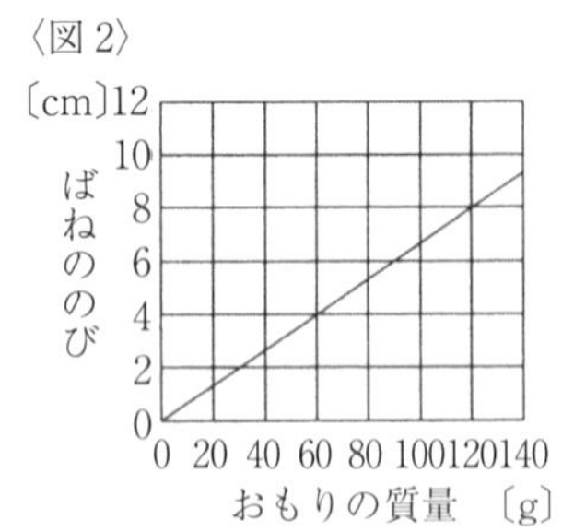

〈図3〉

(1)　図1のように，このばねにおもりをつり下げたところ，ばねは5cmのびて静止した。このおもりの質量は何gか。

(2)　図3のように，このばねと滑車とひもを使って，ある質量のおもりを静止させたところ，ばねは4cmのびた。このとき，手がひもを引いている力は何Nか。

18 ☆

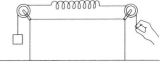

てこのはたらきについて，次の各問いに答えよ。

(1)　くいを抜くとき，より小さな力ですむものはどれか。次から選び，記号で答えよ。また，その理由を簡潔に述べよ。

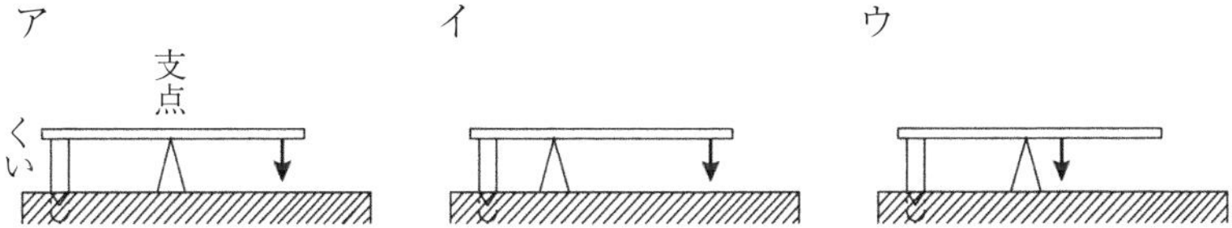

(2)　図1のように矢印の向きに力を入れて栓を抜くせんぬきがある。このときの支点，力点，作用点をそれぞれ図2のA～Eから選び，記号で答えよ。

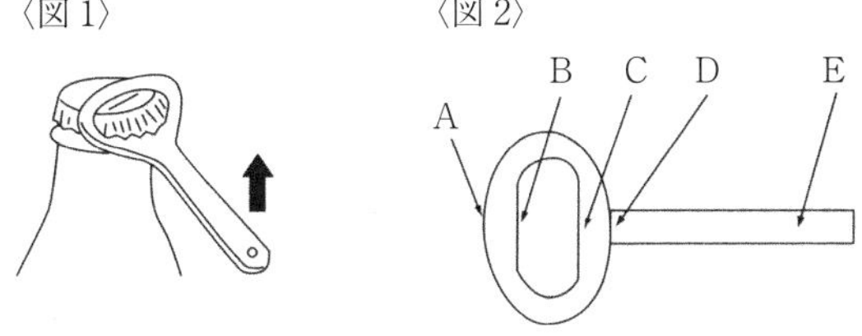

(3)　次の図のうち，支点が力点と作用点の間にあるものをすべて選び，記号で答えよ。

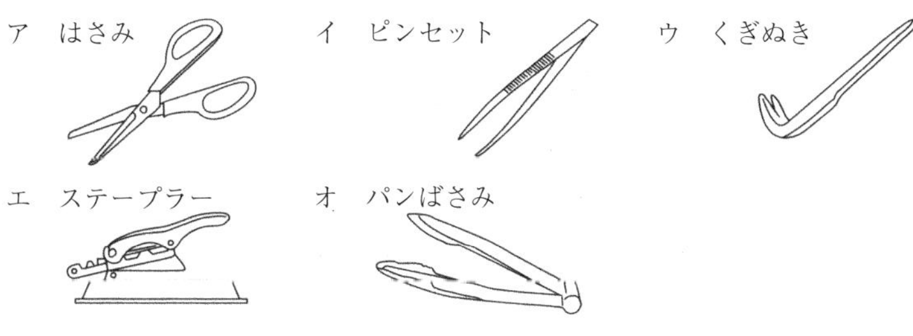

19 ☆

てこのつり合いについて，次の各問いに答えよ。ただし，棒及びひもの重さは考えないものとする。

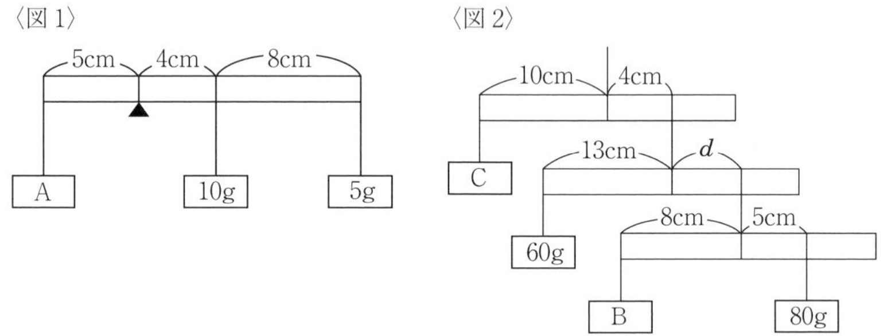

(1) 図1のように，つり合っているてこがある。Aの質量を求めよ。

(2) 図2のように，水平に保たれているモビールがある。B，Cの質量及び*d*の長さを求めよ。

20 ☆

図のような形をした質量400gのレンガをスポンジの上に置いた。次の各問いに答えよ。ただし，100 gの物体にはたらく重力の大きさを1Nとする。

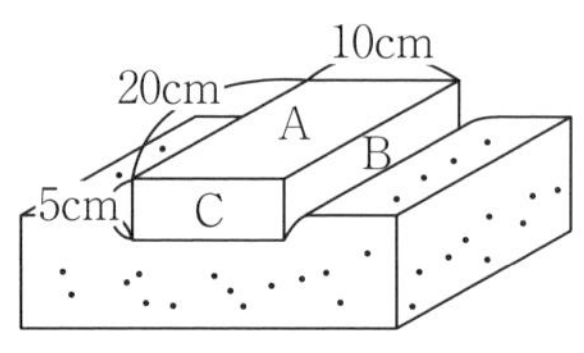

(1) この物体にはたらく重力は何Nか。

(2) スポンジが一番沈むのはA～Cのどの面か。

(3) C面を下にしたときのスポンジを押す圧力は何N/m^2か。

21 ☆☆

図のように，断面積$24cm^2$の円筒の一端にプラスチックの板をあて，円筒の底から水が入らないように深さ30cmまで水中に沈めた。板の上に静かに小さいおもりをのせていくとき，おもりの重さが何Nより大きくなると板は円筒から離れるか。ただし，水の密度を$1.0g/cm^3$，100 gの物体にはたらく重力の大きさを1N，水の深さは30cmより十分大きいとし，円筒と板の重さと厚さは考えないものとする。

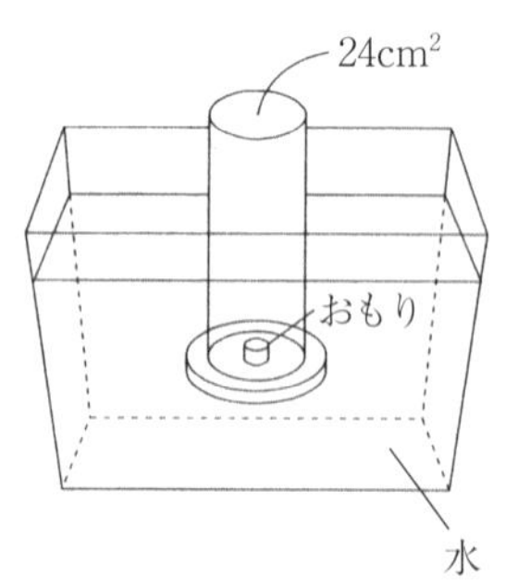

22 ☆☆

図のように，ばねはかりに同じおもりをつるし，空気中，水中，食塩水中でのばねはかりの目盛りを調べた。目盛りは，それぞれ60g，40g，38gであった。ただし，100 gの物体にはたらく重力の大きさを1Nとする。

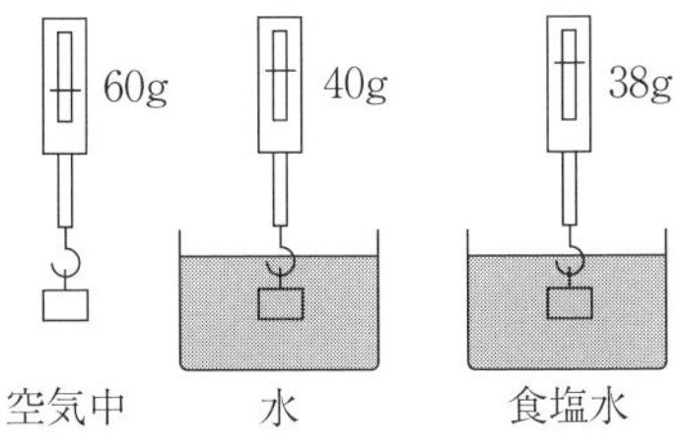

(1) 水中，食塩水中において，おもりが受けた浮力はそれぞれ何Nか。

(2) 水の密度を1.0g/cm^{3}とするとき，食塩水の密度はいくらか。

23 ☆

仕事について，次の各問いに答えよ。ただし，100 gの物体にはたらく重力の大きさを1Nとする。

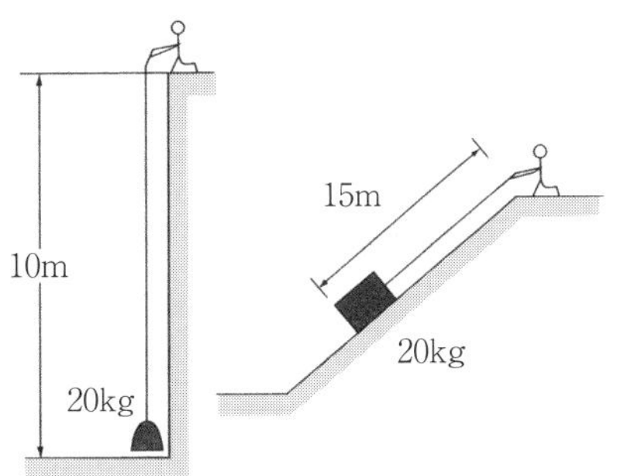

(1) 図1のように，質量20kgの物体を10mの高さまでゆっくりと引き上げた。このとき物体を動かすのに必要な力の大きさは何Nか。また，このとき力のした仕事は何Jか。

(2) 図2のように，質量20kgの物体を斜面に沿って引き上げるとき，100Nの力が必要だったとすると，斜面に沿って15m引き上げるときの仕事は何Jか。

24 ☆☆☆

図のように，動滑車とモーターを用いて，重さ2.8Nの物体を60cm持ち上げる実験を行った。グラフは，そのときの物体の床からの高さと時間との関係を表したものである。グラフを見て，次の各問いに答えよ。ただし，滑車やひもの質量及び摩擦はなく，ひもは伸びたり縮んだりしないものとする。

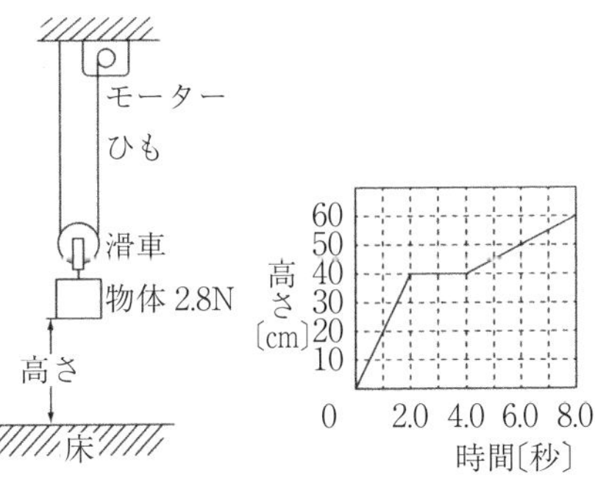

(1) 実験開始から5.0秒の間でモーターが巻きとったひもの長さは何mか。
(2) 実験開始から6.0秒の間で物体に対してモーターがした仕事は何Jか。
(3) 4.0秒から8.0秒の間で物体に対してモーターがした仕事率は何Wか。

25 ☆☆

水平な地面で，質量200gのボールをA地点から投げ上げると，ボールは図のように運動してD点に落ちた。次の各問いに答えよ。ただし，A点における位置エネルギーを0Jとし，空気による抵抗は考えないものとし，重力加速度を$10m/s^2$とする。

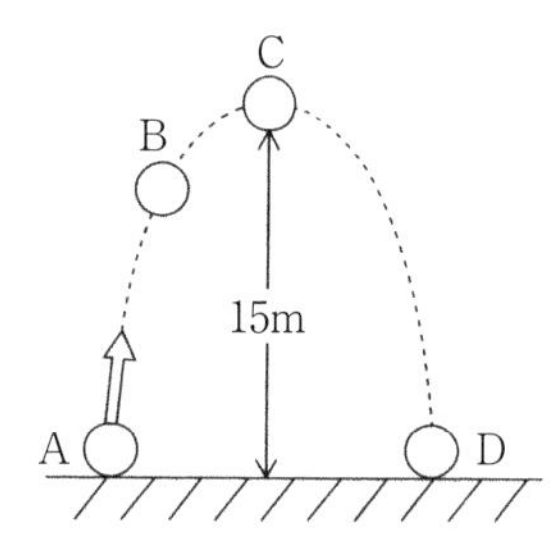

(1) B点ではA点と比較して，ボールのもつ位置エネルギーと運動エネルギーは，それぞれどのように変化するか。
(2) C点においてボールがもつ位置エネルギーの大きさは，A点と比較して何J変化するか。
(3) 次の記述の空欄にあてはまる語句を入れよ。
物体が放物運動する場合，位置エネルギーと運動エネルギーが互いに移り変わるが，位置エネルギーと運動エネルギーの(　A　)は一定である。位置エネルギーと運動エネルギーの(　A　)は(　B　)とよばれ，これが一定に保たれることを(　C　)の法則という。

26 ☆

図は，振り子の運動を示したものである。次の各問いに答えよ。

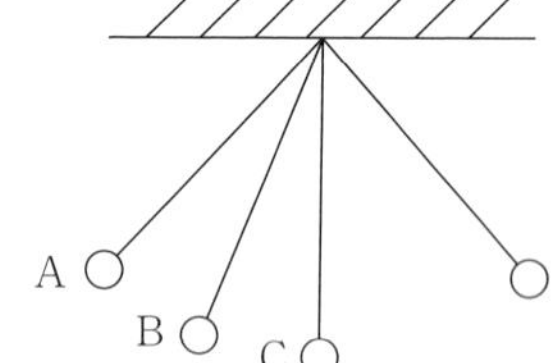

(1) 図のA点，B点，C点のうち，位置エネルギーが最大の点，運動エネルギーが最大の点をそれぞれ選び，記号で答えよ。
(2) 振り子が1往復する時間を短くするためにはどうすればよいか。次から選び，記号で答えよ。
ア．おもりを重くする　　イ．おもりを軽くする
ウ．糸の長さを長くする　　エ．糸の長さを短くする
オ．振れ幅を大きくする　　カ．振れ幅を小さくする

27 ☆

図を見て，次の各問いに答えよ。

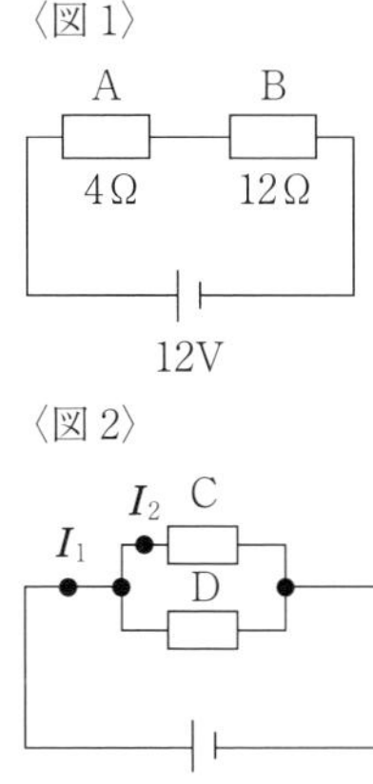

(1)　図1のように，4Ωの抵抗Aと12Ωの抵抗Bを12Vの電源につないだ。

①　抵抗A，抵抗Bに流れる電流はそれぞれ何Aか。

②　抵抗A，抵抗Bにかかる電圧はそれぞれ何Vか。

(2)　図2のように，抵抗Cと抵抗Dを6Vの電源につないだとき, I_1を流れる電流は4.5A, I_2を流れる電流は1.5Aであった。

①　抵抗Dを流れる電流を求めよ。

②　抵抗Cと抵抗Dはそれぞれ何Ωか求めよ。

28 ☆☆

図のように，4Ωと6Ωと12Ωの抵抗A，B，Cを24Vの電源につないだ。次の各問いに答えよ。

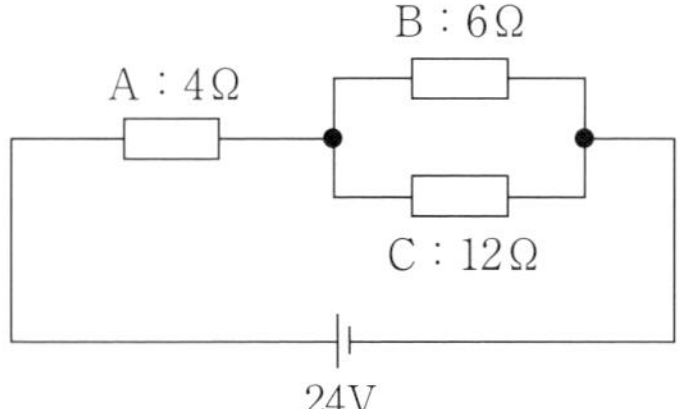

(1)　抵抗Bにかかる電圧が12Vのとき，抵抗B，抵抗Cに流れる電流は何Aか。

(2)　このとき, 抵抗Aに流れる電流は何Aか。

(3)　この回路全体の抵抗は何Ωか。

29 ☆

図のように，電圧計・電流計・電熱線・電源装置・スイッチがある。次の各問いに答えよ。

(1)　各器具の端子を線で結び，電熱線の電流・電圧を測る回路を作図せよ。

(2)　この回路の回路図を書け。

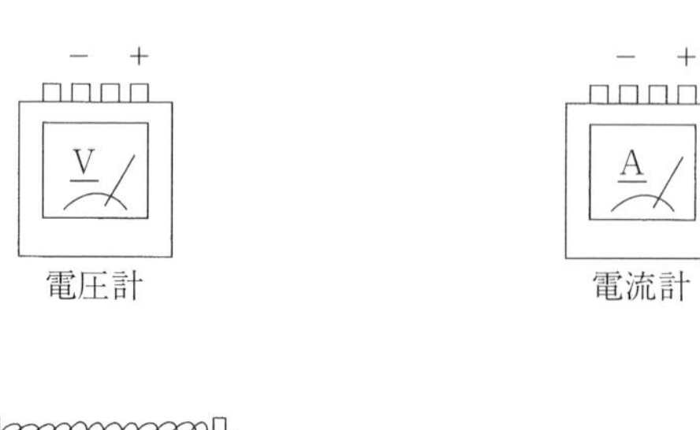

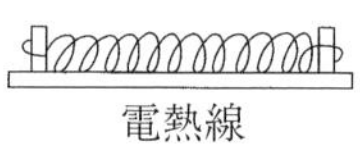

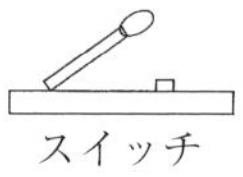

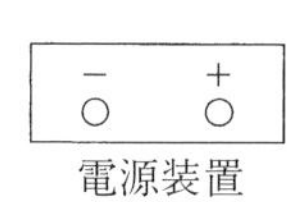

30 ☆

ある電熱線の測定について，次の各問いに答えよ。

(1) ある電熱線の電圧を電圧計で測ったところ，図のような目盛りになった。電圧はいくらか。ただし，15Vの端子を使用している。

(2) 次に，電流計を用いて電熱線に流れる電流を測ったところ，図のような目盛りになった。電流はいくらか。ただし，500mAの端子を使用している。

(3) (1)，(2)より，この電熱線の抵抗を求めよ。

31 ☆

次の図を見て，各問いに答えよ。ただし，⊗はすべて同じ規格の豆電球を表すものとする。

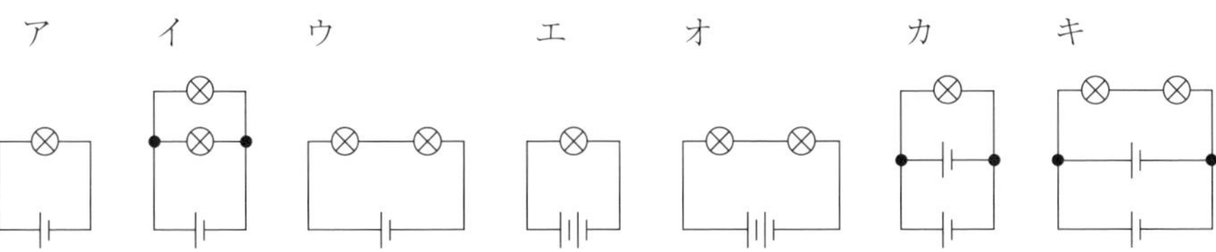

(1) 豆電球が最も明るくなるのはどの回路か。ア～キから選び，記号で答えよ。

(2) 最も長い時間電流が流れるのはどの回路か。ア～キから選び，記号で答えよ。

32 ☆☆

消費電力について，次の各問いに答えよ。

(1) 電熱器に100Vの電圧をかけ，5Aの電流を流したときに消費される電力は何Wか。

(2) 100V－800Wの電熱器を80Vの電源につないで使用すると，消費される電力は何Wか。ただし，電熱器の抵抗は温度によって変わらないものとする。

33 ☆☆☆

図のように，ニクロム線を用いた回路に7.0Vの電源で10分間200mAの電流を流して，20℃の水100gを温めた。発生した熱はすべて水に伝わるものとして，次の各問いに答えよ。ただし，水の比熱を4.2J/(g・K)とする。

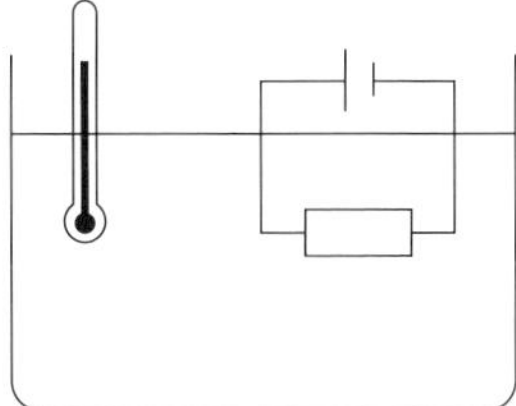

(1) ニクロム線の抵抗は何Ωか。

(2) このときの発熱量は何Jか。

(3) 水の温度は何℃となるか。

34 ☆

次の各問いに答えよ。

(1) 図1のように，円形の導線に電流が流れている。この電流が中心Oに作る磁界の向きをア～エから選び，記号で答えよ。

〈図1〉

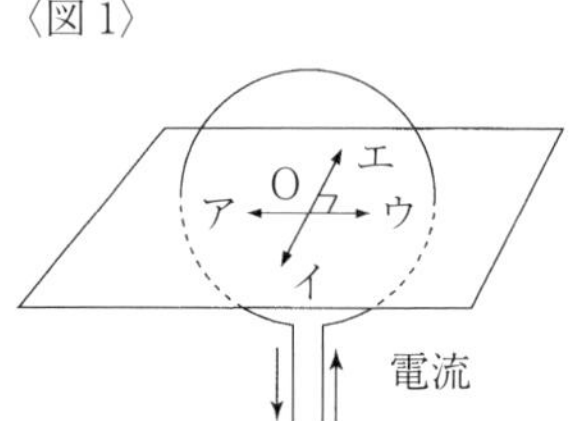

(2) 図2のように，U字型磁石に電流の流れている金属棒を差し込んだ。金属棒が力を受ける方向をア～エから選び，記号で答えよ。また，それは何の力がはたらいたためか。

〈図2〉

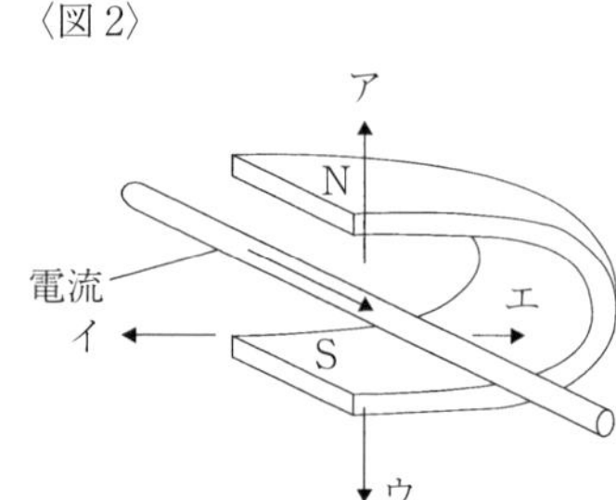

35 ☆☆

図のように，棒磁石のN極をコイルに近づけると，検流計の針が振れた。次の各問いに答えよ。

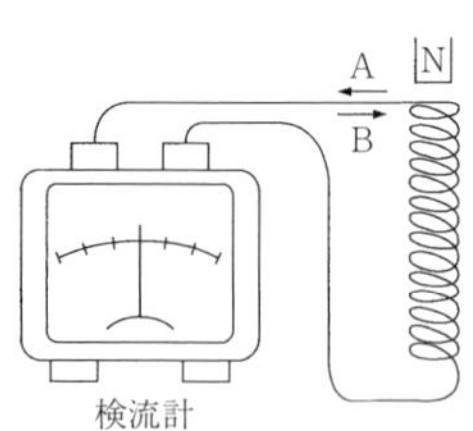

(1) このように，コイルの中の磁界を変化させることによってコイルの両端間に電圧を生じさせ，回路に電流が流れる現象を何というか。

(2) N極を近づけたとき，コイルの上側は何極になるか。また，電流はA，Bどちらの向きに流れるか。

(3) 電流を大きくするためには，どのようにすればよいか。ただし，コイルと磁石は同じものとする。

(4) このしくみを利用したものを次から選び，記号で答えよ。

ア．モーター　　イ．スピーカー

ウ．発電機　　エ．リニアモーターカー

3 物質・エネルギー（化学分野）

●解答解説P458～463

●傾向と対策

重要度：A

化学は全般から出題があるが，特に化学反応式に関する問題は頻出しているため，気体発生や中和，イオンに関する反応式は詳細に学習しておく方がよい。モル濃度等，高校で学ぶ計算問題もよくみられるので，練習問題を数多く解く必要がある。また，ガスバーナーや試験管といった実験器具，試薬等の名称や取扱い上の注意点は記述できる程度に覚えておく方がよいだろう。実験時に必要な器具（沸騰石等）やその役割，実験によって異なる実験装置の設置方法とその理由についてもまとめておく必要がある。計算が苦手でも，暗記によって得点できる問題も多いので，手を抜かずに学習してほしい。

36 ☆

図のガスバーナーの使い方として，正しいものを選べ。

① ウを開いた後，アにマッチの炎を近づけて点火したあと，イを開きながら炎を調節する。

② イを開いた後，アにマッチの炎を近づけて点火したあと，ウを開きながら炎を調節する。

③ アにマッチの炎を近づけてからウを開いて点火したあと，イを開きながら炎を調節する。

④ アにマッチの炎を近づけてからイを開いて点火したあと，ウを開きながら炎を調節する。

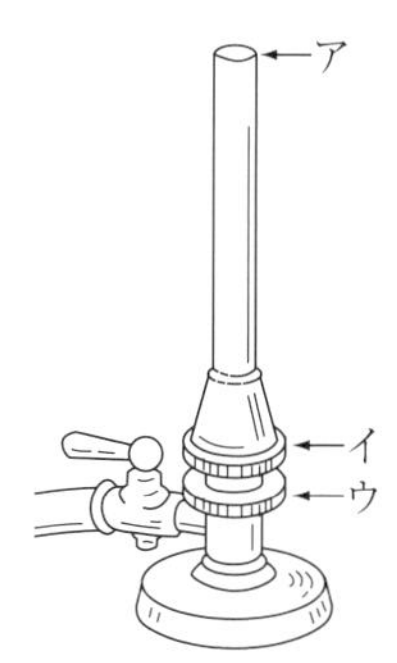

37 ☆

次の上皿てんびんの取扱いについて説明した文の下線部が正しい場合は○を，誤っている場合は×をつけ，正しい文になるように直せ。

① 上皿てんびんは水平な台の上に置き，ア<u>皿とうでの番号を合わせる</u>。

② 量りたいものを皿にのせ，もう一方の皿に量りたいものより少しイ<u>軽い</u>と思われる分銅をのせ，つり合うように分銅をのせる。

③　分銅はゥ手でつまんで皿にのせる。

④　薬品を量りとるときはェ薬品をのせる皿だけに薬包紙を置く。

⑤　使い終わったら，皿をォ片方に重ねておく。

38　☆☆

実験操作法に関する記述として，正しいものを選べ。

①　試験管に薬品を多くとりすぎたときは，余分な量を薬品びんにもどす。

②　試験管中の水溶液の加熱は，突沸を防ぐために沸騰石を入れる。

③　薬さじに試料がついたら，その薬さじで試料をかき混ぜて溶解する。

④　洗浄したメスシリンダーは，乾燥器で十分に乾燥させてから使用する。

⑤　アルコールランプの火を消すときは，息で吹き消す。

39　☆☆

薬品の取扱いに関する記述として，正しいものを選べ。

①　水酸化ナトリウム水溶液を薬品びんからビーカーに入れるとき，薬品びんのラベルの反対側を持つ。

②　実験に使う水溶液は,実験のとき不足しないように十分多めに作っておく。

③　濃塩酸をうすめるとき，濃塩酸をガラス棒を伝わらせて水に少しずつ加える。

④　水酸化ナトリウム水溶液を保管するとき，ガラス栓でふたをする。

⑤　水酸化ナトリウム水溶液が皮膚に付着した場合，水酸化ナトリウムは水とともに蒸発するので，実験後水洗いすればよい。

40　☆☆

図は1気圧において，水に一定の割合で熱を加えたときの加熱時間と水の温度変化を示したものである。次の各問いに答えよ。

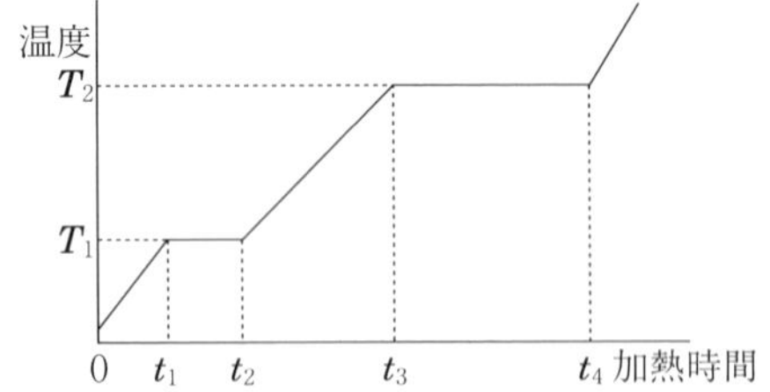

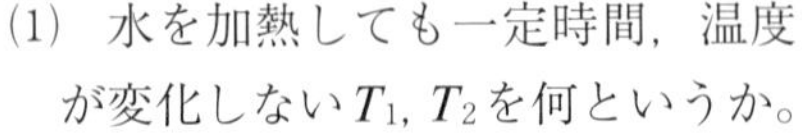

(1)　水を加熱しても一定時間，温度が変化しない T_1, T_2 を何というか。

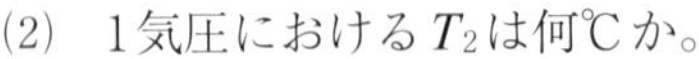

(2)　1気圧における T_2 は何℃か。

(3)　加熱時間 t_2～t_3，t_3～t_4 のとき，それぞれ水はどのような状態か。

(4) 次の文の空欄にあてはまる語句を入れよ。

状態変化において，固体から液体になることを(　ア　)，液体から気体になることを(　イ　)，固体から気体になることを(　ウ　)という。

41 ☆☆

図は物質A，B，C，D，Eの体積と質量を測定し，グラフに表したものである。密度の等しい物質をすべて選べ。

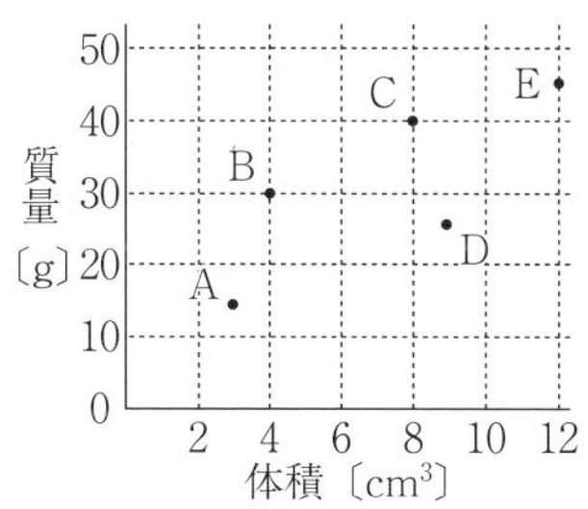

42 ☆

5％の食塩水200gに溶けている食塩は何gか。

43 ☆

容器に8％の食塩水200gが入っている。この食塩水に水を加えて5％の食塩水を作るには何gの水が必要か。

44 ☆

水にミョウバンを溶かし，再び固体として取り出す実験をおこなった。手順は以下の通りである。次の各問いに答えよ。

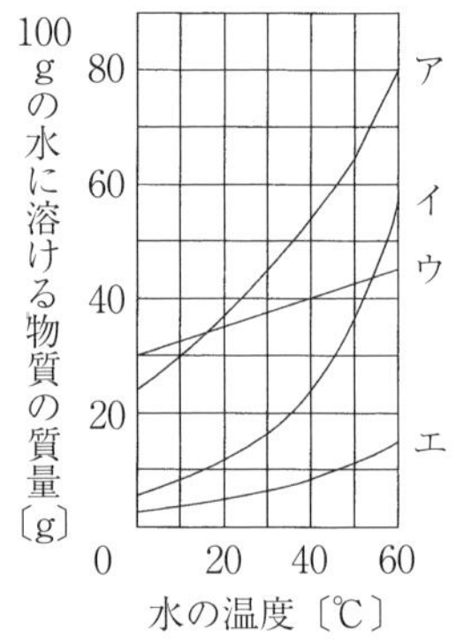

〔手順1〕 試験管に20℃の水10gとミョウバン2.5gを入れてよく振ったところ，ミョウバンの一部が溶けずに試験管の底に残った。この試験管を約50℃の湯にしばらくつけてから，図1のように振ると，溶けずに残っていたミョウバンが全部溶けた。

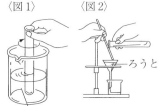

〔手順2〕 手順1の試験管を氷水の入ったビーカーにしばらく入れておいたところ，固体が出てきたので，図2のようにろ過して固体を取り出した。

〔手順3〕 ろ過して得られた液を放置して水を自然に蒸発させたところ，数日後にまた固体が出てきた。さらに水が蒸発するにつれて，固体の量が増えていった。

(1) 右上のグラフは，4種類の物質について100gの水に溶ける物質の質量と水の温度との関係を示したものである。この実験で用いたミョウバンのグラフをア～エから選び，記号で答えよ。

(2) ろ過をするとき，図2のようにろうとの先をビーカーの壁につけ，液を壁づたいに流すのはなぜか，理由を述べよ。

(3) 次の文の｛　　｝①，②にあてはまるものを，ア～ウからそれぞれ選べ。

手順2でろ過してから手順3で固体が出はじめるまでの液の濃度は①｛ア．しだいに大きくなる　イ．しだいに小さくなる　ウ．変わらない｝。また，固体が出はじめてからの液の濃度は，液の温度が一定ならば②｛ア．しだいに大きくなる　イ．しだいに小さくなる　ウ．変わらない｝。

45 ☆☆

硝酸カリウムの水100gに対する溶解度は50℃で86，40℃で64，10℃で21である。次の各問いに答えよ。

(1) 50℃における飽和溶液の質量パーセント濃度は何%か。答えは小数第1位まで求めよ。

(2) 50℃における飽和溶液100gを10℃に冷やすと，析出する結晶は何gか。答えは小数第1位まで求めよ。

(3) 40℃の水50gに硝酸カリウム32gが溶けた溶液がある。この溶液の温度を50℃にすると，硝酸カリウムはあと何g溶けるか。

46 ☆☆

水とエタノールを混合し，図のような装置で蒸留した。次の各問いに答えよ。

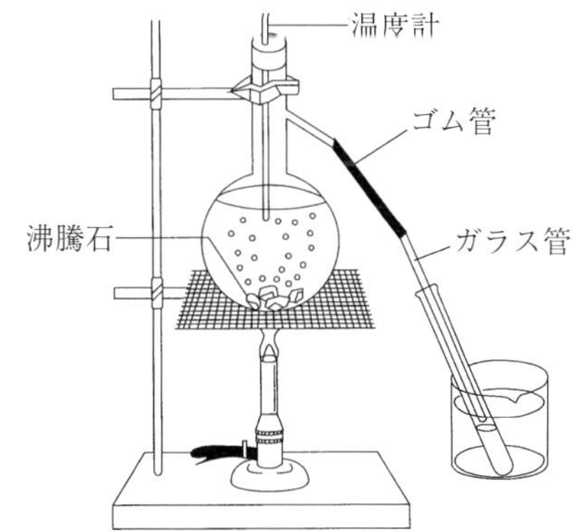

(1) 図の装置には誤りが2ヵ所ある。2ヵ所の誤りを文章で正しく直せ。

(2) 枝付きフラスコに沸騰石を入れる理由を説明せよ。

47 ☆

ろ過の方法として正しいものを次のア～カから選べ。

ア

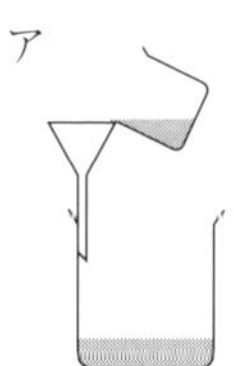

イ

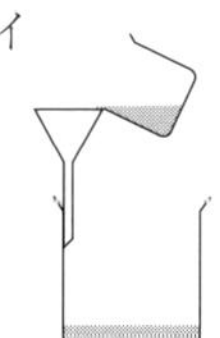

ウ

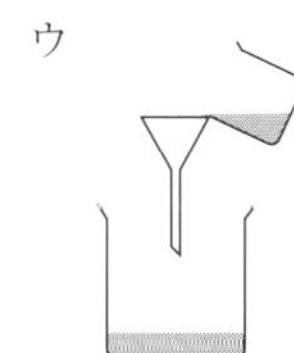

エ
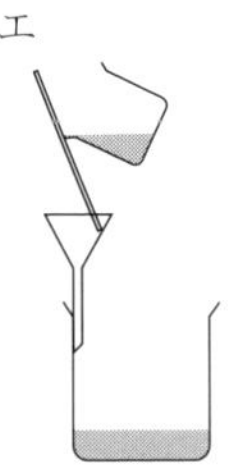
オ
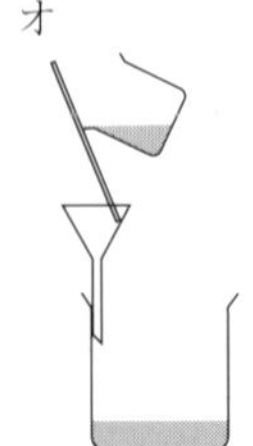
カ

48 ☆

次の(1)～(7)の場合に発生する気体を化学式で答えよ。

(1) 塩酸に石灰石の粉末を入れた。

(2) 塩化ナトリウムに濃硫酸を加えて加熱する。

(3) 二酸化マンガンに過酸化水素水を加える。

(4) ろうそくを燃やした。

(5) 塩化アンモニウムと水酸化カルシウムを混合して加熱する。

(6) 亜鉛に希塩酸を加える。

(7) 炭酸水素ナトリウムを加熱する。

49 ☆

次のA～Eの気体は，水素，酸素，二酸化炭素，二酸化硫黄，アンモニアのいずれかである。A～Eの気体名を答えよ。

気体名	におい	空気に対する重さ	水に対する溶けやすさ	水溶液の性質	捕集法
A	無臭	やや重い	溶けにくい	中性	水上置換法
B	無臭	重い	少し溶ける	酸性	下方置換法
C	刺激臭	軽い	よく溶ける	アルカリ性	上方置換法
D	無臭	軽い	溶けにくい	中性	水上置換法
E	刺激臭	重い	よく溶ける	酸性	下方置換法

50 ☆

二酸化マンガンにうすい過酸化水素水を加え，発生した気体を集気びんに集めた。次の各問いに答えよ。

(1) 次の気体を発生させる装置のうち正しいものを選び，記号で答えよ。

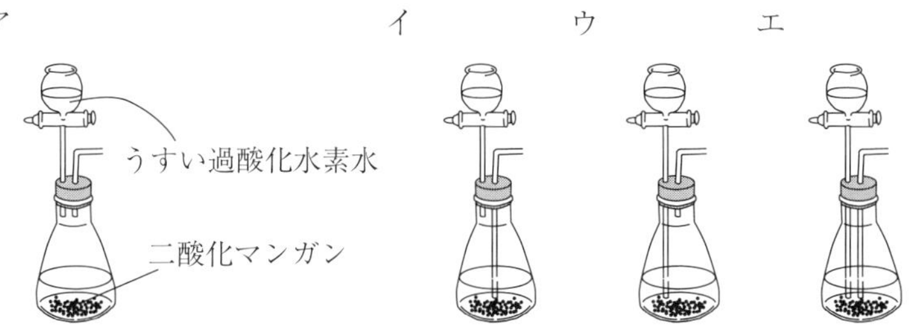

(2) この気体を集めるのに最も適した方法を次から選び，記号で答えよ。

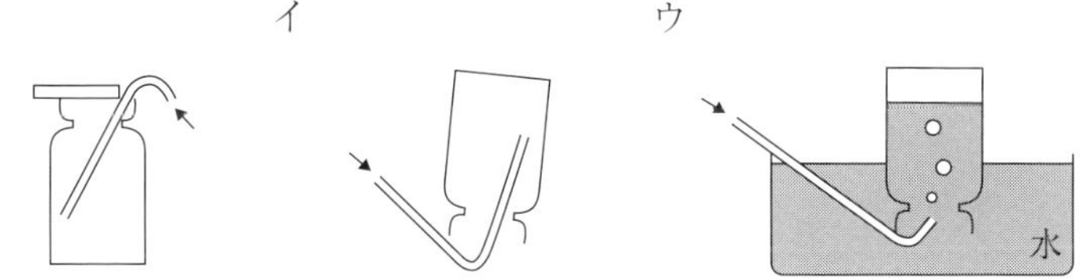

(3) この集気びんに底から1cmほど石灰水を入れ，栓をしてよく振ったときの，石灰水の変化の様子を簡潔に述べよ。

51 ☆

アンモニアを丸底フラスコにとり，図のような装置を作ってスポイトから少量の水を入れたところ，ビーカーの水がガラス管を通って上がってきて噴水がおこった。この噴水がおこる理由を簡潔に述べよ。

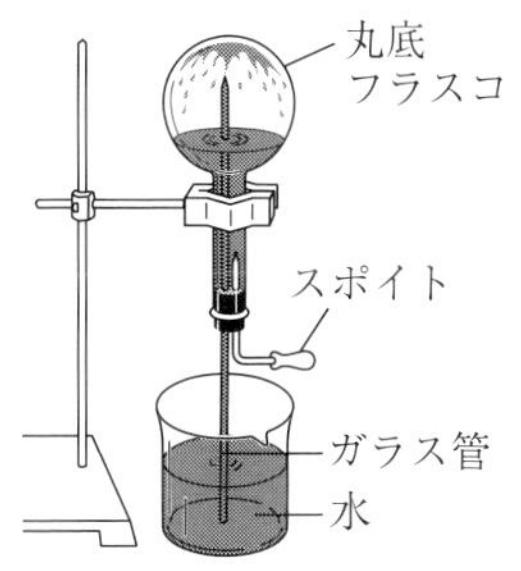

52 ☆

次の7種類の水溶液A～Fについてそれぞれの性質を調べた。次の各問いに答えよ。

A．希塩酸　　B．希硫酸　　C．砂糖水　　D．石灰水
E．水酸化ナトリウム水溶液　　F．食塩水

(1) 次の特徴にあてはまる水溶液をA～Fからすべて選び，記号で答えよ。

ア．赤色リトマス紙，青色リトマス紙どちらも変化しない。
イ．赤色リトマス紙が青色に変化する。
ウ．水溶液をあたためると，臭いのある気体が発生する。
エ．スライドガラス上で蒸発させると，白い粉末が残った。
オ．二酸化炭素を吹き込むと，白く濁る。
カ．水酸化バリウム水溶液を加えると，白色の沈殿が生じる。
キ．亜鉛を入れると溶ける。

(2) (1)のオで水溶液を白く濁らせた物質名を答えよ。
(3) (1)のカで生じた白色の沈殿を化学式で答えよ。
(4) (1)のキで発生した気体を化学式で答えよ。

53 ☆☆

アンモニア水，石灰水，食塩水，炭酸水，水の5種類の水溶液A～Eを次の方法で調べた。次の各問いに答えよ。

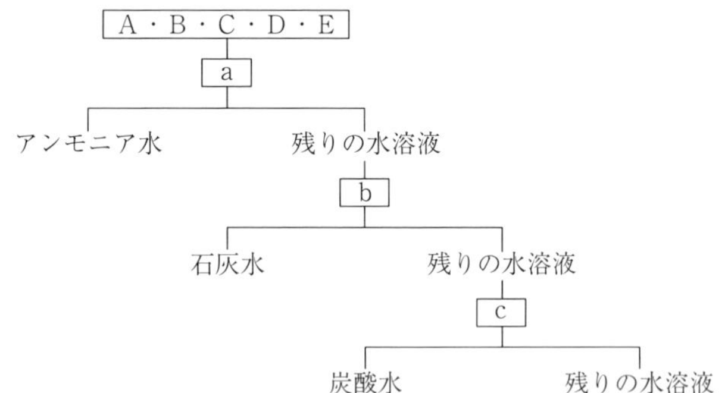

(1) 図のa，b，cにあてはまる方法を次から選び，記号で答えよ。

ア．リトマス紙に水溶液をたらす。　　イ．色で見分ける。
ウ．臭いをかぐ。　　エ．石灰水を加える。

(2) 最後に残った水溶液を分類するための方法について簡潔に説明せよ。ただし，水溶液をなめて味を調べる以外の方法で答えよ。

54 ☆

図はそれぞれ一定濃度の塩酸と水酸化ナトリウム水溶液との混合溶液が中性になったときの塩酸と水酸化ナトリウム水溶液の体積の関係を示したものである。次の各問いに答えよ。

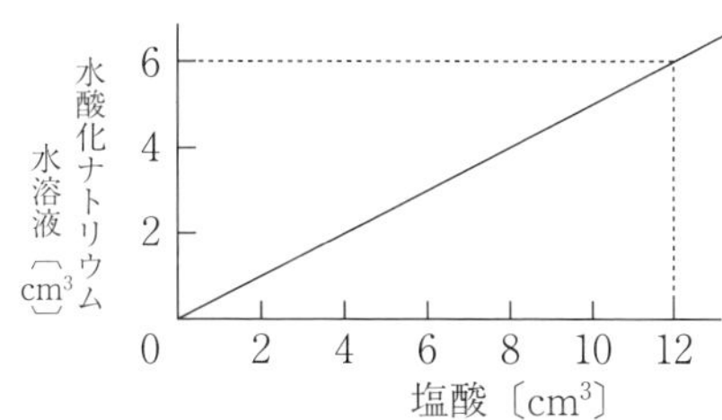

(1) 塩酸5cm^{3}に水酸化ナトリウム水溶液10cm^{3}を反応させたとき，水溶液中に含まれるイオンを数の多い順にイオン式で示せ。ただし，水の電離は考えないものとする。

(2) この塩酸5cm^{3}に水を加えて10cm^{3}にした。このうすめた塩酸を中和するのに必要な水酸化ナトリウム水溶液は何cm^{3}か。

55 ☆☆

一定量の水酸化ナトリウム水溶液に塩酸を少しずつ加えたとき，ナトリウムイオンの数の変化を表したグラフとして正しいものを選べ。ただし，横軸は加えた塩酸の量，縦軸はナトリウムイオンの数を表しているものとする。

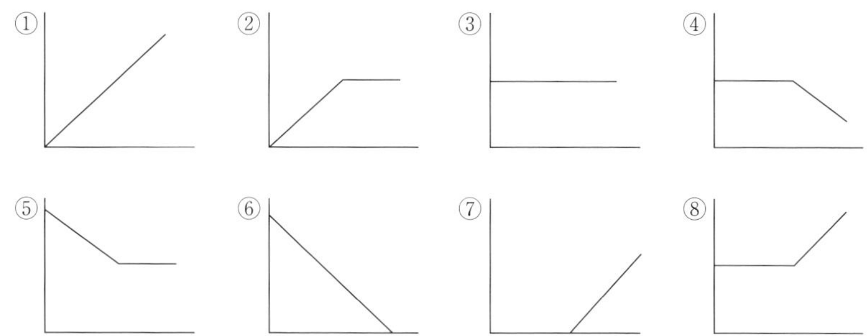

56 ☆

よく焼いたステンレス皿にマグネシウムの粉末を入れ，下からガスバーナーで十分に加熱した。そのときの様子に関する記述として，正しいものを選べ。

① マグネシウムの粉末は溶けて液体になった。

② マグネシウムの粉末はしだいに赤っぽくなってきた。

③ 加熱後の質量は軽くなっている。

④ 加熱後の質量は重くなっている。

⑤ この反応は還元反応である。

57 ☆

酸化銅(Ⅱ)と炭素を反応させて，銅を取り出す実験を行った。図は酸化銅(Ⅱ)の質量を1gから6gの間で様々にかえて実験をおこなった結果を示したものである。次の各問いに答えよ。

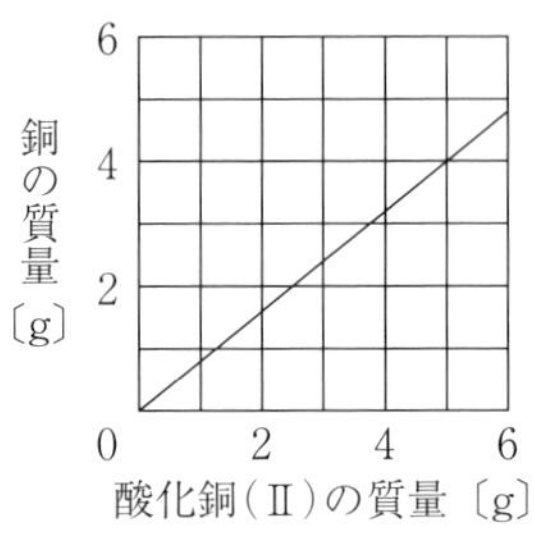

(1) 銅8gを得るためには，酸化銅(Ⅱ)は何g必要か。

(2) この変化を化学反応式で示せ。

(3) この反応は一般に何とよばれているか。

58 ☆☆☆

金属とその酸化物との質量の関係を調べるために，銅とマグネシウムの細かい粉末を用いて次のような実験をおこなった。この実験とその結果に関して，各問いに答えよ。

〔実験〕金属粉をステンレス皿にはかりとって，かき混ぜながらガスバーナーで強く加熱したのち，冷ましてから質量をはかって元の質量と比べた。これを再びガスバーナーで加熱するという操作を繰り返し，質量が変化しなくなったときの値を測定値とした。

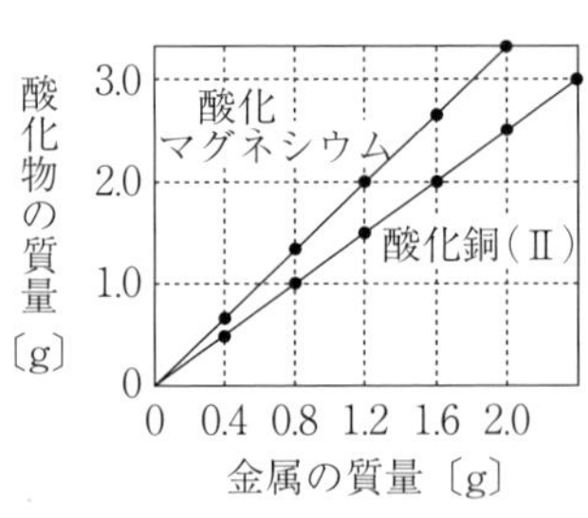

銅とマグネシウムについて，それぞれ金属粉の質量をかえて同じような測定を行い，金属の質量とその酸化物の質量との関係を表したのが上のグラフである。

(1) 実験の結果から，この2種類の金属に関して得られる結論として正しいものを選べ。

① 金属と化合する酸素の質量は，その金属の質量に関係なく常に一定である。

② 同じ質量の金属酸化物に含まれる酸素の質量を比較すると，酸化マグネシウムより酸化銅の方が常に大きい。

③　金属の質量と，化合する酸素の質量との比は，その金属の質量に比例して大きくなる。

④　金属酸化物を作っている金属と酸素との質量比は，その金属酸化物の質量に関係なく常に一定である。

(2)　仮に，銅粉1.6gとマグネシウム粉末の混合物を同じように実験して，それぞれの金属酸化物の混じり合ったものが4.0g得られたとする。はじめの混合物中のマグネシウム粉末の質量として正しいものを次から選べ。

ア．0.8g　　イ．1.2g　　ウ．1.6g　　エ．2.0g

(3)　酸化銅（Ⅱ）と酸化マグネシウムでは，それぞれ金属原子の数と酸素原子の数が1対1の割合で結び付いていることがわかっている。実験の結果から，銅原子1個の質量はマグネシウム原子1個の質量の約何倍と考えられるか。次から選べ。

ア．0.75倍　　イ．1.3倍　　ウ．2.0倍　　エ．2.7倍

59 ☆

鉄粉と硫黄の粉末をよく混合したものを試験管にとり，混合物の上部をガスバーナーで加熱すると赤熱し反応がおこりはじめた。反応がおこりはじめたところで加熱をやめたが，そのまま反応が続き，反応終了後の試験管の中には黒色物質が生成していた。次の各問いに答えよ。

(1)　鉄粉と硫黄の粉末が化合して生成した黒色物質は何という物質か。

(2)　鉄粉と硫黄の粉末が化合して黒色物質が生成する反応を化学反応式で示せ。

(3)　鉄粉と硫黄の粉末が化合して生成した黒色物質の特徴を説明せよ。

(4)　この実験で加熱をやめても，激しい反応が続いた理由を説明せよ。

60 ☆

次の実験a～cについて，各問いに答えよ。

a．図のように，炭酸水素ナトリウムを試験管Aに入れて加熱したところ，気体が発生し，試験管Bに入れた石灰水が白く濁った。また，試験管Aの口に液体がたまった。

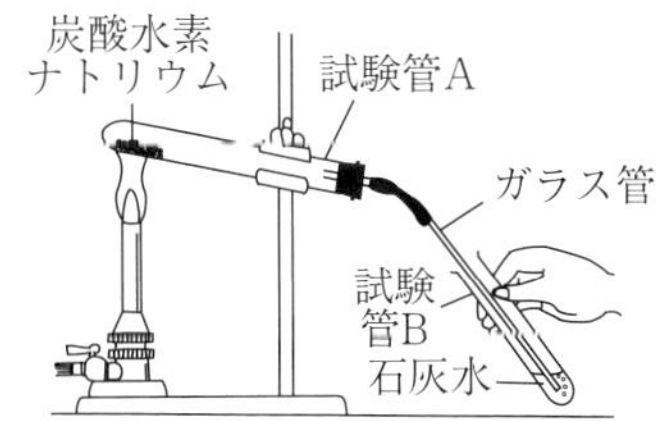

b．気体が出なくなってから，ガラス管を石灰水から抜き出して加熱をやめた。

c．加熱をやめてしばらくしてから，試験管Aの中に残っている白い固体を取り出して水に溶かし，フェノールフタレイン液を加えると，水溶液は赤くなった。

(1) 図のように，試験管Aの口の方を少し下げて加熱するのはなぜか。その理由を簡潔に書け。

(2) 実験aで石灰水を白く濁らせた気体と同じ気体を作る方法として正しいものを次から選び，記号で答えよ。

ア．石灰石にうすい塩酸を加える。

イ．亜鉛にうすい塩酸を加える。

ウ．スチールウールを燃焼させる。

エ．酸化銀を加熱する。

(3) 次の文の空欄にあてはまる語句を入れよ。

この実験から，炭酸水素ナトリウムを加熱すると，3つの別の物質ができることが分かった。このような化学変化を(　①　)という。また，試験管Aの中に残った白い固体は(　②　)という物質である。

61 ☆☆☆

図のようにして，塩化銅(Ⅱ)水溶液に電圧をかけたところ，電流計の針が振れ，炭素棒A，Bの様子に変化がみられた。次の各問いに答えよ。

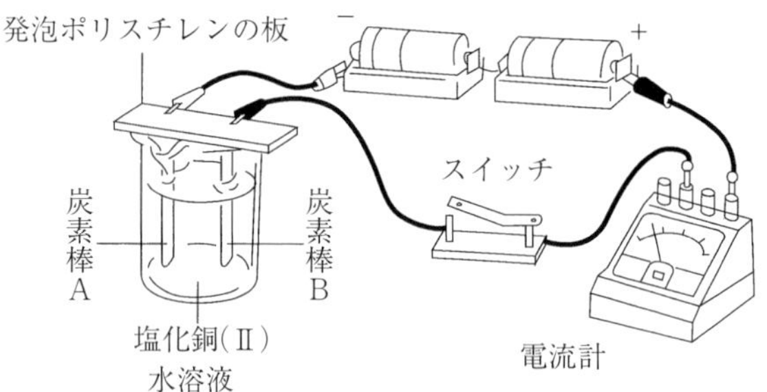

(1) 炭素棒Aの表面で起きている反応をモデルで表すとどうなるか。次から選び，記号で答えよ。ただし，陽イオンを⊕，陰イオンを⊖，原子を○，分子を○○の記号で表している。

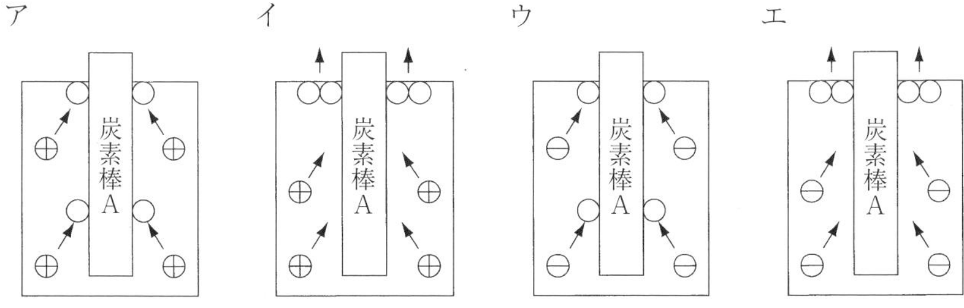

(2) 炭素棒Bに向かって移動するイオンの名前を書け。

(3) (2)のイオンについて説明した文を次から選び，記号で答えよ。

ア．このイオンを含んだ水溶液は，酸性を示す。

イ．このイオンは，炭素棒Bのまわりで燃えやすい気体の分子になる。

ウ．このイオンは，塩酸や塩化ナトリウム水溶液中に共通して含まれている。

エ．このイオンは，炭素棒Bに固体の物質となって付着する。

62 ☆

水に少量の希硫酸を加えて電気分解を行った。次の各問いに答えよ。

(1) 陽極と陰極で発生する気体をそれぞれ答えよ。

(2) 陽極と陰極で発生する気体の体積比を答えよ。

(3) 水の電気分解を化学反応式で示せ。

63 ☆☆

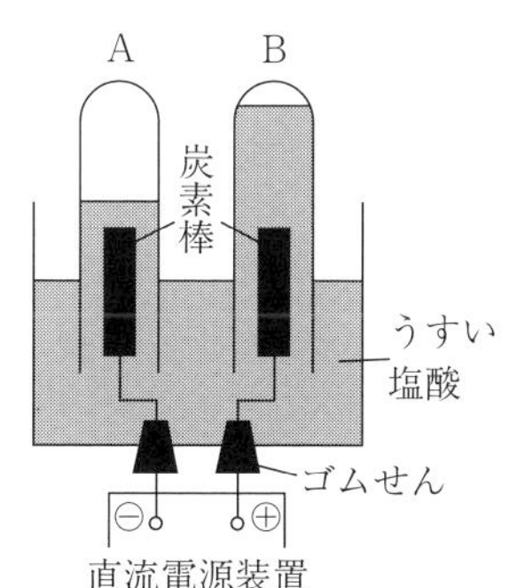

右図は，電気分解装置を模式的に表したものである。この装置に，うすい塩酸（塩化水素の水溶液）を入れ，電気分解の実験をおこなったところ，A，Bの管内でそれぞれ気体が発生した。Aの管内の気体はマッチの炎を近づけたところ，爆発して燃え，Bの管内の気体は特有な刺激臭があった。次の各問いに答えよ。

(1) 塩化水素は，水に溶けて陽イオンと陰イオンに電離している。このように電離する物質を何というか。

(2) うすい塩酸は電流が流れるが，これと同じように電流が流れるものを次から選べ。

ア．食塩水　　イ．精製水（純粋な水）　　ウ．エタノール　　エ．砂糖水

(3) この実験で，うすい塩酸に電流を流したとき，Aの管内の電極のまわりでおこる様子について，正しく述べているものを選べ。

① 陰イオンが電極に引きよせられ，そこで電気的に中性な原子となり，その原子2個が結び付いて分子になる。

② 陰イオンが電極に引きよせられ，付近にある陽イオンと結び付いて，分子になる。

③ 陽イオンが電極に引きよせられ，そこで電気的に中性な原子となり，その原子2個が結び付いて分子になる。

④ 陽イオンが電極に引きよせられ，付近にある陰イオンと結び付いて，分子になる。

(4) この実験で，Aの管内にたまった気体は何か。その分子の化学式を答えよ。

64 ☆☆

メタンCH_4を完全燃焼すると，水と二酸化炭素が生成する。ただし，原子量はH = 1.0，C = 12，O = 16，標準状態における二酸化炭素1 molの体積を22.4Lとして，次の各問いに答えよ。

(1) メタンの完全燃焼を化学反応式で示せ。

(2) メタン24gが完全燃焼したときに生成する水は何gか。

(3) (2)のとき，発生する二酸化炭素は標準状態で何Lか。

65 ☆☆

1.0mol/L水酸化ナトリウム水溶液250mLを作るのに必要な水酸化ナトリウムは何gか。ただし，原子量はH = 1.0，O = 16，Na = 23とする。

4 生命・地球（生物分野）

●解答解説P464～469

●傾向と対策

重要度：A

植物の分類，からだのつくり，光合成が頻出で，中学校の教科書を学習することで得点できる。また，発芽，成長の条件，メダカや昆虫のからだのつくりなどについては小学校の指導学年と関連づけて整理しておきたい。人体については消化に関する問題が多く，特にだ液のはたらきの実験について詳しく学習しておくとよい。血液循環や呼吸については，消化に比べ頻度は低いが基本的事項は覚えておくことが望ましい。また，顕微鏡等器具の名称や取り扱いについても注意が必要である。

66 ☆

学校内の池で採取した水を顕微鏡で観察した。次の各問いに答えよ。

(1) 次の文は顕微鏡の操作について示したものである。ア～カを適切な順に並べ替えよ。

ア．プレパラートをステージに置いて，クリップで押さえる。

イ．一番低い倍率にして，反射鏡の角度を変えて，視野の明るさを調整する。

ウ．接眼レンズを取りつける。

エ．対物レンズを取りつける。

オ．横から見ながら調節ねじを回し，対物レンズとプレパラートをできるだけ近づける。

カ．接眼レンズをのぞきながら調節ねじを回し，対物レンズとプレパラートを遠ざけ，ピントを合わせる。

(2) 図のように，視野の右下に見える生物を視野中央に位置させるためには，プレパラートをどの方向に動かせばよいか，次から選び，記号で答えよ。

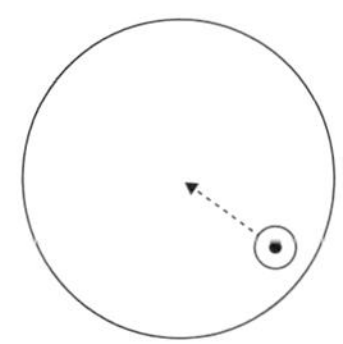

ア．右上　　イ．右下　　ウ．左上　　エ．左下

(3) (2)で観察した生物は，からだ全体が緑色であった。この生物を次から選び，記号で答えよ。

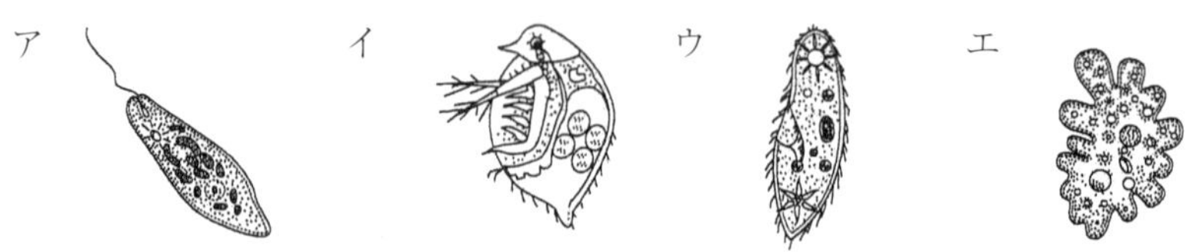

67 ☆

ルーペの使い方として，最も適切なものを選べ。

① 観察するものとルーペを同時に動かしてピントを合わせる。

② 観察するものを固定し，ルーペを前後に動かしてピントを合わせる。

③ ルーペを目に近づけて持ち，観察するものを前後に動かしてピントを合わせる。

68 ☆☆

発芽したソラマメの根を用いて細胞分裂の様子を観察した。以下は，そのときの手順を示している。また，図は発芽したソラマメをスケッチしたものである。次の各問いに答えよ。

【手順】

① 発芽したソラマメの根を5mmくらい切り取る。

② 切り取った根を希塩酸に入れて数分間熱する。

③ 熱した根をスライドガラスにのせ，酢酸カーミン液をかける。

④ カバーガラスをかけ，ろ紙をかぶせて押しつぶす。

⑤ 顕微鏡で観察し，スケッチする。

(1) 手順①で切り取る部分として適切なのは，図のア～エのうちどこか。

(2) 手順③で酢酸カーミン液をかけると観察がしやすくなる。それは酢酸カーミン液がどのようなはたらきをするためか。簡潔に述べよ。

(3) 手順⑤で様々な状態の細胞が観察された。次のa～eは，それらの細胞をスケッチしたものである。a～eを細胞が分裂していく順に並べ替えよ。ただし，aを出発点とする。

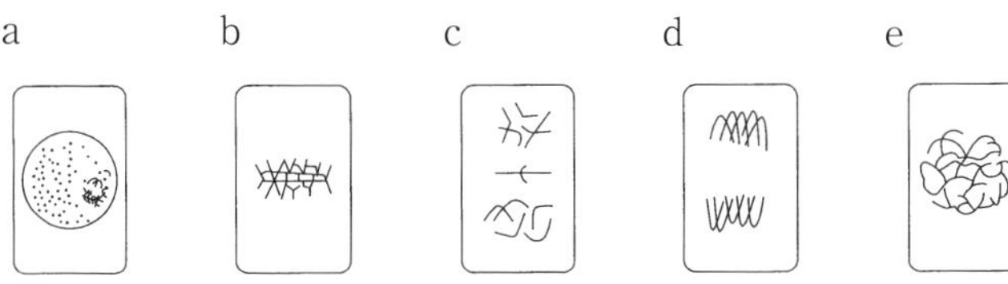

69 ☆

右図はタンポポの花のつくりを表している。次の各問いに答えよ。

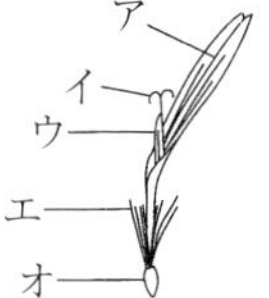

(1) おしべの花粉がめしべの柱頭につくことを何というか。

(2) タンポポのおしべを図のア～エから選べ。

(3) 胚珠を包んでいるオの部分を何というか。

70 ☆

右図はある植物の茎の断面図を模式的に表したものである。次の各問いに答えよ。

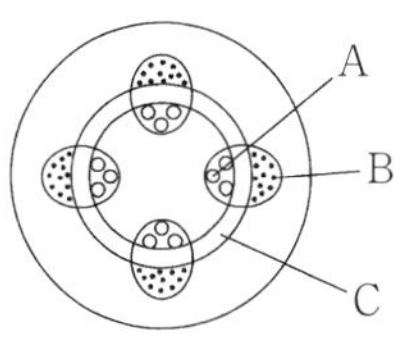

(1) 図のA～Cの部分の名称をそれぞれ答えよ。

(2) 図のA～Cのうち，根から吸い上げられた水や養分を通すはたらきをするものを選べ。

(3) この植物は次のうちどれか。

ア．単子葉類　　イ．双子葉類

71 ☆☆

右図はある植物の葉の断面を模式的に示したものである。次の各問いに答えよ。

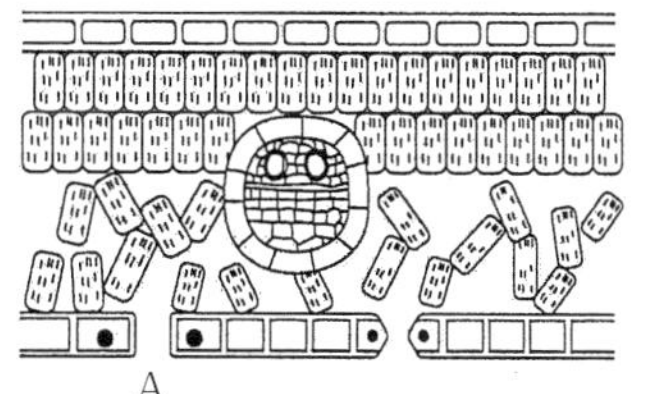

(1) Aの部分を何というか。

(2) Aの部分からは，根で吸い上げられた水が水蒸気となって空気中に放出される。このはたらきを何というか。

(3) Aは葉の表，裏のどちらに多くみられるか。

(4) 次は植物の光合成を表す化学反応式である。①～④にあてはまる化学式をそれぞれ書け。

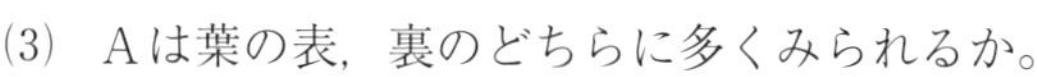

6(　①　) + 12(　②　) + 光エネルギー

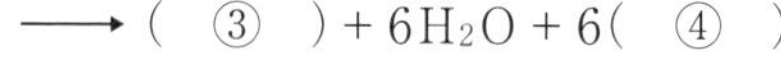

⟶ (　③　) + $6H_2O$ + 6(　④　)

72 ☆☆

インゲンマメの種子の発芽について，次の各問いに答えよ。

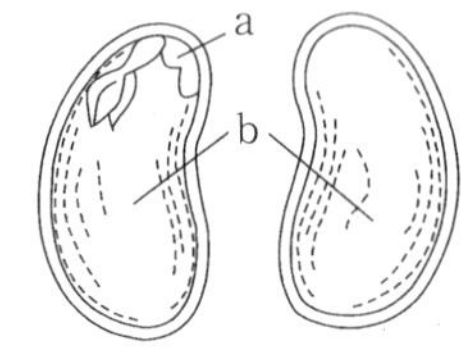

(1) 図は水にひたしたインゲンマメの種子を2つに割ったときの中の様子である。

① 図のaの部分は発芽したとき何になるか。

② 図のbの部分を何というか。また，発芽後は何とよばれるか。

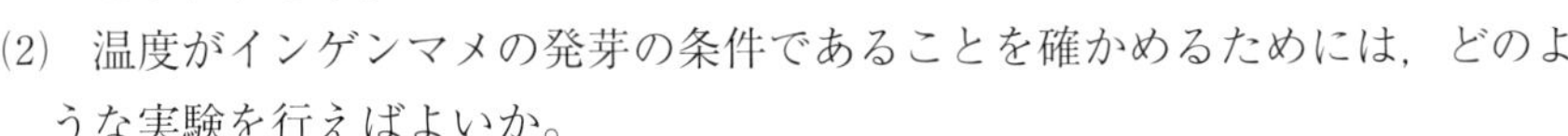

(2) 温度がインゲンマメの発芽の条件であることを確かめるためには，どのような実験を行えばよいか。

73 ☆☆

光合成について調べるため，次の実験を行った。

【手順】

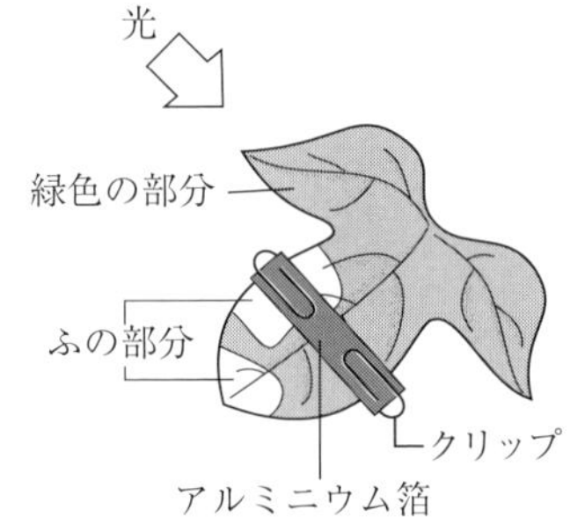

① 図のように，葉の一部をアルミニウム箔で覆ったふ入りのアサガオの葉に，日光を十分当てた。

② その葉を切りとり，熱湯に30秒間つけた後，温めたエタノールの中におよそ15分間つけた。

③ ②の処理の後，その葉を水で洗いヨウ素液をかけた。

(1) 図のアサガオの葉で，ふの部分と緑色の部分の色の違いは何の有無によるか。

(2) 手順②の処理で，エタノールの色は何色に変わったか。

(3) 手順③の処理で，青紫色に変化した部分がみられるアサガオの葉の模式図を，次から選び，記号で答えよ。

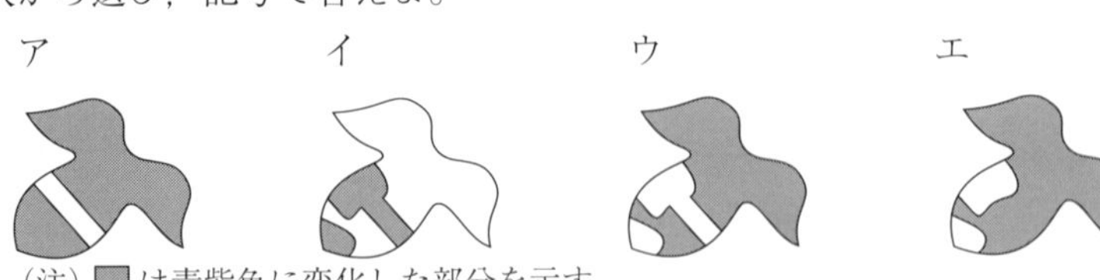

(注) ■ は青紫色に変化した部分を示す。

(4) 実験の結果からいえることを，次からすべて選べ。

ア．光合成には一定の温度が必要である。

イ．光合成には光が必要である。
ウ．光合成には葉緑体が必要である。
エ．光合成により酸素がつくられた。
オ．光合成によりデンプンがつくられた。

74 ☆☆

青色のBTB溶液の入った試験管に呼気を吹き込んで緑色にした後，オオカナダモを入れて栓をし，次の実験を行った。次の各問いに答えよ。

〔実験1〕 試験管に光を当てた。

〔実験2〕 試験管をアルミニウム箔で覆い，光が当たらないようにした。

(1) 実験1ではBTB溶液は何色に変化するか，次から選び，記号で答えよ。
ア．青色　イ．緑色（変化なし）　ウ．赤色　エ．黄色

(2) 実験1で発生する気体は何か。

(3) 実験2ではBTB溶液は何色に変化するか，(1)のア～エから選び，記号で答えよ。

(4) 実験2での色の変化の理由を簡潔に答えよ。

75 ☆

次は代表的な植物を並べたものである。これについて，各問いに答えよ。

大腸菌 ⓐ コウボ菌 ⓑ シイタケ ⓒ ケイソウ ⓓ コンブ ⓔ スギゴケ ⓕ ワラビ ⓖ イチョウ ⓗ サクラ

(1) 光合成をするものと，しないものの境界はどこか。

(2) 維管束をもつものと，そうでないものの境界はどこか。

(3) 胚珠が子房で覆われているものと，そうでないものの境界はどこか。

(4) ⓖで分類したとき，右側にくるグループは何植物とよばれるか。

76 ☆

次の植物のうち，単子葉類をすべて選び，記号で答えよ。

ア．アサガオ　イ．チューリップ　ウ．タンポポ　エ．スイカ
オ．エンドウ　カ．ユリ　キ．トウモロコシ　ク．アブラナ
ケ．イネ　コ．ネギ

77 ☆

Ａ～Ｆに示した動物について，次の各問いに答えよ。

Ａ．カエル　　Ｂ．ハト　　Ｃ．ムカデ
Ｄ．フナ　　Ｅ．アリ　　Ｆ．ネコ

⑴　肺で呼吸することが一生のうちまったくない動物を，Ａ～Ｆからすべて選べ。

⑵　ＡとＤに共通する特徴を，下のア～キからすべて選べ。

⑶　ＢとＦに共通する特徴を，下のア～キからすべて選べ。

⑷　ＣとＥに共通する特徴を，下のア～キからすべて選べ。

ア．外骨格をもつ　　イ．うろこがある　　ウ．背骨がある
エ．背骨がない　　オ．恒温動物　　カ．胎生である
キ．水中に卵を産む

78 ☆

モンシロチョウについて，次の各問いに答えよ。

⑴　右の図は，チョウのからだの側面図である。この図にあしと羽を描け。ただし，描くのは左側のあし・羽のみでよい。

⑵　モンシロチョウの卵を採取するにはどこがよいか，次から選び，記号で答えよ。

ア．キャベツの葉の裏
イ．ニンジンの葉の裏
ウ．ミカンの葉の裏
エ．アブラナの花の中

⑶　完全変態しない昆虫を次から選び，記号で答えよ。

ア．カブトムシ　　イ．モンシロチョウ　　ウ．トンボ
エ．コオロギ　　オ．ミツバチ

79 ☆

メダカのオスの背びれと尻びれを，次からそれぞれ選び，記号で答えよ。

ア　　イ　　ウ　　エ

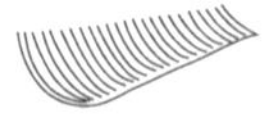

80 ☆

図はヒトの血液循環を示したものである。次の各問いに答えよ。

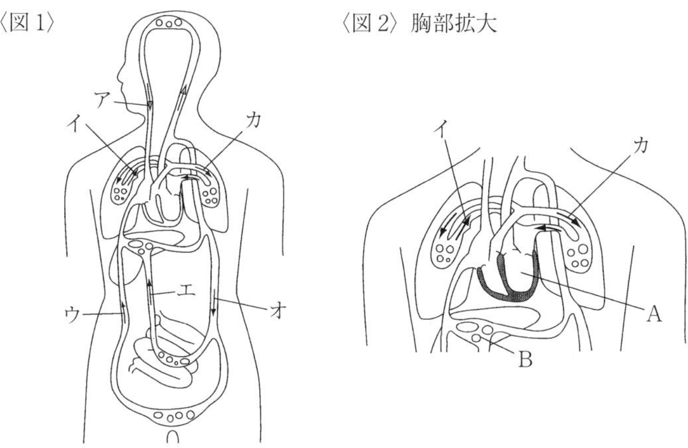

⑴　最も多くの酸素を含む血液が流れる血管はア～カのうちどれか。

⑵　図2のBの器官は何か。

⑶　最も多くのブドウ糖を含む血液が流れる血管はア～カのうちどれか。

⑷　図2のAはある器官の一部分を示している。その部分の名称を答えよ。

81 ☆☆☆

図はヒトの消化に関係する器官を示した模式図である。次の各問いに答えよ。

⑴　図中B～Gの器官名を答えよ。

⑵　図中Aで分泌される消化酵素はどのようなはたらきをするか。

⑶　タンパク質が消化されるのは図中A～Gのどの器官か。すべて選び，記号で答えよ。

⑷　消化された栄養分は，①ある消化器官から吸収され，②別の器官に血液で運ばれる。下線部①，②はそれぞれ図中A～Gのどの器官か。記号で答えよ。

82 ☆

図のように，デンプン溶液にだ液を加えた試験管Aと，デンプン溶液に水を加えた試験管Bを約40℃の湯につけた。次の各問いに答えよ。

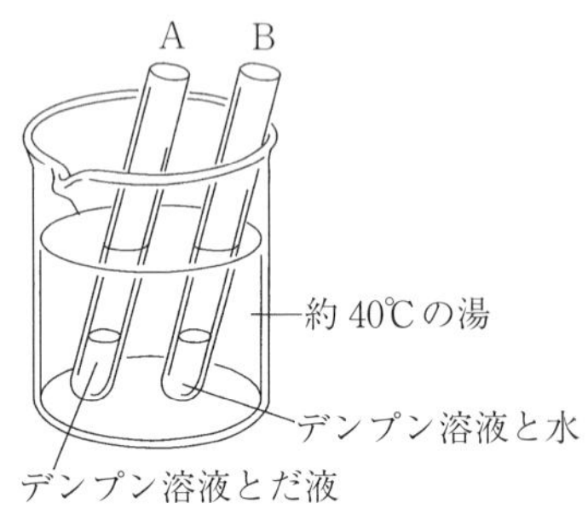

(1) それぞれの試験管から一定時間ごとに少量ずつ取り出して，ヨウ素液を数滴加える。初めのうちは色の変化がみられるが，時間が経過すると色が変化しなくなるのはA，Bどちらの試験管か。また，色が変化しなくなる理由を簡潔に説明せよ。

(2) それぞれの試験管から一定時間ごとに少量ずつ取り出して，ベネジクト液を数滴加えて加熱する。初めのうちは色の変化がみられないが，時間が経過すると色が変化するのはA，Bどちらの試験管か。

83 ☆

次の文のうち，肝臓について正しく述べたものをすべて選べ。

① タンパク質の分解で生じたアンモニアを毒性の低い尿酸に変える。

② 血液中のブドウ糖をグリコーゲンとして貯蔵し，血液中の血糖量を調節する。

③ 有害物質を無毒化する。

④ 消化酵素を生成する。

⑤ 毛細血管中の血液から，水や尿素などの老廃物をこしとり，尿を生成する。

84 ☆

右図は神経のつながりを示したものである。次の各問いに答えよ。

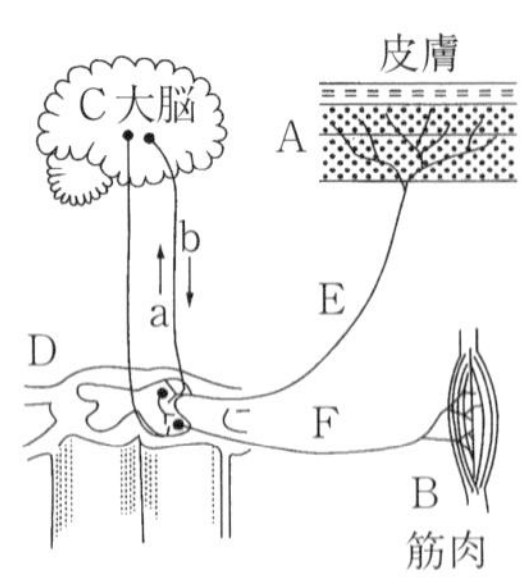

(1) 図中D，E，Fの部分の名称を答えよ。

(2) 伝達の方向は図のa，bのどちらか。

(3) ひざのある部分を軽くたたくと，足が軽く跳ねあがった。この反応がおこるまでの刺激が伝わる経路をA～Fの記号で答えよ。

85 ☆☆

子葉が黄色で種子がしわ形のエンドウ（黄・しわ）と，子葉が緑色で種子が丸形のエンドウ（緑・丸）を交配して生じたF_1はすべて（黄・丸）であった。子葉の色の遺伝子をAとa，種子の形の遺伝子をBとbとして，次の各問いに答えよ。

(1) 親として用いた（黄・しわ）の遺伝子型を次から選び，記号で答えよ。

ア．AABb　　イ．AABB　　ウ．Aabb
エ．AAbb　　オ．AaBb

(2) F_1の遺伝子型を(1)のア～オから選べ。

(3) F_1を自家受粉した場合，F_2は（黄・丸）：（黄・しわ）：（緑・丸）：（緑・しわ）がどのように分離するか。次から選び，記号で答えよ。

ア．9：3：3：1　　イ．1：1：1：1　　ウ．1：0：0：0
エ．3：0：0：1　　オ．3：1：1：3

86 ☆☆

図は生物どうしのつながりと炭素の循環を模式的に示したものである。次の各問いに答えよ。

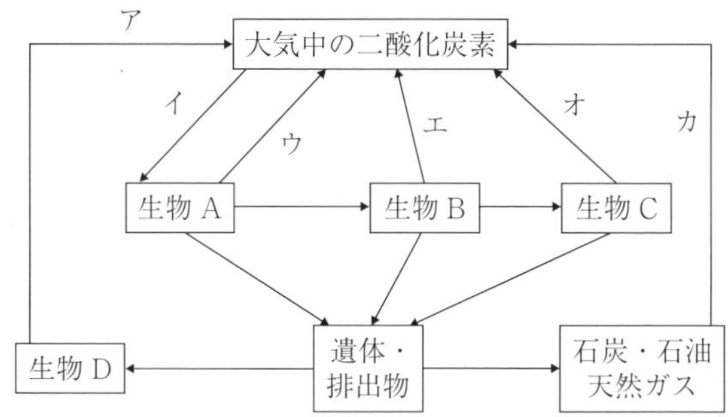

(1) 図中の生物A，生物B，生物Dにあてはまるものを次からそれぞれ選び，記号で答えよ。

①　消費者　　②　生産者　　③　分解者　　④　運搬者

(2) 図中の矢印ア～カのうち，呼吸を表すものをすべて選び，記号で答えよ。

(3) 生物A→生物B→生物Cの関係を何というか。

(4) ミジンコは生物A～生物Dのどれにあてはまるか。

5 生命・地球（地学分野）

●解答解説P469〜473

●傾向と対策

重要度：**A**

宇宙に関する出題が多い。星座，星の動き，月の動きと形の変化，太陽の動きなどが中心。必ず，なぜそうなるのかということを地球の自転と公転との関係を考えて，理解することが大切である。星座は代表的なものだけでよいから，星の名前とともに覚えておこう。また，岩石，特に火成岩に関する問題も頻出である。その他，天気図記号や四季の天気の特徴も押さえておこう。

87 ☆

下のグラフA，Bは，日本のある地点における快晴とくもりの日の気温の変化を示している。次の各問いに答えよ。

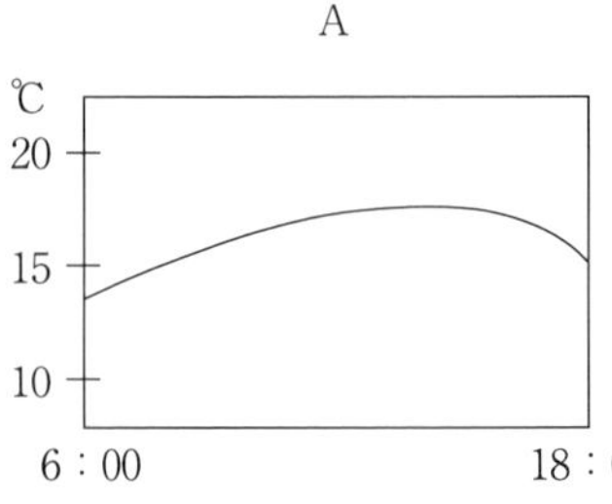

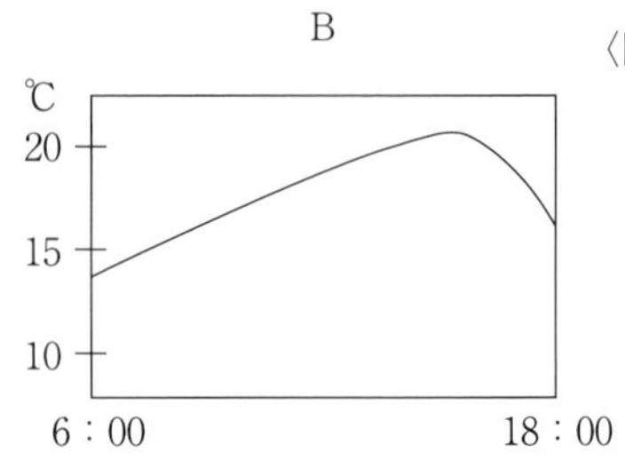

〈図1〉

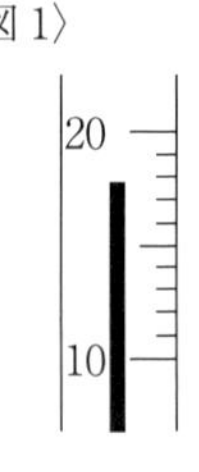

(1) グラフA，Bのうち，くもりの日はどちらか。

(2) Bの日の正午，温度計は図1のような目盛りを示していた。小学3年生の児童にどのように読ませるか。

(3) Aの日の正午は，南西の風，風力4であった。このときの天気記号を記せ。

(4) 次の文の①〜④にあてはまる語句をア〜クから選び，記号で答えよ。

1日のうちで最も（　①　）が高くなるのは，14時頃である。これは（　②　）の高度が最も高くなった後に（　③　）の受熱量が最大となり，その後温められた（　③　）からの放熱によって（　④　）が温められるためである。

ア．水温　　イ．気温　　ウ．地温　　エ．太陽
オ．月　　カ．海水　　キ．大気　　ク．地面

88 ☆

図は，6月の明石における太陽の高度，地温，気温の1日の変化の測定結果である。結果を正しく表しているグラフをそれぞれ選び，記号で答えよ。

(1) 太陽の高度

ア　12時
イ　12時
ウ　12時

(2) 地温

ア　12時
イ　12時
ウ　12時

(3) 気温

ア　12時
イ　12時
ウ　12時

89 ☆☆

ある日の午後2時に，図1を使って気象観測をおこなった。図2はその中にある乾湿計を模式的に示したもので，表は乾湿計湿度表の一部である。次の各問いに答えよ。

〈図1〉

(1) 図1の名称を答えよ。

(2) 図1を設置するとき，扉を東西南北どの方向に向けるとよいか。

(3) この日の午後2時の湿度は何％か。

(4) この日の午後2時の空気1m^{3}中に含まれる水蒸気量は何g/m^{3}か。四捨五入して小数第1位まで求めよ。ただし，気温13℃のときの飽和水蒸気量を11.3g/m^{3}とする。

〈図2〉

〈表〉

乾球の示度〔℃〕	乾球と湿球の示度の差							
	0	1	2	3	4	5	6	7
15	100	88	78	68	60	53	47	42
14	100	88	77	68	59	52	46	40
13	100	87	76	67	58	51	45	39
12	100	87	76	66	57	50	43	38
11	100	87	75	65	56	49	42	36
10	100	86	74	64	55	47	41	35
9	100	86	74	63	54	46	39	33

90 ☆☆

右の表は，気温と飽和水蒸気量の関係を示したものである。次の各問いに答えよ。

(1) 気温25℃のとき，水蒸気量が17.3g/m^{3}であった。この空気の湿度は約何％か。四捨五入して小数第1位まで求めよ。

(2) (1)の空気の露点は何℃か。

(3) (1)の空気を気温10℃まで下げたとき，1m^{3}において何gの水蒸気が水滴としてあらわれるか。

気温（℃）	飽和水蒸気量（g/m^3）
0	4.8
5	6.8
10	9.4
15	12.6
20	17.3
25	23.1
30	30.4
35	37.6

91 ☆☆☆

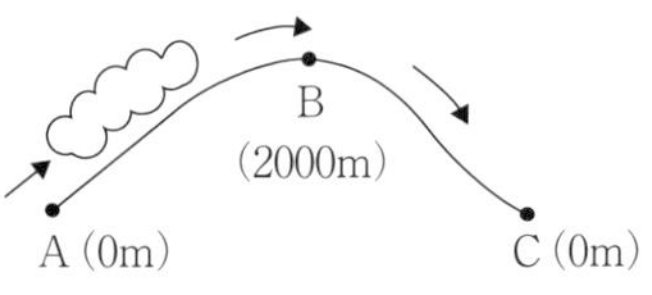

風上側の山のふもとA（高度0m）で気温20℃，湿度100％の空気のかたまりが，山の斜面を上昇し，山頂B（高度2000m）の山を越えて，風下側のふもとC（高度0m）に吹き下りた。このとき，ふもとCでの空気のかたまりの温度は何℃になるか。ただし，山頂BからふもとCでは，雲は消えていたものとする。また，水蒸気で飽和している空気が上昇するときは，100mにつき温度は0.5℃ずつ下がり，不飽和の空気が上昇するときは，100mにつき温度は1℃ずつ下がるものとする。

92 ☆☆

右の図は低気圧の中心と2種類の前線が西から東へ移動している様子を示している。次の各問いに答えよ。

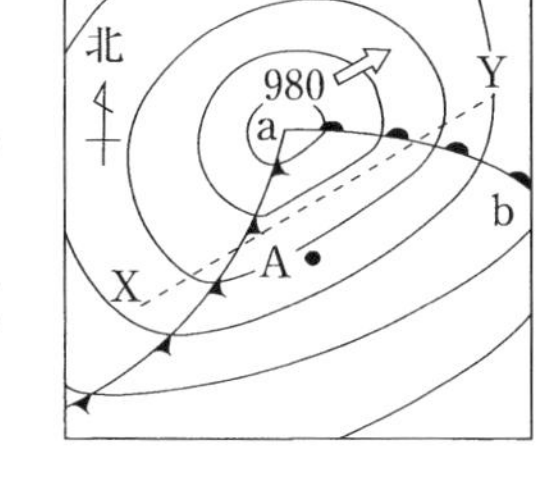

(1) 図中のa－bの前線の名称を答えよ。

(2) 図のようにX－Yの直線で大気を切ったときの模式的な断面図として，最も適当なものを次から選び，記号で答えよ。ただし，図中で実線は暖気と寒気の境界面を表しているものとする。

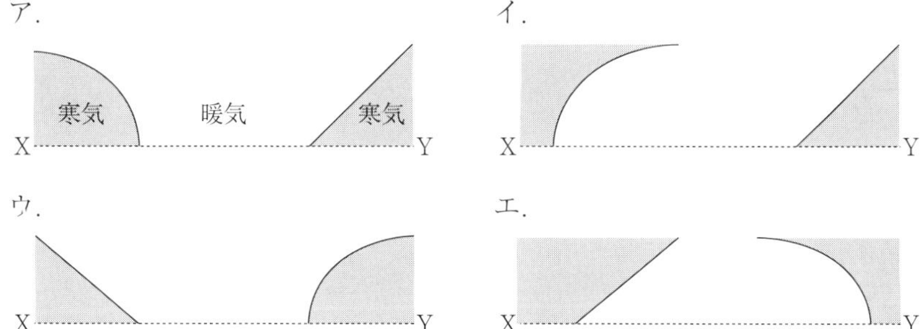

(3) 図中のA地点のこのあとの天気の変化はどのようになるか。次から選び，記号で答えよ。

ア. 長時間弱い雨が降っていたがやがて晴れ，気温が上がる。

イ. よく晴れていたが，急に強いにわか雨が降り，気温が上がる。

ウ. 晴れていたが乱層雲ができ，弱い雨が降り続け，気温が下がる。

エ. 積乱雲が発生し，強いにわか雨が降りはじめ，気温が下がる。

93 ☆☆

右図は，ある季節における日本付近の天気図である。次の各問いに答えよ。

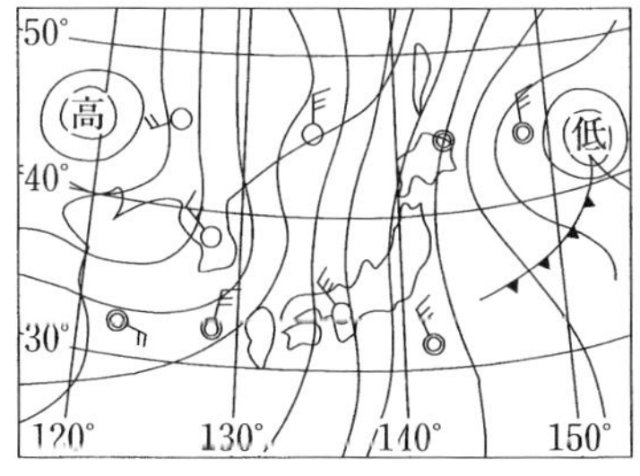

(1) この天気図は，いつの季節のものか。

(2) この気圧配置は何と呼ばれるか。

(3) 図中の低気圧から南西方向に伸びている前線を何というか。

(4) このとき，大阪地方の天気について何がわかるか。

94 ☆☆

右図は，北緯34°のある地点での天球を表したものである。図中の点Pは，天球上の北極星の位置を示したもので，ア～ウのそれぞれは，春分・秋分，夏至，冬至の日の太陽の通る道すじのいずれかである。次の各問いに答えよ。

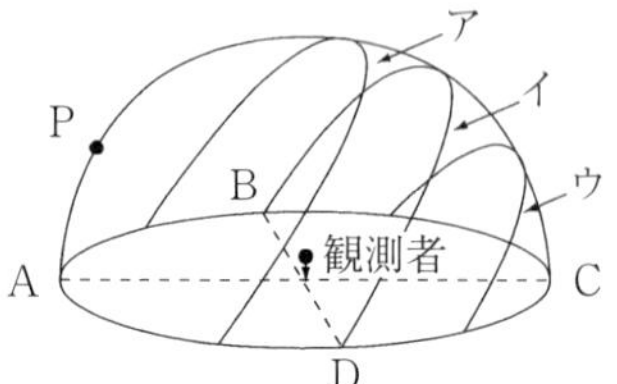

(1) 図中のA～Dのそれぞれは，観測者から見たときの東，西，南，北のいずれかの方位に当たる。これらのうち，東の方位に当たるのはどれか。

(2) 図中に示したような道すじを通る天球上での太陽の見かけの動きを何というか。

(3) 図中のア～ウの太陽の通る道すじのうち，この地点での春分・秋分の日のものはどれか。最も適当なものを選べ。

(4) 春分・秋分の日に，この地点で太陽が南中したときの高度は何度になるか。

(5) この地点では，季節によって昼と夜の長さが変化する。以下の文は，この地点で季節によって昼と夜の長さが変化する理由を述べたものである。文中の空欄にあてはまる語句を入れよ。

地球が，公転する面に対して，(　　　)を一定の向きに傾けたまま公転しているために，季節によって太陽の通る道すじが変わり，昼と夜の長さも変化する。

95 ☆☆

北緯35°のある地点で，太陽の動きを観測するため，図1のような装置を使って，太陽によってできる棒の影を調べた。図2は棒の影の先端の位置を記録したものである。次の各問いに答えよ。

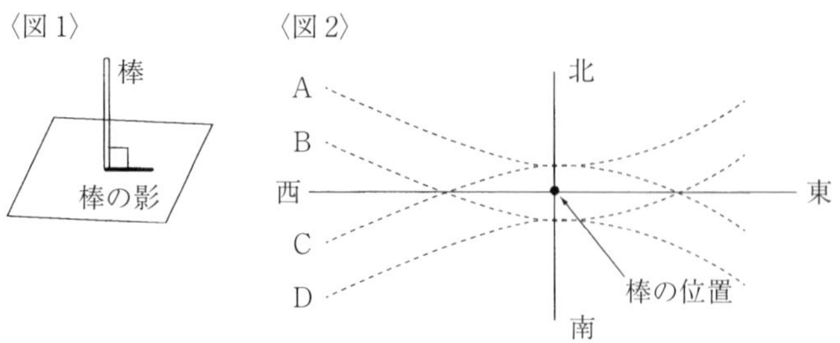

⑴ 太陽の南中高度が1年で最も高い日と最も低い日の高度差は何度か。

⑵ 図2のA～Dのうち，夏至の日に棒の影の先端が描く曲線を選べ。

⑶ この地点で，冬至の日の午後10時に北極星を観測した。このときの北極星の高度は何度か。

96 ☆☆

東京の空に，右図のような形の月が見えた。次の各問いに答えよ。

⑴ この月は何とよばれるか。

⑵ この月は，夕方6時頃どの方角に見えるか。

⑶ この月は，3日後にはどのような形になるか。次から選び記号で答えよ。

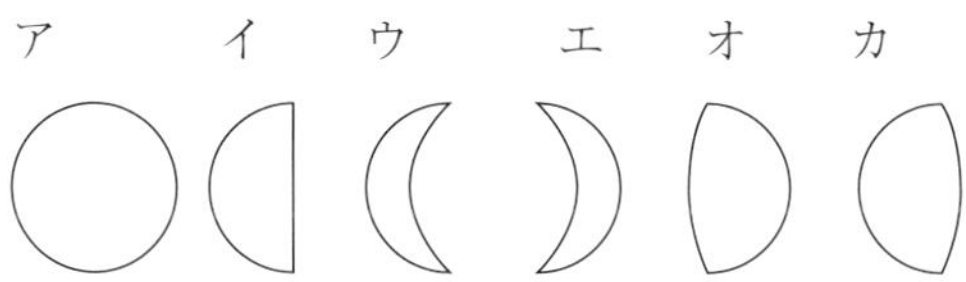

97 ☆

次の図は，日本のある地域で東西南北それぞれの星の動きを，カメラのシャッターを開いたままで撮影した様子を示したものである。次の各問いに答えよ。

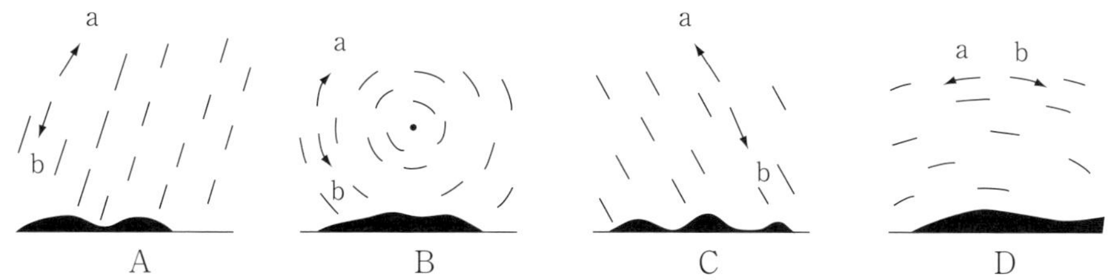

⑴ A～Dはそれぞれどの方角の写真か，答えよ。

⑵ A～Dそれぞれにおいて，星の動く方向はa，bのどちらか。

⑶ 図のB，Dのように星の動きの軌跡が，弧状になる理由を次から選び，記号で答えよ。

ア．地球は地軸が傾いた状態で公転しているため。

イ．地球は太陽を中心に1年で1回公転しているため。

ウ．地球は地軸を中心に1日に1回自転しているため。

エ．地球は地軸の傾きを一定に保っているため。

98 ☆☆☆

図1は，天の北極側から見た地球が太陽のまわりを公転している様子を表している。図2はある季節の星座を示している。次の各問いに答えよ。

〈図1〉

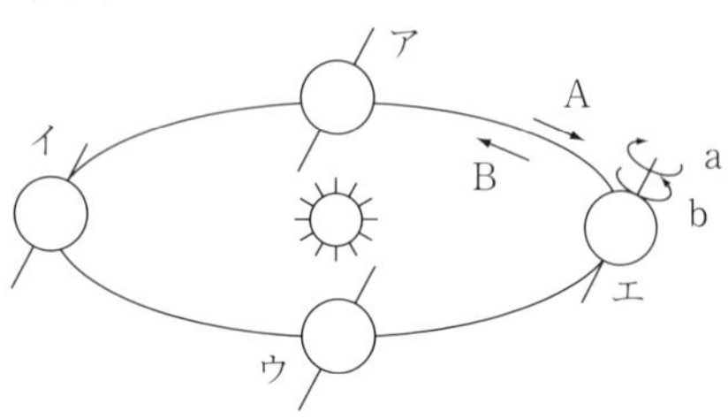

(1) 地球の自転の方向はa，bのうちどちらか。

(2) 地球の公転の方向はA，Bのうちどちらか。

〈図2〉

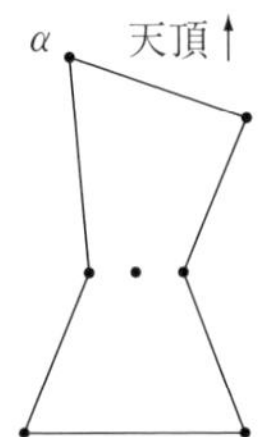

(3) 図2の星座の名前とαの星の名前を答えよ。

(4) 日本で，図2の星座が真夜中，南の空に見えるのは地球が図1のア～エのどの位置にあるときか。

(5) 日本に四季がある理由を簡潔に説明せよ。

99 ☆

右図は，ある季節の特徴的な3つの星座を示している。次の各問いに答えよ。

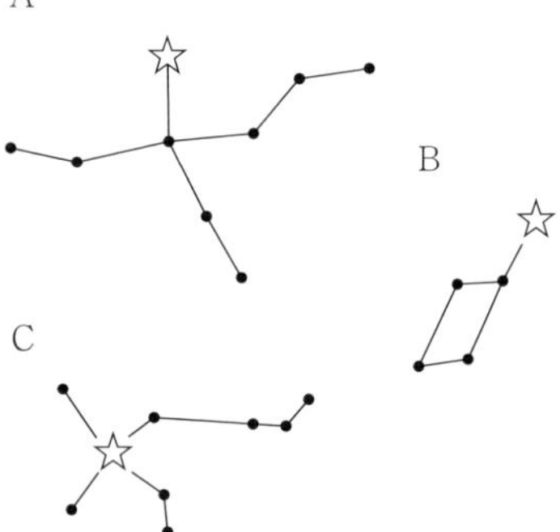

(1) 季節は，春・夏・秋・冬のうちいずれか。

(2) A，B，Cそれぞれの星座の名前と，それぞれの中で1番明るく輝く星の名前を答えよ。

(3) 次の文の空欄にあてはまる数字，語句を入れよ。

3つの星座が1ヵ月後に同じ位置に見える時刻は(　①　)時間(　②　)くなる。

100 ☆☆☆

日本のある地点で北極星付近の星座を観察した。次の各問いに答えよ。

(1) 北斗七星とカシオペア座は，右の図の位置ではどのように見えるか。図に描け。

(2) 北極星の高度を測定すると40°だった。この地点での夏至の日においての太陽の南中高度を答えよ。

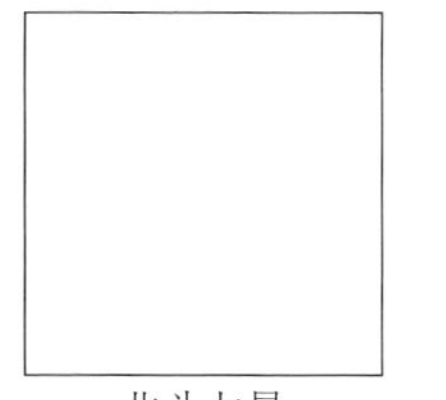
北斗七星

北極星
☆

カシオペア座

101 ☆☆

右図は天の北極側から見たもので，自転しながら太陽のまわりを公転する地球と4つの星座との位置関係を模式的に示している。次の各問いに答えよ。ただし，A～Dの地球は，春分，夏至，秋分，冬至のいずれかの日の位置であるとする。

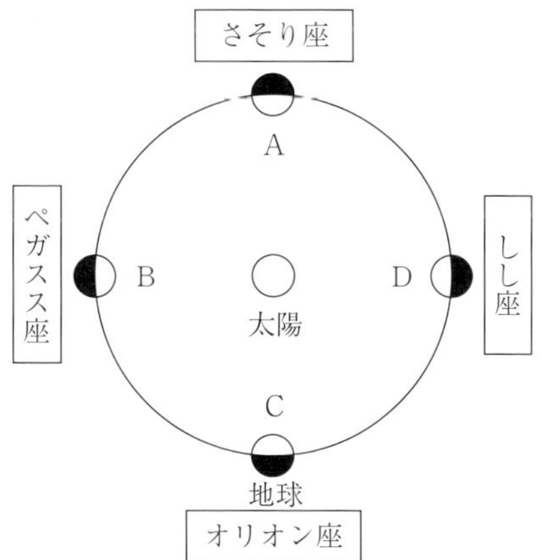

(1) 地球がAの位置にあるとき，日本で日の出前に南の空に見える星座は図の4つのうちどれか。

(2) Cの位置にあるとき北緯35°における太陽の南中高度を求めよ。

(3) 日没頃にペガスス座が東の空に見えるのは，地球がA～Dのどの位置にあるときか。

(4) 星座を形づくる天体には様々な色があるが，この色の違いは何の違いによるものか，答えよ。

102 ☆☆☆

右図は，太陽，金星の軌道，地球の軌道を示したものである。次の各問いに答えよ。

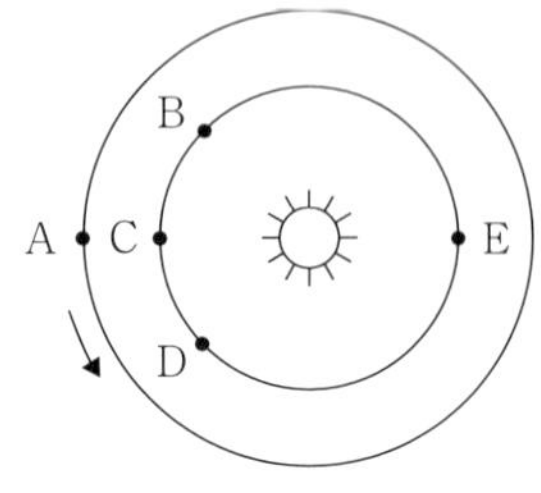

⑴　地球がAの位置にあるとき，明けの明星の位置をB～Eから選べ。

⑵　図のCとEの位置に金星があるとき，地球から金星を見ることができない。その理由を簡潔に説明せよ。

⑶　金星は月のように満ち欠けをするが，同じように満ち欠けをする惑星を1つ答えよ。

103 ☆

次の文を読んで，あとの各問いに答えよ。

川の流れには，川底や川岸を削りとって，谷やがけをつくる作用がある。このような作用を（　①　）作用という。（　①　）作用によって削りとられた石や砂は，川の流れによって運ばれる。このような作用を（　②　）作用という。運ばれた石や砂などは，やがて川底や河口に積もる。このような作用を（　③　）作用という。

⑴　空欄にあてはまる語句を入れよ。

⑵　右図のように湾曲して矢印の向きに流れている川がある。川の様子を説明している次の各文は，A，Bそれぞれどちらの地点のことか答えよ。

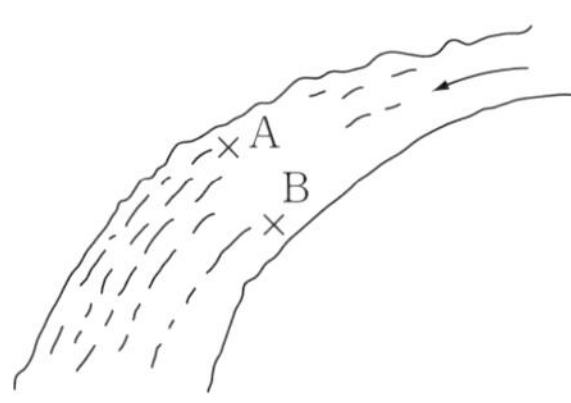

①　岸は崖になりやすい。

②　川底が深くなりやすい。

③　水の流れが速い。

④　河原ができやすい。

⑤　流れる力が強い。

⑥　川底が浅くなりやすい。

⑶　同じ川の流れの中で次の4つを流したとき，流されやすい順に並べ替えよ。

小石	砂	大きな石	粘土

104 ☆☆

右の図はある地域で観測した地層の断面を模式的に表したものである。A，C，D層は堆積岩，Bは火成岩である。次の各問いに答えよ。

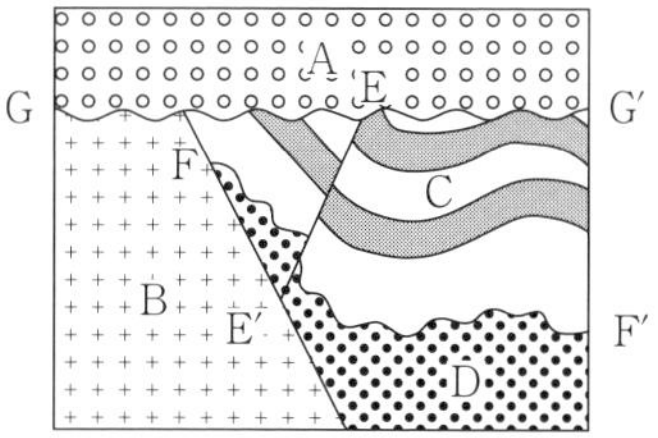

⑴ 図中のE－E′は地殻変動により生じた地層のずれである。これを何というか。

⑵ 図中のF－F′とG－G′の境界線は不連続となっている。このような重なり方を何というか。

⑶ 地層ができるまでにおこったこととして考えられることを，出来事の古い順に並べ替えよ。

ア．沈降してA層が堆積した。

イ．Bが貫入した。

ウ．沈降してC層が堆積した。

エ．D層が堆積した。

オ．E－E′ができた。

カ．隆起してF－F′が形成された。

キ．隆起してG－G′が形成された。

105 ☆☆

次の各問いに答えよ。

⑴ 中生代の示準化石の組み合わせとして正しいものを選べ。

ア．恐竜，アンモナイト，裸子植物

イ．アンモナイト，サンヨウチュウ，フズリナ，恐竜

ウ．ホ乳類，リンボク，裸子植物，サンヨウチュウ

エ．恐竜，被子植物，フズリナ

⑵ 児童を野外に引率し地層を観察するとき，どのようなことに注意して指導するか。2つ答えよ。

106 ☆☆

次の図は，3種類の岩石を顕微鏡で観察したスケッチである。Aの岩石は粒の大きさがそろっており，Bの岩石は粒がまるみをおびている。Cの岩石はきめの細かい粒の中に大きな粒がちらばっている。各問いに答えよ。

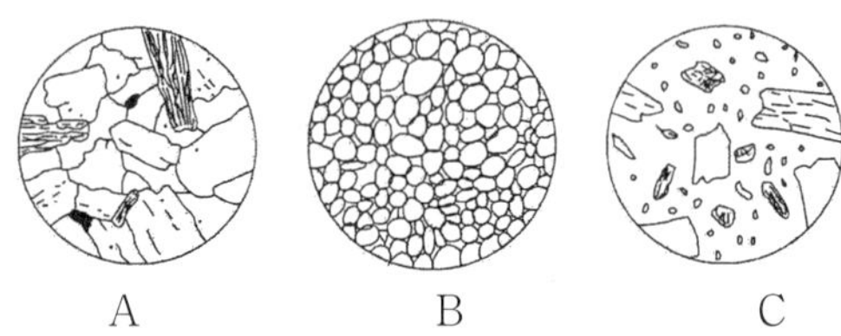

A　　　B　　　C

(1) 岩石A，B，Cの分類として，正しいものを選べ。

	A	B	C
ア．	堆積岩	深成岩	火山岩
イ．	深成岩	火山岩	堆積岩
ウ．	深成岩	堆積岩	火山岩
エ．	火山岩	深成岩	堆積岩
オ．	火山岩	堆積岩	深成岩

(2) 次の組織はA～Cの岩石のうちどれか。

① 等粒状組織　② 斑状組織

(3) 岩石の成因を説明している次の各文は，A～Cのどの岩石のことか。

① マグマが地中深くで徐々に冷えて固まってできた。

② マグマが地上近くで短時間に冷えて固まってできた。

③ 岩石の破砕物が河川を流れ，それが集まり固まってできた。

(4) 次の各岩石はA～Cのどれに分類されるか答えよ。

① 流紋岩　② 玄武岩　③ 花こう岩　④ はんれい岩

⑤ 安山岩　⑥ せん緑岩　⑦ れき岩

(5) ほとんどの火成岩に含まれる造岩鉱物は何か答えよ。

107 ☆☆☆

図1は，ある地震の地震計による記録である。また図2は，2種類の地震波の，時間と到達距離を示したグラフである。次の各問いに答えよ。

(1) 図1のA，Bにおいて到達した波の名前をそれぞれ答えよ。また，それぞれが図2のグラフではXとYのどちらか答えよ。

(2) 図1のaの時間帯は何とよばれるか。

(3) 図1が震源から280kmの地点での観測記録だとすると，aの時間帯は何秒になるか。

(4) 震度とマグニチュードについて，簡単に説明せよ。

〈図1〉

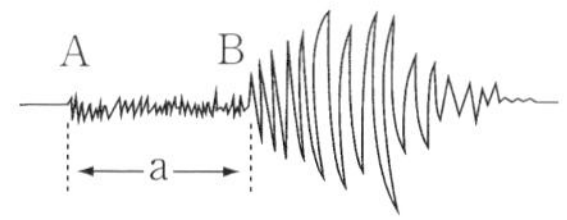

〈図2〉

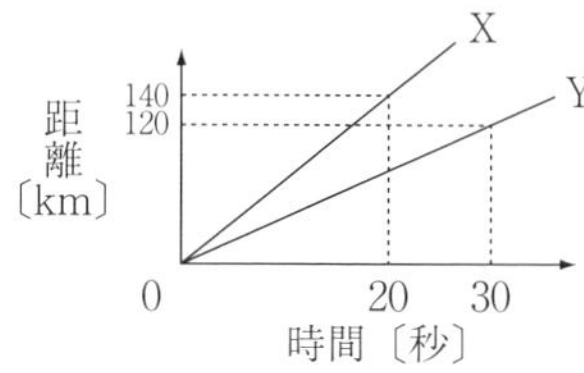

108 ☆☆

地球全体にかかわる環境問題についての以下の3つの文を読んで，(1)〜(10)にあてはまる語句を選択群から選び，記号で答えよ。ただし，(7)については2つ選べ。

太陽光に含まれる有害な光線といえば(　1　)線である。この光線から人体を守ってくれているのが，(　2　)層である。近年南極や北極では，この層がホール状に薄くなる現象がみられ，破壊が進んでいる。

この原因としては，(　3　)の大量使用が挙げられる。(　2　)層の破壊により，(　4　)ガンの発生率が高まることなどが懸念されているが，現在は特定の(　3　)については，その生産が全廃されている。

【(1)〜(4)選択群】

① 赤外	② 紫外	③ 肺	④ 皮膚	⑤ ネオン
⑥ 酸素	⑦ 窒素	⑧ 二酸化炭素	⑨ オゾン	⑩ フロン

ドイツや日本などでは森林が枯れたり湖の生物に深刻な被害が出たり，大理石の彫刻が痛んだりしているが，これは雨の性質が強い(　5　)になっていることが原因である。この雨で，石灰岩（炭酸カルシウム）の一種である大理石などは(　6　)を発生して溶けてしまう。雨がこのような性質になってしまう主な理由として(　7　)が挙げられる。数ヵ国だけが対処すれば済む問題ではない

ので，現在，国際的な取り組みが各地域でなされている。

【(5)～(7)選択群】

① 酸性	② アルカリ性	③ 酸素
④ 二酸化炭素	⑤ 窒素	⑥ フロン
⑦ 車の排気ガス	⑧ 工場などの煙突の煙	
⑨ 火山の噴火による熱雲	⑩ 生物の排気ガス	

現在は，地球の年間平均気温がしだいに上がってしまう(　8　)化も問題である。その主要な原因と考えられる空気中の(　9　)は，今でも少しずつ増加している。(　8　)化は(　9　)が，宇宙から地表への熱は通すが地表から宇宙への熱は通しにくい性質のためにおこると考えられるが，この性質は(　10　)効果とよばれる。

【(8)～(10)選択群】

① 遮へい	② 温暖	③ 温室	④ 液状	⑤ 地熱
⑥ 窒素	⑦ 二酸化炭素	⑧ 水素	⑨ オゾン	⑩ フロン

5

生活

Open Sesame

学習指導要領

●解答解説P474～475

●傾向と対策

重要度：A

生活科の授業内容は，教科の特質から学校や地域によって様々であり，それぞれの実践が他の学校や地域でそのまま当てはまるわけではない。そういう意味で，教員採用試験に向けては，生活科の趣旨とねらい及び基本的な学習内容を十分理解することが重要である。まずは，学習指導要領に示されている基本的な事柄を理解し，キーワードを覚えることが大切である。特に，生活科の教科目標は必ず押さえておこう。学年の目標は3項目あるが，第1学年と第2学年に共通に設定されている趣旨を理解することが生活科という教科を理解することにもつながる。

1 ☆

次の文は，小学校学習指導要領「生活科」の教科目標である。空欄に適語を入れよ。

具体的な活動や体験を通して，身近な生活に関わる見方・考え方を生かし，(　A　)し生活を豊かにしていくための資質・能力を次のとおり育成することを目指す。

(1) 活動や体験の過程において，自分自身，(　B　)，社会及び(　C　)の特徴やよさ，それらの関わり等に気付くとともに，生活上必要な(　D　)を身に付けるようにする。

(2) (　B　)，社会及び(　C　)を自分との関わりで捉え，(　E　)や自分の生活について考え，表現することができるようにする。

(3) (　B　)，社会及び(　C　)に自ら働きかけ，(　F　)や自信をもって学んだり生活を豊かにしたりしようとする態度を養う。

2 ☆

生活科で目指す三つの自立をそれぞれ6文字で答えよ。

3 ☆

次の文は，小学校学習指導要領「生活科」に示されている学年目標である。空欄に適語を入れよ。

(1) 学校，家庭及び地域の生活に関わることを通して，自分と(　A　)，社会及び自然との関わりについて考えることができ，それらのよさやすばらしさ，(　B　)に気付き，地域に(　C　)をもち自然を大切にしたり，集団や社会の一員として安全で適切な行動をしたりするようにする。

(2) (　A　)，社会及び自然と触れ合ったり関わったりすることを通して，それらを工夫したり楽しんだりすることができ，活動のよさや大切さに気付き，自分たちの(　D　)や生活をよりよくするようにする。

(3) 自分自身を見つめることを通して，自分の生活や成長，(　A　)の支えについて考えることができ，自分のよさや(　E　)に気付き，意欲と自信をもって生活するようにする。

4 ☆

次の文は，小学校学習指導要領「生活科」の内容について述べたものである。空欄にあてはまる語句をア～キから選び，記号で答えよ。

生活科の内容は，学校と生活，家庭と生活，(　A　)，公共物や公共施設の利用，(　B　)と生活，自然や物を使った遊び，動植物の飼育・栽培，生活や出来事の伝え合い，(　C　)の9つで構成されている。

ア．地域の活動　　イ．地域と生活　　ウ．自分の成長
エ．自分の生活習慣　　オ．生活と消費　　カ．季節の変化
キ．四季の味わい

5 ☆

次の文は，小学校学習指導要領「生活科」に示されている第1学年及び第2学年の内容の一部である。空欄に適語を入れよ。

○ (　A　)に関わる活動を通して，学校の施設の様子や(　A　)を支えている人々や友達，(　B　)の様子やその安全を守っている人々などについて考えることができ，学校での生活は様々な人や施設と関わっていることが分かり，楽しく安心して遊びや生活をしたり，安全な登下校をしたりしようとする。

○　家庭生活に関わる活動を通して，家庭における（　C　）のことや自分でできることなどについて考えることができ，家庭での生活は互いに支え合っていることが分かり，（　D　）を積極的に果たしたり，規則正しく（　E　）に気を付けて生活したりしようとする。

○　動物を飼ったり植物を育てたりする活動を通して，それらの育つ場所，変化や（　F　）に関心をもって働きかけることができ，それらは（　G　）をもっていることや成長していることに気付くとともに，（　H　）への親しみをもち，大切にしようとする。

○　自分たちの生活や地域の出来事を身近な人々と伝え合う活動を通して，相手のことを想像したり伝えたいことや伝え方を選んだりすることができ，身近な人々と関わることのよさや楽しさが分かるとともに，進んで触れ合い（　I　）しようとする。

○　自分自身の生活や成長を振り返る活動を通して，自分のことや支えてくれた人々について考えることができ，自分が大きくなったこと，自分でできるようになったこと，役割が増えたことなどが分かるとともに，これまでの生活や成長を支えてくれた人々に（　J　）をもち，これからの（　K　）をもって，（　L　）に生活しようとする。

6　☆☆

小学校学習指導要領「生活科」の中の「季節の変化と生活」について，内容にあてはまるものを1つ選べ。

①　みんなと楽しみながら遊びを創り出そうとする。
②　自分のことや支えてくれた人々について考えることができ，自分が大きくなったことなどが分かる。
③　安全に気を付けて正しく利用しようとする。
④　季節や地域の行事に関わる活動を行う。
⑤　身近な自然を利用したり，身近にあるものを使ったりする。

7 ☆

生活科の内容は，複数の具体的な視点から構成されている。次の文はその一部について説明したものである。空欄にあてはまる語句をア～カから選べ。

(1) (　　　)…地域の人々や場所に親しみや愛着をもつことができるようにする。

(2) (　　　)…みんなで使うものや場所，施設を大切に正しく利用できるようにする。

(3) (　　　)…身近にある物を利用して作ったり，繰り返し大切に使ったりすることができるようにする。

ア．身近な人々との接し方　イ．情報と交流　ウ．生産と消費
エ．地域への愛着　オ．遊びの工夫　カ．公共の意識とマナー

8 ☆

「指導計画の作成と内容の取扱い」では，内容の取扱いについて6つの配慮事項が示されている。空欄に適語を入れよ。

(1) 地域の人々，社会及び自然を生かすとともに，それらを(　A　)に扱うよう学習活動を工夫すること。

(2) 身近な人々，社会及び自然に関する活動の楽しさを味わうとともに，それらを通して気付いたことや楽しかったことなどについて，(　B　)，絵，動作，(　C　)などの多様な方法により表現し，考えることができるようにすること。また，このように表現し，考えることを通して，気付きを確かなものとしたり，気付いたことを関連付けたりすることができるよう工夫すること。

(3) 具体的な活動や体験を通して気付いたことを基に考えることができるようにするため，見付ける，(　D　)，たとえる，試す，見通す，工夫するなどの多様な学習活動を行うようにすること。

(4) 学習活動を行うに当たっては，(　E　)などの情報機器について，その特質を踏まえ，児童の発達の段階や特性及び(　F　)などに応じて適切に活用するようにすること。

(5) 具体的な活動や体験を行うに当たっては，身近な幼児や(　G　)，障害のある児童生徒などの多様な人々と触れ合うことができるようにすること。

(6) 生活上必要な習慣や(　H　)の指導については，人，社会，自然及び自分自身に関わる学習活動の展開に即して行うようにすること。

9 ☆

生活科における指導計画の作成に当たって配慮するべき事項として，適切なものに○，適切でないものに×を付けよ。

① 内容の(7)(動植物の飼育・栽培)については，2学年間にわたって取り扱うものとし，動物や植物への関わり方が深まるよう継続的な飼育，栽培を行うようにすること。

② 自分と地域の人々，社会及び自然との関わりが具体的に把握できるような学習活動の充実を図ることとし，環境を整えて，できるだけ校内で安全に活動を行うようにすること。

③ 小学校入学当初においては，幼児期における遊びを通した総合的な学びから他教科等における学習に円滑に移行し，主体的に自己を発揮しながら，より自覚的な学びに向かうことが可能となるようにすること。その際，国語科を中心とした合科的・関連的な指導や，弾力的な時間割の設定を行うなどの工夫をすること。

④ 第1章総則の第1の2の(2)に示す道徳教育の目標に基づき，道徳科などとの関連を考慮しながら，第3章特別の教科道徳の第2に示す内容について，生活科の特質に応じて適切な指導をすること。

10 ☆

生活科における年間指導計画の作成として，適切なものをすべて選べ。

① 児童一人一人の実態に配慮すること。

② 可能なかぎり学校内のみの教育資源の活用を図ること。

③ 各教科等との関わりを見通すこと。

④ 活動や体験にかかわらず授業時数を固定すること。

⑤ 児童の生活圏である地域の環境を生かすこと。

11 ☆

生活科の学習指導の進め方として，正しいものをすべて選べ。

① 児童の多様性を生かし，学びをより豊かにする。

② 生活科の活動は，楽しければ十分である。

③ 試行錯誤や繰り返す活動を設定する。

④ 振り返り表現する機会を設ける。

⑤ 科学的な知識をできるだけ獲得させるようにする。

12 ☆☆

次の文は，スタートカリキュラム（文部科学省　国立教育政策研究所　教育課程研究センター）の冊子における「なぜ，スタートカリキュラム？」の内容からの抜粋である。文中の空欄に適語を入れよ。

・スタートカリキュラムに幼児教育の考え方を取り入れることで，子どもに（　A　）が生まれます！

・スタートカリキュラムで幼児期の経験を小学校の学習につなぐと，子どもが自信をもち，（　B　）していきます！

・スタートカリキュラムを入り口として6年間を見通すことが，子どもの（　C　）につながります！

2 学習活動

●解答解説P475～478

●傾向と対策

重要度：A

生活科の指導内容は，第1学年と第2学年にわたって学習する9項目が設定されている。これらは，内容選択の視点をもとに設定されたものである。この項目を単に暗記するだけでなく，項目及び学年ごとに具体的にどのような学習活動が展開されるかを押さえておかなければならない。

13 ☆

入学したばかりの第1学年の児童が生活科の授業の一環で，学校探検を行うことになった。配慮事項として，適切でないものを選べ。

① あらかじめ校長，教頭，他学年の教職員に協力を求め，学校全体の協力体制を整えておく。

② アレルギー等について事前に児童の保護者に確認をする。

③ 活動にあたって，ワッペン，シール，名刺，名札などの探検グッズを用意するとよい。

④ 探検の場所はできるだけ危険の少ない屋内に限定することが望ましい。

⑤ 異学年交流として2年生に探検の手助けをしてもらうことも効果的である。

14 ☆☆☆

第2学年の「町たんけんをしよう」の単元で，配慮すべき事項を3つ挙げよ。

15 ☆☆☆

次の表は，第1学年の単元「こうえんであそぼう」を扱う際の指導計画である。これについて，次の各問いに答えよ。

	小単元	主な活動
第1次	公園での遊びを計画しよう	公園や野原などで遊んでいることを発表し合い，公園でしてみたい遊びについて話し合う。
第2次	公園に行ってグループで遊ぼう	グループごとに自然物を使ったり，体を動かしたりして楽しく遊ぶ。
第3次	楽しかった遊びを発表しよう	遊んで発見したことや感想をまとめ，皆の前で発表する。

(1) この単元のねらいとして，適切でないものを1つ選べ。

① 身近な草花を使って遊びを工夫する。
② 公園遊びを通して，日常の活動の場を広げる。
③ 公園はみんなのものであることがわかり，大切に使用するようにする。
④ 遊びの際は，ルールは決めずに自発性を促進する。
⑤ みんなとかかわり合いながら，楽しく遊ぶことができる。

(2) 下線部に関し，遊びを楽しくするためにあなたは教師としてどのような工夫をするか。簡潔に書け。

16 ☆☆

第1学年の単元「花をのこそう」で学級花壇のアサガオを用いて，きれいな花を残す活動を行うことになった。これについて，次の各問いに答えよ。

(1) 具体的にどのような活動が考えられるか，活動の名称を2つ書け。

(2) 花を摘むときに花びらだけをとり，おしべやめしべまでとらないように指導することが必要である。その理由を簡潔に述べよ。

17 ☆☆

生き物の飼育について，次の各問いに答えよ。

(1) 第2学年で単元「いきものをそだてよう」を扱うとき，飼育する生き物を選ぶことにした。次のうち，生き物を選択する際の配慮事項として，適切でないものを選べ。

① 低学年の児童が自分たちで飼育できる程度の生き物を扱う。
② えさの確保が容易である。
③ 成長，孵化，産卵の様子を児童が見やすい生き物を選択する。
④ 飼育場所は学校の飼育小屋が望ましく，教室での飼育は避ける。
⑤ 地域で採集できる。

(2) 第2学年の単元「いきものをさがしに行こう」を扱う前に教師が事前に行うべきことは何か。2つ答えよ。

(3) 次のうち，ザリガニの飼育について適切でないものを選べ。

① 日の当たらない涼しいところで飼う。

② 酸素不足を防ぐためにエアポンプを入れる。

③ 植木鉢のかけらや木の枝など，隠れ家になるものを入れる。

④ 子ザリガニとは異なり，親ザリガニは共食いをするので多くの水槽に分ける。

⑤ ザリガニが卵をもったら，他のザリガニから離す。

18 ☆☆

第1学年の単元「いきものとともだちになろう」でウサギを飼育することにした。これについて，次の各問いに答えよ。

(1) ウサギの飼育について，適切なものを選べ。

① ウサギのえさとしては，主に野草を与えるのがよい。

② ウサギは暑さには強いが，寒さには弱いので，冬は風の入らない場所で飼育することが望ましい。

③ ウサギは夜行性ではあるが，日中も子どもたちと遊ばせてもよい。

④ ウサギを飼育するときは，犬や猫などの他の動物と同じ飼育場で飼ってよい。

⑤ ウサギを捕まえるときは，ウサギに蹴られるのを防ぐために，耳をつかんで捕まえる。

(2) 担任教師であるあなたに「ウサギがぴょんぴょんとびはねるから怖い。」と言って，ウサギとうまく関われない児童がいる。あなたはこのような児童にどのような言葉掛けをするか。

19 ☆

生活科で植物を育てるときの学習目標として，適切なものをすべて選べ。

① 成長や収穫を楽しみに，毎日，植物を観察したり世話したりする。

② 成長の様子を観察し，記録を毎日書き続ける。

③ 収穫した野菜をみんなで調理して食べ，収穫の喜びを味わう。

④ お百姓さんに聞いたり本で調べたりして，よりよい世話の仕方を工夫する。

⑤ 植物の花のつくりや葉のつき方，種のでき方がわかる。

20 ☆☆

次の各問いに答えよ。

(1) 生活科の授業の一環で一人ずつアサガオの栽培を行うことになった。アサガオの成長の様子は一人ひとりの子どもによって異なる。自分のアサガオの成長が思わしくない児童に対して，どのような対応をするか。簡潔に書け。

(2) また，(1)のような児童が教師であるあなたに「どうして，わたしのアサガオは大きくならないのかなぁ。」と言った。このとき，あなたは児童にどのような言葉を掛けるか。児童に話し掛けるつもりで書け。

21 ☆

次の各問いに答えよ。

(1) 次の植物のうち，春まきに適したものをすべて選べ。

① アサガオ　② スイセン　③ ヒヤシンス
④ ホウセンカ　⑤ マリーゴールド

(2) トウモロコシの栽培について，適切なものをすべて選べ。

① トウモロコシは他家受粉するため，受粉しやすいように近づけて植える。
② トウモロコシは秋まきに適した植物である。
③ トウモロコシの栽培では，連作は避けた方がよい。
④ 種は深さ3～5cmの穴に，1ヵ所に2～3粒ずつまく。
⑤ 追肥は発芽以後，1ヵ月を目安に与えるのが望ましい。

22 ☆☆

次の各問いに答えよ。

(1) 下のA～Dの図は，どの植物の種と双葉が出た様子か。①～⑦からそれぞれ選び，番号で答えよ。

A
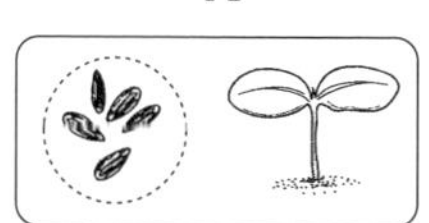

B
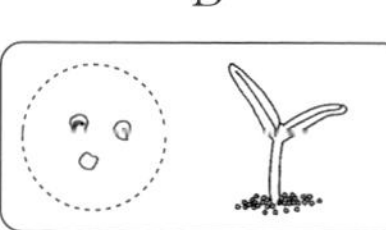

C
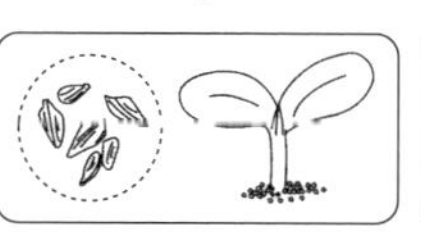

D
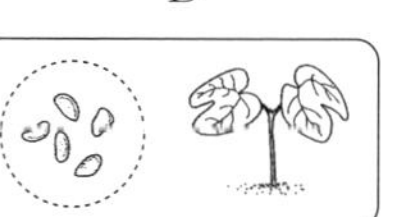

① マリーゴールド　② ヒマワリ　③ ホウセンカ
④ ヒャクニチソウ　⑤ コスモス　⑥ アサガオ　⑦ マツバボタン

⑵ 野菜の栽培について，次の文の空欄にあてはまる語句を入れよ。

① サツマイモは（　A　）植えにした方がたくさん実が収穫できる。

② ミニトマトは，最初の実が色づき始めたころに（　B　）を与え，以降は2～3週間に1回程度の割合で与える。

23 ☆☆☆

第2学年で老人と触れ合う活動を取り上げたい。これについて，次の各問いに答えよ。

⑴ どのような単元で老人との触れ合いを取り上げるか，単元名を答えよ。また，その単元でどのように老人と児童を触れ合わせるか，簡潔に説明せよ。

⑵ 上記の活動において，老人と積極的に触れ合えない児童に対し，どのような援助を行うか，簡潔に答えよ。

⑶ 単元が終わった後も，老人との触れ合いを続けていきたい。どのような活動が考えられるか。

24 ☆☆☆

第2学年の「こうえんであそぼう」の単元について，次の各問いに答えよ。

⑴ この単元のねらいを2つ挙げよ。

⑵ 一人でブランコで遊んでいる児童がいた場合，あなたならその児童にどのような言葉掛けを行うか。

6

音楽

Open Sesame

学習指導要領

●解答解説P479～480

●傾向と対策

重要度：**B**

学習指導要領については，教科目標と各学年の目標の空欄補充問題の出題率が高い。また，各学年の目標や内容について第何学年の目標かを問う問題も多い。キーワードを中心に各々の語句を確実に覚えておく必要がある。

1 ☆

次の文は，小学校学習指導要領「音楽科」の目標である。空欄に適語を入れよ。

（　A　）及び鑑賞の活動を通して，音楽的な見方・考え方を働かせ，生活や社会の中の音や音楽と豊かに関わる資質・能力を次のとおり育成することを目指す。

(1)　（　B　）と音楽の構造などとの関わりについて理解するとともに，表したい音楽（　A　）をするために必要な技能を身に付けるようにする。

(2)　音楽（　A　）を工夫することや，音楽を味わって聴くことができるようにする。

(3)　音楽活動の楽しさを体験することを通して，音楽を（　C　）心情と音楽に対する（　D　）を育むとともに，音楽に親しむ態度を養い，豊かな（　E　）を培う。

2 ☆☆

次の文は，小学校学習指導要領「音楽科」の目標に示されている「音楽的な見方・考え方」についての解説である。空欄に適語を入れよ。

音楽的な見方・考え方とは，「音楽に対する（　A　）を働かせ，音や音楽を，音楽を形づくっている（　B　）とその働きの視点で捉え，自己の（　C　）や感情，生活や文化などと関連付けること」であると考えられる。

3 ☆

次の文は，小学校学習指導要領「音楽科」における各学年の目標の一部である。それぞれ第何学年のものか答えよ。

(1) 主体的に音楽に関わり，協働して音楽活動をする楽しさを味わいながら，様々な音楽に親しむとともに，音楽経験を生かして生活を明るく潤いのあるものにしようとする態度を養う。

(2) 楽しく音楽に関わり，協働して音楽活動をする楽しさを感じながら，身の回りの様々な音楽に親しむとともに，音楽経験を生かして生活を明るく潤いのあるものにしようとする態度を養う。

(3) 進んで音楽に関わり，協働して音楽活動をする楽しさを感じながら，様々な音楽に親しむとともに，音楽経験を生かして生活を明るく潤いのあるものにしようとする態度を養う。

4 ☆

次の文は，小学校学習指導要領「音楽科」における第3学年及び第4学年の目標である。空欄に適語を入れよ。

(1) 曲想と音楽の構造などとの関わりについて気付くとともに，表したい音楽表現をするために必要な（　A　），器楽，（　B　）の技能を身に付けるようにする。

(2) 音楽表現を考えて表現に対する思いや（　C　）をもつことや，曲や演奏のよさなどを見いだしながら音楽を（　D　）聴くことができるようにする。

(3) （　E　）音楽に関わり，協働して音楽活動をする（　F　）を感じながら，様々な音楽に親しむとともに，（　G　）を生かして生活を明るく潤いのあるものにしようとする態度を養う。

5 ☆☆

次は，小学校学習指導要領「音楽科」における各学年の内容の一部に関する文である。空欄に適語を入れよ。

〔第1学年及び第2学年〕

・範唱を聴いて歌ったり，階名で模唱したり（　A　）したりする技能を身に付けること。

・範奏を聴いたり，（　B　）などを見たりして演奏する技能を身に付けること。

〔第3学年及び第4学年〕

・範唱を聴いたり，（　C　）の楽譜を見たりして歌う技能を身に付けること。

・互いの楽器の音や（　D　）な旋律，伴奏を聴いて，音を合わせて演奏する技能を身に付けること。

・（　E　）に表現することを通して，音楽づくりの発想を得ること。

〔第5学年及び第6学年〕

・範唱を聴いたり，（　F　）の楽譜を見たりして歌う技能を身に付けること。

・各声部の楽器の音や（　G　），伴奏を聴いて，音を合わせて演奏する技能を身に付けること。

6 ☆

次の文は，小学校学習指導要領「音楽科」における各学年の内容の一部である。それぞれ第何学年のものか答えよ。

(1) 各声部の楽器の音や全体の響き，伴奏を聴いて，音を合わせて演奏する技能を身に付けること。

(2) 互いの楽器の音や伴奏を聴いて，音を合わせて演奏する技能を身に付けること。

(3) 互いの楽器の音や副次的な旋律，伴奏を聴いて，音を合わせて演奏する技能を身に付けること。

7 ☆

次は，小学校学習指導要領「音楽科」に示されている鑑賞教材の選択の観点である。それぞれ第1学年及び第2学年，第3学年及び第4学年，第5学年及び第6学年に分類せよ。

ア．楽器の音色や人の声の特徴を捉えやすく親しみやすい，いろいろな演奏形態による曲

イ．音楽を形づくっている要素の働きを感じ取りやすく，聴く楽しさを得やすい曲

ウ．和楽器の音楽を含めた我が国の音楽，郷土の音楽，諸外国に伝わる民謡など生活との関わりを捉えやすい音楽，劇の音楽，人々に長く親しまれている音楽など，いろいろな種類の曲

エ．音楽を形づくっている要素の働きを感じ取りやすく，聴く喜びを深めやすい曲

オ．我が国及び諸外国のわらべうたや遊びうた，行進曲や踊りの音楽など体を動かすことの快さを感じ取りやすい音楽，日常の生活に関連して情景を思い浮かべやすい音楽など，いろいろな種類の曲

カ．楽器の音や人の声が重なり合う響きを味わうことができる，合奏，合唱を含めたいろいろな演奏形態による曲

8 ☆

次の文は，小学校学習指導要領「音楽科」における「指導計画の作成と内容の取扱い」の一部である。空欄に適語を入れよ。

(1) 題材など内容や時間のまとまりを見通して，その中で育む資質・能力の育成に向けて，児童の(　A　)で深い学びの実現を図るようにすること。その際，音楽的な見方・考え方を働かせ，他者と(　B　)しながら，音楽表現を生み出したり音楽を聴いてそのよさなどを見いだしたりするなど，思考，判断し，表現する(　C　)を大切にした学習の充実を図ること。

(2) 各学年の内容の〔(　D　)〕は，表現及び鑑賞の学習において共通に必要となる資質・能力であり，「A表現」及び「B鑑賞」の指導と併せて，十分な指導が行われるよう(　E　)すること。

(3) 国歌「君が代」は，いずれの学年においても(　F　)指導すること。

(4) 低学年においては，第1章総則の第2の4の(1)を踏まえ，(　G　)等との関連を積極的に図り，指導の効果を高めるようにするとともに，幼稚園教育要領等に示す幼児期の終わりまでに育ってほしい姿との関連を考慮すること。特に，小学校入学当初においては，(　H　)を中心とした合科的・関連的な指導や，弾力的な時間割の設定を行うなどの(　E　)をすること。

(5) 音楽によって喚起された(　I　)や感情，音楽表現に対する思いや意図，音楽を聴いて感じ取ったことや想像したことなどを伝え合い(　J　)するなど，音や音楽及び言葉による(　K　)を図り，音楽科の特質に応じた言語活動を適切に位置付けられるよう指導を(　E　)すること。

(6) 音楽との(　L　)を味わい，想像力を働かせて音楽と関わることができるよう，指導のねらいに即して(　M　)活動を取り入れること。

(7) 表現したり鑑賞したりする多くの曲について，それらを創作した(　N　)がいることに気付き，学習した曲や自分たちのつくった曲を大切にする態度を養うようにするとともに，それらの(　N　)の創造性を(　O　)する意識をもてるようにすること。また，このことが，音楽文化の(　P　)，発展，創造を支えていることについて理解する(　Q　)となるよう配慮すること。

(8)　我が国や(　R　)の音楽の指導に当たっては，そのよさなどを感じ取って表現したり鑑賞したりできるよう，音源や楽譜等の示し方，(　S　)の仕方，曲に合った歌い方や楽器の演奏の仕方などの指導方法を(　E　)すること。

(9)　歌唱教材については，我が国や(　R　)の音楽に愛着がもてるよう，共通教材のほか，長い間親しまれてきた(　T　)，それぞれの地方に伝承されている(　U　)や民謡など日本のうたを含めて取り上げるようにすること。

(10)　相対的な音程感覚を育てるために，適宜，(　V　)を用いること。

9 ☆

小学校学習指導要領「音楽科」に照らして，次の楽器と取り扱う学年の組み合わせが適切なものを選べ。ただし，第3学年及び第4学年，第5学年及び第6学年については，新出のものとする。

①　諸外国に伝わる楽器———第1学年及び第2学年
②　オルガン，鍵盤ハーモニカ———第1学年及び第2学年
③　電子楽器———第3学年及び第4学年
④　リコーダー，鍵盤楽器———第5学年及び第6学年

10 ☆☆☆

第6学年の学習において「音の重なり」について学習するため，共通教材である「ふるさと」を扱うこととした。これについて，次の各問いに答えよ。

(1)　どのような活動が考えられるか，2つ挙げよ。
(2)　この際の指導上の留意点を簡潔に述べよ。

11 ☆☆☆

音楽科の指導について，次の各問いに答えよ。

(1)　変声期に入った児童の声の特徴を述べよ。また，そのような児童への指導上の留意点を2つ挙げよ。

(2)　初めてリコーダーを学習する児童に，「タンギング」をどのように指導したらよいか。簡潔に述べよ。

2 音楽一般

●解答解説P481～483

●傾向と対策　　重要度：B

楽典の知識は，教員採用試験の受験者のみならず音楽を学習する人なら，必ず誰もが一度は触れる分野である。「音楽をよく理解するためには，楽典の知識は最低限度必要である」といわれるが，これは教員採用試験の受験者も例外ではないのである。

また，西洋音楽の楽曲の種類と演奏形態，世界の民族音楽，西洋の音楽と日本の音楽の知識は，今や一般教養的なものになろうとしているほど，多くの人に浸透している音楽の分野でもある。西洋の音楽と日本の音楽においては，世界史との関連で学習していったり，参考書に挙げたような重要人物を再度チェックして，ミスのないような解答を目指してほしい。

12 ☆

次の楽譜中(1)～(5)の記号の名称を答えよ。

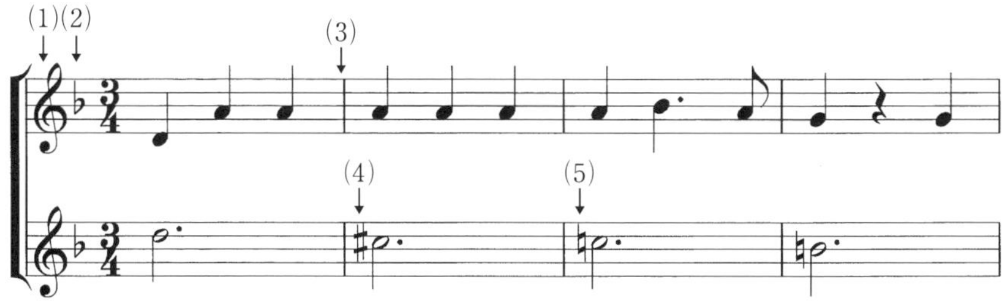

13 ☆

次の(1)～(5)の音を，1オクターブ低くしてへ音譜表に書け。また，その音の音名を答えよ。

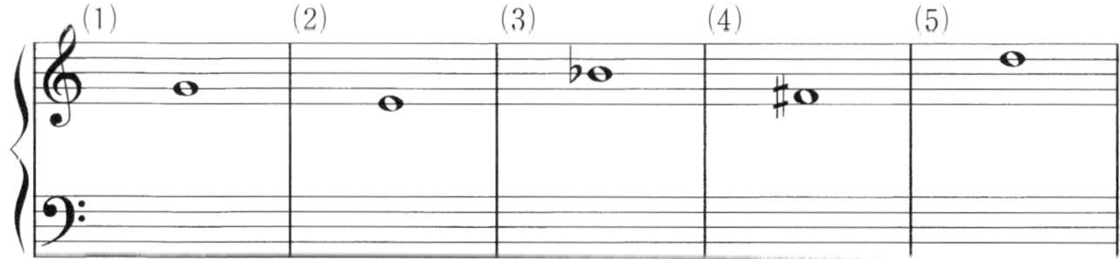

14 ☆

次の音符と同じ長さの休符を，ア～オから選び，記号で答えよ。

(1)　　(2)　　(3)　　(4)　　(5)

ア．　　イ．　　ウ．　　エ．　　オ．

15 ☆

次の各問いに答えよ。

(1)　次のリズム譜の空欄にあてはまる，拍子記号を答えよ。

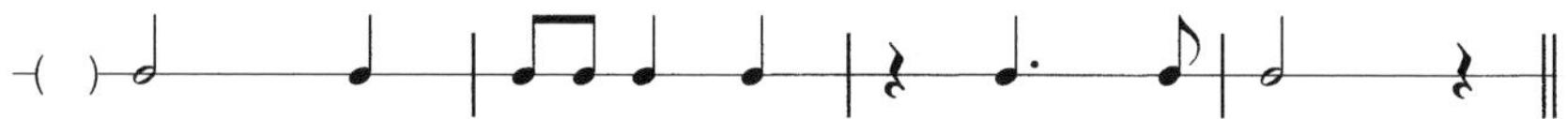

(2)　次のリズム譜に縦線を書き入れ，正しい小節に区切れ。

(3)　次のリズム譜の空欄 A ～ C にあてはまる音符を，1つずつ書き入れよ。

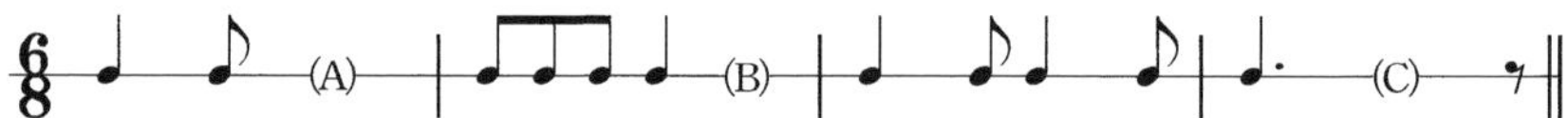

16 ☆

次の2音間の音程をそれぞれ答えよ。

(1)　　(2)　　(3)　　(4)　　(5)

17 ☆

次の楽譜を，移動ド唱法で歌うときの階名を答えよ。

18 ☆☆

次の各問いに答えよ。

(1)　次の空欄にあてはまる，正しい長さの音符を書け。

♩.. = ♩ + (　　) + 𝅘𝅥𝅯

(2)　曲の途中で調が変わることを何というか，答えよ。

(3)　ハ長調の平行調を答えよ。

(4)　「a a′ b b′」の曲の形式を答えよ。

(5)　次のア～オのうち，木管楽器を選び，記号で答えよ。

ア．フルート　　イ．ビオラ　　ウ．ホルン

エ．ハープ　　オ．トランペット

(6)　**Allegro**，**Moderato**，**Andante** のうち，最も速度が速いものを選べ。

(7)　コードネーム「G7」の和音の基本形を，ト音譜表に全音符で書け。

19 ☆

次の楽譜の第2小節目の旋律に適切な和音を，ア～オから選び，記号で答えよ。

20 ☆

次の楽譜の空欄Ａ～Ｄに，前後の流れに合う和音を付けよ。

21 ☆☆

次の旋律に適切なコード進行を，ア～オから選び，記号で答えよ。

ア．F－C－C－F　　イ．F－B♭－C－F　　ウ．F－F－F－C

エ．F－B♭－F－B♭　　オ．F－F－C－F

22 ☆

次の(1)～(5)の強弱記号の名称と意味を答えよ。

(1) ***mp***　　(2) ＞（デクレッシェンド記号）　　(3) ***p***

(4) ***dim.***　　(5) ***f***

23 ☆☆

次の(1)〜(8)のうち，速さに関する記号にはA，発想に関する記号にはB，奏法に関する記号にはCと分類せよ。

(1) *a tempo*　(2) スタッカート　(3) *presto*
(4) スラー　(5) *dolce*　(6) アクセント
(7) *grazioso*　(8) *rit.*

24 ☆☆

次の速度記号の読み方と意味を答えよ。また，速い順に並べ替え，記号で答えよ。

(1) **Andante**　(2) **Allegro**　(3) **Adagio**
(4) **Moderato**　(5) **Allegretto**

25 ☆

次の楽譜を演奏すると何小節になるか，ア〜オから選び，記号で答えよ。

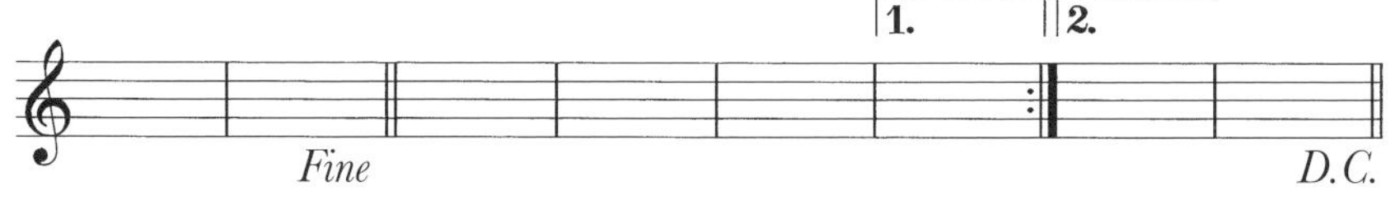

ア．11小節　イ．12小節　ウ．13小節　エ．14小節　オ．15小節

26 ☆☆

次の(1)〜(5)の文は，それぞれ何について述べてあるか，ア〜オから選び，記号で答えよ。

(1) ドイツ，オーストリアにおこった，3拍子の緩急様々なテンポの舞曲。
(2) ソナタ形式の楽章をもつ独奏楽器と管弦楽のための曲。
(3) スペインでおこった，3拍子の緩やかなテンポの舞曲。
(4) フランスでおこった，3拍子の中ぐらいのテンポの舞曲。
(5) 歌劇や組曲などの冒頭に演奏する管弦楽曲。

ア．メヌエット　イ．ワルツ　ウ．序曲
エ．ボレロ　オ．協奏曲

27 ☆

次の各問いに答えよ。

(1) 次のうち，金管楽器を選び，記号で答えよ。

ア．チェンバロ　イ．ティンパニ　ウ．コントラバス
エ．ホルン　オ．フルート

(2) 次の弦楽器を音域の高い順に並べ替え，記号で答えよ。

ア．チェロ　イ．コントラバス　ウ．バイオリン　エ．ビオラ

(3) 次の器楽曲の演奏形態のうち，管楽器・弦楽器・打楽器による大規模な合奏を選び，記号で答えよ。

ア．ブラスバンド　イ．クインテット　ウ．オーケストラ
エ．クアルテット　オ．トリオ

28 ☆

次の説明文にあてはまる，声楽の演奏形態をそれぞれ答えよ。

(1) 1つのふしを1人で歌う。

(2) 1つのふしを2人以上で歌う。

(3) 複数のふしをそれぞれ1人ずつで歌う。

(4) 複数のふしをそれぞれ2人以上で歌う。

(5) 人の声だけで作る無伴奏の合唱。

29 ☆

次の(1)～(5)の楽器の名称をそれぞれア～オから選び，記号で答えよ。

(1)

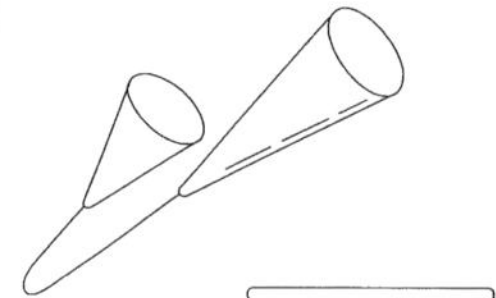

(2)

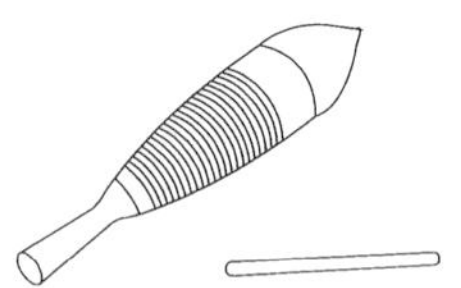

(3)

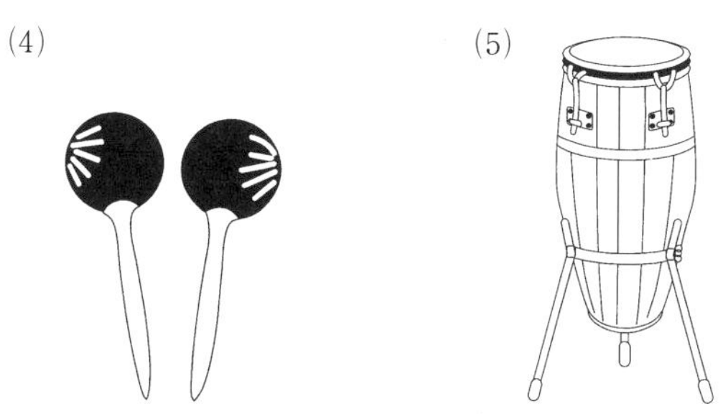

ア．コンガ　　イ．アゴゴー　　ウ．マラカス　　エ．カバサ　　オ．ギロ

30 ☆

次の(1)～(5)の楽器の名称を，それぞれア～オから選び，記号で答えよ。

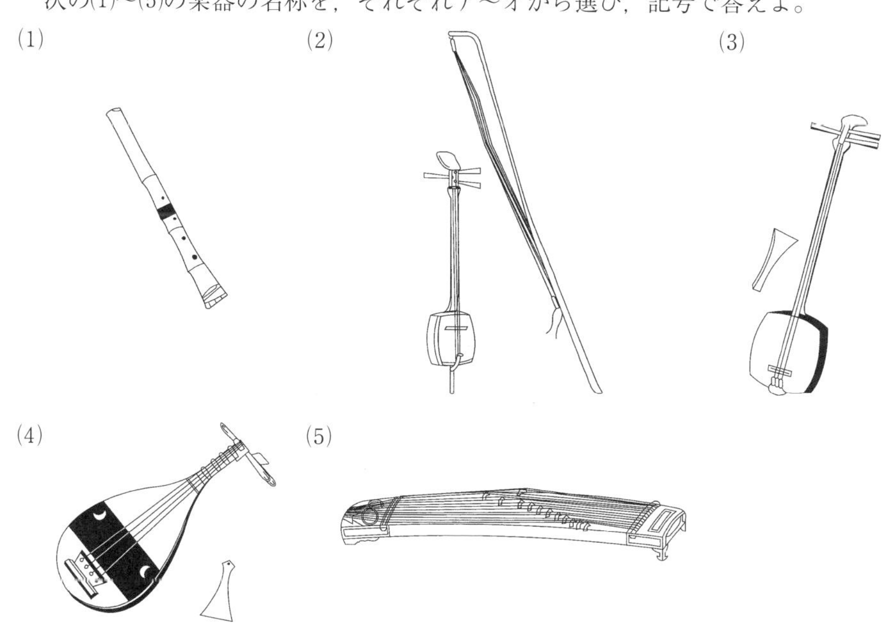

ア．三味線　　イ．尺八　　ウ．琵琶　　エ．箏　　オ．胡弓

31 ☆

次の文の空欄A～Eにあてはまる語句をア～オから選び，記号で答えよ。

（　A　）の時代には，多声的な音楽が頂点を迎えた。フーガ，組曲，協奏曲などが盛んに作られ，ビバルディ，J. S. バッハ，（　B　）らの作曲家が活躍した。(　C　)の時代には，和声的な音楽が中心となり，曲の構成が重視されてソナタ形式が完成された。代表的な作曲家は，ハイドン，モーツァルト，ベートーベンである。ロマン派の時代には．和声的な音楽が発展し，感情表現が重視されるようになった。無言歌やノクターンなどのピアノ小曲が流行し，シューマンや(　D　)らが活躍した。ロマン派後期には，民族的意識を強くもった(　E　)が現れた。

ア．古典派　　イ．国民楽派　　ウ．バロック
エ．ヘンデル　　オ．ショパン

32 ☆☆

次の各問いに答えよ。

(1) スメタナが，音楽史上属した楽派を答えよ。
(2) ベートーベンが，生涯に完成させた交響曲の，曲の数を答えよ。
(3) オルガン曲「小フーガ　ト短調」を作曲した，ドイツの音楽家を答えよ。
(4) 「魔王」など600曲以上もの歌曲を残し，「歌曲の王」とよばれている作曲家を答えよ。
(5) ハイドンやモーツァルトが活躍した，音楽史上における時代を答えよ。

33 ☆☆

次のうち，雅楽(管絃)で用いられない楽器を選び，記号で答えよ。

ア．笙　　イ．楽琵琶　　ウ．尺八　　エ．釣太鼓　　オ．鞨鼓

34 ☆☆☆

長唄と長唄「勧進帳」について，次の文の空欄A～Eにあてはまる語句をア～コから選び，記号で答えよ。

長唄は，(　A　)時代に(　B　)の伴奏音楽の1つとして発達した。(　B　)は，音楽，踊り，劇による(　C　)といわれている。長唄「勧進帳」に用いられている楽器のうち，弦楽器は(　D　)，打楽器は大鼓・小鼓，笛の種類は(　E　)である。

ア．明治　　イ．江戸　　ウ．篠笛　　エ．能管
オ．歌舞伎　　カ．能　　キ．総合芸術　　ク．舞台芸術
ケ．三味線　　コ．琵琶

3 表現－歌唱・器楽－

●解答解説P483～485

●傾向と対策

重要度：**B**

この章は，音楽科の中心となる内容である。まず，表現における指導内容について確認していくこと。学習指導要領の記述に従って，表現活動で何が求められているかについて考えていく。次に，歌唱共通教材を実際に曲を例に挙げながら，それぞれの楽曲のもつ音楽性や指導性について考えていくこと。

小学生の知能や感性の発達のスピードは非常に速く，また，感受性や好奇心も絶大に発達する時期である。そのような児童が表現すべきことが，学習指導要領には記載されている。実際の指導における内容にまで十分触れており，俗にいう「暗記問題」ではない。実際鍵盤楽器などに触れてみて，楽曲のもつ構造を自ら感じ取ってほしい。

35 ☆

次の楽譜を見て，各問いに答えよ。

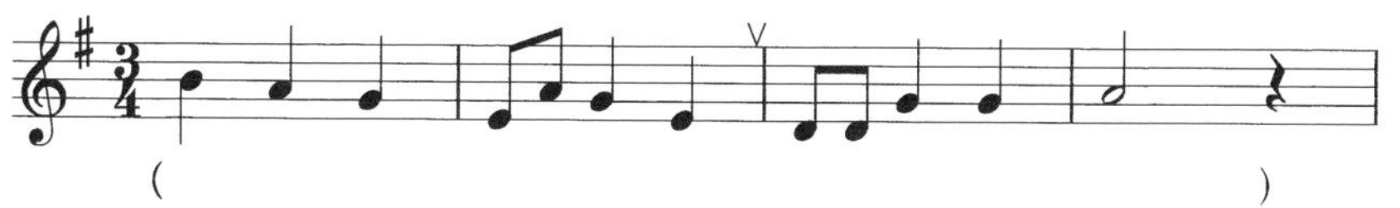

(1)　この曲の曲名を答えよ。

(2)　この曲の調性を答えよ。

(3)　楽譜中の空欄にあてはまる，1番の歌詞をひらがなで答えよ。

36 ☆

次の楽譜を見て，各問いに答えよ。

(1)　この曲の曲名を答えよ。

(2)　この曲の拍子を答えよ。

(3) 楽譜中の空欄にあてはまる旋律を書け。

37 ☆

次の楽譜を見て，各問いに答えよ。

(1) この曲の曲名を答えよ。

(2) 歌詞「れんげ」の意味として適切なものを，次のア～オから選び，記号で答えよ。

ア．たんぽぽ　　イ．れんげそう　　ウ．おみなえし

エ．はす　　オ．つつじ

(3) 楽譜中の歌詞は，この曲の何番の歌詞か答えよ。

38 ☆

次の楽譜を見て，各問いに答えよ。

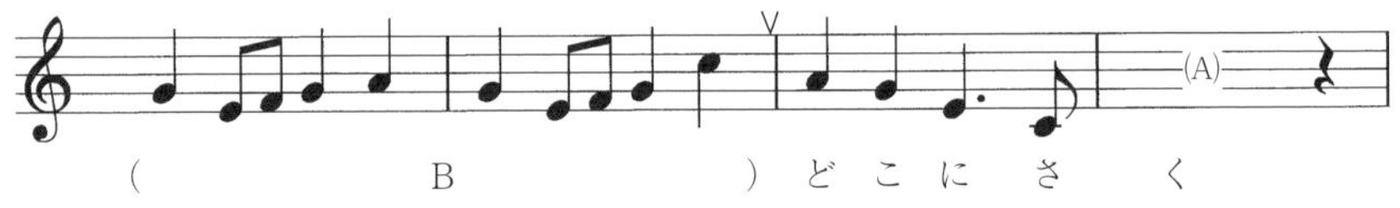

(1) この曲の曲名を答えよ。

(2) この曲の作詞者名と作曲者名を答えよ。

(3) この曲の拍子を答えよ。

(4) 楽譜中の空欄Aにあてはまる音符を，次のア～オから選び，記号で答えよ。

ア．♪　　イ．♩　　ウ．♩.　　エ．𝅗𝅥　　オ．𝅗𝅥.

(5) 楽譜中の空欄Bにあてはまる歌詞を答えよ。

39 ☆

次の楽譜は，ある学年の歌唱共通教材「虫のこえ」の一部である。各問いに答えよ。

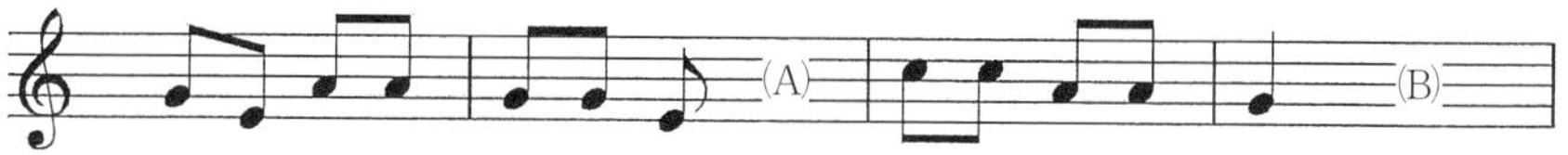

⑴ この曲の指導学年を答えよ。

⑵ この曲の拍子を答えよ。

⑶ 楽譜中の空欄Ａ，Ｂにあてはまる休符を，それぞれ答えよ。

40 ☆

次の楽譜を見て，各問いに答えよ。

⑴ この曲の曲名を答えよ。

⑵ この曲の作曲者名を，漢字で答えよ。

⑶ この曲の形式と同じ形式の曲を，次のア～エから選び，記号で答えよ。

ア．「春がきた」　　イ．「かたつむり」　　ウ．「うみ」　　エ．「春の小川」

⑷ 楽譜中の空欄Ａにあてはまる休符を答えよ。

⑸ 楽譜中の空欄Ｂにあてはまる２番の歌詞を，ひらがなで答えよ。

41 ☆

次の楽譜を見て，各問いに答えよ。

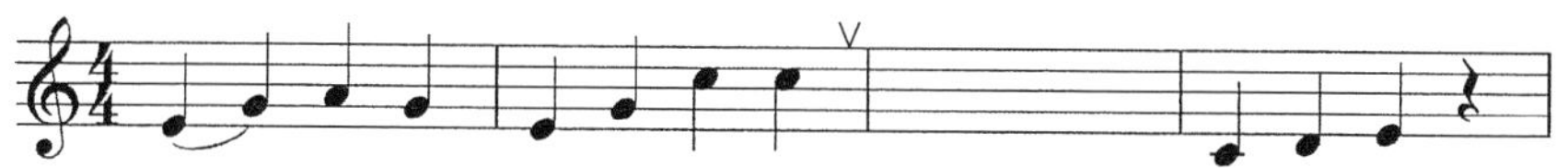

⑴ この曲の曲名を答えよ。

⑵ この曲の形式を，次のア～オから選び，記号で答えよ。

ア．一部形式　　イ．二部形式　　ウ．三部形式

エ．ロンド形式　　オ．複合三部形式

(3) この曲と同じ作詞者と作曲者による，第6学年の歌唱共通教材を，すべて答えよ。

(4) この曲の速度は(　　　)＝**100～108**である。(　　　)内にあてはまる音符を答えよ。

(5) 楽譜中の空欄にあてはまる旋律を書け。

42 ☆

次の楽譜を見て，各問いに答えよ。

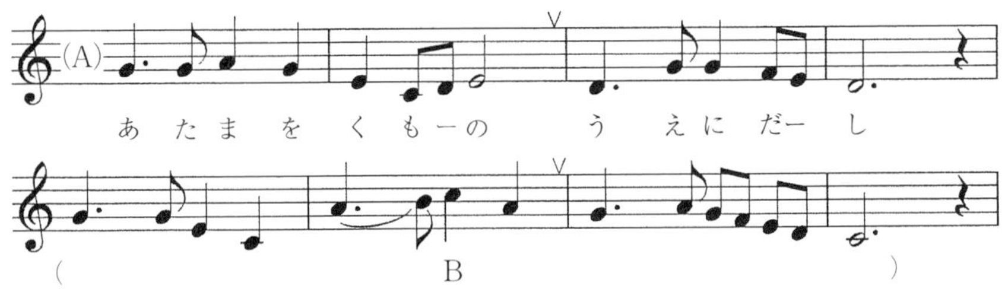

(1) この曲の曲名を答えよ。

(2) この曲の作詞者を，次のア～オから選び，記号で答えよ。

ア．高野辰之　　イ．葛原しげる　　ウ．巌谷小波

エ．林柳波　　オ．中村雨紅

(3) この曲の調性を答えよ。

(4) 楽譜中の空欄Aにあてはまる拍子記号を，次のア～オから選び，記号で答えよ。

ア．2/4　　イ．3/4　　ウ．4/4　　エ．3/8　　オ．6/8

(5) 楽譜中の空欄Bにあてはまる1番の歌詞を，ひらがなで答えよ。

43 ☆

次の楽譜を見て，各問いに答えよ。

(1) この曲の曲名を答えよ。

(2) この曲の調性を答えよ。

(3) この曲の指導学年を答えよ。

(4) 楽譜中の空欄にあてはまる旋律を書け。

(5) この曲を演奏するのに適切な速度を，次のア～オから選び，記号で答えよ。

ア. ♩ = **126 ~ 138**　イ. 𝅗𝅥 = **80**　ウ. ♩ = **104**

エ. 𝅗𝅥 = **50**　オ. ♩ = **88 ~ 96**

44 ☆

次の楽譜は，ある学年の歌唱共通教材を，演奏の順をかえて示したものである。各問いに答えよ。

A.

B.

C.

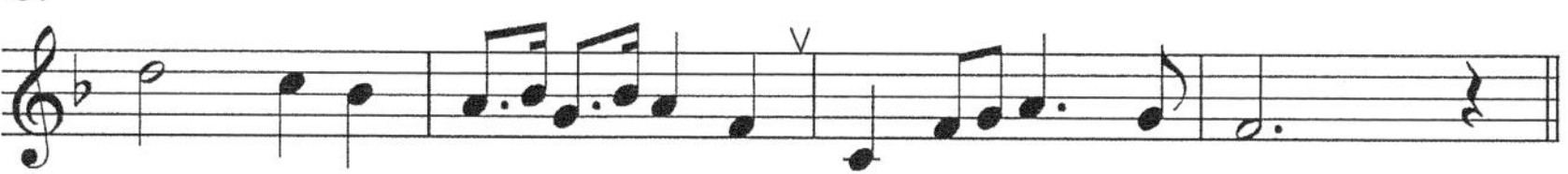

D.

(1) この曲を正しい演奏順になるように，A～Dの記号を並べ替えよ。

(2) この曲の曲名を答えよ。

(3) この曲の調性を答えよ。

(4) この曲の形式を答えよ。

(5) この曲の指導学年を答えよ。

45 ☆

次の楽譜を見て，各問いに答えよ。

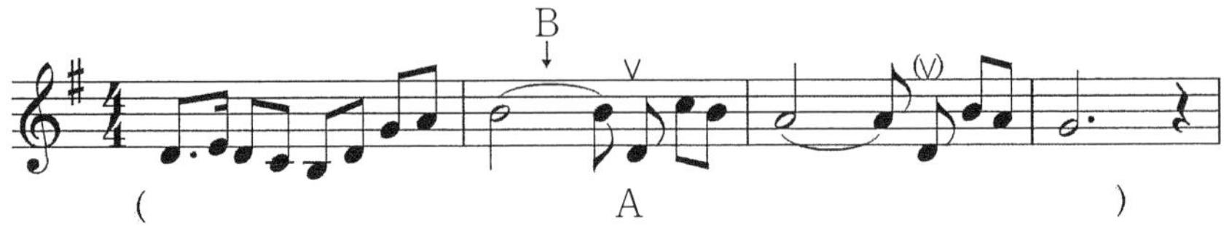

⑴　この曲の曲名を答えよ。

⑵　この曲の作曲者を，次のア～オから選び，記号で答えよ。

ア．梁田貞　　イ．橋本国彦　　ウ．岡野貞一

エ．井上武士　　オ．船橋栄吉

⑶　楽譜中の空欄Aにあてはまる2番の歌詞を，ひらがなで答えよ。

⑷　この曲の調性を答えよ。

⑸　楽譜中Bの記号の名称と意味を答えよ。

46 ☆☆

次の楽譜を見て，各問いに答えよ。

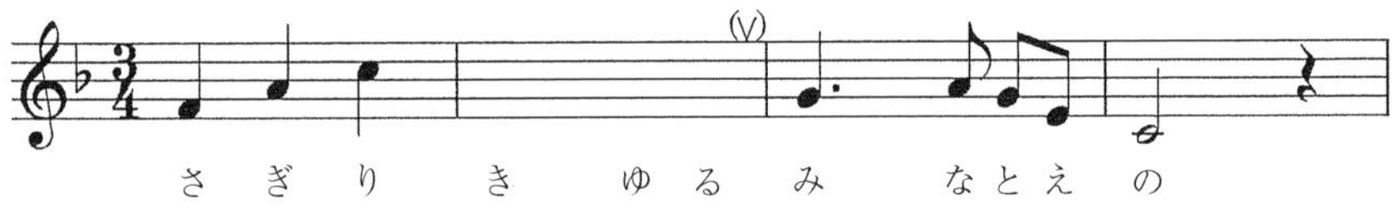

⑴　この曲の曲名を答えよ。

⑵　この曲の歌詞が表している季節を答えよ。

⑶　歌詞「みなとえ」の意味を答えよ。

⑷　楽譜中の空欄にあてはまる適切な旋律を，次のア～オから選び，記号で答えよ。

(5) この曲の速度は(　)＝**100** である。(　)内にあてはまる音符を，次のア～オから選び，記号で答えよ。

ア. 𝅘𝅥𝅯　イ. 𝅘𝅥𝅮　ウ. ♩　エ. ♩.　オ. 𝅗𝅥

47 ☆☆

次の楽譜は，第6学年の歌唱共通教材「越天楽今様」の一部である。各問いに答えよ。

(1) 次の文の空欄A～Cにあてはまる語句をア～オから選び，記号で答えよ。

この曲は，(　A　)とよばれる日本の伝統音楽である(　B　)という曲のふしに，歌詞を付けたものである。「今様」とは，古い歌に対して「今風の新しい」というような意味で，平安末期から鎌倉にかけて流行した。また，(　B　)をもとにして作られた(　C　)は，福岡県の民謡である。

ア．雅楽　イ．能楽　ウ．「黒田節」
エ．「八木節」　オ．「越天楽」

(2) この曲に用いられる音階の名称を答えよ。

(3) この曲は日本古謡である。歌唱共通教材の中から，この曲以外の日本古謡を1つ答えよ。

48 ☆

次の楽譜を見て，各問いに答えよ。

(1) この曲の曲名を答えよ。

(2) この曲における指揮の基本図形を示せ。

(3) この曲のように弱拍から始まる曲を何というか答えよ。

(4) この曲と同じ学年で扱う歌唱共通教材を1つ答えよ。

(5) 歌詞「いりひうすれ」の意味として適切なものを，次のア～オから選び，記号で答えよ。

ア．村のあたりの明かり　　イ．月の光がほんのりうすい

ウ．夕日の光が弱くなって　　エ．夕方の月が空に出ていて

オ．あたりがうっすらとしている

49 ☆

次の楽譜は，「ふるさと」の一部である。各問いに答えよ。

(1) この曲の作詞者名と作曲者名を，漢字で答えよ。

(2) この曲の指導学年を答えよ。

(3) この曲は何分の何拍子か答えよ。

(4) 楽譜中の空欄にあてはまる，高音部の音符を書け。

(5) この曲の演奏形態を答えよ。

50 ☆

次の楽譜は，小学校学習指導要領「音楽」に示されている歌唱共通教材の一部である。各問いに答えよ。

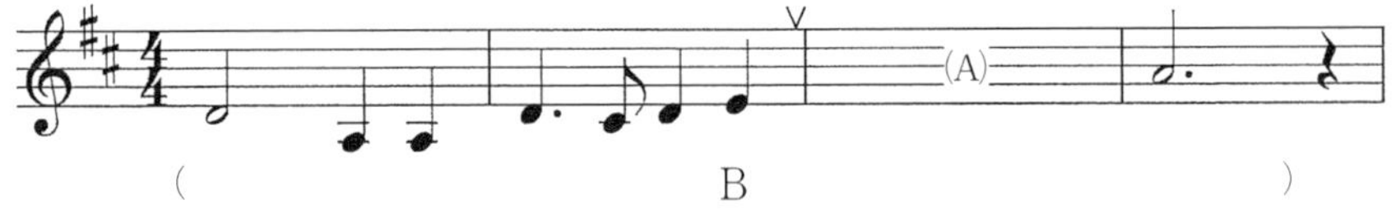

(1) この曲の曲名を答えよ。

(2) この曲の指導学年を答えよ。

(3) この曲の調性を，ア～オから選び，記号で答えよ。

ア．ハ長調　　イ．ニ長調　　ウ．ホ長調　　エ．ヘ長調　　オ．ト長調

(4) 楽譜中Aの小節にあてはまる音符を書け。

(5) 楽譜中の空欄Bにあてはまる1番の歌詞を，ひらがなで答えよ。

51 ☆

次の楽譜を見て，各問いに答えよ。

(1) 楽譜A～Cの曲名をそれぞれ答えよ。

(2) 楽譜Bが示す旋律は，何音階であるか答えよ。

(3) 楽譜A～Cのうち，第4学年の歌唱共通教材を選び，記号で答えよ。

52 ☆

リコーダーについて，次の各問いに答えよ。

(1) リコーダーの形式を2つ答えよ。

(2) 次の文にあてはまるリコーダーの演奏の仕方を，それぞれ答えよ。

A．音を出したり止めたりする舌の動きのこと。

B．高い音を出すときに裏穴にわずかな隙間をつくること。

53 ☆

次の楽譜を見て，各問いに答えよ。

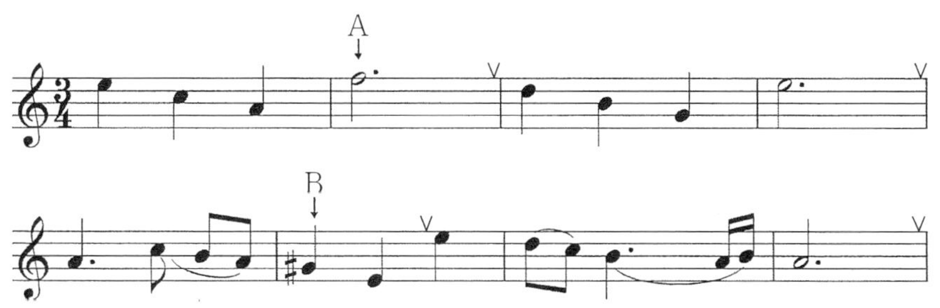

(1) この曲の曲名と作曲者名を答えよ。

(2) 楽譜中Aの音をソプラノ・リコーダー（ジャーマン式）で演奏する場合の運指を，次のア～オから選び，記号で答えよ。

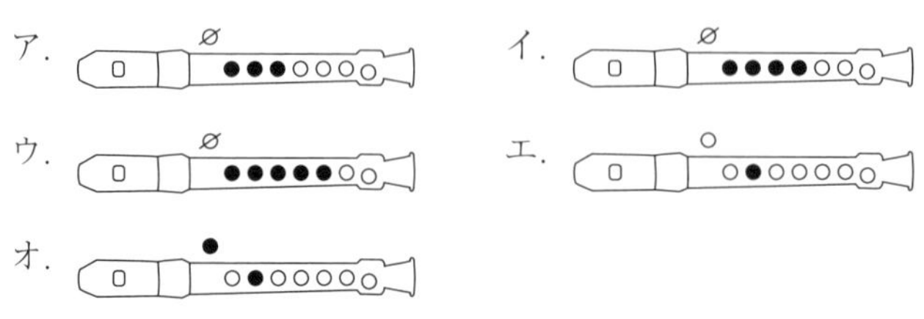

※●…閉じる　○…開ける　ø…サミング

(3) 楽譜中Bの音を鍵盤楽器で演奏する場合，押さえる鍵盤の番号を選べ。

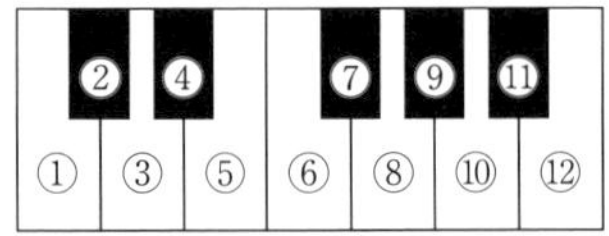

54 ☆

次の楽譜を見て，各問いに答えよ。

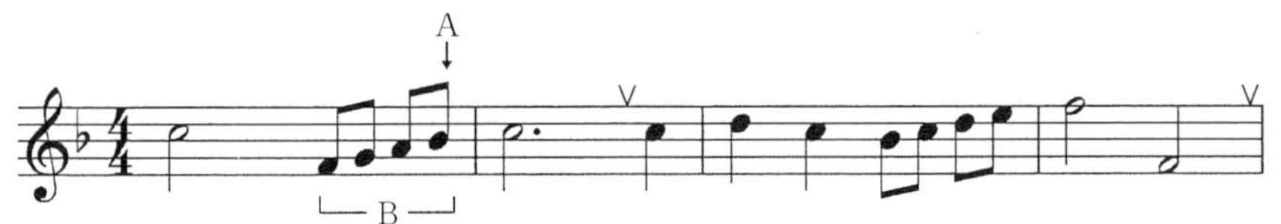

(1) この曲をソプラノ・リコーダーで演奏する場合，楽譜中でサミングをする音をすべて全音符で五線に書け。

(2) 楽譜中Aの音をソプラノ・リコーダー（バロック式）で演奏する場合の運指を答えよ。

※●…閉じる　○…開ける　ø…サミング

(3) 楽譜中Bの部分を鍵盤楽器で演奏する場合，押さえる鍵盤の順番を，①～⑫の番号で答えよ。

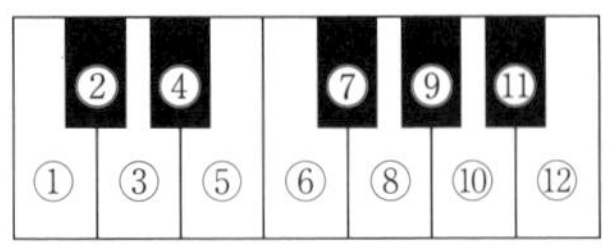

鑑賞

●解答解説P486

●傾向と対策

重要度：**B**

小学校課程の「鑑賞」では，児童が自ら音楽を聴こうとする「意欲」を高めることを十分配慮して内容が構成されている。また同時に，音楽作品の価値を判断して，正しく味わっていくことも目標とされている。教材の選曲に対しても，一部の音楽様式や形式に偏ることなく，特に国際化時代を背景として自国に古くから伝わる民謡や，諸外国の民族音楽などの題材も多く取り入れられるようになった。

各都道府県の問題の傾向においては，作曲者名等の基本的な問題はもちろんのこと，そこで使われている楽器の名前や，その楽曲の指導上のねらいを問うものが頻繁にみられるようになった。この学習も，多くの曲を聴いて耳から理解していくことが必要であるので，積極的に音楽を聴取したいものである。

55 ☆☆

次の(1)～(5)の楽譜の曲名（作曲者名）を，ア～オからそれぞれ選び，記号で答えよ。

(5)

ア．管弦楽組曲「惑星」から「木星」（ホルスト作曲）

イ．ハンガリー舞曲集から第5番　（ブラームス作曲）

ウ．歌劇「カルメン」から「闘牛士の歌」（ビゼー作曲）

エ．バレエ音楽「白鳥の湖」から「情景」（チャイコフスキー作曲）

オ．行進曲「威風堂々」第1番　（エルガー作曲）

56 ☆

次の楽譜を見て，各問いに答えよ。

(1)　この曲の曲名を，次のア～オから選び，記号で答えよ。

ア．「メヌエット」　イ．「ポロネーズ」　ウ．「ガボット」

エ．「白鳥」　オ．「トルコ行進曲」

(2)　この曲の作曲者名を，次のア～オから選び，記号で答えよ。

ア．グリーグ　イ．サン・サーンス　ウ．J．S．バッハ

エ．ゴセック　オ．ベートーベン

(3)　この旋律の主となる独奏楽器名を，次のア～オから選び，記号で答えよ。

ア．フルート　イ．ホルン　ウ．バイオリン

エ．チェロ　オ．コントラバス

57 ☆

次の楽譜は，「赤とんぼ」の一部である。各問いに答えよ。

(1)　この曲の作曲者名を漢字で答えよ。

(2)　この曲の作曲者の他の作品を，次のア～オから2つ選び，記号で答えよ。

ア．「待ちぼうけ」　イ．「花」　ウ．「夏の思い出」

エ．「この道」　オ．「浜辺の歌」

(3) この曲に最もふさわしい速度を，次のア～オから選び，記号で答えよ。

ア．♩.＝53　　イ．♩＝58～63　　ウ．♪＝81～92

エ．♩＝120　　オ．♩＝132

58 ☆

次の楽譜は，組曲「ペール・ギュント」の一部である。各問いに答えよ。

(1) この曲の作曲者名を答えよ。

(2) この組曲は，各4曲からなる2つの組曲に編曲されたものである。楽譜の曲に付けられている曲名を，次のア～オから選び，記号で答えよ。

ア．「朝の気分」　　イ．「オーゼの死」

ウ．「アニトラの踊り」　　エ．「アラビアの踊り」

オ．「ソルヴェイグの歌」

(3) この曲の拍子を答えよ。

59 ☆

次の楽譜を見て，各問いに答えよ。

(1) この曲の曲名を答えよ。

(2) この曲の作曲者名を答えよ。

(3) この曲で使われる楽器を2つ答えよ。

総合

●解答解説P486～487

●傾向と対策

重要度：B

楽曲について，曲名，作詞者，作曲者や内容のほか，楽譜を示し，調性，速度，和音，移調など音楽理論を細かく問われる。また，リコーダーの運指，その作曲者の別の作品や時代についてなど，総合的に問う形態が多い。音楽の教科書で取り扱われている楽曲を中心に，内容を理解し，応用的な学習が必要である。

60 ☆☆

次の楽譜を見て，各問いに答えよ。

(1) 楽譜中 A，B の名称と意味を答えよ。

(2) この曲の調性を答えよ。

(3) 楽譜中2小節目の伴奏として適切な和音を，次のア～オから選び，記号で答えよ。

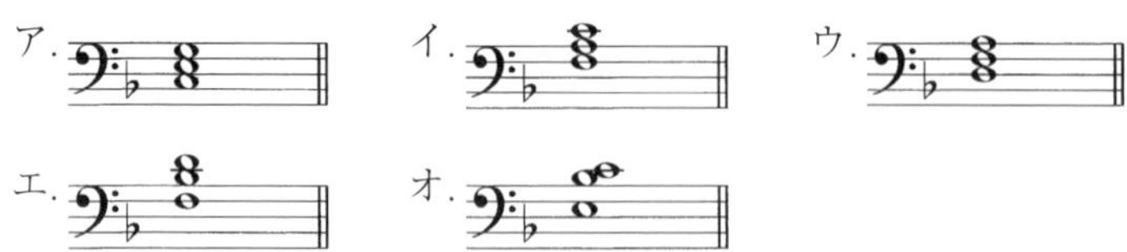

61 ☆☆

次の楽譜を見て，各問いに答えよ。

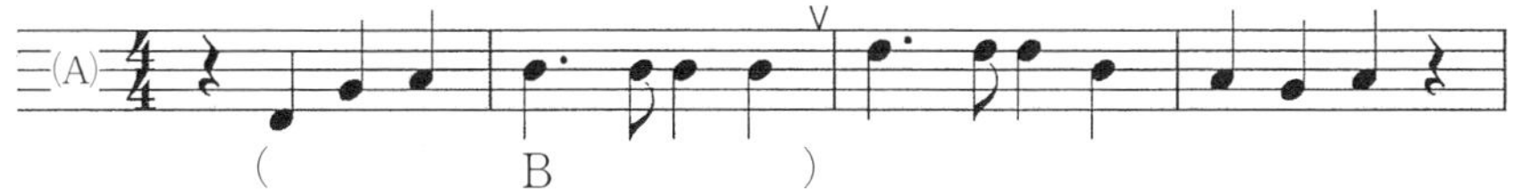

(1) この曲の曲名を答えよ。

(2) この曲と同じ学年の歌唱共通教材を1つ答えよ。

(3) 楽譜中 A の部分にあてはまる調号を，次のア～オから選び，記号で答えよ。

(4) この曲を移動ド唱法で歌う場合，3小節目と4小節目の階名を音符の順に答えよ。

(5) 楽譜中 B の部分の2番の歌詞を，次のア～オから選び，記号で答えよ。

ア．こころのどこかに　　イ．ひよりつづきの　　ウ．あれにみえるは

エ．なつもちかづく　　オ．のにもやまにも

62 ☆☆☆

次の楽譜を見て，各問いに答えよ。

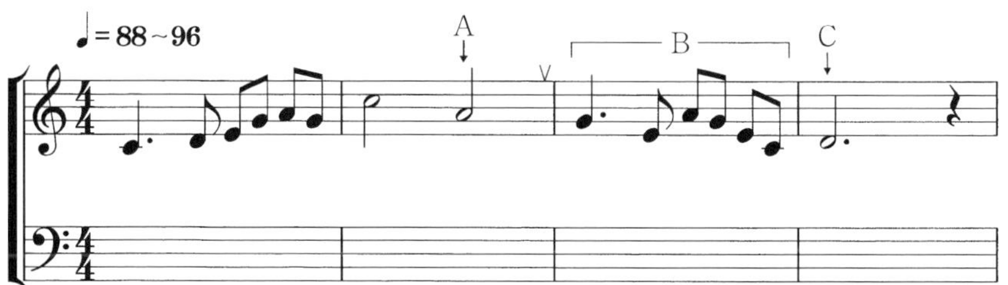

(1) この曲の曲名を答えよ。

(2) この曲の指導学年を，次のア～オから選び，記号で答えよ。

ア．第1学年　　イ．第2学年　　ウ．第3学年

エ．第4学年　　オ．第5学年

(3) 楽譜中 ♩＝**88 ～ 96** の意味を答えよ。

(4) 楽譜中 A の音符の音名を答えよ。

(5) 楽譜中 B の部分を1オクターブ低くして，へ音譜表に書け。

(6) 楽譜中 C の音符の名称を答えよ。

(7) この楽譜に適切な和音を全音符で書け。ただし，和音はⅠ，Ⅳ，Ⅴとする。

63 ☆

次の楽譜を見て，各問いに答えよ。

(1) この曲の曲名を答えよ。

(2) この曲の作詞者名と作曲者名を答えよ。

(3) この曲の歌詞が表している情景は，どの季節か答えよ。

(4) この曲は何分の何拍子か答えよ。

(5) 楽譜中 A の音を，ソプラノ・リコーダー(バロック式)で演奏する場合の運指を答えよ。

(6) 楽譜中 B の小節にあてはまる音符を書け。

(7) 楽譜中 C の記号の名称を答えよ。

64 ☆

次の楽譜を見て，各問いに答えよ。

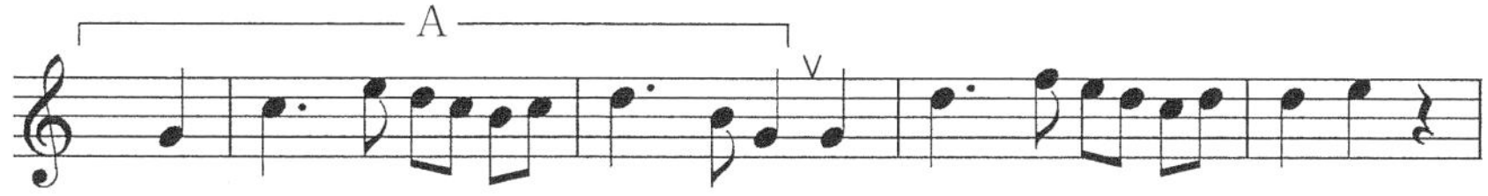

⑴　この曲の曲名を答えよ。

⑵　この曲の作曲者名を答えよ。

⑶　この曲の拍子を答えよ。

⑷　この曲で使われている独奏楽器は，次のア～オのうち，どれに分類されるか，記号で答えよ。

ア．弦楽器　　イ．木管楽器　　ウ．金管楽器

エ．打楽器　　オ．鍵盤楽器

⑸　楽譜中 A の部分を，調号を用いてニ長調に移調せよ。

65 ☆☆

次の楽譜を見て，各問いに答えよ。

〈原曲＝ニ長調・$\frac{2}{4}$〉

⑴　この曲の曲名を答えよ。

⑵　この曲の演奏形態を，次のア～オから選び，記号で答えよ。

ア．弦楽四重奏　　イ．管弦楽　　ウ．バイオリン二重奏

エ．吹奏楽　　オ．ピアノ五重奏

⑶　この曲のように，主題をいろいろな形に変えて演奏することを何というか答えよ。

⑷　この曲のように，弱拍から始まる曲を何というか答えよ。

(5)　楽譜中 A の音を，ソプラノ･リコーダーで演奏する場合の運指を，バロック式で答えよ。

※ ●…閉じる　○…開ける　ø…サミング

66 ☆☆

次の楽譜は，「荒城の月」の旋律の一部である。各問いに答えよ。

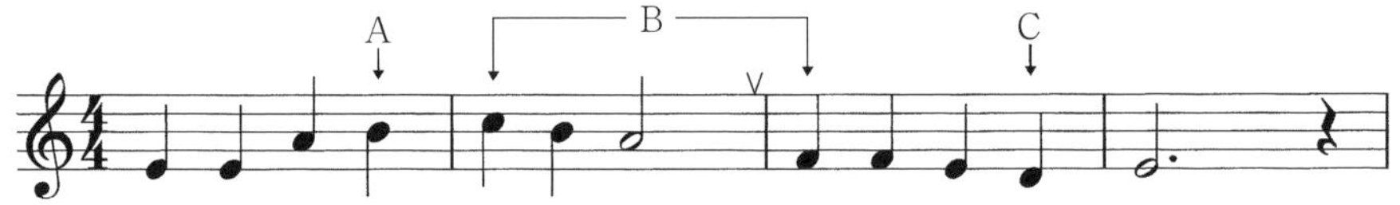

(1)　この曲の作曲者名と補作編曲者名を，それぞれ漢字で答えよ。

(2)　この曲の速度は(　　　)＝72である。(　　　)内にあてはまる音符を答えよ。

(3)　楽譜中 A の音を音名で答えよ。

(4)　楽譜中 B の2音間の音程を答えよ。

(5)　楽譜中 C の音を，1オクターブ低くして，ヘ音譜表に全音符で書け。

67 ☆☆

次の楽譜を見て，各問いに答えよ。

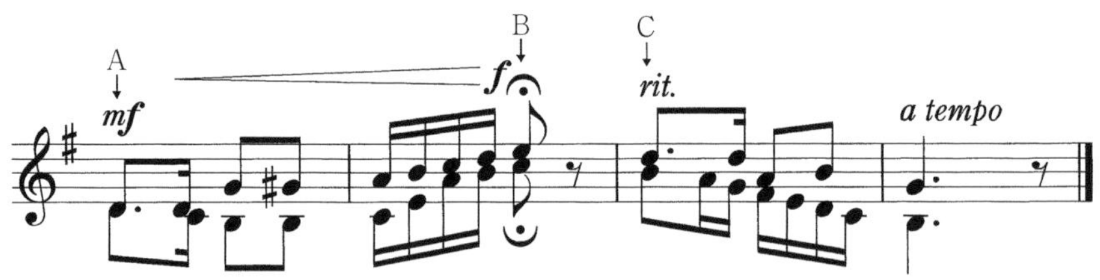

(1)　この曲の曲名を答えよ。

(2)　この曲の拍子を答えよ。

(3)　この曲の調の平行調を，次のア～オから選び，記号で答えよ。

ア．ハ長調　　イ．ニ長調　　ウ．ホ短調　　エ．ヘ長調　　オ．ト短調

(4)　この曲を混声四部合唱で歌う場合，声の種類を音域の低い順に答えよ。

(5)　楽譜中 A ～ C の記号の名称と意味を答えよ。

68 ☆

次の楽譜を見て，各問いに答えよ。

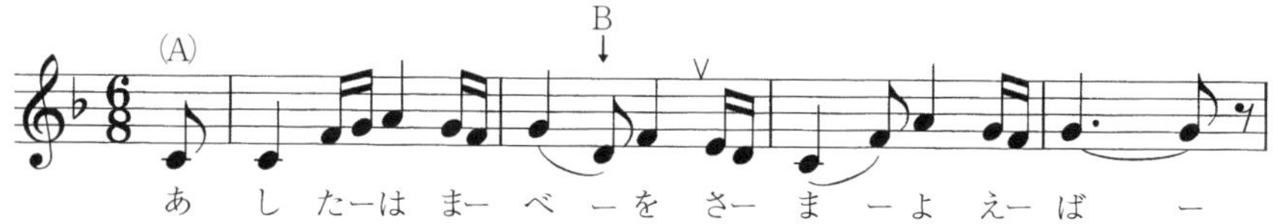
(A)
B
あ し たーは まー べ ーを さー ま ーよ えーば ー

(1) この曲の曲名を答えよ。

(2) この曲の調性を答えよ。

(3) 歌詞「あした」が表している情景を，次のア～オから選び，記号で答えよ。

ア．昨日　　イ．今日　　ウ．朝　　エ．夕方　　オ．明日

(4) 楽譜中 A に，「少し弱く」の意味の強弱記号を書け。

(5) 楽譜中 $\frac{6}{8}$ が示す8分の6拍子の意味を書け。

7
図画工作

Open Sesame

1 学習指導要領

●解答解説P488～489

●傾向と対策

重要度：A

学習指導要領については，教科目標をはじめ，各学年の目標及び内容，「指導計画の作成と内容の取扱い」の空欄補充問題が圧倒的に多い。また，各学年の内容に関して，何学年のものかを答える問題も頻出している。キーワードを中心に各々の語句を確実に覚えておくようにしよう。

1 ☆

次の文は，小学校学習指導要領「図画工作科」の目標である。空欄に適語を入れよ。

表現及び（　A　）の活動を通して，（　B　）的な見方・考え方を働かせ，生活や社会の中の形や色などと豊かに関わる資質・能力を次のとおり育成することを目指す。

(1)　対象や事象を捉える（　B　）的な視点について自分の感覚や行為を通して理解するとともに，材料や用具を使い，表し方などを工夫して，（　C　）的につくったり表したりすることができるようにする。

(2)　（　B　）的なよさや美しさ，表したいこと，表し方などについて考え，（　C　）的に発想や構想をしたり，作品などに対する自分の見方や感じ方を深めたりすることができるようにする。

(3)　（　D　）喜びを味わうとともに，感性を育み，楽しく豊かな生活を（　C　）しようとする態度を養い，豊かな（　E　）を培う。

2 ☆☆

次の文は，小学校学習指導要領「図画工作科」の目標に示されている「造形的な見方・考え方」についての解説である。空欄に適語を入れよ。

造形的な見方・考え方とは，「（　A　）や想像力を働かせ，対象や事象を，形や色などの造形的な視点で捉え，自分のイメージをもちながら意味や（　B　）をつくりだすこと」であると考えられる。

3 ☆

次のうち，小学校学習指導要領「図画工作科」の第3学年及び第4学年の目標をすべて選べ。

① 楽しく表現したり鑑賞したりする活動に取り組み，つくりだす喜びを味わうとともに,形や色などに関わり楽しい生活を創造しようとする態度を養う。

② 造形的な面白さや楽しさ，表したいこと，表し方などについて考え，楽しく発想や構想をしたり，身の回りの作品などから自分の見方や感じ方を広げたりすることができるようにする。

③ 進んで表現したり鑑賞したりする活動に取り組み，つくりだす喜びを味わうとともに，形や色などに関わり楽しく豊かな生活を創造しようとする態度を養う。

④ 造形的なよさや面白さ，表したいこと，表し方などについて考え，豊かに発想や構想をしたり，身近にある作品などから自分の見方や感じ方を広げたりすることができるようにする。

⑤ 主体的に表現したり鑑賞したりする活動に取り組み，つくりだす喜びを味わうとともに，形や色などに関わり楽しく豊かな生活を創造しようとする態度を養う。

4 ☆

次の文は，小学校学習指導要領「図画工作科」における第5学年及び第6学年の目標である。空欄にあてはまる語句をア～ケから選び，記号で答えよ。

(1) 対象や事象を捉える(　A　)な視点について自分の感覚や行為を通して理解するとともに，材料や用具を活用し，表し方などを工夫して，(　B　)につくったり表したりすることができるようにする。

(2) (　A　)な(　C　)，表したいこと，表し方などについて考え，(　B　)に発想や構想をしたり，(　D　)などから自分の見方や感じ方を深めたりすることができるようにする。

(3) (　E　)に表現したり鑑賞したりする活動に取り組み，つくりだす喜びを味わうとともに，形や色などに関わり(　F　)生活を創造しようとする態度を養う。

ア．主体的	イ．よさや美しさ	ウ．楽しく豊かな
エ．身の周りの作品	オ．よさや面白さ	カ．面白さや楽しさ
キ．親しみのある作品	ク．造形的	ケ．創造的

5 ☆

次の文は，小学校学習指導要領「図画工作科」の〔共通事項〕に示されている各学年の指導項目である。空欄に適語を入れよ。

〔第1学年及び第2学年〕

・自分の（　A　）や行為を通して，形や色などに気付くこと。

・形や色などを基に，自分の（　B　）をもつこと。

〔第3学年及び第4学年〕

・自分の（　A　）や行為を通して，形や色などの感じが分かること。

・形や色などの感じを基に，自分の（　B　）をもつこと。

〔第5学年及び第6学年〕

・自分の（　A　）や行為を通して，形や色などの（　C　）な特徴を理解すること。

・形や色などの（　C　）な特徴を基に，自分の（　B　）をもつこと。

6 ☆☆

次の文は，小学校学習指導要領「図画工作科」の第1学年及び第2学年の内容である。空欄に適語を入れよ。

A　表現

(1)　表現の活動を通して，発想や構想に関する次の事項を身に付けることができるよう指導する。

ア　造形遊びをする活動を通して，身近な（　A　）や人工の材料の（　B　）などを基に造形的な活動を思い付くことや，感覚や気持ちを生かしながら，どのように活動するかについて考えること。

イ　絵や立体，工作に表す活動を通して，（　C　），想像したことから，表したいことを見付けることや，好きな（　B　）を選んだり，いろいろな（　B　）を考えたりしながら，どのように表すかについて考えること。

(2)　表現の活動を通して，技能に関する次の事項を身に付けることができるよう指導する。

ア　造形遊びをする活動を通して，身近で扱いやすい材料や用具に十分に慣れるとともに，並べたり，つないだり，積んだりするなど（　D　）や（　E　）の感覚などを働かせ，活動を工夫してつくること。

イ　絵や立体，工作に表す活動を通して，身近で扱いやすい材料や用具に十分に慣れるとともに，（　D　）や（　E　）の感覚などを働かせ，表したいことを基に(　F　)を工夫して表すこと。

B　鑑賞

(1)　鑑賞の活動を通して,次の事項を身に付けることができるよう指導する。

ア　(　G　)などを鑑賞する活動を通して，自分たちの作品や身近な材料などの造形的な面白さや楽しさ，表したいこと，(　F　)などについて，感じ取ったり考えたりし，自分の見方や感じ方を広げること。

〔共通事項〕

(1)　「A表現」及び「B鑑賞」の指導を通して，次の事項を身に付けることができるよう指導する。

ア　自分の感覚や行為を通して，(　B　)などに気付くこと。

イ　(　B　)などを基に，自分のイメージをもつこと。

7 ☆

次の文は，小学校学習指導要領「図画工作科」における各学年の内容の一部である。第5学年及び第6学年の内容の組み合わせを選べ。

ア．造形遊びをする活動を通して，身近で扱いやすい材料や用具に十分に慣れるとともに，並べたり，つないだり，積んだりするなど手や体全体の感覚などを働かせ，活動を工夫してつくること。

イ．造形遊びをする活動を通して，材料や場所，空間などの特徴を基に造形的な活動を思い付くことや,構成したり周囲の様子を考え合わせたりしながら,どのように活動するかについて考えること。

ウ．造形遊びをする活動を通して，活動に応じて材料や用具を活用するとともに，前学年までの材料や用具についての経験や技能を総合的に生かしたり，方法などを組み合わせたりするなどして，活動を工夫してつくること。

エ．絵や立体，工作に表す活動を通して，材料や用具を適切に扱うとともに，前学年までの材料や用具についての経験を生かし，手や体全体を十分に働かせ，表したいことに合わせて表し方を工夫して表すこと。

オ．造形遊びをする活動を通して，材料や用具を適切に扱うとともに，前学年までの材料や用具についての経験を生かし，組み合わせたり，切ってつないだり，形を変えたりするなどして，手や体全体を十分に働かせ，活動を工夫してつくること。

①　ア，イ　　②　ア，エ　　③　イ，ウ　　④　ウ，オ　　⑤　エ，オ

8 ☆

次の文は，小学校学習指導要領「図画工作科」における「B鑑賞」の各学年の内容である。それぞれ第何学年のものか答えよ。

(1) 身近にある作品などを鑑賞する活動を通して，自分たちの作品や身近な美術作品，製作の過程などの造形的なよさや面白さ，表したいこと，いろいろな表し方などについて，感じ取ったり考えたりし，自分の見方や感じ方を広げること。

(2) 親しみのある作品などを鑑賞する活動を通して，自分たちの作品，我が国や諸外国の親しみのある美術作品，生活の中の造形などの造形的なよさや美しさ，表現の意図や特徴，表し方の変化などについて，感じ取ったり考えたりし，自分の見方や感じ方を深めること。

(3) 身の回りの作品などを鑑賞する活動を通して，自分たちの作品や身近な材料などの造形的な面白さや楽しさ，表したいこと，表し方などについて，感じ取ったり考えたりし，自分の見方や感じ方を広げること。

9 ☆

小学校学習指導要領「図画工作科」の各学年の内容において，次の用具・材料はそれぞれどの学年で最初に扱うのが適当とされているか。低学年，中学年，高学年にそれぞれ分類せよ。

ア．糸のこぎり　イ．釘　ウ．粘土　エ．水彩絵の具
オ．クレヨン　カ．のり　キ．板材　ク．使いやすいのこぎり

10 ☆

次の文は，小学校学習指導要領「図画工作科」の「指導計画の作成と内容の取扱い」である。空欄に適語を入れよ。

(1) 各学年の内容の「A表現」及び「B鑑賞」の指導については相互の関連を図るようにすること。ただし，「B鑑賞」の指導については，指導の効果を高めるため必要がある場合には，児童や学校の実態に応じて，(　A　)行うようにすること。

(2) 各学年の内容の〔共通事項〕は，(　B　)の学習において共通に必要となる資質・能力であり，「A表現」及び「B鑑賞」の指導と併せて，十分な指導が行われるよう工夫すること。

(3) 各学年の内容の「Ａ表現」の(1)のイ及び(2)のイの指導に配当する授業時数については，（ C ）に表すことの内容に配当する授業時数が，絵や立体に表すことの内容に配当する授業時数とおよそ等しくなるように計画すること。

(4) 各学年の内容の「Ａ表現」の指導については，適宜共同して（ D ）を取り上げるようにすること。

(5) 低学年においては，第１章総則の第２の４の(1)を踏まえ，他教科等との関連を積極的に図り，指導の効果を高めるようにするとともに，幼稚園教育要領等に示す（ E ）の終わりまでに育ってほしい姿との関連を考慮すること。特に，小学校入学当初においては，（ F ）を中心とした合科的・関連的な指導や，弾力的な時間割の設定を行うなどの工夫をすること。

(6) 第１章総則の第１の２の(2)に示す道徳教育の目標に基づき，（ G ）などとの関連を考慮しながら，第３章特別の教科道徳の第２に示す内容について，図画工作科の特質に応じて適切な指導をすること。

11 ☆

次の小学校学習指導要領「図画工作科」の「指導計画の作成と内容の取扱い」に関する記述のうち，誤っているものをすべて選べ。

① 各学年の内容の「Ａ表現」の(1)のイ及び(2)のイの指導に配当する授業時数については，工作に表すことの内容に配当する授業時数が，絵や立体に表すことの内容に配当する授業時数を上回るように計画する。

② 各学年の内容の「Ｂ鑑賞」の指導については，指導の効果を高められるよう，常に「Ａ表現」の指導とは独立して行う。

③ 各学年の内容の「Ａ表現」の指導については，適宜共同してつくりだす活動を取り上げるようにする。

④ 各学年の内容の「Ａ表現」の(1)のイ及び(2)のイについては，児童や学校の実態に応じて，児童が工夫して楽しめる程度の版に表す経験や焼成する経験ができるようにする。

⑤ 児童が個性を生かして活動することができるようにするため，学習活動や表現方法などに幅をもたせるようにする。

2 表現

●解答解説P489～496

●傾向と対策

重要度：A

水彩絵の具や彫刻刀，のこぎりなど小学校段階で使う用具に関する問題，「デザイン」における色彩，モダンテクニックに関する問題が頻出問題である。用具に関しては，特に彫刻刀とのこぎりについて，その特徴や使い方，安全面での配慮事項を確実に理解しておく必要がある。

12 ☆☆

水彩絵の具について，次の各問いに答えよ。

(1) 水彩絵の具の使い方として，正しいものを選べ。

① パレットの仕切りにのせる絵の具は，チューブのキャップ程の量でよい。

② パレットは使い終わったら，指でよく洗いふいておく。

③ 混色するときは，数多くの色の絵の具を混ぜるとよい色になる。

④ 筆洗（水入れ）の水は，製作の途中で替えない方がよい。

⑤ 丸筆は，面を表現したり，広い部分を塗ったりするのに適している。

(2) 水彩画で使用する筆洗は，大きくて3つ程度の仕切りがあるものがよいが，3つの部屋のそれぞれの役割を簡潔に述べよ。

(3) 水彩絵の具で重色するときのポイントを2つ書け。

13 ☆☆

水彩絵の具を使って絵を描く際，色が濁らないようにするために，児童に対してどのような指導をしたらよいか。筆，筆洗，パレットのそれぞれについて具体的に述べよ。

14 ☆

次の説明文にあてはまる描画材料をア～オから選び，記号で答えよ。

(1) 線がやや硬く，混色はしにくい。広い面を塗るときは，横にして塗る。

⑵　鋭く，細い線が描けるので，精密な絵にも適している。
⑶　太い線や細い線，強い線や弱い線など，線の太さや濃淡の変化を自在に表現できる。
⑷　線描，濃淡，ぼかしなど，多彩で精密な表現ができる。
⑸　線は柔らかく，こすって濃淡を表現でき，デッサン，特にクロッキーなどによく使われる。

ア．ペン　　イ．クレヨン　　ウ．コンテ　　エ．毛筆　　オ．鉛筆

15　☆

絵画に関する次の文の空欄にあてはまる語句を入れよ。
⑴　水彩絵の具は,絵の具を溶く水の量によって様々な表現ができる。筆にたっぷり水を含ませて塗ると，（　A　）や（　B　）の表現ができる。
⑵　主に単色で描かれた絵のことを（　C　）といい，見たものや想像したものを，線描で素早く描きとめた（　D　）もこれに含まれる。

16　☆☆

［実技問題］　自分の手で表情のあるポーズをつくり，それを好きな方向からスケッチせよ。

17　☆☆

［実技問題］　水の入ったガラスのコップを斜め上から見たところを想像して描け。光と影は考えなくてもよいものとする。

18　☆

次の説明にあてはまる透視図法（線遠近法）の種類を答えよ。
⑴　奥行きは画面の左右方向と正面にでき，自然な立体感が出る。
⑵　左右方向の遠近感に，さらに高さの遠近感が加わる。
⑶　画面から遠ざかる方向にのみ遠近感が出せ，最も実写に近くなる。

19 ☆

次の各問いに答えよ。

(1) 次のうち，低学年児童の描画の特色としてあてはまらないものを選べ。

① 興味・関心のあるものを拡大して描くことが多い。

② 見えない所を透視したように描くことがある。

③ 3次元を表現するため，ものを展開図のように描くことがある。

④ いくつかの場面を同時に表現することがある。

⑤ 視覚的にとらえた現実の世界を，そのまま表現しようとする。

(2) 次の絵は何とよばれる描法にあたるか答えよ。

A

B

20 ☆

次の彫刻刀の名称を答えよ。

(1)

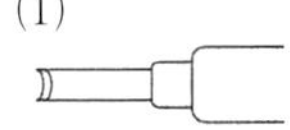

(2)

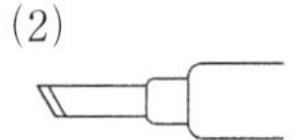

(3)

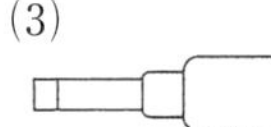

(4)

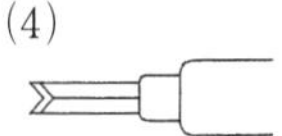

21 ☆☆

彫刻刀を使って木版画を製作する際，彫刻刀の安全な取り扱い方として児童に指導すべきことを2つ挙げよ。

22 ☆

次の説明文にあてはまる版画の種類を答えよ。

(1) 塩化ビニル板などの版材にニードルなどで直接彫って凹部をつくり，インクをつめて強い圧力で紙に刷りとる凹版画。

(2) 水と油が反発しあうことを利用して，クレヨンなどの油性画材で版に描画し，水をはじく部分に油性インクをのせて刷る平版の印刷技術。

(3) グランド（防食剤）を塗った銅板や亜鉛板にニードルなどで線刻し，希硝酸で腐食して版をつくる凹版画。

(4) 木枠にスクリーンを張って，版の上からスキージー（ゴム製のへら）でインクを押し出して刷る孔版の印刷技術。

23 ☆☆

木版画について，次の各問いに答えよ。

(1) 木版画の製作に関する記述として，正しいものを選べ。

① 単色木版画の表現方法のうち，輪郭線を残してまわりを彫る方法を陰刻，輪郭線を彫って白くぬく方法を陽刻という。

② スケッチは硬い鉛筆を使用し，白と黒のバランスや画面構成を考えながら行う。

③ スケッチしたものを版木に直接描いたり，トレーシングペーパーに写しとったものを転写したりして，版木に転写する。

④ 彫った後，凸部のみに均一にインクがのるように，版の中央から上下に力を入れて動かす。

⑤ 刷り紙を見当紙に合わせてのせ，ばれんで刷る。ばれんは始めは中央から対角線上に動かし，次に外から中心に向かって円を描くように動かす。

(2) 一版多色木版画の刷り方にはどのような方法があるか，2つ挙げよ。

24 ☆☆

彫刻に関する次の文の空欄にあてはまる語句をア～クから選び，記号で答えよ。

レリーフのことを，別の表現で（　A　）という。レリーフは絵画的な表現の要素をもった彫刻で，平面上の凹凸により丸彫りを（　B　）ように表現する。丸彫りとレリーフの大きな違いは，丸彫りは（　C　）から鑑賞できるのに対して，レリーフは（　D　）から鑑賞できることである。レリーフで奥行きを表現するには（　E　）の角度を工夫するのがよい。

ア．塑造　　イ．彫造　　ウ．浮き彫り　　エ．あらゆる方向
オ．正面　　カ．圧縮した　　キ．切り取った　　ク．立ち上がり

25 ☆☆

粘土について，次の各問いに答えよ。

(1) 成形後，そのまま乾燥させて乾いたら着色が可能な粘土を何というか。

(2) 粘土で作った未完成の作品を保管する場合，どのようにしたらよいか。

(3) 「手」を題材にした粘土の製作に関する記述として，適切なものをすべて選べ。

① 手のスケッチは，正面からのみ観察して形を決める。

② 心棒の麻ひもは，水にぬらしてから針金に巻く。

③ 表面が平らになるように，心棒には最後に布を巻く。

④ 指を1本ずつ順番に，ていねいに肉づけしていく。

⑤ 手の質感を，へらなどのタッチを生かして細部を表現する。

26 ☆☆

テラコッタに関する記述として，正しいものの組み合わせを選べ。

ア．日陰でよく乾燥させてから焼く。

イ．粘土が乾かないように布でくるんで焼く。

ウ．油性の粘土が適している。

エ．厚くなる部分は内部をくりぬき，薄くする。

オ．温度を上げるときには，一気に 200 ℃まで上げて，その後ゆっくりと焼く。

① ア，ウ　② ア，エ　③ イ，エ　④ イ，オ　⑤ ウ，オ

27 ☆☆

学校で行う焼き物の製作について，次の各問いに答えよ。

(1) 次の図は，焼き物を作るときの代表的な成形方法である。それぞれの技法名を答えよ。

A
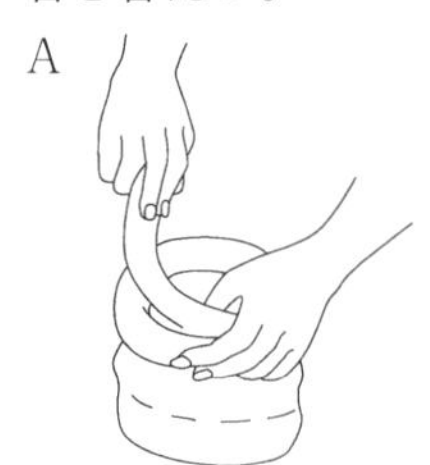

B
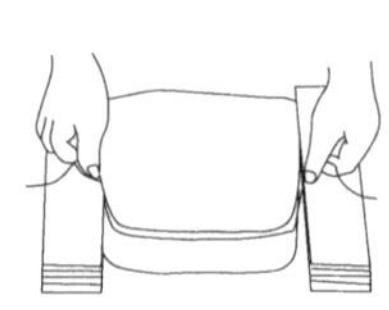

C

(2) 焼き物の製作手順に関する記述として，誤っているものをすべて選べ。

① 土練りでは中の空気(気泡)を抜くように練るが，これは，素焼きのとき気泡が急激に膨張し破裂するのを防ぐためである。

② 焼成時に割れないようにするため，成形後は日なたに置いて十分に乾燥させる。

③ 素焼きはあぶりに十分時間をかける必要があるため，徐々に温度を上げながら750～850℃で焼く。

④ 粘土に粘土を接着する場合は，「どべ」という粘土を水で溶かしたものを使うが，接着面は平らでなめらかな方がよく接着する。

⑤ 素焼きをし，釉薬をかけた後に再び1200～1300℃で焼くことを本焼きというが，しばらく温度を保った後は，ゆっくりと冷ます。

28 ☆☆

両刃のこぎりについて，次の各問いに答えよ。

(1) 両刃のこぎりを使用して板を木目に沿って切る場合，縦びき刃，横びき刃のどちらの刃を使うか。また，その刃先はA，Bのどちらか。

A　　　　　　B

(2) のこぎりの使い方に関する次の文の空欄のうち，正しいものを選べ。

ア．のこぎりで材を真っ直ぐにひくには，(A．のこ身の片側を横から　B．のこ身を真上から)見てひく。

イ．切り始めは，親指の関節を刃に添えて低い角度で(A．ゆっくりと　B．すばやく)切り込みを入れる。

ウ．かたい材料や厚い材料を切る場合，ひき込みの角度はやや(A．大きく　B．小さく)する。

エ．終わりが近づいてきたら，板を手で支えてゆっくりとひき，切り落とすときは，(A．低い　　B．高い)角度でひく。

29 ☆☆☆

電動糸のこぎりについて，次の各問いに答えよ。

(1) 刃を取り付ける場合，刃の向きはA，Bどちらが正しいか。

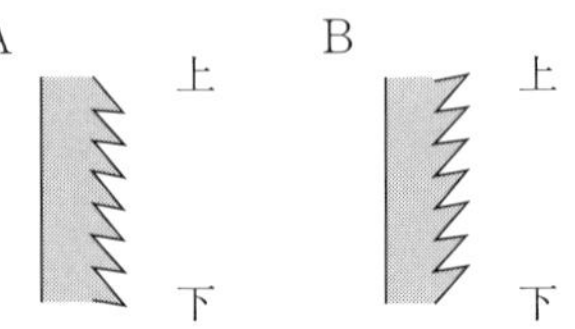

(2) 板に切り込みを入れず，くり抜くときはどのようにすればよいか。

(3) 電動糸のこぎりを安全に使用するための留意点を2つ，簡潔に述べよ。

30 ☆☆

木工作について，次の各問いに答えよ。

(1) 柾目板，板目板のうち，どちらの方が反りやすいか。

(2) 一枚の板から寸法を考えて部品の線引きをすることを何というか。

(3) 木材を塗装する際，との粉を水に溶いて板にすり込むことを何というか。

(4) 紙やすりは，番号が大きいものほど目がどのようになるか。

31 ☆☆

次の文は，小学校の図画工作の時間に用いる道具の扱いについて述べたものである。適切なものを選べ。

① はさみで紙を円形に切り取るときは，紙をしっかり持って動かさないようにし，はさみを左右に動かし円を描くように切るとよい。

② 木材を木ねじで接合する際，下穴をあけるのには摩擦抵抗が少なく扱いやすい四つ目ぎりを使うとよい。

③ 厚紙などの直線切りにカッターナイフを使用する場合，カッターナイフを定規などにあてがい，ぐらつかないようにしてゆっくり切る。

④ 目打ちは，針が細長く，重ねた紙の穴あけに適している。

⑤ げんのうでくぎを打つとき，打ち始めは丸い面を使い，打ち終わりは平らな面を使う。

32 ☆

色彩に関する次の文の空欄にあてはまる語句を入れよ。

(1) 色には，色味を表す(A)，明るさの度合いを表す(B)，鮮やかさの度合いを表す(C)があり，この3つを色の(D)という。

(2) 色の三原色は赤紫色・緑みの青色・(E)で，この三色を混合すると(F)に近い色になる。

(3) 白・黒・灰色のように色味をもたない色を(G)という。

(4) 純色に白または黒だけを混ぜた色を(H)という。

33 ☆

次の図を見て，各問いに答えよ。

(1) 図のように，よく似た色合いの純色を並べた環のことを何というか。

(2) 青紫と黄のように，互いに向かい合う色のことを何というか。

(3) 色相の中でもっとも彩度が高い色のことを何というか。

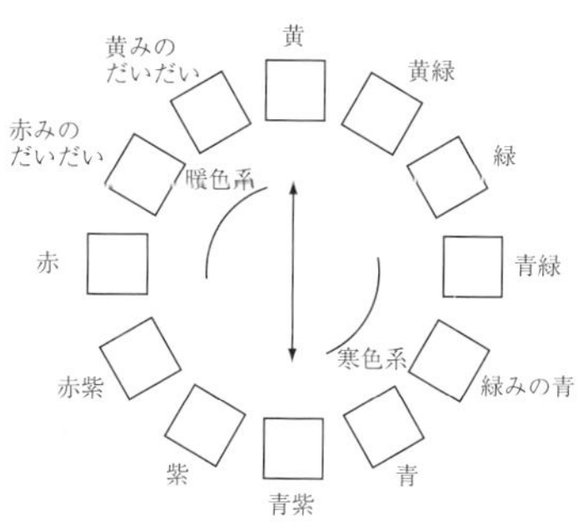

34 ☆☆

色彩の配色の効果に関する記述として，誤っているものを選べ。

① 低彩度の色どうしを組み合わせると，地味で落ち着いた感じがする。

② 高明度の色どうしを組み合わせると，明るく軽い感じになる。

③ 同じ明度の色でも，暗い中では明るく，明るい中では暗く感じて見える。

④ 補色関係にある色を組み合わせると最も目立つ配色になる。

⑤ 同じ大きさの色面でも，暖色系で明度や彩度の高い色は，一般に収縮したり後退したりして見える。

35 ☆

次の文は，モダンテクニックについての説明である。それぞれの技法名をカタカナで答えよ。

(1) 紙の上に多めの水で溶いた絵の具を落とし，吹いたり傾けたりして模様を作る。

(2) 紙や布，その他のいろいろな材料を貼って画面を構成する。

(3) 紙の上に絵の具をたらし，上から他の紙を押し当てて模様を作る。紙を二つに折ると対称な形ができる。

(4) クレヨンやろうで絵や図柄を描き，その上から多めの水で溶いた水彩絵の具で彩色する。

(5) 水面に墨や油性の絵の具を落とし，水面にできた模様を紙に写し取る。

(6) 鉛筆やコンテなどで，ものの上からこすり，表面の様子を紙に写し取る。

(7) 絵の具のついたブラシで網をこすり，霧吹きのような効果を出す。

(8) 塗り重ねたクレヨンなどの上から，とがったものでひっかいて下の色が出てくるようにする。

36 ☆☆

次の図にあてはまる美の秩序（構成美の要素）をア〜オから選び，記号で答えよ。

(1)

(2)

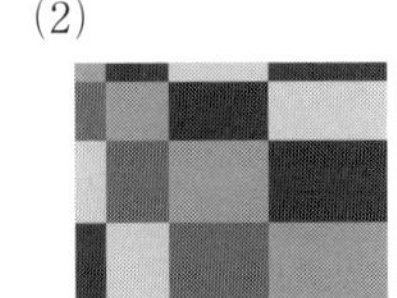

(3)

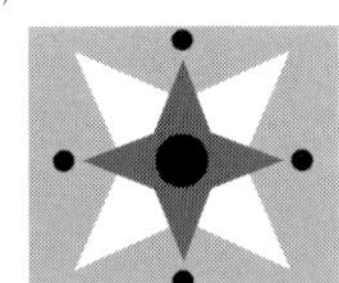

ア．シンメトリー　イ．コントラスト　ウ．プロポーション
エ．リピテーション　オ．グラデーション

37 ☆

書体について，次の各問いに答えよ。

⑴　横線が細くて縦線が太く，横線の右端には「うろこ」とよばれる三角形の山形がある書体を何というか。

⑵　横線，縦線とも太さはほぼ同じで，タイトルや見出しによく使われる書体を何というか。

38 ☆☆

ポスターの製作に関する次の記述の空欄にあてはまる語句をア～オから選び，記号で答えよ。

⑴　文字やイラストなどを効果的に配置・構成することを（　A　）という。

⑵　一目で何を伝えたいのかがわかるようにするため，（　B　）や色の構成，美しさに工夫を凝らすようにする。

⑶　内容をイメージ・アップする（　C　）を工夫する。

ア．デザイン　　イ．コピー　　ウ．ロゴ
エ．レイアウト　　オ．レタリング

39 ☆☆

次の文のうち，正しいものを選べ。

①　金属の素地にガラス質の釉薬をのせ焼成した工芸品を張子という。

②　ドライポイントは平版である。

③　粘土を水で溶かしたものを「どべ」といい，粘土で作った作品のつやを出すために表面に塗る。

④　色相環の中で互いに向かい合った位置にある色を補色といい，紫の補色は黄緑である。

⑤　紙や布，ひもなど材質の異なるものを貼って画面を構成する技法をフロッタージュという。

⑥　板に切り込みを入れ，細かい溝や輪郭，文字などを彫るのに用いる彫刻刀は，三角刀である。

3 鑑賞

●解答解説P496～498

●傾向と対策

重要度：A

作家と作品名を結びつける問題が圧倒的に多い。日本では，葛飾北斎，尾形光琳，喜多川歌麿，東洲斎写楽，歌川（安藤）広重，黒田清輝，西洋では，ミレー，モネ，セザンヌ，ゴッホ，ピカソの出題率が高い。実際の絵画とともに覚えておくようにしよう。

40 ☆

次の作品の作者名を答えよ。

(1)

(2)

(3)

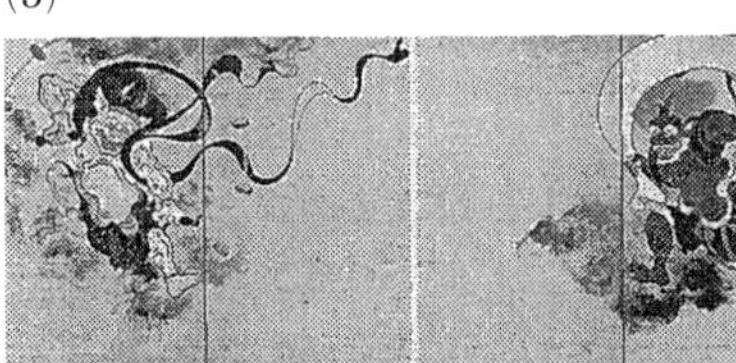

(4)

(5)

41 ☆

次の日本の絵画の作者をア～コから選び，記号で答えよ。

(1) 東海道五十三次「庄野」

(2) 「唐獅子図屏風」

(3) 「麗子像」

(4) 「見返り美人図」

(5) 「収穫」

ア．尾形光琳　イ．長谷川等伯　ウ．狩野永徳
エ．菱川師宣　オ．歌川（安藤）広重　カ．狩野芳崖
キ．鈴木春信　ク．岸田劉生　ケ．横山大観
コ．浅井忠

42 ☆☆

次の文にあてはまる人物名を答えよ。

(1) 室町時代に日本水墨画を大成し，墨の濃淡で立体感を表して筆の輪郭線も併用する破墨法という用法を用い「秋冬山水図」などを描いた。

(2) 江戸時代に，流水の曲線で画面を分割し，左右に紅白の梅を配置した大胆な構図の「紅白梅図屏風」を描いた。

(3) 江戸時代に，上半身を大きく描く大首絵という手法を開拓し，「ポッピンを吹く女」など鮮やかな色彩で女性の美しさを表現した。

(4) 江戸時代に変化に富んだ日本の四季の風景を，きわめて叙情的に風景版画として表した。代表作「名所江戸百景・大はしあたけの夕立」は，浮世絵に魅せられたゴッホがその秘密を解き明かそうと油絵で模写しようとしたほどの作品である。

(5) 明治時代の洋画家で，紺碧の海を背景に大魚をかつぐ漁師の裸像群を描いた「海の幸」が有名である。

(6) 1970年に大阪で開催された万国博覧会のシンボルである『太陽の塔』を制作した。

43 ☆☆

日本の美術に関する次の記述の空欄にあてはまる語句を入れよ。

(1) (　A　)の中門を入ると，右に金堂，左に五重塔が，回廊，講堂などに囲まれて建っており，金堂と五重塔は世界最古の木造建築物である。

(2) 月光菩薩像は奈良時代に造られたもので，(　B　)に安置されている。

(3) 奈良の興福寺にある(　C　)像は，仏を守る八部衆の一人で，顔が3面，腕が6本ある。

(4) 室町時代に建立された慈照寺銀閣は，上層は禅宗様，下層は(　D　)で造られている。

(5) 室町時代に中国から伝わった造園法の一種で，水を使わず砂と石だけで山水を表したものを(　E　)という。

(6) (　F　)は安土桃山時代の代表的な城で，別名「白鷺城」とよばれ，連立式天守閣をもつ。

44 ☆☆

西洋の建築物に関する次の記述の空欄にあてはまる語句をア～カから選び，記号で答えよ。

(1) アクロポリスの丘に建つ(　A　)は，大理石で造られ，エンタシスや溝掘りをもつ柱が特徴である。

(2) 高い尖塔と，ガラスに絵や模様を表現したステンドグラスが特徴的なノートルダム大聖堂は，(　B　)様式の代表的な建築物である。

(3) 開口部の小さい荘厳な石造りや円型アーチをもつのが特徴的なピサ大聖堂は，(　C　)様式の代表的な建築物である。

(4) ローマ時代には，壮大な建築物の空間を最大限に生かすアーチ構造がとり入れられ，その代表的な建築物である(　D　)は円形闘技場として利用された。

ア．ビザンツ　イ．ゴシック　ウ．ロマネスク
エ．コロッセウム　オ．パルテノン神殿　カ．クノッソス宮殿

45 ☆

次の作品の作者名を答えよ。

(1) (2) (3)

(4) (5) (6)

46 ☆

次の画家の作品をア～クから選び，記号で答えよ。

(1) レンブラント
(2) ミケランジェロ
(3) ルノワール
(4) ボッティチェリ
(5) ドラクロワ
(6) レオナルド＝ダ＝ヴィンチ

ア．最後の審判　　イ．春
ウ．ひまわり　　エ．ムーラン・ド・ラ・ギャレット
オ．モナ＝リザ　　カ．夜警
キ．美しい女庭師　　ク．民衆を率いる自由の女神

47 ☆☆

次の文にあてはまる人物名を答えよ。

(1) エコール・ド・パリの画家で，童話の詩情にあふれ，自由に飛翔した幻想的な画風を生み出した。代表作に「私と村」「エッフェル塔の結婚式」「青いサーカス」などがある。

(2) 印象派の創始者で，主題をその時代のできごとや日常的な事柄から選び，単純色を使って大まかに描く手法をとる。代表作に「笛を吹く少年」「オランピア」「草上の食事」などがある。

(3) 新印象派の画家で，規則的な点描によって画面を作り上げる手法を生み出し，詩情溢れる作品を描いた。代表作に「グランド・ジャット島の日曜日の午後」がある。

(4) 素朴派の画家で，写実と幻想の交錯する独創的なスタイルを樹立し，その幻想的な作風は後にピカソやゴーギャンらの支持を集めた。代表作に「蛇使いの女」がある。

(5) 後期印象派の画家で，静物画に力を注ぎ，安定した建築的構図や青と橙色を基調とする明快な色彩感覚などを特徴とする。「サント・ヴィクトワール山」はその後の立体派に影響を与えた。

48 ☆☆

次の画家の属する流派をア～キから選び，記号で答えよ。

(1) ゴッホ

(2) ミレー

(3) ピカソ

(4) ドガ

(5) ダリ

ア．自然主義　　イ．ロマン主義　　ウ．印象派

エ．後期印象派　　オ．抽象派　　カ．キュビスム

キ．シュールレアリスム

49 ☆☆☆

西洋の美術に関する次の文の空欄にあてはまる語句を入れよ。

(1) 17 世紀の美術はバロックとよばれ，スペインの画家(　A　)は壮大な宗教画や肖像画を数多く残し，中でも「受胎告知」「牧者礼拝」が有名である。

(2) 写実主義の画家(　B　)は，自然や現実を尊重し，観察したものを客観的に描写した。代表的な作品に油彩の「波」がある。

(3) シュールレアリスムの画家(　C　)は，日常的事物やイメージを超現実的に組み合わせ，詩的な幻想空間を描いた。代表作には「ピレネーの城」「物の力」「無謀な企て」などがある。

(4) (　D　)派は，光の変化に応ずる色調の変化や空気のゆれ動きを，主観的感覚により明るい色彩で表現した。代表的な画家として，モネやルノワールらがいる。

(5) 抽象派は，対象を直線的につかみ，想像力により形や色を再構成して表現した。代表的な画家として，キュビスムの影響を受けたモンドリアンや，抽象表現主義の創始者である(　E　)らがいる。

8
家庭

Open Sesame

学習指導要領

●解答解説P499

●傾向と対策

重要度：B

学習指導要領については，教科目標をはじめ，各学年の内容及び内容の取扱い，「指導計画の作成と内容の取扱い」の空欄補充問題に対応できるようにしておきたい。そのため，キーワードを中心に各々の語句を確実に覚えておく必要がある。中でも，内容の取扱いの「実習の指導」については，配慮事項などを記述する問題もみられるため，細かい内容についても理解しておくようにしよう。

1 ☆☆

次の文は，小学校学習指導要領「家庭科」の「改訂の要点」の一部である。空欄に適語を入れよ。

従前のA，B，C，Dの四つの内容を「A家族・家庭生活」，「B（　①　）の生活」，「C消費生活・（　②　）」の三つの内容としている。A，B，Cのそれぞれの内容は，生活の営みに係る見方・考え方に示した主な視点が共通している。

また，これらの三つの内容は，（　③　）と（　④　）の視点から学校段階別に学習対象を整理している。小学校における（　③　）の視点は，主に自己と家庭，（　④　）の視点は，現在及びこれまでの生活である。

2 ☆

次の文は，小学校学習指導要領「家庭科」の目標である。空欄にあてはまる語句をア～クから選び，記号で答えよ。

生活の営みに係る見方・考え方を働かせ，衣食住などに関する実践的・（　A　）な活動を通して，生活をよりよくしようと工夫する資質・能力を次のとおり育成することを目指す。

(1) 家族や家庭，衣食住，消費や環境などについて，（　B　）に必要な基礎的な理解を図るとともに，それらに係る技能を身に付けるようにする。

(2) （　B　）の中から問題を見いだして課題を設定し，様々な解決方法を考え，実践を評価·改善し，考えたことを表現するなど，課題を解決する力を養う。

⑶　（　C　）を大切にする心情を育み，家族や地域の人々との関わりを考え，（　D　）として，生活をよりよくしようと工夫する実践的な態度を養う。

ア．家庭生活　イ．日常生活　ウ．体験的　エ．問題解決的
オ．自立　カ．個人　キ．家族の一員　ク．集団の一員

3 ☆☆

次の文は，小学校学習指導要領「家庭科」の内容の「B衣食住の生活」の「⑵　調理の基礎」の指導事項である。空欄にあてはまる語句をa～qから選び，記号で答えよ。

次のような知識及び技能を身に付けること。

㈠　調理に必要な材料の分量や（　A　）が分かり，調理計画について理解すること。

㈡　調理に必要な用具や食器の安全で（　B　）な取扱い及び（　C　）の安全な取扱いについて理解し，適切に使用できること。

㈢　材料に応じた（　D　），調理に適した切り方，味の付け方，盛り付け，配膳及び後片付けを理解し，適切にできること。

㈣　材料に適したゆで方，（　E　）を理解し，適切にできること。

㈤　伝統的な日常食である（　F　）及び（　G　）の調理の仕方を理解し，適切にできること。

a．手順　b．必要量　c．煮方　d．いため方
e．焼き方　f．洗い方　g．選び方　h．野菜いため
i．みそ汁　j．粉ふきいも　k．目玉焼き　l．米飯
m．衛生的　n．清潔　o．加熱用調理器具
p．レンジ　q．こんろ

4 ☆

次の文は，小学校学習指導要領「家庭科」の内容の「B衣食住の生活」の指導事項である。空欄にあてはまる語句をa～kから選び，記号で答えよ。

⑸　生活を豊かにするための（　A　）を用いた製作

ア　次のような知識及び技能を身に付けること。

㈠　製作に必要な材料や手順が分かり，（　B　）について理解すること。

㈡　（　C　）やミシン縫いによる目的に応じた（　D　）及び用具の（　E　）について理解し，適切にできること。

a．手縫い　b．直線縫い　c．針　d．繊維
e．布　f．縫い方　g．使い方　h．製作計画
i．選択　j．安全な取扱い　k．使用

5 ☆☆

次のア～クのうち，小学校学習指導要領「家庭科」において，学習の効果を高めるため，2学年間にわたって取り扱い，平易なものから段階的に学習できるよう計画することとされているものをすべて選べ。

ア．家庭生活と仕事　イ．食事の役割
ウ．生活を豊かにするための布を用いた製作
エ．快適な住まい方　オ．調理の基礎
カ．物や金銭の使い方と買物
キ．栄養を考えた食事　ク．環境に配慮した生活

6 ☆☆

次の文は，小学校学習指導要領「家庭科」の「内容の取扱い」の一部である。空欄に適語を入れよ。

○　「B衣食住の生活」については，次のとおり取り扱うこと。

・日本の（　A　）な生活についても扱い，生活文化に気付くことができるよう配慮すること。

・(3)「栄養を考えた食事」のアの(ア)については，（　B　）と食品の体内での主な働きを中心に扱うこと。(ウ)については，献立を構成する要素として主食，主菜，副菜について扱うこと。

・食に関する指導については，家庭科の特質に応じて，（　C　）の充実に資するよう配慮すること。また，第4学年までの食に関する学習との関連を図ること。

・(6)「快適な住まい方」のアの(ア)については，主として暑さ・寒さ，通風・換気，（　D　），及び音を取り上げること。暑さ・寒さについては，(4)「衣服の着用と手入れ」のアの(ア)の日常着の快適な着方と関連を図ること。

○　「C消費生活・環境」については，次のとおり取り扱うこと。

・(1)「物や金銭の使い方と買物」については，内容の「A家族・家庭生活」の(3)「家族や地域の人々との関わり」，「B衣食住の生活」の(2)「調理の基礎」，(5)「生活を豊かにするための布を用いた製作」及び(6)「快適な住まい方」で扱う用具

や(　E　)などの身近な物を取り上げること。

・(2)「環境に配慮した生活」については，内容の「B衣食住の生活」との関連を図り，(　F　)に学習できるようにすること。

7 ☆☆

次の文は，小学校学習指導要領「家庭科」の「指導計画の作成と内容の取扱い」における実習の指導に関する配慮事項である。空欄に適語を入れよ。

(1)　施設・設備の安全管理に配慮し，学習環境を整備するとともに，(　A　)や用具，機械などの取扱いに注意して(　B　)の指導を徹底すること。

(2)　(　C　)を整え，衛生に留意して用具の手入れや(　D　)を適切に行うこと。

(3)　調理に用いる食品については，(　E　)は扱わないなど，(　F　)に留意すること。また，食物アレルギーについても配慮すること。

8 ☆

小学校学習指導要領における家庭科の第5学年，第6学年それぞれの年間授業時数を答えよ。

衣生活

●解答解説P500～503

●傾向と対策

重要度：A

衣生活については，繊維の種類と特徴，洗濯表示，布を用いた製作の基本として，なみ縫い，返し縫い，かがり縫い等の縫い方や，まち針のとめ方，ミシンの取扱いに関する出題が多い。それぞれの基本的な事項を確実に理解しておくようにしよう。

9 ☆☆

衣服の機能と購入について，次の各問いに答えよ。

(1) 衣服の働きにはどのようなものがあるか，3つ挙げよ。

(2) 寒さに対しての着方の工夫を簡潔に述べよ。

(3) 既製服を選ぶときに留意することを1つ挙げよ。

10 ☆

次の図は織物の三原組織を示したものである。それぞれの組織の名称を答えよ。また，代表的な織物名をそれぞれア～オからすべて選び，記号で答えよ。

(1)

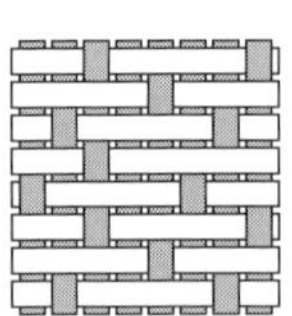

(2)

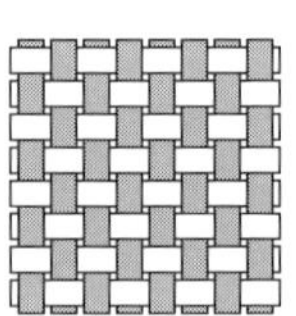

(3)

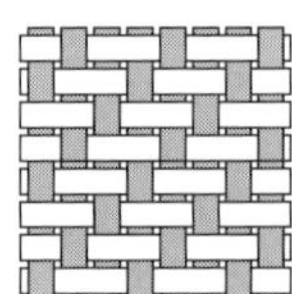

ア．ギンガム　　イ．デニム　　ウ．サテン

エ．サージ　　オ．ブロード

11 ☆

次の説明にあてはまる繊維をア～クから選び，記号で答えよ。

(1) 吸湿性，吸水性が大きいが，しわになりやすく，水に濡れると強度が著しく低下する。

⑵　保温性･吸湿性に富むが，水で洗うと縮みやすく，日光やアルカリに弱い。
⑶　アルカリや熱に強く，吸水性･吸湿性に優れている反面，しわになりやすい。
⑷　ゴムのように伸縮性が大きく丈夫だが，塩素系漂白剤で黄変する。
⑸　しわになりにくく摩擦や引っ張りに強く，燃やすと，溶けながら黒い煙を出して燃え，黒褐色の硬いかたまりが残る。
⑹　しなやかな感触で光沢に富むが，塩素系漂白剤や紫外線，アルカリに弱い。

ア．アクリル　イ．ポリエステル　ウ．レーヨン　エ．絹
オ．ナイロン　カ．ポリウレタン　キ．綿　ク．毛

12 ☆

次の図は，洗剤の働きを示したものである。次の各問いに答えよ。

A

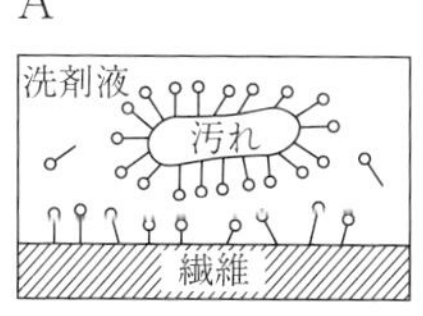

B

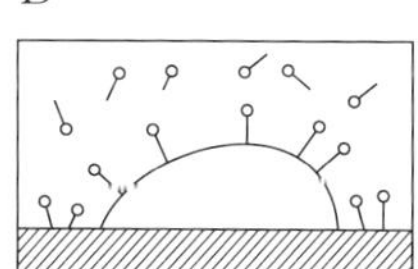

C

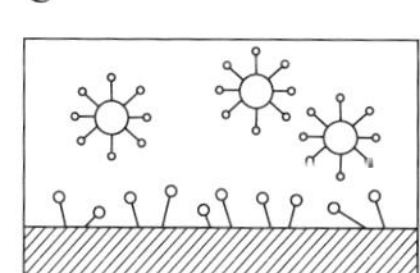

D

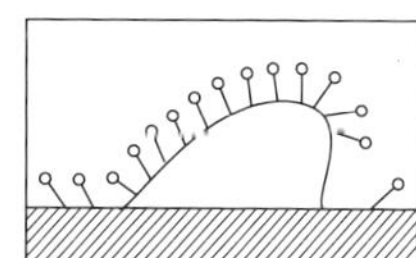

⑴　汚れの落ちる順にA～Dを並べ替えよ。
⑵　A～Dの作用の説明としてあてはまるものをア～エからそれぞれ選び，記号で答えよ。

ア．界面活性剤の親油基が汚れの表面に吸着する。
イ．汚れが再び繊維に付着するのを防ぐ。
ウ．界面活性剤が，汚れと繊維との間に入る。
エ．汚れを包み，水流により繊維から汚れを引き離す。

13 ☆☆

洗濯について，次の各問いに答えよ。
⑴　洗剤の標準使用量とは何か，簡潔に説明せよ。
⑵　手洗いをするときの水の量は，洗濯物の重さの何倍が適切か，次から選び，記号で答えよ。

ア．2～3倍　イ．5～10倍　ウ．10～20倍

⑶　洗浄作用で落ちない汚れを酸化還元して除去する方法を何というか。
⑷　環境に配慮した洗濯の仕方を1つ挙げよ。

(5) 毛100％のセーターを手洗いで洗濯する場合，どの液性の洗剤を使い，どのような干し方をするのが適切か。

14 ☆☆

次の洗濯表示記号を見て，次の各問いに答えよ。

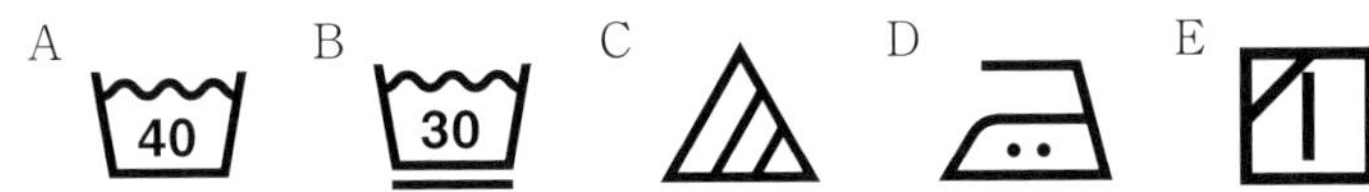

(1) 繊維製品に関して，上のような表示を行うことは，何という法律に基づいて定められているか。

(2) A～Eの洗濯表示記号の意味をそれぞれ答えよ。

15 ☆☆

しみは時間が経つと落ちにくくなったり，布地が変色したりするため，すぐに落とす必要がある。カレー，ガム，墨汁，血液がついたときに行うしみ抜きの方法として適切なものを次からそれぞれ選び，記号で答えよ。

ア．歯ブラシや綿棒に水を含ませ，軽くたたくようにする。
イ．歯ブラシや綿棒に湯を含ませ，軽くたたくようにする。
ウ．中性洗剤をつけた歯ブラシでたたくか，つまみ洗いをする。
エ．練り歯みがきをつけて，流水でもみ洗いをする。
オ．氷で冷やして，つめではがす。

16 ☆

次の繊維に適したアイロン仕上げの表示記号をア～ウからそれぞれ選び，記号で答えよ。

(1) 毛
(2) 綿
(3) アクリル

ア

イ

ウ

17 ☆

次の図は布の縫い合わせ方を示したものである。それぞれの縫い方の名称を答えよ。

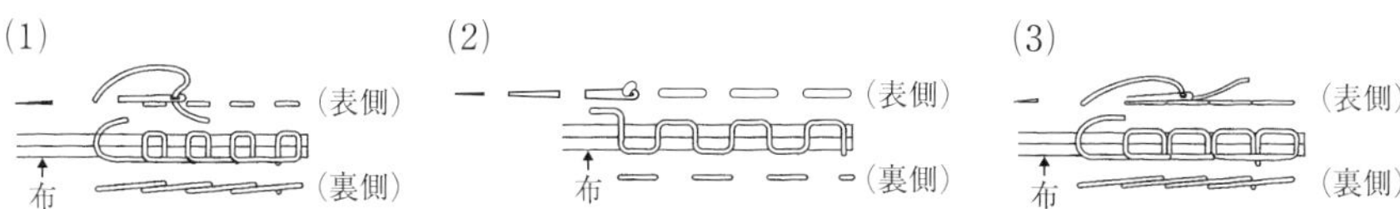

18 ☆☆

裁縫の基本に関する次の各問いに答えよ。

(1) 次のうち，まち針のとめ方として正しいものを選べ。

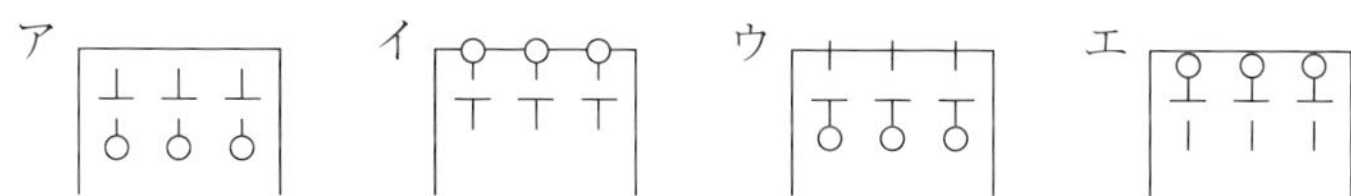

(2) 次に示したＡ～Ｃの縫い代のしまつの名称を答えよ。また，それぞれの用法をア～ウより選び，記号で答えよ。

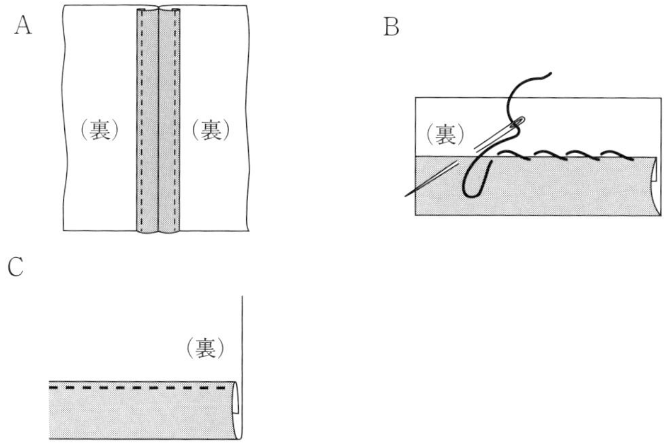

ア．スカートやワンピースのすそやそで口など，表に針目を目立たせたくないときに用いる。

イ．薄い布地や肩・脇などの縫い代のしまつに用いる。

ウ．そで口，すそなどを丈夫にするときに用いる。

19 ☆

ボタンをつける際，図のように糸をゆるめて3回ほど糸を巻くが，アの部分の長さは何を基準に決められるか。

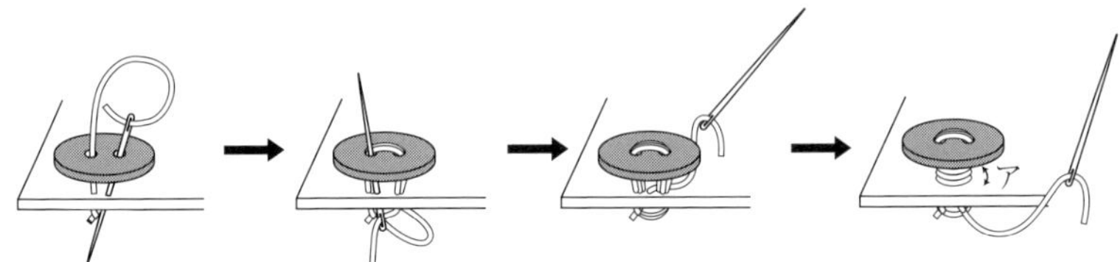

20 ☆☆

生活に役立つ物を手縫いで製作する際，次のものについて安全に取り扱うようにするために指導すべきことをそれぞれ具体的に1つ挙げよ。

(1) 針

(2) はさみ

(3) ミシン

21 ☆☆

ミシンについて，次の各問いに答えよ。

(1) 厚地の布を縫う際に使用するミシン針として適切なものを次から選び，記号で答えよ。

ア．7番　　イ．9番　　ウ．11番　　エ．14番

(2) 上糸のかけ方について，次のア～オを正しい順序になるよう並べ替えよ。

糸立て棒→{ア．糸案内板　　イ．天びん　　ウ．針棒糸かけ　　エ．糸かけ〔上〕　　オ．糸かけ〔下〕}→　針穴

(3) 右の図のA～Dの名称を答えよ。

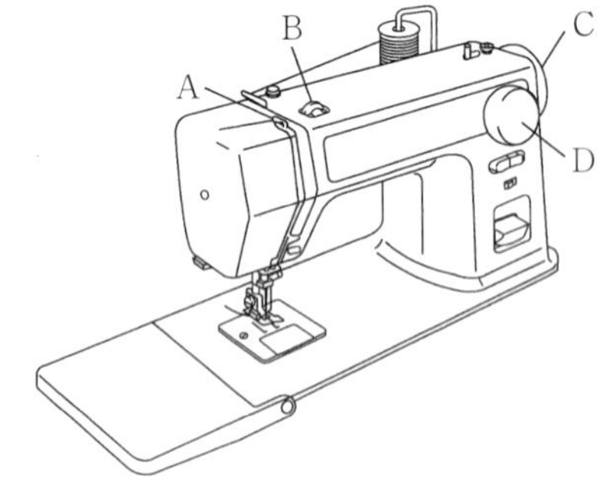

⑷　ミシンの縫い目が下図のようであったとき，⑶の図のBの装置の目盛りを大小どちらの方に回せばよいか。

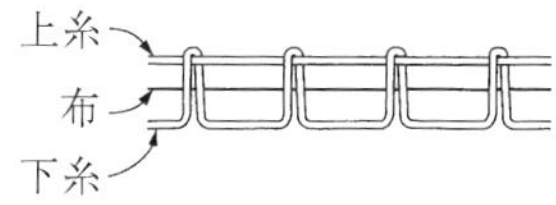

⑸　ミシン縫いの手順に関する次の記述の空欄にあてはまる語句をア～ケから選び，記号で答えよ。ただし，同じ語句を2度使ってもよい。

・ミシン縫いをするときは，体が(　A　)の正面にくるように座る。
・縫い始めは，布をおさえの下に置き，上糸と下糸をそろえておさえの(　B　)に出す。
・縫い始めと縫い終わりには，(　C　)をして糸をほつれにくくする。
・角を縫うときは，ミシンをとめて，はずみ車を回して針を(　D　)，針をさしたままおさえを(　E　)て，針を軸にして布を回す。
・縫い終わりには，布を(　F　)に引き出し，糸を15cmくらい残して切る。
・ミシン縫いの練習で，糸をかけずに縫うことを(　G　)という。

ア．針棒　イ．糸立て棒　ウ．手前　エ．向こう側
オ．上げ　カ．下げ　キ．から縫い　ク．返し縫い
ケ．二度縫い

22 ☆

ミシン縫いの際，次のようなことが起こった場合，その主な原因として考えられるものをア～カから1つずつ選び，記号で答えよ。

⑴　上糸が切れる。
⑵　針が折れる。
⑶　針棒が動かない。

ア．針止めねじがゆるんでいる。
イ．送り調節ダイヤルの目盛りが0になっている。
ウ．かまの中にほこりや糸くずがつまっている。
エ．送り歯の高さが低すぎる。
オ．上糸調節装置をしめすぎている。
カ．ボビンケースにほこりや糸くずがつまっている。

23 ☆☆

ナップザック型の袋の製作について，次の各問いに答えよ。

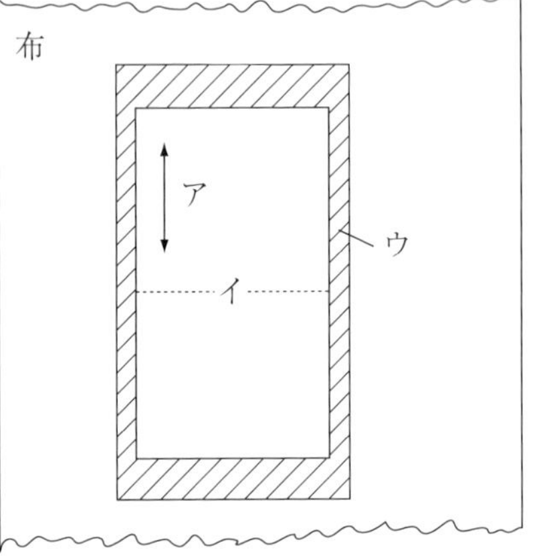

(1) 右の図のように，型紙を布の上に置いた。矢印アは布の何を示しているか。また，イ，ウの部分はそれぞれ何というか答えよ。

(2) 右の図のように，型紙を配置した児童に助言すべきことを答えよ。

(3) 製作する順序について，次のア～カを正しい手順になるように記号を並べ替えよ。

ア．布を必要な大きさに合わせて裁つ。

イ．底から口あきどまりまで，脇を縫う。

ウ．ひもを通す。

エ．布の裏にしるしをつける。

オ．口あきどまりを縫う。

カ．出し入れ口を縫う。

(4) この製作に当たって児童が材料の布を選択する際，どのように助言するか。具体的に3つ答えよ。

3 食生活

●解答解説P503～507

●傾向と対策

重要度：A

小学校段階で学習する栄養素の働きや6つの基礎食品群，米飯やみそ汁，野菜などの日常食の調理に関してが頻出事項である。基本的な事項を中心に問われることが多いため，それらの内容を確実に把握しておくようにしよう。

24 ☆

食品は体内での主な働きにより，次の3つのグループに分けられる。これについて，各問いに答えよ。

（A）　主に（　a　）のもとになるもの

（B）　主に体をつくるもとになるもの

（C）　主に体の調子を整えるもとになるもの

(1)　空欄aにあてはまる語句を答えよ。

(2)　次のア～ケの食品を（A）～（C）のグループに分類し，記号で答えよ。

ア．みそ　　イ．バター　　ウ．米　　エ．たまねぎ　　オ．砂糖

カ．牛乳　　キ．リンゴ　　ク．豆腐　　ケ．しいたけ

25 ☆

次の文は，食品中に含まれる5大栄養素について述べたものである。それぞれの栄養素の名前を答えよ。

(1)　モノグリセリドなどの物質に分解されてエネルギー源となり皮下にも蓄えられて体温を保つほか，細胞膜の構成成分となるなど，体の組織をつくる働きもある。

(2)　体内で分解されて主にぶどう糖になり，エネルギー源として使われる。

(3)　主に体の調子を整える働きをし，他の栄養素の働きを助ける。

(4)　骨や歯，血液をつくるもととなるものが含まれている。

(5)　筋肉や血液，臓器，皮膚など体の組織をつくるもとになり，アミノ酸など

が含まれている。

26 ☆☆

次の表は，児童が考えた朝食の料理名と主な食品を示したものである。これについて，次の各問いに答えよ。

料理名	主な食品
ご飯	白米
みそ汁	みそ，豆腐，油揚げ，ねぎ
ハムエッグ	ハム，卵，バター
野菜サラダ	トマト，レタス，フレンチソース

(1) ハムに含まれている主な栄養素は，体内で主にどのような働きをするか。

(2) 5大栄養素のうち，この朝食に欠けている主な栄養素を答えよ。ただし，だしに使う食品は考えないものとする。

(3) この朝食に不足しているものを補い，栄養のバランスをよくするにはどうしたらよいか。次から選び，記号で答えよ。

ア．みそ汁にわかめを入れる。

イ．みそ汁にじゃがいもを入れる。

ウ．野菜サラダにキャベツを入れる。

エ．野菜サラダにブロッコリーを入れる。

オ．みかんを加える。

27 ☆☆

日常の食事について，「調和のよい食事」とは，どのような食事のことを意味しているか2つ答えよ。

28 ☆☆

6つの基礎食品群について，次の各問いに答えよ。

(1) 次のA～Dについて，それぞれア～エから主な栄養素がほかの3つと異なる食品を選び，記号で答えよ。また，3つの食品に共通する主な栄養素の名前を答えよ。

A　ア．牛乳　イ．わかめ　ウ．しらす干し　エ．かまぼこ

B　ア．あじ　イ．豆腐　ウ．米　エ．卵

C　ア．きゅうり　イ．にんじん　　ウ．トマト　　エ．ほうれんそう
D　ア．バター　　イ．マヨネーズ　ウ．チーズ　　エ．コーン油

(2)　次の献立に関する記述として，正しいものを選べ。

ご飯，卵スープ，ひじきの炒め煮， 豚肉とキャベツのみそ炒め

①　たんぱく質が不足しているので，納豆を補う。
②　脂質が不足しているので，いかの辛子マヨネーズあえを補う。
③　無機質が不足しているので，きゅうりとしらす干しの酢のものを補う。
④　ビタミンCが不足しているので，いちごを補う。
⑤　カロテンが不足しているので，青菜のごまあえを補う。

29 ☆☆

ビタミンの生理作用とそれを多く含む食品について，次の(1)～(5)のビタミンに適するものを選び，記号で答えよ。また，それぞれの欠乏症も答えよ。

(1)　ビタミンA　　(2)　ビタミンD　　(3)　ビタミンB_1
(4)　ビタミンB_2　　(5)　ビタミンC

〈生理作用〉　ア．骨や歯の発育を助ける。カルシウムの吸収を促進する。
イ．血管を丈夫にし，傷の回復を早める。
ウ．目の働きを助け，皮膚や粘膜を健全に保つ。
エ．炭水化物の代謝を助ける。
オ．エネルギー代謝に必要で，発育を促進する。

〈食　　品〉　a．魚類，きのこ類，卵黄，肝油
b．卵，豆類，レバー，チーズ
c．野菜，果物，いも類
d．レバー，うなぎ，バター，卵黄，緑黄色野菜
e．胚芽，豚肉，豆類

30 ☆

右の配膳図のA～Dにア～エの献立をあてはめよ。

ア．筑前煮　　イ．ご飯
ウ．吸い物　　エ　きゅうりとしらす干しの酢の物

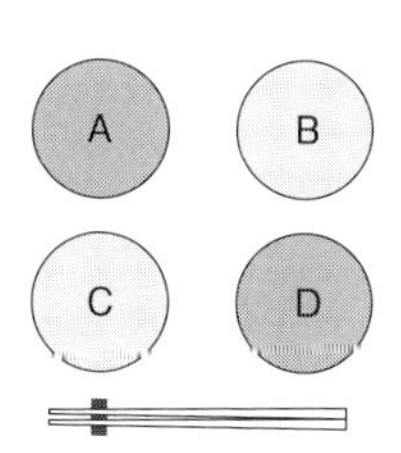

31 ☆☆

米飯について，次の各問いに答えよ。

(1) 米の特性に関する次の記述の空欄にあてはまる語句・数値を入れよ。

・米の胚乳部分の主な栄養素は(　A　)である。

・精白する前の米を(　B　)といい，(　B　)から胚芽と(　C　)層を取り除くと精白米となる。精白すると，ビタミン(　D　)含量が少なくなる。

・米に水と熱を加えると(　E　)し，味と消化がよくなる。逆に，冷えると(　F　)し，硬く粘り気がなくなる。

(2) 米を炊くときの水加減について，米80gに対して水は何mL必要か。

(3) 米を炊くとき，米を水に浸す時間はどれぐらいが適切か。また，吸水させるのはなぜか答えよ。

(4) 米の炊き方について，次の表の空欄にあてはまる語句・数値を入れよ。

点火	沸とう	水がひく	消火　蒸らす
(　A　)火	(　B　)火	(　C　)火	
約2～5分間	約5～7分間	約15分間	約(　D　)分間

32 ☆☆

みそ汁について，次の各問いに答えよ。

(1) みその原料を大豆以外に2つ答えよ。

(2) みそ汁の分量について，次の記述の空欄にあてはまる数値を入れよ。

みそ汁を作る場合の水の量は，1人分150mL＋蒸発分(　A　)mLで，それに対するみその量(塩分濃度12％の場合)は(　B　)gが適切である。

(3) 家庭科の調理実習で，大根と油あげのみそ汁を作ることにした。その手順として次のア～キを正しい順に並べ替えよ。

ア．材料を切る。　イ．大根を入れる。
ウ．煮干しをちぎって鍋に入れる。　エ．油あげを入れる。
オ．みそを入れる。　カ．鍋を火にかける。
キ．沸騰したら火を消す。

33 ☆☆☆

野菜の調理について，次の各問いに答えよ。

(1) 可食部100g当たり600μg以上のカロテンを含む野菜類を何というか。また，カロテンは体内に入ると何に変わるか。

(2) 野菜を油で炒める調理法とゆでる調理法とを比較し，油で炒める調理法のよさを2つ挙げよ。

(3) ほうれん草をゆでるときのポイントを2つ書け。

(4) 次の文の(　　)内のア，イのうち，適切なものを選び，記号で答えよ。

A．にんじんやじゃがいもなどの根菜類をゆでるときは，材料を(ア．水の段階から　　イ．沸騰段階から)入れる。

B．野菜を炒めるときは，(ア．弱火　　イ．強火)にする。

C．あえものは,下ごしらえをした材料を(ア．すぐに　　イ．食べる直前に)あえる。

34 ☆☆

じゃがいもについて，次の各問いに答えよ。

(1) じゃがいもに最も多く含まれている栄養素は何か。

(2) じゃがいもの芽に含まれている毒素を何というか。

(3) じゃがいもについての次の記述のうち，正しいものを選べ。

① 切ったじゃがいもをそのままにしておくと褐変するため，切った後，塩水につけておく。

② 粉ふきいもに適しているのは，メークインである。

③ じゃがいもに含まれているビタミンCは，熱によって壊れやすい。

④ じゃがいもの成分のうち，水分が約80％を占める。

⑤ じゃがいもの廃棄率は約25％である。

35 ☆☆

卵について，次の各問いに答えよ。

(1) 卵Mサイズ1個の重量はおよそ何gか。

(2) 卵の殻には食中毒を起こす菌がつきやすい。その菌を次から選べ。

ア．腸炎ビブリオ　イ．ブドウ球菌　ウ．病原性大腸菌

エ．ボツリヌス菌　オ．サルモネラ菌

(3) かたゆで卵を作る場合，沸騰後およそ何分ぐらいゆでればよいか。また，ゆで上がった後，水につけて冷ますのはなぜか，2つ挙げよ。

(4) マヨネーズソースは卵黄のどのような性質を利用したものか。また，メレンゲは卵白のどのような性質を利用したものか。

36 ☆

栄養素や調理に関する次の記述について，正しいものには○を，誤っているものには×をつけよ。

(1) 日本人に最も不足しがちな栄養素はビタミンCである。

(2) カロテンは体内でビタミンB_1に変わる。

(3) みそ汁をつくる場合，1人分のみその重量は10g，水の量は蒸発分50mLを含む200mLが適当である。

(4) 米を炊く場合の水加減は，米の重量の1.2倍，米の体積の1.5倍が適切である。

37 ☆☆

食品の計量について，次の各問いに答えよ。

(1) 次の文の空欄にあてはまる語句を入れよ。

計量カップは(　A　)mL，大さじは(　B　)mL，小さじは(　C　)mLである。

(2) 食品の重量についての記述として，誤っているものを選べ。

① 計量スプーンで大さじ1杯のみそは18gである。

② 計量スプーンで大さじ1杯のしょうゆは18gである。

③ 計量スプーンで小さじ1杯の食塩は6gである。

④ 計量カップで1カップの白米は180gである。

⑤ 計量カップで1カップの小麦粉は110gである。

38 ☆

次の図は，野菜の切り方を表している。それぞれの切り方の名称をア～コから選べ。

(1)　(2)　(3)

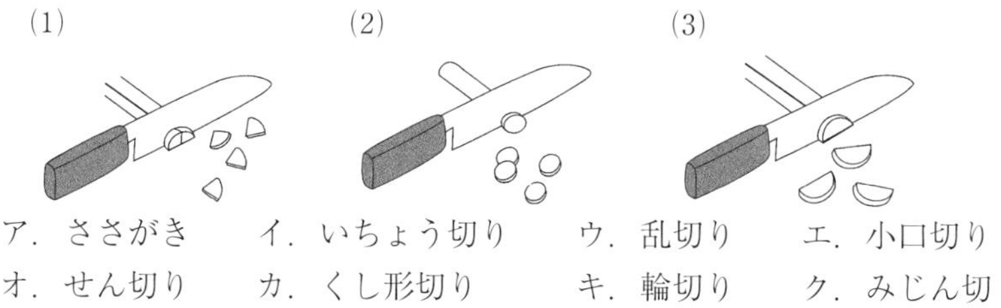

ア．ささがき　イ．いちょう切り　ウ．乱切り　エ．小口切り
オ．せん切り　カ．くし形切り　キ．輪切り　ク．みじん切り
ケ．半月切り　コ．短ざく切り

39 ☆☆

調理に必要な用具などの取扱いについて，次の各問いに答えよ。

(1)　まな板を使うときに，一度ぬらしてから使うよう指導する理由を述べよ。

(2)　ガスこんろの取扱いに関する記述として，誤っているものを選べ。

① 使用する前に，ゴム管にひび割れはないか，ゴム管はガス栓とこんろの両方にしっかりはまっているか点検する。
② ガス栓と器具栓が閉じていることを確かめてから，元栓を開く。
③ 点火するときは，ガス栓，器具栓の順に開く。
④ 使用後は，器具栓とガス栓の両方を確実に締める。
⑤ ガス漏れに気付いたときは，直ちに換気扇の電源のスイッチを入れる。

40 ☆☆

調理実習後の後片付けについて，次の各問いに答えよ。

(1)　フライパンの後片付けについて，次の文の空欄にあてはまる語句をア～エから選び，記号で答えよ。

使用した後のフライパンは，余り布や古紙で油汚れを拭きとる。フッ素樹脂加工のものは(　A　)を使って洗い，(　B　)。また，鉄製のものは(　C　)を使って洗い，(　D　)。

ア．たわし　イ．スポンジ
ウ．ふきんでふく　エ．火にかけて乾かす

(2) 環境に配慮した後片付けの仕方について，児童に指導すべきことを2つ具体的に挙げよ。

41 ☆☆

加工食品について，次の各問いに答えよ。

(1) 次の加工食品のうち，発酵食品ではないものをすべて選び，記号で答えよ。

ア．凍り豆腐　　イ．ベーコン　　ウ．みそ　　エ．かんぴょう
オ．納豆　　カ．イカの塩辛　　キ．さきいか　　ク．チーズ
ケ．ちくわ

(2) 加工食品を購入する場合，どのような点に留意して選ぶとよいか，簡潔に述べよ。

(3) 食品を製造・加工するときに，品質の改良，保存性の向上，着色や調味などを目的として加えられる物質のことを何というか。

(4) おおむね5日以内で急速に劣化しやすい食品に表示されている期限のことを何というか。

42 ☆

次のマークの名称を答えよ。また，その対象品目をア～エから選び，記号で答えよ。

(1)

(2)

ア．整腸効果食品であるオリゴ糖，食物繊維，乳酸菌を主体にした甘味料や清涼飲料など

イ．農・林・畜・水産物およびその加工品

ウ．有機農産物およびその加工品

エ．日用品，台所用品，文房具，衣料品，電気用品，家具類など

4 家族の生活と住居

●解答解説P508～509

●傾向と対策

重要度：B

消費生活についての表示マークや環境に関するマークがよく出題されている。名称とその意味を押さえておく必要がある。また，各種リサイクル法や3R運動など，環境に関する問題が近年増加傾向にあるため，確認しておこう。

43 ☆☆

次のうち，18歳（成年）になったらできることをすべて選び，記号で答えよ。

ア．お酒を飲む。

イ．一人暮らしのためのアパートを借りる。

ウ．10年有効のパスポートを取得する。

エ．養子を迎える。

オ．クレジットカードを作成する。

カ．競馬，競輪等の投票券を購入する。

キ．ローンを組んで自動車を購入する。

ク．たばこを吸う。

ケ．普通自動車免許を取得する。

コ．結婚する。

サ．家庭裁判所において性別の取扱いの変更審判を受ける。

44 ☆

次のマークの名称を答えよ。また，その説明にあてはまるものをア～オから選び，記号で答えよ。

(1)

(2)

(3)

ア．電気用品安全法の基準に適合した製品につけられる。
イ．産業標準化法に基づき日本産業規格に適合した製品につけられる。
ウ．消費生活用製品安全法により，国の基準に適合したものにつけられる。
エ．(社) 日本玩具協会の安全基準に合格したおもちゃにつけられる。
オ．消費生活用製品のうち，製品安全協会の安全性認定基準に合格したものにつけられる。

45 ☆

カードに関する次の文の空欄にあてはまる語句を入れよ。

(1) (　A　) カードは，事前に現金を支払ってカードを購入し，現金の代わりに使うものである。

(2) (　B　) カードは即時払いのカードであり，商品購入の際，レジで専用の端末装置にカードを通すと，すぐに銀行口座から利用代金が引き落とされる。

(3) (　C　) カードは消費者の信用に基づいてクレジット会社などが発行したもので，商品購入の際に使用し，一定期間後に銀行口座から利用代金が引き落とされる。

46 ☆☆

悪質商法について，次の各問いに答えよ。

(1) 次のA～Cの悪質商法にあてはまる記述をア～オからそれぞれ選び，記号で答えよ。

A．キャッチセールス　　B．マルチ商法
C．ネガティブ・オプション

ア．「新しい買い手をみつければ手数料が入る」と勧誘して商品を売りつける。友達が友達を紹介し，ねずみ算式に商品を買う人を増やしていく。
イ．路上で「アンケートに答えてください」などと言って声をかけ，喫茶店や営業所に連れ込み，契約をせまる。
ウ．「景品が当たった」「無料サービスします」などと言って喫茶店や営業所に呼び出し，商品を売りつける。
エ．「講座を受ければ国家試験免除」などと偽り，講座受講契約を結ばせる。
オ．注文していない品物を一方的に送りつけ，代金を請求する。

(2) 消費者が悪質商法による被害を受けた場合に相談に応じたり，消費生活に関する情報を提供したりする，各都道府県や市町村に設置された機関名を答えよ。

47 ☆

次の文は，消費者を保護するための各法律を説明したものである。それぞれの名称を答えよ。

(1) 製品の欠陥によって生命や身体，財産などに被害が生じた場合，製造業者等に対して損害賠償を求めることができることを定めた法律。

(2) 旧訪問販売法を改正して，消費者保護のため規制対象を拡大し，内容を強化した法律。

(3) 消費者保護基本法を抜本的に改正し，消費者の自立支援を消費者政策の重点に置いた法律。

(4) 不適切な契約から生じる契約者被害の防止・救済のために，事業者が最低限守るべき包括的な民事ルールを定めた法律。

48 ☆☆

次の各問いに答えよ。

(1) 消費者が購入契約を結び，代金を支払った後でも，一定の条件下であれば，消費者からの一方的な解約を認める制度を何というか。

(2) (1)の制度についての記述として，正しいものを1つ選べ。

① 訪問販売の場合，この制度が適用されるのは，法定の契約書面が交付された日から20日以内である。

② 店頭で購入した場合，適用される。

③ 代金の総額が10,000円未満である場合，適用されない。

④ 一定の期日内に，申込みの撤回または契約の解除の旨を記した書面を販売会社あてに送付する。その際，郵便局の簡易書留を利用するとよい。

49 ☆

ごみやリサイクルなど環境に配慮した生活に関する次の文の空欄にあてはまる語句を入れよ。

(1) 容器包装リサイクル法は，ペットボトルやプラスチックトレーなど容器包装廃棄物について，消費者には分別(　A　)，自治体には分別(　B　)，容器や包装材を使う業者には再商品化を義務付けている。

(2) 家電リサイクル法は，使用済みの家電製品について，小売業者に回収，家電メーカーに再利用を義務付けているが，運搬・回収費用とリサイクル費用は(　C　)が負担する。テレビ(ブラウン管，液晶・プラズマ)，冷蔵庫・冷凍庫，(　D　)，(　E　)，衣類乾燥機が対象となっている。

(3) 自動車リサイクル法は，使用済み自動車について，製造業者や輸入業者にリサイクルと適正処理を義務付けているが，リサイクル費用は(　F　)が負担する。

(4) 地球環境への負担の少ない消費のあり方を目指し，環境に配慮した生活スタイルを送っている消費者を(　G　)という。

50 ☆☆

次のマークについて，A，Bはマークの名称及び意味を，Cはマークの名称を答えよ。

A

B

C

51 ☆☆

環境に配慮した生活を送るために「3R運動」が進められている。そのうちの1つはリサイクルであるが，それ以外の2つの「R」の意味を簡潔に述べよ。

52 ☆☆

住居について，次の各問いに答えよ。

(1) 室内の環境条件として温度・湿度のほかに何があるか，主なものを2つ挙げよ。

(2) 太陽光線の役割を3つ挙げよ。

(3) 昼間の自然光を室内にとり入れて明るくすることを採光というが，建築基準法では，採光に有効な窓の大きさを，住宅の場合と教室の場合，それぞれ床面積の何分の1以上となるよう規定されているか。次から選び，記号で答えよ。

ア．2分の1　イ．3分の1　ウ．4分の1　エ．5分の1
オ．6分の1　カ．7分の1　キ．8分の1　ク．9分の1

53 ☆

照明について，JISの照明基準及び学校環境衛生基準による照度範囲を次のア～オから選び，記号で答えよ。

(1) 学校の教室や図書館の明るさ

(2) 子ども部屋で勉強をするときの手元の明るさ

(3) 居間で手芸や裁縫をするときの手元の明るさ

ア．50～100ルクス　イ．300～750ルクス
ウ．500～1000ルクス　エ．750～2000ルクス
オ．2000～5000ルクス

54 ☆☆

住まいに関する次の空欄にあてはまる語句・数値を入れよ。

(1) 冬など室内外の温度差が大きい場合，湿度の高い空気が冷たい個体表面に触れ，大気中の水蒸気が凝結して水滴となる現象を(　A　)といい，通風や(　B　)によって湿度を適切に保つことでこれを防ぐことができる。

(2) 空気の出入りの少ない部屋で長時間燃料を燃やし続けると，酸素が不足して，中毒を起こす(　C　)が発生する。

(3) 住宅の気密性が高くなり，建材から発生するホルムアルデヒドなどの揮発性有機化合物が原因で起こる健康被害の諸症状のことを(　D　)という。めまいや頭痛，鼻炎などがあらわれる。

(4) (　E　)系の漂白剤と酸性洗剤を同時に使うと，有害な塩素ガスが発生する。

9

体育

Open Sesame

学習指導要領

●解答解説P510～512

●傾向と対策

重要度：A

学習指導要領からの出題頻度は非常に高い。教科目標，各学年の目標・内容，「指導計画の作成と内容の取扱い」，そして総則の第1の2の(3)の空欄補充問題についても，キーワードを中心に各々の語句を確実に覚えておく必要がある。また，領域の中でも「保健」の出題頻度が高いため，学年ごとの内容を押さえておこう。

1 ☆☆

次の文は，小学校学習指導要領「体育科」の「改訂の要点」の一部である。空欄に適語を入れよ。

・体つくり運動系について，低学年では新たに領域名を「（　A　）」とし，内容を「体ほぐしの運動遊び」及び「多様な動きをつくる運動遊び」で構成した。

・陸上運動系について，「走・跳の運動（遊び）」及び「陸上運動」では，児童の実態に応じて（　B　）の運動（遊び）を加えて指導できることを新たに「内容の取扱い」に示した。

・水泳運動系について，中学年では新たに領域名を「水泳運動」とし，内容を「（　C　）運動」及び「もぐる・浮く運動」で構成した。

2 ☆

次の文は小学校学習指導要領「体育科」の目標である。空欄に適語を入れよ。

体育や保健の見方・考え方を働かせ，課題を見付け，その解決に向けた学習過程を通して，（　A　）と体を一体として捉え，生涯にわたって心身の健康を保持増進し豊かなスポーツライフを実現するための（　B　）・能力を次のとおり育成することを目指す。

(1)　その特性に応じた各種の運動の行い方及び身近な生活における健康・（　C　）について理解するとともに，基本的な動きや技能を身に付けるようにする。

⑵　運動や健康についての自己の課題を見付け，その解決に向けて思考し判断するとともに，他者に(　D　)力を養う。

⑶　運動に親しむとともに健康の保持増進と(　E　)を目指し，楽しく(　F　)生活を営む態度を養う。

3 ☆☆

次の文は，小学校学習指導要領「体育科」の目標に示されている「体育の見方・考え方」についての解説である。空欄に適語を入れよ。

「体育の見方・考え方」とは，生涯にわたる豊かな(　A　)を実現する観点を踏まえ，「運動やスポーツを，その価値や特性に着目して，楽しさや(　B　)とともに体力の向上に果たす役割の視点から捉え，自己の適性等に応じた『する・みる・支える・(　C　)』の多様な関わり方と関連付けること」であると考えられる。

4 ☆☆

次の文は，小学校学習指導要領「体育科」の各学年の目標の一部である。それぞれ第何学年の目標か答えよ。

⑴　各種の運動の楽しさや喜びに触れ，その行い方及び健康で安全な生活や体の発育・発達について理解するとともに，基本的な動きや技能を身に付けるようにする。

⑵　各種の運動遊びに進んで取り組み，きまりを守り誰とでも仲よく運動をしたり，健康・安全に留意したりし，意欲的に運動をする態度を養う。

⑶　各種の運動の楽しさや喜びを味わい，その行い方及び心の健康やけがの防止，病気の予防について理解するとともに，各種の運動の特性に応じた基本的な技能及び健康で安全な生活を営むための技能を身に付けるようにする。

5 ☆

次の文は，小学校学習指導要領における各学年の目標である。空欄に適語を入れよ。

〔第1学年及び第2学年〕

⑴　各種の(　A　)の楽しさに触れ，その行い方を知るとともに，(　B　)を身に付けるようにする。

(2) 各種の(　A　)の行い方を工夫するとともに，考えたことを他者に伝える力を養う。

(3) 各種の(　A　)に進んで取り組み，きまりを守り誰とでも仲よく運動をしたり，健康・安全に留意したりし，(　C　)に運動をする態度を養う。

〔第3学年及び第4学年〕

(1) 各種の運動の(　D　)に触れ，その行い方及び健康で安全な生活や体の(　E　)について理解するとともに，(　B　)や技能を身に付けるようにする。

(2) 自己の運動や身近な生活における健康の(　F　)を見付け，その解決のための方法や活動を工夫するとともに，考えたことを他者に伝える力を養う。

(3) 各種の運動に進んで取り組み，きまりを守り誰とでも仲よく運動をしたり，友達の考えを認めたり，場や用具の安全に留意したりし，(　G　)運動をする態度を養う。また，健康の(　H　)に気付き，自己の健康の(　I　)に進んで取り組む態度を養う。

〔第5学年及び第6学年〕

(1) 各種の運動の(　D　)を味わい，その行い方及び心の健康やけがの防止，(　J　)について理解するとともに，各種の運動の(　K　)に応じた基本的な技能及び健康で安全な生活を営むための技能を身に付けるようにする。

(2) 自己や(　L　)の運動の(　F　)や身近な健康に関わる(　F　)を見付け，その解決のための方法や活動を工夫するとともに，自己や仲間の考えたことを他者に伝える力を養う。

(3) 各種の運動に積極的に取り組み，約束を守り助け合って運動をしたり，仲間の考えや取組を認めたり，場や用具の安全に留意したりし，(　M　)運動をする態度を養う。また，健康・安全の(　H　)に気付き，自己の健康の(　I　)や回復に進んで取り組む態度を養う。

6 ☆

次の表は，小学校学習指導要領「体育科」の領域構成である。空欄にあてはまる領域名を入れよ。

<table>
<tr><th>学年</th><th>1・2</th><th>3・4</th><th>5・6</th></tr>
<tr><td rowspan="7">領
域</td><td>体つくりの運動遊び</td><td colspan="2">（　A　）</td></tr>
<tr><td>器械・器具を使っての運動遊び</td><td colspan="2">器械運動</td></tr>
<tr><td>走・跳の運動遊び</td><td>走・跳の運動</td><td>陸上運動</td></tr>
<tr><td>（　B　）</td><td colspan="2">水泳運動</td></tr>
<tr><td colspan="2">（　C　）</td><td>ボール運動</td></tr>
<tr><td>表現リズム遊び</td><td colspan="2">（　D　）</td></tr>
<tr><td></td><td colspan="2">保健</td></tr>
</table>

7 ☆☆

次の文は，小学校学習指導要領「体育科」における第5学年及び第6学年の「表現運動」の内容である。空欄に適語を入れよ。

(1)　次の運動の楽しさや喜びを味わい，その行い方を理解するとともに，表したい感じを表現したり踊りで交流したりすること。

ア　表現では，いろいろな題材からそれらの主な（　A　）を捉え，表したい感じをひと流れの動きで（　B　）に踊ったり，簡単なひとまとまりの動きにして踊ったりすること。

イ　フォークダンスでは，日本の民踊や外国の踊りから，それらの踊り方の（　A　）を捉え，音楽に合わせて簡単な（　C　）や動きで踊ること。

(2)　自己やグループの課題の解決に向けて，表したい内容や踊りの（　A　）を捉えた練習や（　D　）を工夫するとともに，自己や仲間の考えたことを他者に伝えること。

(3)　運動に積極的に取り組み，互いのよさを認め合い助け合って踊ったり，（　E　）に気を配ったりすること。

8 ☆

次の文は，小学校学習指導要領「体育科」における各学年の内容の一部である。空欄にあてはまる語句をア～サから選び，記号で答えよ。

〔第1学年及び第2学年〕　Eゲーム

（　A　）では，一定の区域で，逃げる，追いかける，陣地を取り合うなどをすること。

〔第3学年及び第4学年〕　B器械運動

(　B　)運動では，支持系の基本的な技をすること。

(　C　)運動では，切り返し系や回転系の基本的な技をすること。

自己の(　D　)に適した課題を見付け，技ができるようになるための活動を工夫するとともに，考えたことを友達に伝えること。

〔第5学年及び第6学年〕　Eボール運動

(　E　)型では，個人やチームによる攻撃と守備によって，簡易化されたゲームをすること。

(　F　)型では，ボールを打つ攻撃と隊形をとった守備によって，簡易化されたゲームをすること。

ア．鬼遊び　イ．リレー遊び　ウ．跳び箱　エ．鉄棒
オ．技能　カ．能力　キ．資質　ク．体力
ケ．ネット　コ．ゴール　サ．ベースボール

9 ☆☆

小学校学習指導要領「体育科」における「内容の取扱い」について，正しいものには○を，誤っているものには×を記せ。

(1)　第1学年及び第2学年の内容で，「A体つくりの運動遊び」については，2学年間にわたって指導するものとする。

(2)　第3学年及び第4学年の内容で，「G保健」の「(1)健康な生活」については，学校でも，健康診断や学校給食など様々な活動が行われていることについて触れるものとする。

(3)　第3学年及び第4学年の内容で，「Eゲーム」については，学校や地域の実態に応じてフォークダンスを加えて指導することができる。

(4)　第5学年及び第6学年の内容で，「D水泳運動」については，学校の実態に応じてバタフライを加えて指導することができる。

(5)　第5学年及び第6学年の内容で，「G保健」については，原則として第6学年で指導することを標準とする。

10 ☆

小学校学習指導要領「体育科」における各学年の内容について，次の各問いに答えよ。

(1)　第1学年及び第2学年の運動領域名をすべて答えよ。

(2)　「水泳運動」は第何学年から運動領域として加えられるか。

(3)　第5学年及び第6学年で行うボール運動の内容は，3つの型で構成されている。すべて挙げよ。

(4)　第5学年及び第6学年の水泳指導で，学校の実態に応じて加えて指導することができる内容を答えよ。

11 ☆☆

小学校学習指導要領「体育科」の領域「水泳運動」について，次の各問いに答えよ。

(1)　次の文は，第5学年及び第6学年の内容の一部である。空欄に適語を入れよ。

○　次の運動の楽しさや喜びを味わい，その行い方を理解するとともに，その技能を身に付けること。

ア　クロールでは，手や足の動きに呼吸を合わせて(　A　)泳ぐこと。

イ　平泳ぎでは，手や足の動きに呼吸を合わせて(　A　)泳ぐこと。

ウ　安全確保につながる運動では，背浮きや浮き沈みをしながら(　A　)浮くこと。

○　運動に積極的に取り組み，約束を守り助け合って運動をしたり，仲間の考えや取組を認めたり，(　B　)を守って安全に気を配ったりすること。

(2)　第5学年及び第6学年の「水泳運動」について，内容の取扱いの留意点として述べられていることを2つ答えよ。

12 ☆☆

小学校学習指導要領「体育科」の領域「表現運動」について，次の各問いに答えよ。

(1)　次の文は，各学年の内容である。空欄に適語を入れよ。

〔第3学年及び第4学年〕

次の運動の楽しさや喜びに触れ，その行い方を知るとともに，表したい感じを表現したりリズムに乗ったりして踊ること。

ア　表現では，(　A　)などの題材からその主な特徴を捉え，表したい感じをひと流れの動きで踊ること。

イ　(　B　)では，軽快なリズムに乗って全身で踊ること。

〔第5学年及び第6学年〕

次の運動の楽しさや喜びを味わい，その行い方を理解するとともに，表したい感じを表現したり踊りで交流したりすること。

ア　表現では，いろいろな題材からそれらの主な特徴を捉え，表したい感じをひと流れの動きで即興的に踊ったり，簡単な(　C　)の動きにして踊ったりすること。

イ　(　D　)では，日本の民踊や外国の踊りから，それらの踊り方の特徴を捉え，音楽に合わせて簡単なステップや動きで踊ること。

(2)　次のフォークダンスはどこの国のものか。ア～カから選び，記号で答えよ。

A．グスタフス・スコール

B．コロブチカ

C．マイム・マイム

ア．アメリカ　　イ．ロシア　　ウ．デンマーク

エ．イスラエル　　オ．ドイツ　　カ．スウェーデン

13 ☆☆

次の文は，小学校学習指導要領「体育科」の「指導計画の作成と内容の取扱い」に示されている「集団行動」に関するものである。空欄に適語を入れよ。

(　A　)，整頓，列の増減などの行動の仕方を身に付け，能率的で(　B　)な集団としての行動ができるようにするための指導については，第2の内容の「A 体つくりの運動遊び」及び「(　C　)」をはじめとして，各学年の各領域(保健を除く。)において適切に行うこと。

14 ☆☆

小学校学習指導要領「体育科」の運動領域に関する記述として，誤っているものを選べ。

①　第1学年及び第2学年の「ゲーム」の内容は，ボールゲームと鬼遊びである。

②　「陸上運動」では，走の種目として短距離走・リレー及びハードル走，跳の種目として走り幅跳び，走り高跳びの指導をする。

③　保健の領域は，第3学年から指導される。

④　運動領域のうち，第5学年及び第6学年から取り扱う内容には，「体つくり運動」，「陸上運動」，「水泳運動」，「ボール運動」がある。

⑤　第3学年及び第4学年の「ゲーム」の内容は，ゴール型ゲーム，ネット型ゲーム，ベースボール型ゲームである。

⑥　第1学年及び第2学年の領域の内容は，「体つくりの運動遊び」，「器械・器具を使っての運動遊び」，「走・跳の運動遊び」，「水遊び」，「ゲーム」，「表現リズム遊び」の6つである。

15 ☆

小学校学習指導要領「体育科」における「保健」領域について，次の内容はどの学年で指導されるか。それぞれ学年名を答えよ。

ア．けがの防止　　イ．体の発育・発達　　ウ．心の健康

エ．病気の予防　　オ．健康な生活

16 ☆☆

次の文は，小学校学習指導要領「体育科」における保健の内容の一部である。空欄に適語を入れよ。

(1)　毎日を健康に過ごすには，運動，食事，（　A　）及び睡眠の調和のとれた生活を続けること，また，体の（　B　）を保つことなどが必要であること。

(2)　体は，（　C　）になると次第に大人の体に近づき，体つきが変わったり，初経，精通などが起こったりすること。また，（　D　）が芽生えること。

(3)　交通事故や身の回りの生活の（　E　）が原因となって起こるけがの防止には，周囲の（　E　）に気付くこと，的確な判断の下に（　F　）に行動すること，環境を（　F　）に整えることが必要であること。

(4)　病気は，病原体，体の（　G　），生活行動，環境が関わりあって起こること。

(5)　（　H　）など生活行動が主な要因となって起こる病気の予防には，適切な運動，栄養の偏りのない食事をとること，（　I　）の衛生を保つことなど，望ましい生活習慣を身に付ける必要があること。

17 ☆☆

小学校学習指導要領「体育科」における「指導計画の作成と内容の取扱い」に関する記述として，正しいものをすべて選べ。

①　「保健」に配当する授業時数については，第3学年及び第4学年は2学年間で10単位時間程度，第5学年及び第6学年は2学年間で20単位時間程度とする。

② 保健については，学習時間をある時期に集中させたりすることがないよう，年間を通して均等に授業時数を配当する。

③ 「水遊び」及び「水泳運動」の指導については，適切な水泳場の確保が困難な場合にはこれらを取り扱わないことができるが，これらの心得については，必ず取り上げる。

④ 学校給食に関する指導が別途行われていることを考慮して，保健の内容のうち運動，食事，休養及び睡眠については取り扱わなくてもよい。

⑤ 自然との関わりの深い雪遊び，氷上遊び，スキー，スケート，水辺活動などの指導については，学校や地域の実態に応じて積極的に行うことに留意する。

18 ☆

次の文は，小学校学習指導要領総則「第1　小学校教育の基本と教育課程の役割」の2の(3)である。空欄にあてはまる語句をア～セから選び，記号で答えよ。

学校における（　A　）に関する指導を，児童の発達の段階を考慮して，学校の（　B　）全体を通じて適切に行うことにより，健康で安全な生活と豊かなスポーツライフの実現を目指した教育の充実に努めること。特に，学校における食育の推進並びに体力の向上に関する指導，安全に関する指導及び（　C　）の保持増進に関する指導については，体育科，家庭科及び（　D　）の時間はもとより，各教科，道徳科，外国語活動及び総合的な学習の時間などにおいてもそれぞれの特質に応じて適切に行うよう努めること。また，それらの指導を通して，家庭や地域社会との連携を図りながら，日常生活において適切な（　A　）に関する活動の実践を促し，生涯を通じて健康・安全で（　E　）生活を送るための基礎が培われるよう配慮すること。

ア．体育　イ．保健体育　ウ．体育・健康　エ．教育活動
オ．学習活動　カ．特別活動　キ．児童会活動　ク．各教科・領域
ケ．学校行事　コ．体の健康　サ．心身の健康　シ．生き生きとした
ス．活力ある　セ．明るく楽しい

2 器械運動

●解答解説P512～514

●傾向と対策

重要度：A

器械運動については，技名を問うとともに，その技のポイントや指導法を問う問題が多く出されている。そのため，技の名称を正確に覚え，各技の指導のポイントやうまくできない児童への手だてを把握しておくことが大切である。

19 ☆☆

マット運動について，次の各問いに答えよ。

(1) マット運動の内容に関する記述として，正しいものを選べ。

① 跳び前転は，片足で強く踏み切り体を空中に浮かせ，膝を曲げながら手を着いて前転する運動である。

② 伸膝後転は，腰がマットに着く瞬間に上体を倒し，頭を越えるまで伸膝で後転をし，膝を曲げて立つ運動である。

③ 後転でうまく回転できない児童には，踏切板などで傾斜をつくったマットを利用して練習させる。

④ 倒立では，両手を肩幅に開き，指に力を入れて肘をしっかり伸ばし，前方を見るようにする。

⑤ ロンダートは側方倒立回転の発展技で，上体をひねりながらマットに手を着き，片手ずつ突き放しながら着地する。

(2) マット運動を指導する場合の安全面での配慮事項を2つ挙げよ。

20 ☆☆

マット運動について，次の各問いに答えよ。

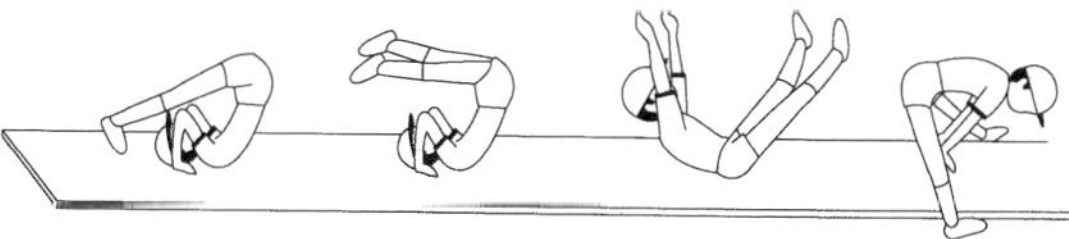

(1) 技の名称を答えよ。

(2) この技の指導のポイントを3つ挙げよ。

(3) この運動でうまく起き上がれない児童に対し，どのような指導・助言を行うか，具体的に述べよ。

21 ☆☆☆

マット運動について，次の各問いに答えよ。

(1) 技の名称を答えよ。

(2) この運動の学習を行う前にできていると望ましいことを2つ挙げよ。

(3) アの動作のとき，どのような点に留意して指導するか。

22 ☆

鉄棒運動で，次の図の握り方を何というか。ア～カからそれぞれ選べ。

(1)　　(2)

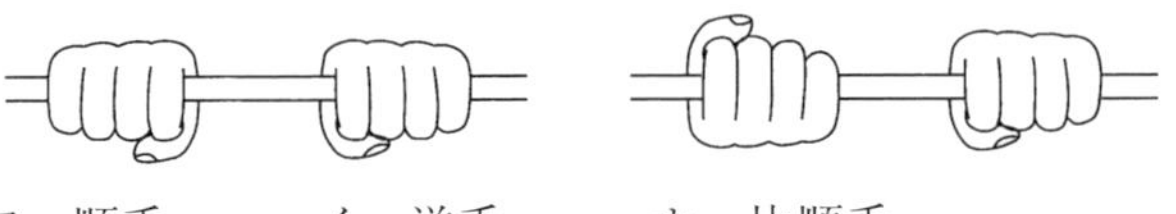

ア．順手　　イ．逆手　　ウ．片順手

エ．順逆手　　オ．片逆手　　カ．半逆手

23 ☆☆

鉄棒運動の「逆上がり」について，次の各問いに答えよ。

(1) 技能の面での指導のポイントを3つ挙げよ。

(2) 逆上がりができない児童に対し，どのような補助具を用いるとよいか。

24 ☆☆

次の技の名称をそれぞれ答えよ。また，(1)の技のポイントを3つ挙げよ。

(1)

(2)

(3)

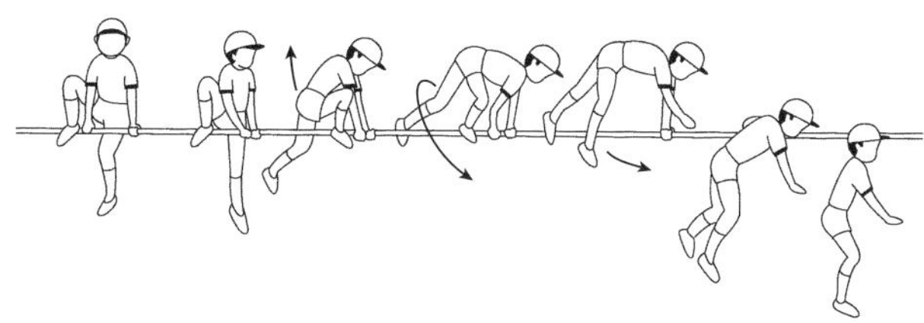

25 ☆☆

鉄棒運動の内容に関する記述として，誤っているものを選べ。

① 後方支持回転では，足の振り込みと肩の回転を合わせて，脇をしめて回転する。

② 後方片膝掛け回転では，回り始めは肘を曲げて背中を後方へ引き下げるようにする。

③ 転向前下りでは，順手で持った方の手を離し，逆手で持った方の手に体重をかける。

④ 両膝掛け振動下りでは，頭を起こして前方を見，振動の切り返しで膝を鉄棒から離す。

⑤　膝掛け上がりでは，振り上げた足を，振り戻りを利用して一気に鉄棒に掛けるようにする。

26　☆☆

跳び箱運動について，次の各問いに答えよ。

(1)　技の正式名称を答えよ。

(2)　この運動の練習段階において，難易度の低いものから順に並べ替えよ。

ア．跳び下りの練習

イ．うさぎ跳びの練習

ウ．かえる跳びの練習

エ．跳び上がりの練習

オ．横向きの跳び箱でのかかえ込み跳びの練習

27　☆☆☆

跳び箱運動について，次の各問いに答えよ。

(1)　技の正式名称を答えよ。

(2)　跳び箱から落ちることをこわがっている児童に対し，練習方法をどのように工夫したらよいか。具体的に2つ挙げよ。

28　☆

次の説明にあてはまる跳び箱運動の技の名称を答えよ。

(1)　両足で踏み切った後，肘を曲げながら額を着け，足を大きく振り出し，両手で強く突き放し体をそらせる。

(2)　両足で踏み切った後，両手でしっかり支えて頭の後ろから回り，足を大きく振り出し，両手で強く突き放し体をそらせる。

(3)　踏み切りと同時に体を前に投げ出し，跳び箱の前の方に手を着き，足を広げて両手を強く突き放し体を起こす。

3 陸上運動

●解答解説P515～516

●傾向と対策

重要度：A

陸上運動については，基本的なルールや用語について理解しておく必要がある。また，近年では，指導法に関する問題が増加傾向にある。ハードル走，走り幅跳び，走り高跳びについて，指導のポイントや練習方法，うまくできない児童に対する指導法について把握しておこう。

29 ☆

次の文は，短距離走に関する記述である。空欄にあてはまる語句をカタカナで答えよ。

(1) 短距離走において，立ったまま行うスタートを（　A　）スタート，両手を地面につけかがんだ姿勢で行うスタートを（　B　）という。

(2) 疾走のスピードは，（　C　）と（　D　）の関係で表される。（　C　）は走るときの単位時間の脚の回転数，（　D　）は走るときの一歩の長さのことである。

(3) ピストルの発射前にスタートしてしまうことを（　E　）という。国際陸上競技連盟のルールでは，（　E　）した競技者は失格となる。ただし，小学校レベルの大会においては，「同じ競技者が2回（　E　）すると失格」とした以前のルールを採用している。

(4) あらかじめ走るコースが決められているのは（　F　）コース，走るコースが決められていないのは（　G　）コースである。

30 ☆☆

陸上運動のリレーについて，次の各問いに答えよ。

(1) リレーにおける次の用語を簡潔に説明せよ。

A．テークオーバーゾーン

B．コーナートップ

(2) バトンパスは，できるだけ減速しないで次の走者に引き継ぐことが大切である。前走者，次走者それぞれにどのような指導を行うとよいか。

31 ☆

ハードル走の内容に関する記述として，誤っているものを選べ。

① ハードル間は3歩または5歩で走り，同じ足が踏み切り足となるようにする。

② ハードルに近い位置で踏み切り，なるべく遠くに着地する。

③ 振り上げ足はまっすぐ振り上げ，上体は前傾させて跳び越す。

④ 振り上げ足は，地面にたたきつけるように素早く振り下ろす。

⑤ 抜き脚の膝はおよそ直角になるようにし，足首は横を向くようにする。

32 ☆☆☆

ハードル走について，次の各問いに答えよ。

(1) ハードル走の学習に当たって個に応じた指導をするため，次のようなコースを設定した。その意図を簡潔に述べよ。

ア．ハードルの高さを変えたコース

イ．インターバル（ハードル間）の距離を変えたコース

(2) インターバルをリズミカルに走れるようになるための効果的な練習方法を1つ挙げよ。

33 ☆

走り幅跳びについて，次の図を見て各問いに答えよ。

(1) A～Dにおける運動の技能をそれぞれ何というか。

(2) Bのことを何というか。

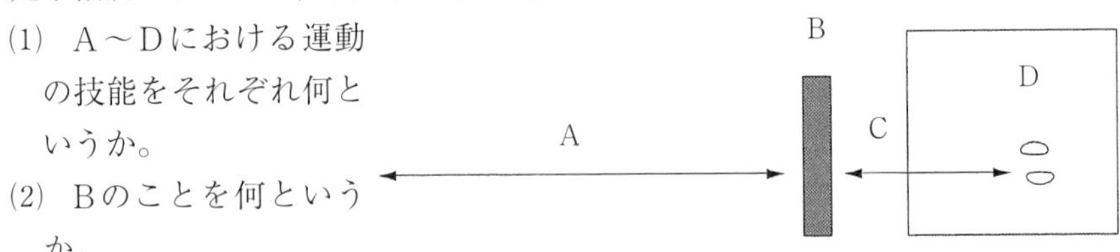

(3) Cの段階での理想的な跳び方の名称を2つ答えよ。

34 ☆☆

走り幅跳びについて，次の各問いに答えよ。

(1) 走り幅跳びの内容に関する記述として，正しいものを選べ。

① 助走は，スタートから勢いよく飛び出し，一気にスピードを上げるようにする。

② 踏み切り前の3～5歩はスピードをゆるめ，踏み切るタイミングを合わせるようにする。

③ 踏み切りは，スピードを落とさないようにするため，できるだけ低く踏み切るようにする。

④ 空中動作では，上体をやや前傾させながら，腕を高く上げるようにする。

⑤ 着地は，両腕を素早く振り下ろし，膝を胸の前に引きつけ柔らかく曲げて着地する。

(2) 走り幅跳びの練習方法の1つとして「輪踏み幅跳び」があるが，この練習のねらいを2つ挙げよ。

(3) 次の図のうち，正しい測定の仕方をa～eから選び，記号で答えよ。

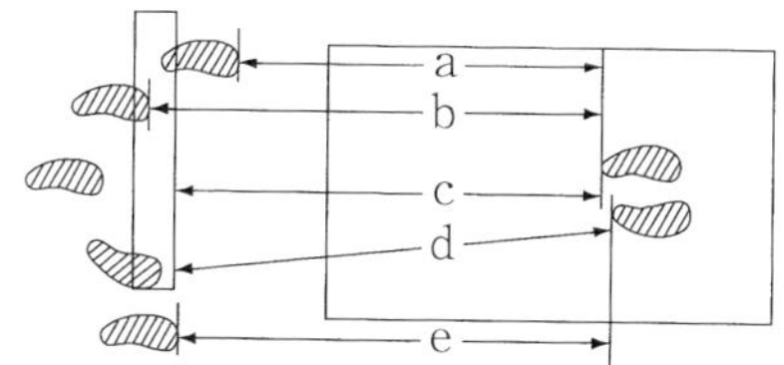

35 ☆☆

走り高跳びについて，次の各問いに答えよ。

(1) 走り高跳びの内容に関する次の記述の空欄にあてはまる語句を入れよ。

・走り高跳びでは，（　A　）跳びで，脚から着地する安全な跳び方で高く跳ぶことができるようにする。

・踏み切りの最後の歩幅はやや（　B　）くし，手を下から振り上げるように体を引き上げる。

・走り高跳びは，同じ高さは続けて（　C　）回まで挑戦できる。

・測定は，バーの上面の最も（　D　）いところから，地面までを垂直に測る。

(2) 次の図は，走り高跳びの練習法の1つである。何を目的とした練習方法か。ア～オから選び，記号で答えよ。

ア．振り上げ脚の練習

イ．着地の練習

ウ．リズミカルな助走の練習

エ．踏み切りの練習

オ．抜き脚の練習

4 水泳運動

●解答解説P517～518

●傾向と対策

重要度：B

水泳運動については，伏し浮き，クロール，平泳ぎなどの泳法の手や足の技術的なポイントを理解しておく必要がある。また，うまくできない児童に対する指導法をはじめ，呼吸の練習法，低学年の児童について水に対する恐怖心を取り除くための指導法についても確認しておきたい。バディシステムについての出題が近年増えてきているため，水泳運動の授業に取り入れる利点を押さえておこう。

36 ☆

水泳に関する次の説明は何についてのものか答えよ。

(1) 顔をつけたまま，ばた足とクロールの腕のかきをする。

(2) 膝をかかえて水中で浮く。

(3) プールの底や壁をけって浮いて伸び，下向きの状態で水面上を滑り出し進む。

(4) 水面でブクブク息を吐き出す。

(5) 両手先から両足先まで体をまっすぐ伸ばし，下向きに浮く。

37 ☆☆☆

水中で目は開けられるが，伏し浮きからの立ち上がりがうまくできない児童に対し，どのように指導するか。

38 ☆

クロールに関する記述として，正しいものには○，誤っているものには×を記せ。

(1) 左右の足は30～40cm程度開き，膝をしっかり伸ばして，ばた足を行う。

(2) 指先を水中に入れるとき，手のひらを斜め内向きにし，頭の前方，肩の線上に入れる。

(3) 手は体の下をまっすぐ後方にかき，肘から水面上に抜き上げ前方に戻す。

(4) 呼気は水中で鼻と口で行い，徐々に吐き出し始め，最後は一気に吐く。

39 ☆☆☆

クロールの学習を行う授業においては，次のような児童が多くみられる。このようなつまずきに対し，どのような指導を行うか，簡潔に述べよ。

(1) ばた足がうまくできない。

(2) 脚や腰が沈む。

40 ☆

平泳ぎに関する記述として，誤っているものを選べ。

① 足首を曲げ，足の裏が上を向くようにして，かかとをしりの方に引き寄せる。

② 勢いよく膝を伸ばし，足の甲で水を左右後方に押し出すようにする。

③ 肘を高く保ち，両手で逆ハート型を描くようにして，水を胸の下にかき入れるようにする。

④ 足を伸ばしたときには，腕も伸びた状態になる。

⑤ 腕を前に伸ばしながら呼気し，かき終わりと同時に口を水面上に出して吸気する。

41 ☆☆☆

水を恐がったり，嫌がったりする児童を，水に慣れさせるためにはどのような指導をしたらよいか。具体的に述べよ。

5 ボール運動

●解答解説P518～519

●傾向と対策

重要度：**B**

ボール運動については，バスケットボール，サッカー，ソフトバレーボール，ソフトボール，ハンドボールの基本的なルールやルール用語については確実に把握しておく必要がある。また，基本的な攻防のパターンについても押さえておこう。

42 ☆

バスケットボールについて，次の各問いに答えよ。

(1) バスケットボールにおけるパーソナルファウル及びバイオレーションと，その説明の組み合わせとして正しいものを選べ。

① トラベリング――両手を同時にボールに触れてドリブルしたり，1度ドリブルを止めた後，再びドリブルしたりする。

② ダブルドリブル――ボールを持ったまま3歩以上進む。

③ チャージング――相手を手や腕でつかんだり押さえたりする。

④ イリーガルユースオブハンズ――相手を手でたたく。

⑤ ブロッキング――相手を手や体で押す。

(2) バスケットボールに関する次の文の空欄にあてはまる語句を入れよ。

・試合の開始は(　A　)による。

・ボールを保持したり，方向を変えてパスをしたりするときなどに使う，片足を軸にして方向を変える技能を(　B　)という。

・右図のようなパスを(　C　)パスという。

43 ☆☆

バスケットボールにおいてチームが協力して防御する方法のうち，マンツーマンディフェンスとゾーンディフェンスについてそれぞれ簡潔に説明せよ。

44 ☆

サッカーにおける次の行為に該当する反則をア～カから選び，記号で答えよ。

(1) ボールを手を使って止めた。

(2) 相手の足をけってしまった。

(3) 手で相手の動きを押さえた。

(4) 相手をつまずかせた。

(5) 相手を手でつきとばした。

ア．プッシング　イ．ホールディング　ウ．トリッピング
エ．キッキング　オ．ハンドリング　カ．ストライキング

45 ☆☆

サッカーに関する次の文の空欄にあてはまる語句を入れよ。

(1) 右のコートで，アのラインを(　A　)ライン，イのラインを(　B　)ラインという。

(2) ボールを頭で処理することを(　C　)という。

(3) 足の甲で蹴るキックを(　D　)キックといい，シュートやロングパスのときに使う。

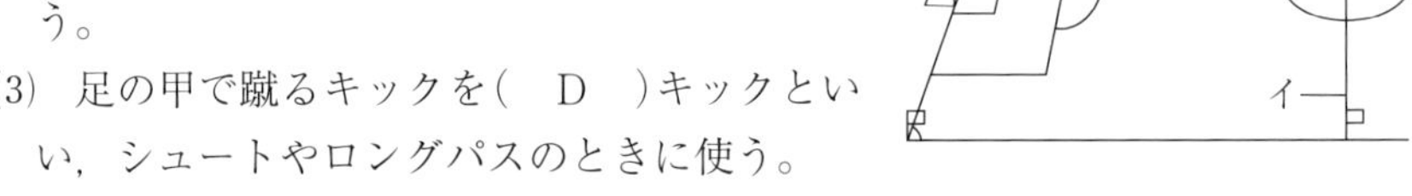

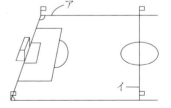

(4) (　E　)とは，転がってきたボールや飛んできたボールを手や腕以外で受け止め，相手を惑わす方向にコントロールすることである。

(5) 試合は(　F　)で始まる。

(6) ボールが最後に攻撃側プレーヤーに触れてゴールラインから外に完全に出たときは(　G　)を行う。逆に，ボールが守備側プレーヤーに触れてゴールラインから外に完全に出たときは(　H　)を行う。

46 ☆

ソフトボールについて，次の各問いに答えよ。

(1) ピッチングはどのような投げ方で行われるか。

(2) 勝敗は7回終了時の得点の多いチームが勝ちとなるが，同点のときは8回から，攻撃を無死走者2塁の状況から始める方式で行われる。この方式を何というか。

(3) 主に打撃を専門とする選手を何というか。

47 ☆☆

ソフトバレーボールについて，次の各問いに答えよ。

(1) 次の記述の空欄にあてはまる語句を入れよ。

・通常，（　A　）セットマッチで，1セット（　B　）点先取で勝ちとなる。

・サーブ権の有無に関わらず，ラリーに勝つ，あるいは相手側に反則があった場合，得点が与えられるシステムを（　C　）制という。

・ブロッカーを除き，同一プレーヤーが2回連続してボールに触れる反則を（　D　）という。

・ネットの上から相手側のプレー中のボールに触れる反則を（　E　）という。

(2) ソフトバレーボールを未経験の児童へ指導する際，ルールや場についてどのような工夫をするか。具体的に2つ挙げよ。

48 ☆☆

ハンドボールに関する記述として，正しいものには○を，誤っているものには×を記せ。

(1) ボールを持って3歩以上動くことは反則である。

(2) 相手の持っているボールを，開いた手でたたき落とすのは反則ではない。

(3) 膝から下でボールに触れる反則をキックボールという。

(4) ボールをついて持ち，もう一度ボールをついたときは，ドリブルという反則となる。

(5) ボールを持っている時間に制限はない。

6 保健

●解答解説P520～521

●傾向と対策

重要度：B

保健については，基本的な知識が問われることが多い。応急手当や熱中症，生活習慣病，感染症，喫煙・飲酒・薬物乱用などについて，基本的な事項を押さえ，問題を見たらすぐに答えられるようにしておこう。

49 ☆

思春期の体の変化について，次の各問いに答えよ。

(1) 思春期の頃から現れてくる男女の外見上の特徴を何というか。

(2) 思春期に起こる体の変化は，性ホルモンの働きによるが，この性ホルモンを分泌する器官を男女に分けて答えよ。

50 ☆☆

次の場合の応急手当の仕方を説明せよ。

(1) 突き指をしたとき

(2) 鼻血が出たとき

(3) やけどをしたとき

(4) 指を切ったとき

(5) 捻挫をしたとき

51 ☆

次の記述の空欄にあてはまる語句を入れよ。

暑さの中で起こる障害の総称を（　A　）といい，症状の程度により，熱けいれん，熱疲労，（　B　）の3つに分けられる。これを予防するためには，（　C　）や高温多湿の環境下において長時間にわたる運動や作業をさせることは避ける，屋外で運動や作業を行うときは帽子をかぶり，できるだけ薄着をする，（　D　）は1回の量を少なくして何回も補給することなどが大切である。

52 ☆☆

生活習慣病について，次の各問いに答えよ。

(1)　生活習慣病を簡潔に説明せよ。

(2)　生活習慣病に関する記述について，正しいものには○を，誤っているものには×を記せ。

①　生活習慣病の多くは，子どもの頃からの生活習慣と関係が深い。

②　生活習慣病は，日本人の死亡原因の約3分の1を占める。

③　我が国の成人の死因の第1位は，脳卒中である。

53 ☆

新型コロナウイルス感染症に関する記述として，誤っているものを選べ。

①　感染拡大を阻止するため，欧米を中心に住民の外出や移動を制限する「オーバーシュート」の動きが広がった。

②　主要な感染経路は，飛沫感染，接触感染，エアロゾル感染であると考えられている。

③　世界保健機関（WHO）は，この疾病を特定の国名・地名を連想させないように，「COVID-19」と名づけた。

④　日本政府は2023年5月にこの疾患の法的位置付けを「5類感染症」とした。

54 ☆

喫煙に関する次の文の空欄にあてはまる語句を入れよ。

たばこの煙の中には多種多様な有害物質が含まれている。主な有害物質としては，血管を収縮させ依存性のある（　A　），血液中の（　B　）と結合して酸素の運搬能力を低下させる（　C　），発がん物質を含む（　D　）などが挙げられる。

喫煙者がたばこから吸い込む煙を（　E　），たばこの点火部から立ち昇る煙を（　F　）という。喫煙者の近くにいる人もその煙を吸ってしまうことを（　G　）といい，喫煙は周りの人の健康にも害を与えることになる。

55 ☆

飲酒に関して，次の各問いに答えよ。

(1)　酒類の主成分であるエチルアルコールは，思考力や自制心，運動能力を低下させるが，アルコールの大部分は体内のどこで処理されるか。

(2)　アルコールは体内で最終的に二酸化炭素と水に分解されるが，その途中で生成され，吐き気や頭痛，二日酔いなどの原因となる物質名を答えよ。

(3)　アルコールには依存性があり，アルコールなしではいられなくなる。このような状態を何というか。

56 ☆☆

次の文の空欄にあてはまる語句を入れよ。

医薬品を本来の目的からはずれて使用したり，医薬品ではない薬物を不正に使用したりすることを（　A　）という。シンナーやその主成分であるトルエンは（　B　）の一種で，乱用されやすい薬物の代表的なものである。

シンナーは，使用すると（　C　）神経の働きを（　D　）し，一回の使用でも大量に摂取すれば死に至ることもある。また，続けて使用するうち，薬物がもつ（　E　）のため，やめられなくなり，幻想や妄想により犯罪をおかすなど，社会にも悪影響を及ぼす。

10

外国語活動・外国語

Open Sesame

1 学習指導要領

●解答解説P522〜523

●傾向と対策

重要度：A

2017（平成29）年3月の小学校学習指導要領の改訂において，中学年で外国語活動，高学年で外国語科が導入されることとなった。それぞれの目標，内容，指導計画の作成と内容の取扱いについての空欄補充問題に対応できるよう，キーワードを中心に確実に把握しておくようにしよう。

1 ☆☆

次の文は，小学校学習指導要領「外国語活動・外国語科」の「改訂の要点」の一部である。空欄に適語を入れよ。

今回の改訂では，小学校中学年に新たに外国語活動を導入し，三つの資質・能力の下で，英語の目標として「聞くこと」，「話すこと［（　A　）］」，「話すこと［発表］」の三つの領域を設定し，音声面を中心とした外国語を用いたコミュニケーションを図る（　B　）となる資質・能力を育成した上で，高学年において「読むこと」，「（　C　）」を加えた教科として外国語科を導入し，五つの領域の言語活動を通じて，コミュニケーションを図る（　D　）となる資質・能力を育成することとしている。

2 ☆

次の文は，小学校学習指導要領「外国語活動」及び「外国語科」の目標である。空欄に適語を入れよ。

〈外国語活動〉

外国語による（　A　）における見方・考え方を働かせ，外国語による聞くこと，話すことの言語活動を通して，（　A　）を図る素地となる資質・能力を次のとおり育成することを目指す。

(1) 外国語を通して，言語や文化について（　B　）に理解を深め，日本語と外国語との（　C　）の違い等に気付くとともに，外国語の（　C　）や基本的な表現に（　D　）ようにする。

(2) 身近で簡単な事柄について，外国語で聞いたり話したりして自分の考えや気持ちなどを（　E　）力の素地を養う。

(3) 外国語を通して，言語やその背景にある文化に対する理解を深め，相手に（　F　）しながら，主体的に外国語を用いて（　A　）を図ろうとする態度を養う。

〈外国語〉

外国語による（　A　）における見方・考え方を働かせ，外国語による聞くこと，読むこと，話すこと，書くことの言語活動を通して，（　A　）を図る基礎となる資質・能力を次のとおり育成することを目指す。

(1) 外国語の（　C　）や文字，語彙，（　G　），文構造，言語の働きなどについて，日本語と外国語との違いに気付き，これらの知識を理解するとともに，読むこと，書くことに慣れ親しみ，聞くこと，読むこと，話すこと，書くことによる実際の（　A　）において活用できる（　H　）な技能を身に付けるようにする。

(2) （　A　）を行う目的や場面，状況などに応じて，身近で簡単な事柄について，聞いたり話したりするとともに，（　C　）で十分に慣れ親しんだ外国語の語彙や基本的な（　G　）を推測しながら読んだり，語順を意識しながら書いたりして，自分の考えや気持ちなどを（　E　）ことができる（　H　）な力を養う。

(3) 外国語の背景にある文化に対する理解を深め，他者に（　F　）しながら，主体的に外国語を用いて（　A　）を図ろうとする態度を養う。

3 ☆

次の文は，小学校学習指導要領「外国語活動」及び「外国語科」における英語の「話すこと」の目標である。空欄に適語を入れよ。

話すこと［やり取り］

〈外国語活動〉

ア　基本的な表現を用いて挨拶，（　A　），簡単な指示をしたり，それらに応じたりするようにする。

イ　自分のことや（　B　）の物について，（　C　）を交えながら，自分の考えや気持ちなどを，簡単な語句や基本的な表現を用いて伝え合うようにする。

ウ　サポートを受けて，自分や相手のこと及び（　B　）の物に関する事柄について，簡単な語句や基本的な表現を用いて（　D　）をしたり（　D　）に答えたりするようにする。

〈外国語〉

ア　基本的な表現を用いて指示，(　E　)をしたり，それらに応じたりすることができるようにする。

イ　(　F　)に関する身近で簡単な事柄について，自分の考えや気持ちなどを，簡単な語句や基本的な表現を用いて伝え合うことができるようにする。

ウ　自分や相手のこと及び(　B　)の物に関する事柄について，簡単な語句や基本的な表現を用いてその場で(　D　)をしたり(　D　)に答えたりして，伝え合うことができるようにする。

話すこと［発表］

〈外国語活動〉

ア　(　B　)の物について，人前で(　G　)などを見せながら，簡単な語句や基本的な表現を用いて話すようにする。

イ　自分のことについて，人前で(　G　)などを見せながら，簡単な語句や基本的な表現を用いて話すようにする。

ウ　(　F　)に関する身近で簡単な事柄について，人前で(　G　)などを見せながら，自分の考えや気持ちなどを，簡単な語句や基本的な表現を用いて話すようにする。

〈外国語〉

ア　(　F　)に関する身近で簡単な事柄について，簡単な語句や基本的な表現を用いて話すことができるようにする。

イ　自分のことについて，伝えようとする内容を(　H　)した上で，簡単な語句や基本的な表現を用いて話すことができるようにする。

ウ　身近で簡単な事柄について，伝えようとする内容を(　H　)した上で，自分の考えや気持ちなどを，簡単な語句や基本的な表現を用いて話すことができるようにする。

4　☆

次の文は，小学校学習指導要領「外国語科」における英語の「書くこと」の目標である。空欄に適語を入れよ。

ア　大文字，小文字を(　A　)で書くことができるようにする。また，(　B　)を意識しながら音声で十分に慣れ親しんだ簡単な語句や(　C　)を書き写すことができるようにする。

イ　自分のことや身近で簡単な事柄について，(　D　)を参考に，音声で十分に慣れ親しんだ簡単な語句や(　C　)を用いて書くことができるようにする。

5 ☆☆

小学校学習指導要領「外国語活動」及び「外国語科」について，次の各問いに答えよ。

(1)「外国語活動」及び「外国語科」は，それぞれ何学年において指導されるか。

(2)「外国語活動」及び「外国語科」の年間の授業時数をそれぞれ答えよ。

6 ☆☆

次の文は，小学校学習指導要領「外国語活動」の指導計画の作成に当たっての配慮事項に関する記述である。誤っているものを選べ。

① 学年ごとの目標を適切に定め，2学年間を通じて外国語活動の目標の実現を図るようにすること。

② 英語を初めて学習することに配慮し，簡単な語句や基本的な表現を用いながら，友達との関わりを大切にした体験的な言語活動を行うこと。

③ 外国語活動を通して，外国語や外国の文化のみならず，国語や我が国の文化についても併せて理解を深めるようにすること。

④ 言語活動で扱う題材は，児童の興味・関心に合ったものとし，児童が外国語に慣れ親しむことを目的に，外国語活動を他教科とは独立して考えるようにする。

⑤ 授業を実施するに当たっては，ネイティブ・スピーカーや英語が堪能な地域人材などの協力を得る等，指導体制の充実を図るとともに，指導方法の工夫を行うこと。

7 ☆

次の文は，小学校学習指導要領「外国語科」の指導計画の作成に当たって配慮すべき事項の一部である。空欄に適語を入れよ。

○ 単元など内容や時間のまとまりを見通して，その中で育む資質・能力の育成に向けて，児童の(　A　)で深い学びの実現を図るようにすること。その際，具体的な課題等を設定し，児童が外国語によるコミュニケーションにおける見方・考え方を働かせながら，コミュニケーションの(　B　)や場面，状況などを意識して活動を行い，英語の音声や語彙，(　C　)などの知識を，(　D　)における実際のコミュニケーションにおいて活用する学習の充実を図ること。

○　言語活動で扱う題材は，児童の(　E　)に合ったものとし，国語科や(　F　)，図画工作科など，他の教科等で児童が学習したことを活用したり，学校行事で扱う内容と関連付けたりするなどの工夫をすること。

○　学級担任の教師又は外国語を担当する教師が指導計画を作成し，授業を実施するに当たっては，(　G　)や英語が堪能な地域人材などの協力を得る等，指導体制の充実を図るとともに，指導方法の工夫を行うこと。

8　☆☆

次の各問いに答えよ。

(1)　外国語における4技能をすべて答えよ。

(2)　(1)の4技能のうち，小学校の外国語活動の指導において特に重視する技能をすべて答えよ。

9　☆

次の文は，小学校学習指導要領「外国語活動」の内容の取扱いについての配慮事項である。空欄に適語を入れよ。

ア　英語でのコミュニケーションを(　A　)させる際は，児童の(　B　)を考慮した表現を用い，児童にとって身近なコミュニケーションの場面を設定すること。

イ　文字については，児童の(　C　)に配慮しつつ，音声によるコミュニケーションを(　D　)するものとして取り扱うこと。

ウ　言葉によらないコミュニケーションの手段もコミュニケーションを支えるものであることを踏まえ，(　E　)などを取り上げ，その役割を理解させるようにすること。

エ　身近で簡単な事柄について，(　F　)に質問をしたり質問に答えたりする力を育成するため，(　G　)，グループ・ワークなどの学習形態について適宜工夫すること。その際，相手とコミュニケーションを行うことに課題がある児童については，個々の児童の(　H　)に応じて指導内容や指導方法を工夫すること。

オ　児童が身に付けるべき資質･能力や児童の実態，教材の内容などに応じて，(　Ｉ　)やコンピュータ，(　Ｊ　)，教育機器などを有効活用し，児童の興味・関心をより高め，指導の効率化や言語活動の更なる充実を図るようにすること。

カ　各単元や各時間の指導に当たっては，コミュニケーションを行う目的，場面，(　Ｋ　)などを明確に設定し，言語活動を通して育成すべき資質・能力を明確に示すことにより，児童が(　Ｌ　)を立てたり，振り返ったりすることができるようにすること。

10　☆

次の文は，小学校学習指導要領「外国語科」の内容の取扱いについての配慮事項の一部である。空欄に適語を入れよ。

文や文構造の指導に当たっては，次の事項に留意すること。

(ア)　児童が日本語と英語との(　Ａ　)等の違いや，関連のある文や文構造の(　Ｂ　)を認識できるようにするために，(　Ｃ　)な指導ができるよう工夫すること。

(イ)　文法の用語や(　Ｄ　)の指導に偏ることがないよう配慮して，言語活動と(　Ｃ　)に関連付けて指導すること。

11　☆☆

小学校学習指導要領「外国語活動」においては，言語の使用場面の例として「児童の身近な暮らしに関わる場面」と「特有の表現がよく使われる場面」の2つに分けて具体例が示されている。「特有の表現がよく使われる場面」の例示として誤っているものを選べ。

①　挨拶
②　自己紹介
③　買物
④　地域の行事
⑤　道案内

2 英語

●解答解説P523～527

●傾向と対策　重要度：A

語い・文法に関する空欄補充は，長文読解問題の中でも出題されている。語いや文法の知識を増やすことは様々な形式の問題を解く上で役立つ。

会話問題は，一連の会話文の空欄にあてはまる質問文・応答文を選ぶものがほとんどである。前後の文を参考に会話の設定場面を的確にとらえ，自然な流れとなる会話を完成させよう。

英文読解は，内容に関する出題がかなりの割合を占めている。まとまった分量の英文の内容をできるだけ早くつかめるようになろう。

12 ☆☆

次の英文で説明されている語として最も適切なものをア～エから選べ。

(1) a room or building with special equipment for doing scientific experiments and tests

ア．plant　イ．laboratory　ウ．university　エ．chemistry

(2) one of the usually paired organs that people and animals use to breathe air

ア．lung　イ．brain　ウ．ankle　エ．stomach

(3) extremely silly or unreasonable

ア．innovative　イ．splendid　ウ．ridiculous　エ．uneven

(4) to cause or arrange for something to take place at a time later than that first scheduled

ア．inspect　イ．postpone　ウ．prescribe　エ．modify

(5) to create or design something that has not existed before

ア．paint　イ．reproduce　ウ．draw　エ．invent

13 ☆☆

次の(1)〜(5)のａ：ｂがｃ：ｄと同じ関係になるように（　　　）に適語を入れよ。

	a	b	c	d
(1)	discuss	discussion	assist	(　　　)
(2)	happiness	happy	(　　　)	high
(3)	woman	women	(　　　)	feet
(4)	prince	princess	(　　　)	widow
(5)	easy	difficult	safe	(　　　)

14 ☆

次の英文は何について説明しているものか，日本語で書け。

(1) The traditional art of making figures by folding paper.

(2) The festival celebrated on the seventh day of the seventh month.

(3) The traditional cloth shoes usually made of cotton, which are worn by people wearing kimono today.

(4) The first visit to a Buddhist temple or a Shinto shrine during the new-year period to pray for good luck.

(5) A square cushion that is put directly on a tatami mat and sat on.

15 ☆☆

次の英文の（　　　）に入る最も適切なものをア〜エから選べ。

(1) She is never afraid of (　　　) mistakes.

ア．made　イ．make　ウ．making　エ．to make

(2) As (　　　) as I know, he is the wealthiest man in this city.

ア．far　イ．long　ウ．well　エ．much

(3) Have you (　　　) eaten a goose's egg?

ア．still　イ．yet　ウ．once　エ．ever

(4) My alarm didn't go off this morning. That's (　　　) I was late for the train.

ア．because　イ．when　ウ．probably　エ．why

(5) That song always (　　　) me of my happy school days.
ア. recalls　イ. revives　ウ. reminds　エ. remembers

16 ☆☆

次の各組の文が同じ意味になるように(　　　)に適語を入れよ。

(1) The child always tried to meet his parents' expectations.
= The child always tried to come (　　　) to his parents' expectations.

(2) No one can explain what happened in the conference room that day.
= No one can (　　　) for what happened in the conference room that day.

(3) We told his team to investigate the cause of failure of the project.
= We told his team to look (　　　) the cause of failure of the project.

(4) I have never participated in barbecue parties.
= I have never taken (　　　) in barbecue parties.

(5) She promised me to have him call back immediately.
= She promised me to have him call back (　　　) away.

17 ☆☆

次の[　　　]内の語(句)を意味が通るように並べかえ，英文を完成させよ。

(1) He [by / finished / should / the report / have] noon, but he couldn't.

(2) The population of Tokyo is [that / three / large / as / times / as] of our prefecture.

(3) He was [I / that / had / person / the / last] expected to see there.

(4) The manager [enter / to / us / not / told] the building during the renovation work.

(5) People in the developed countries do not know [is / be / to / like / it / what] desperately hungry.

18 ☆☆

次の英語のことわざに最も近い日本語のことわざをア～オから選べ。

(1) There is no time like the present.

(2) The early bird catches a worm.

(3) Birds of a feather flock together.

(4) Practice makes perfect.

(5) Easy come, easy go.

ア．類は友を呼ぶ　イ．習うより慣れよ　ウ．早起きは三文の徳

エ．悪銭身につかず　オ．思い立ったが吉日

19 ☆☆

次の対話の（　　）に入る適当なものをア～オから選べ。

Customer：（ 1 ）?

Clerk　：Certainly. The fitting room is over there.

Customer：This is too small for me. （ 2 ）?

Clerk　：（ 3 ）?

Customer：This fits my size. OK, I will take it. （ 4 ）?

Clerk　：It's two hundred dollars.

Customer：（ 5 ）?

ア．How about this one

イ．How much is it

ウ．Can I pay by credit card

エ．Can I try this on

オ．Do you have this in a bigger size

20 ☆☆

次の対話の（　　）に入る適当なものをア～オから選べ。

A：Mayflower House. （ 1 ）?

B：I'd like to reserve a table for dinner.

A：（ 2 ）?

B：Four couples.

A：（ 3 ）?

B：That sounds like a good idea.

A：All right.（　4　）?

B：My name is John Kimburg.

A：（　5　）?

B：Around 8:00 PM.

A：All right, Mr. Kimburg. We have reserved a private dining room for you at 8:00 PM. Thanks for calling Mayflower House.

ア．May I have your name, sir

イ．What time will you be arriving

ウ．Would you like to reserve a private dining room

エ．How may I help you

オ．How large a group are you expecting

21 ☆☆

次の対話文の（　　　）にあてはまる文をア～エから選べ。

(1) A：I heard you went to that new Chinese restaurant last night.（　　　）?

B：It is very good. How about going there together next time?

ア．How did you like it　　イ．What did you eat there

ウ．How did you hear it　　エ．When did you go there

(2) A：（　　　）. Could you say that again?

B：Oh, I'm sorry. I said, “Will you lend me the book you talked about?”

ア．I have finished speaking

イ．I don't know when you lent me the book

ウ．I didn't hear you well

エ．I cannot make myself understood

(3) A：Hi. I haven't seen you lately.（　　　）?

B：I had a bad cold. I have just recovered from it.

A：Oh, that's too bad.

ア．What can I do for you　　イ．How haven't I seen you

ウ．When did it happen　　エ．What have you been up to

(4) A：I'm so sleepy.
B：Oh? Didn't you sleep well last night?
A：No, I had to study for the math test, so I (　　　).
ア. went to bed early　　イ. stayed up all night
ウ. left home very early　　エ. was sound asleep last night

(5) A：Hello. This is Okada speaking. Can I speak to Ms. Weaver, please?
B：I'm afraid she is not available right now. (　　　)
A：Yes. Could you tell her to call me back?
B：OK. I'll tell her that.
ア. Hold on, please.
イ. Would you like to leave a message?
ウ. Would you please call back later?
エ. I have a message for you.

22 ☆☆

意味の通った会話になるように，次の各組のア～エを並べ替えよ。

(1) ア. No, that's all, I guess.
イ. All right. See you tomorrow.
ウ. This was a very good meeting. Is there anything else to discuss?
エ. Then let's call it a day, shall we?

(2) ア. Sorry, I overslept. My clock didn't go off this morning.
イ. Your clock never works. Why don't you buy a new one?
ウ. Again?
エ. That's right. Believe me, I did set the alarm last night.

(3) ア. If you haven't eaten lunch, shall we have lunch at the new Japanese restaurant in front of the department store?
イ. I'm window-shopping at the department store. Why do you ask?
ウ. Sounds great. I have never tried that restaurant.
エ. What are you doing now?

(4) ア. No, I didn't.
イ. Oh, no! It's finally started to rain.
ウ. I brought two umbrellas so you can use one.
エ. Didn't you bring your umbrella with you?

(5) ア．How was it? I haven't seen it yet.
　イ．I saw the new mystery movie she had talked about.
　ウ．Then I will go to see it soon.
　エ．It was quite exciting.

23 ☆☆

次の対話文の（　　　）に，指定されたアルファベットから始まる適切な単語を書け。

A：I just received a letter from one of my old high school buddies.

B：That's nice!

A：Actually I haven't heard (1)（f　　　）him in ages.

B：To be frank with you, I've been (2)（o　　　）of touch with most of my old friends. Only one or two of them still keep contact with me.

A：I know. It's really (3)（h　　　）to maintain contact when people move around so much.

B：That's right. People just drift apart! But you're lucky to be back in touch with your buddy again.

24 ☆☆

次の対話の（　　）に入る適当なものをア～キから選べ。

Woman：Hello. My name is Lacey Johnson. I'd like to make a reservation for a flight to Cairo, please. I want to leave this Friday.

Clerk：This Friday?（　1　）

Woman：Correct.

Clerk：Will that be one ticket?

Woman：Yes. First class. An aisle seat, please.

Clerk：（　2　）

Woman：One way.

Clerk：Very well. Just a minute... All right, Ms. Johnson. We're all set. One first-class seat on Turkish Airline's flight seven two eight, leaving at six-thirty p.m. on Friday, with a short stopover in Istanbul.

Woman：（　3　）I'm pleased.

Clerk　: That will be two thousand one hundred dollars. Will that be cash or charge?

Woman : (4) Would you have it delivered to me on Thursday?

Clerk　: We could have it delivered sooner, tomorrow, if you like.

Woman : Would you make it exactly at eleven o'clock tomorrow?

Clerk　: Yes, that will be fine.

Woman : Thank you. (5) I have a lunch meeting to attend.

ア. I'll be very hungry then.　　イ. Eleven sharp, please.
ウ. Sounds great.　　エ. You mean in three days?
オ. I'll pay cash on delivery.　　カ. Round trip?
キ. How can I get there?

25 ☆☆

次は教室でよく使う英語表現である。日本語の意味になるように（　　）に適語を入れよ。

(1) 必要のないものは片付けなさい。
(　　) away what you don't need.

(2) 手を挙げて。
(　　) your hand.

(3) 一列に並んで。
(　　) a line.

(4) とてもよくできましたね。
You (　　) a very good (　　).

(5) 英語で『キノコ』は何と言いますか。
(　　) do you (　　) "*kinoko*" in English?

26 ☆☆☆

次の英文の空欄に入れるのに最も適した語を下から選べ。ただし，それぞれの語は1度ずつしか使用できない。

Knowledge of a society's family system is (1) to understanding that society. In the case of Japan, it is especially important because the family rather than the individual is considered to be the basic unit of society. Family responsibilities take precedence over (2) desires, and familial relations provide the model for social integration at all levels.

Since it is considered natural for adults to (3) and have children, the unmarried may be viewed as not quite socially acceptable and therefore not the best candidates for jobs. The Japanese also assume that growing up in an intact household promotes mature character development. For this reason, all other things being equal, (4) generally prefer to hire a person raised in a two-parent household.

A stable family system provided the foundation for the Japanese "economic miracle." Gender- and age-based division of labor produced a part-time and temporary labor pool of women and retirees and enabled Japanese firms to offer "(5) employment" to only about one-third of the labor force.

workers / individual / permanent / marry / families / temporary / harmful / earn / essential / employers

27 ☆☆

次の英文を読んで，あとの問いに答えよ。

Recently it was discovered that underneath Picasso's masterpiece, The Blue Room, there is another painting. Four major art collecting institutions worked together for five years to prove the existence of the second painting, which they had long suspected.

The first clue that there were two paintings on the same canvas, was the unusual brush strokes on The Blue Room. The brushstrokes didn't quite match the painting on The Blue Room.

Using high-tech equipment, the scientists were able to see through the first painting to one of a bearded man in a bowtie, sitting in a chair, leaning on his hand.

It was an exciting discovery. Now everyone wants to know who the man in the bowtie is, and why Picasso painted him.

The bowtie painting was likely completed shortly before The Blue Room painting was. Pablo Picasso was a very *prolific painter. In order to save money, he often would paint over some of his other paintings, instead of buying new canvasses for his ideas.

Experts believe they will discover many more secondary paintings under

Picasso's masterpieces because today's technology is so much more effective for this kind of work.

*prolific「多作な，多産な」

上文の内容と一致するものはどれか。

ア．大手の美術収集機関が「青い部屋」の下に別の絵があることを証明するため4年間にわたり研究を行った。

イ．「青い部屋」の下にある第二の絵については何の手がかりも存在していなかった。

ウ．ハイテク技術の助けを借りて，ようやく「青い部屋」の下にある別の絵が確認できた。

エ．「青い部屋」の下には，椅子に腰かけているピカソの友人の絵が描かれていた。

オ．ピカソは金を節約するため，一枚のキャンバスに何度も何度も重ねて絵を描いた。

28 ☆☆

次の英文を読んで，あとの問いに答えよ。

Scientists looked at 381 creatures (1)[are / to / species / what / they / study]. The scientists tested living and extinct species. They did this by examining old bones which have growth rings, like trees; they also took the measurements of many bones. Then they compared growth rate to how much energy the creatures used to get around (known as the metabolic rate) to determine the ages of the creatures and how fast different creatures put on weight.

When the scientists connected information from the bone size to the metabolic rate, they (2)could tell whether the species was warm-blooded or cold-blooded.

They found (3)the dinosaurs didn't need (　　　)(　　　) food for energy and brain power (　　　) mammals, but they needed more than reptiles and other cold-blooded species. They concluded that dinosaurs could be a new species – (4)(　　　) reptile (　　　) mammal.

This study has made scientists wonder about other species. For example, tuna, some sharks, and leatherback turtles are like dinosaurs —— they don't need as much fuel for energy.

This new middle category of species brings new information to the riddle of whether all creatures are either warm-blooded or cold-blooded.

(1) 下線部(1)が「それらがどの種であるかを調べるために」の意味になるように[ ]内の語を並べ替えよ。

(2) 下線部(2)を3語で言い換えよ。

(3) 下線部(3)が「恐竜はエネルギーや脳の働きを得るのに哺乳類ほど多くの食糧を必要としない」の意味になるように空欄に適語を入れよ。

(4) 下線部(4)が「爬虫類でも哺乳類でもない」の意味になるように空欄に適語を入れよ。

29 ☆☆

次の英文を読んで，あとの問いに答えよ。

He's not a person. But he's smart, he can be trained to do a job and he can do it cheaper than anybody else. He's Baxter, the red robot. Baxter was made by Rethink Robotics, a company in Boston in the U.S. Now Humber College in Toronto has purchased Baxter.

Baxter doesn't need programming. He can be trained by a person on the job just by showing him what to do. And you can add tasks for him to do with software upgrades. He will move from job to job easily and he operates safely standing right beside to a person.

Usually robots are hundreds of thousands of dollars, but Baxter is only about $25,000, so even small companies can afford him.

There is always a debate when robots take on jobs. Supporters of robots say that if robots do a lot of the boring jobs, it allows humans to do safer, more interesting work. But critics of robots say that robots take jobs away from humans who need paid work.

上文の内容と一致するものはどれか。

ア. Baxter is a robot made by Humber College in Toronto.

イ. Baxter is so clever that he can train any person on the job.

ウ. Baxter should be kept at a distance from humans in the workplace for safety purposes.

エ. Thanks to the low price, small companies can purchase Baxter.

オ. Some people are concerned that a lot of interesting work may be taken away by robots.

30 ☆☆

次の英文を読んで，あとの問いに答えよ。

Workers in Canada aren't taking their vacations. A recent survey said that one-quarter of workers don't take their full vacation time because they are afraid of having（　A　）much work to do when they get back. Most think they will be better workers if they stay on top of the work. But other studies have shown that when workers take breaks and vacation time they are less stressed out and happier on the job.

Managers should take this situation seriously, says an expert on personnel affairs. They should be（　B　）their staff to take full vacation time, because they will actually work harder when they come back.

Managers should also take their own vacations. When staff members see the boss at work all the time, they think they are expected to ①do the same.

In the U.S. it's even harder to take time off. The United States is the only ②well-off country in the world without a law to make employers give their people paid vacation. And it shows. In an important 2010-2011 ranking of the most competitive economies, the U.S.（　C　）in fourth. Sweden, which offers its workers five weeks of paid vacation, ranked second.

(1)　空欄Ａ～Ｃに入れるべき適語を選べ。

ア．ran　　イ．very　　ウ．preventing　　エ．too

オ．urging　　カ．came

(2)　下線部①は具体的に何を指しているか日本語で答えよ。

(3)　下線部②とほぼ同じ意味を表す語はどれか。

ア．industrial　　イ．rich　　ウ．northern　　エ．democratic

31 ☆☆

次の英文を読んで，あとの問いに答えよ。

When Professor Vilas Pol and his research assistants were setting up their new laboratory, they found the boxes the equipment came in were filled（　A　）hundreds of little polystyrene pieces known as packing peanuts.

Packing peanuts are a popular and effective way to protect all sorts of fragile items – from TVs（　B　）dishes – when they're being moved, stored or delivered. Unfortunately, most packing peanuts eventually end up in landfills where they can take decades to break down. When they do break down, they contaminate the soil and water with chemicals and detergents.

Professor Pol, a chemical engineer, asked his team to help find a better way to dispose (C) old packing peanuts. The scientists discovered that when they heated the peanuts in a very hot furnace – between 500 and 900 degrees Celsius – they turned into a carbon-based material that could be flattened into very thin sheets. These microsheets can be used to make *anodes, a key part of rechargeable lithium-ion batteries.

Anodes are usually made (D) graphite. However, anodes made (D) recycled packing peanuts are cheaper to make, less harmful to the environment, and work better than traditional graphite anodes.

*anode「陽極」

(1) 空欄A～Dに適切な前置詞を入れよ。

(2) 英文の内容と一致しないものはどれか。

ア．パッキングピーナツは分解されるのに時間がかかる。

イ．Pol教授のチームは，パッキングピーナツを加熱して非常に薄いシートを作り出した。

ウ．パッキングピーナツから作られたマイクロシートはリチウムイオン電池の陽極の材料にできる。

エ．パッキングピーナツで陽極を作る方が，従来通り黒鉛で陽極を作るより環境に優しい。

オ．従来型の陽極より費用はかかるが，パッキングピーナツで陽極を作ることが望ましい。

11
特別の教科　道徳

Open Sesame

学習指導要領

●解答解説P528

●傾向と対策

重要度：**A**

最も出題が多いのは,「目標」の空欄補充問題である。「指導計画の作成と各学年にわたる内容の取扱い」についての空欄補充問題や正誤問題, 内容の４つの視点の項目分けや学年を問う問題が多い。いずれも正確な知識が求められるため、キーワードを中心に確実に覚え, どのような形で出題されたとしても対応できるようにしておく必要がある。

1 ☆

次の文は, 小学校学習指導要領「特別の教科　道徳」の目標である。空欄にあてはまる語句の組み合わせとして正しいものを選べ。

第1章総則の第1の2の(2)に示す道徳教育の目標に基づき, よりよく生きるための基盤となる（　A　）を養うため, 道徳的諸価値についての理解を基に, 自己を見つめ, 物事を（　B　）に考え, 自己の生き方についての考えを深める学習を通して, 道徳的な（　C　）, 心情, 実践意欲と態度を育てる。

① A－道徳性　B－主体的・対話的　C－思考力
② A－道徳性　B－多面的・多角的　C－判断力
③ A－人間性　B－多面的・多角的　C－思考力
④ A－人間性　B－主体的・対話的　C－判断力

2 ☆☆

次の文は, 小学校学習指導要領「第１章　総則」の「第１　小学校教育の基本と教育課程の役割」の2に示されたものの一部である。空欄にあてはまる語句の組み合わせとして正しいものを選べ。

道徳教育は, 教育基本法及び学校教育法に定められた教育の根本精神に基づき,（　A　）の生き方を考え, 主体的な判断の下に行動し, 自立した人間として（　B　）と共によりよく生きるための基盤となる（　C　）を養うことを目標とすること。

① A－自己　B－他者　C－道徳性
② A－自己　B－集団　C－道徳心
③ A－人間として　B－集団　C－道徳性
④ A－人間として　B－他者　C－道徳心

3 ☆

小学校学習指導要領「特別の教科　道徳」の「内容」では，道徳教育の目標を達成するために指導すべき内容項目を四つの視点に分けて示している。四つの視点のうち，誤りのあるものを，次から選べ。

① 主として自分自身に関すること
② 主として人との関わりに関すること
③ 主として地域社会との関わりに関すること
④ 主として生命や自然，崇高なものとの関わりに関すること

4 ☆☆

次の文は，小学校学習指導要領「特別の教科　道徳」の「内容」に示されている「A　主として自分自身に関すること」の内容項目である。このうち，〔第3学年及び第4学年〕の内容項目として正しいものをすべて選べ。

① 過ちは素直に改め，正直に明るい心で生活すること。
② よいことと悪いこととの区別をし，よいと思うことを進んで行うこと。
③ 自分のやるべき勉強や仕事をしっかりと行うこと。
④ 自分でできることは自分でやり，安全に気を付け，よく考えて行動し，節度のある生活をすること。
⑤ 真理を大切にし，物事を探究しようとする心をもつこと。

5 ☆☆

次の文は，小学校学習指導要領「特別の教科　道徳」の「内容」に示されている，ある内容項目の〔第5学年及び第6学年〕の記述である。空欄にあてはまる語句をア～クからそれぞれ選び，記号で答えよ。

誰に対しても（　A　）をすることや（　B　）をもつことなく，（　C　）接し，（　D　）の実現に努めること。

ア．好き嫌い　　イ．偏見　　ウ．差別　　エ．分け隔てなく
オ．自他の権利　　カ．正義　　キ．区別　　ク．公正，公平な態度で

6 ☆☆

次のア～エは，小学校学習指導要領「特別の教科　道徳」の「内容」に示されている，ある内容項目の〔第1学年及び第2学年〕の記述である。ア～エの内容項目と，四つの視点A～Dの組み合わせとして正しいものを選べ。

ア．約束やきまりを守り，みんなが使う物を大切にすること。
イ．家族など日頃世話になっている人々に感謝すること。
ウ．うそをついたりごまかしをしたりしないで，素直に伸び伸びと生活すること。
エ．美しいものに触れ，すがすがしい心をもつこと。

A　主として自分自身に関すること
B　主として人との関わりに関すること
C　主として集団や社会との関わりに関すること
D　主として生命や自然，崇高なものとの関わりに関すること

①　ア－B　イ－A　ウ－C　エ－D
②　ア－B　イ－C　ウ－D　エ－A
③　ア－C　イ－B　ウ－A　エ－D
④　ア－C　イ－D　ウ－B　エ－A

7 ☆☆

次の文は，小学校学習指導要領「特別の教科　道徳」の「内容」のうち，「B　主として人との関わりに関すること」の「礼儀」について，学年段階ごとの指導の要点を示したものである。空欄にあてはまる語句の組み合わせとして正しいものを選べ。

〔第1学年及び第2学年〕
気持ちのよい挨拶，（　A　），動作などに心掛けて，明るく接すること。
〔第3学年及び第4学年〕
礼儀の大切さを知り，誰に対しても（　B　）をもって接すること。
〔第5学年及び第6学年〕
時と（　C　）をわきまえて，礼儀正しく（　B　）をもって接すること。

① A－言葉遣い　B－優しさ　C－場面
② A－言葉遣い　B－真心　C－場
③ A－作法　B－優しさ　C－場
④ A－作法　B－真心　C－場面

8 ☆☆

次の文は，小学校学習指導要領「特別の教科　道徳」の「指導計画の作成と内容の取扱い」の一部である。空欄にあてはまる語句をア～ケからそれぞれ選び，記号で答えよ。

・児童が自ら道徳性を養う中で，自らを振り返って成長を実感したり，これからの（　A　）を見付けたりすることができるよう工夫すること。その際，道徳性を養うことの意義について，児童自らが考え，理解し，（　B　）に学習に取り組むことができるようにすること。
・児童が多様な感じ方や考え方に接する中で，考えを深め，判断し，表現する力などを育むことができるよう，自分の考えを基に話し合ったり書いたりするなどの（　C　）を充実すること。

ア．課題や問題　イ．問題や目標　ウ．課題や目標
エ．意欲的　オ．主体的　カ．積極的
キ．表現活動　ク．言語活動　ケ．実践活動

9 ☆☆

次の文は，小学校学習指導要領「特別の教科　道徳」の「指導計画の作成と内容の取扱い」の一部である。空欄に適する語句を入れよ。

4　児童の（　A　）や道徳性に係る成長の様子を継続的に把握し，指導に生かすよう努める必要がある。ただし，（　B　）などによる評価は行わないものとする。

10 ☆☆☆

次のうち，小学校学習指導要領「特別の教科　道徳」の「指導計画の作成と内容の取扱い」に示されている内容として，正しいものを2つ選べ。

① 指導計画の作成に当たっては，第2に示す各学年段階の内容項目について，相当する各学年において全て取り上げること。

② 校長や教頭などの参加，他の教師との協力的な指導などについて工夫し，教務主任を中心とした指導体制を充実すること。

③ 道徳科が学校の教育活動全体を通じて行う道徳教育の要としての役割を果たすことができるよう，計画的・発展的な指導を行うこと。

④ 児童の発達の段階や特性等を考慮し，指導のねらいに即して，課題追及的な学習，道徳的行為に関する体験的な学習等を適切に取り入れるなど，指導方法を工夫すること。

11 ☆☆

「道徳科の評価」について述べた文として，適切でないものを選べ。

① 児童の学習状況や道徳性に係る成長の様子を継続的に把握する。

② 児童がいかに成長したかを積極的に受け止めて認め，励ます個人内評価として行う。

③ 児童の指導に生かすために，数値などによる評価を行う。

④ 個々の内容項目ごとではなく，大くくりなまとまりを踏まえた評価を行う。

⑤ 発達障害等のある児童についての配慮すべき観点等を学校や教員間で共有する。

12
その他

Open Sesame

総合的な学習の時間

●解答解説P529

●傾向と対策

重要度：C

最も出題が多いのは，「目標」の空欄補充問題で，「指導計画の作成と内容の取扱い」についての空欄補充問題も見られる。キーワードを中心に確実に覚えておくようにしよう。

1 ☆

次の文は，小学校学習指導要領「総合的な学習の時間」の目標である。空欄にあてはまる語句をア～カからそれぞれ選び，記号で答えよ。

（　A　）な見方・考え方を働かせ，（　B　）な学習を行うことを通して，よりよく課題を解決し，自己の生き方を考えていくための資質・能力を次のとおり育成することを目指す。

⑴　（　A　）な学習の過程において，課題の解決に必要な知識及び技能を身に付け，課題に関わる概念を形成し，（　A　）な学習のよさを理解するようにする。

⑵　実社会や実生活の中から問いを見いだし，自分で課題を立て，情報を集め，整理・分析して，まとめ・表現することができるようにする。

⑶　（　A　）な学習に（　C　）に取り組むとともに，互いのよさを生かしながら，（　D　）に社会に参画しようとする態度を養う。

ア．主体的・協働的　　イ．対話的　　ウ．積極的

エ．横断的・総合的　　オ．探究的　　カ．問題解決的

2 ☆☆

次の文は，小学校学習指導要領「総合的な学習の時間」の「各学校において定める目標及び内容」の一部である。空欄にあてはまる語句をア～クからそれぞれ選び，記号で答えよ。

各学校において定める目標及び内容の設定に当たっては，次の事項に配慮するものとする。

(1) 各学校において定める目標については，各学校における（　A　）を踏まえ，総合的な学習の時間を通して育成を目指す資質・能力を示すこと。

(2) 各学校において定める目標及び内容については，（　B　）の目標及び内容との違いに留意しつつ，（　B　）で育成を目指す資質・能力との（　C　）すること。

(3) 各学校において定める目標及び内容については，（　D　）との関わりを重視すること。

ア．児童の実態　　イ．関連を重視　　ウ．各教科
エ．日常生活や社会　　オ．教育目標　　カ．違いを明確に
キ．他教科等　　ク．学校生活や地域

3 ☆☆

次の文は，小学校学習指導要領「総合的な学習の時間」の「各学校において定める目標及び内容」の一部である。空欄にあてはまる語句の組み合わせとして正しいものを選べ。

(6) 探究課題の解決を通して育成を目指す具体的な資質・能力については，次の事項に配慮すること。

ア　知識及び技能については，他教科等及び総合的な学習の時間で習得する知識及び技能が相互に関連付けられ，社会の中で生きて働くものとして形成されるようにすること。

イ　思考力，判断力，表現力等については，課題の設定，情報の収集，（　A　），まとめ・表現などの探究的な学習の過程において発揮され，（　B　）において活用できるものとして身に付けられるようにすること。

ウ　学びに向かう力，人間性等については，自分自身に関すること及び他者や社会との関わりに関することの（　C　）視点を踏まえること。

① A－調査・体験　B－未知の状況　C－どちらかの
② A－調査・体験　B－実生活　C－両方の
③ A－整理・分析　B－未知の状況　C－両方の
④ A－整理・分析　B－実生活　C－どちらかの

4 ☆☆

次の文は，小学校学習指導要領「総合的な学習の時間」の「指導計画の作成と内容の取扱い」の一部である。空欄にあてはまる語句の組み合わせとして正しいものを選べ。

1　指導計画の作成に当たっては，次の事項に配慮するものとする。

(1)　年間や，単元など内容や時間のまとまりを見通して，その中で育む資質・能力の育成に向けて，児童の（　A　）を図るようにすること。その際，児童や学校，地域の実態等に応じて，児童が（　B　）を働かせ，教科等の枠を超えた（　C　）な学習や児童の興味・関心等に基づく学習を行うなど創意工夫を生かした教育活動の充実を図ること。

① A－主体的・対話的で深い学びの実現　B－各教科等で培った力
　C－協働的・体験的
② A－主体的・対話的で深い学びの実現　B－探究的な見方・考え方
　C－横断的・総合的
③ A－思考力・判断力・表現力の育成　B－探究的な見方・考え方
　C－横断的・総合的
④ A－思考力・判断力・表現力の育成　B－各教科等で培った力
　C－協働的・体験的

5 ☆☆

小学校学習指導要領「総合的な学習の時間」の「指導計画の作成と内容の取扱い」では，探究的な学習の過程において「考えるための技法」を活用した学習活動を行うことが求められており，「考えるための技法」として3つの例が示されている。「比較する」，「関連付ける」ともう1つは何か，答えよ。

6 ☆☆☆

小学校学習指導要領解説「総合的な学習の時間編」の「第6章　第2節　年間指導計画の作成」において，年間指導計画の作成及び実施に当たって留意すべき4つの点が以下のように述べられている。空欄にあてはまる語句の組み合わせとして正しいものを選べ。

(1)　児童の（　A　）に配慮すること

(2)　季節や行事など適切な活動時期を生かすこと

(3)　（　B　）との関連を明らかにすること

(4)　外部の教育資源の活用及び異校種との連携や交流を意識すること

①　A－学習経験　　　B－各教科等

②　A－学習経験　　　B－場所や時間

③　A－興味・関心　　B－各教科等

④　A－興味・関心　　B－場所や時間

2 特別活動

●解答解説P529

●傾向と対策

重要度：C

最も出題が多いのは，「目標」の空欄補充問題で，「内容」，「内容の取扱い」についての空欄補充問題も見られる。キーワードを中心に確実に覚えておくようにしよう。

7 ☆

次の文は，小学校学習指導要領「特別活動」の目標の一部である。空欄にあてはまる語句をア～クからそれぞれ選び，記号で答えよ。

(1) 多様な他者と協働する様々な（　A　）の意義や活動を行う上で必要となることについて理解し，（　B　）を身に付けるようにする。

(2) 集団や自己の生活，人間関係の課題を見いだし，解決するために話し合い，（　C　）を図ったり，意思決定したりすることができるようにする。

(3) 自主的，実践的な（　A　）を通して身に付けたことを生かして，集団や社会における生活及び人間関係をよりよく形成するとともに，（　D　）についての考えを深め，（　E　）を図ろうとする態度を養う。

ア．社会への適応力　イ．集団行動　ウ．集団活動　エ．合意形成
オ．自己の生き方　カ．意見調整　キ．行動の仕方　ク．自己実現

8 ☆☆

小学校学習指導要領「特別活動」における〔学級活動〕の内容には，「(3) 一人一人のキャリア形成と自己実現」が新設されている。その内容として適切なものを選べ。

① よりよい人間関係の形成
② 主体的な学習態度の形成と学校図書館等の活用
③ 学級内の組織づくりや役割の自覚
④ 学校における多様な集団の生活の向上

9 ☆☆

次の文は，小学校学習指導要領「特別活動」における〔クラブ活動〕の内容の一部である。空欄にあてはまる語句をそれぞれ答えよ。

1の資質・能力を育成するため，主として第4学年以上の（　A　）の児童をもって組織するクラブにおいて，次の各活動を通して，それぞれの活動の意義及び活動を行う上で必要となることについて理解し，主体的に考えて実践できるよう指導する。

(1)　クラブの組織づくりとクラブ活動の（　B　）や運営

(2)　クラブを（　C　）活動

(3)　クラブの成果の（　D　）

10 ☆☆

次の文は，小学校学習指導要領「特別活動」における〔学級活動〕の「内容の取扱い」の一部である。空欄にあてはまる語句の組み合わせとして正しいものを選べ。

(2)　2の(3)の指導に当たっては，学校，家庭及び地域における学習や生活の（　A　）を立て，学んだことを振り返りながら，新たな学習や生活への意欲につなげたり，将来の（　B　）を考えたりする活動を行うこと。その際，児童が活動を記録し（　C　）する教材等を活用すること。

①　A－計画　　B－生き方　　C－蓄積
②　A－計画　　B－職業　　C－反省
③　A－見通し　　B－生き方　　C－蓄積
④　A－見通し　　B－職業　　C－反省

11 ☆☆

小学校学習指導要領「特別活動」における〔学校行事〕の「内容」には，5つの種類の行事が示されている。このうち「遠足・集団宿泊的行事」，「勤労生産・奉仕的行事」以外のものを3つあげよ。

解答解説

Open Sesame

1 国語

1 学習指導要領

1

A．正確　　B．適切
C．知識及び技能
D．思考力，判断力，表現力等

2

A．日常生活　　B．特質
C．伝え合う力　　D．想像力
E．言語感覚　　F．尊重

3

A．互いの立場　　B．言語

4

A．順序　　B．感じる
C．筋道　　D．豊かに
E．まとめる　　F．気付く
G．幅広く　　H．広げる
I．認識する　　J．進んで
K．自覚

5

②，④

解説

①，⑤は第5学年及び第6学年，③は第1学年及び第2学年に関する事項である。

6

④，⑤

解説

①，③は第3学年及び第4学年，②，⑥は第5学年及び第6学年の内容である。

7

⑤

8

③，④

解説

① 社会科ではなく，生活科を中心としたものとされている。
② 「読むこと」の教材については，説明的な文章や文学的な文章などの文章形態を調和的に取り扱うこととされている。また，説明的な文章については，適宜，図表や写真などを含むものを取り上げること。
⑤ 児童が読む図書については，人間形成のため偏りがないよう配慮して選定する。

9

A．意図　　B．35
C．30　　D．25
E．音声言語　　F．100
G．85　　H．55
I．文章

10

(1) 学校図書館

(2) 〔解答例〕

・授業で取り上げた教材に関し，学校図書館を利用して興味のある本や必要な本を選べるよう指導し，読ませるようにする。

・読んだ本の感想をお互いに発表しあうことで，読書をする喜びを味わうようにする。

など

11

A．3　B．30

C．基礎

12

A．学習負担　B．当該学年以前

C．当該学年以降　D．後

E．振り仮名　F．関連付けて

G．定着　H．標準

2 漢字と語句

13

(1) はいせき　(2) かんすい

(3) えもの　(4) ふせつ

(5) みゃくらく　(6) はんぷ

(7) よいん　(8) はっしょう

(9) いげん　(10) こうそく

(11) しんぼう　(12) ほそう

(13) はんも　(14) がんちく

(15) ふきゅう　(16) そまつ

(17) きろ　(18) よか

(19) しょうげき　(20) たいだ

14

(1) 銘柄　(2) 微妙　(3) 禁制

(4) 満喫　(5) 翻訳　(6) 日和

(7) 承諾　(8) 遺跡　(9) 折衷

(10) 境内　(11) 貢献　(12) 掲載

(13) 逐次　(14) 把握　(15) 繊維

(16) 体裁　(17) 愉快　(18) 扶養

(19) 緊密　(20) 謙虚

15

(1) つちか　(2) おだ

(3) まぎ　(4) ひそ

(5) こば　(6) すこ

(7) きた　(8) おとろ

(9) なご　(10) きず

(11) すみ　(12) わずら

(13) さと　(14) つくろ

(15) にぶ　(16) ほが

(17) にな　(18) つ

(19) もっぱ　(20) つい

16

⑴ 慌てて ⑵ 緩やか
⑶ 隔てる ⑷ 眺める
⑸ 募る ⑹ 覆う
⑺ 妨げる ⑻ 漂う
⑼ 隠す ⑽ 誇り
⑾ 補う ⑿ 勢い
⒀ 裁き ⒁ 備える
⒂ 退く ⒃ 騒ぐ
⒄ 濁る ⒅ 削る
⒆ 練る ⒇ 憩い

17

⑴ 会意
⑵ 洗…あらう　花…はな

解説

⑵ 「洗」は氵(水の意味)と先(音),「花」は「艹」(草の意味)と化(音)を組み合わせた漢字である。
その他の漢字はそれぞれ以下のように分類できる。
象形文字…川　山
指事文字…上　本
会意文字…林　炎　明　森

18

⑴ B ⑵ C ⑶ C
⑷ A ⑸ A ⑹ B
⑺ C ⑻ A ⑼ B
⑽ B

解説

熟語はふつう音と音，訓と訓をそろえて読むが，次のような例外がある。
重箱(ジュウばこ)読み…音＋訓
湯桶(ゆトウ)読み…訓＋音

⑴ 身分(みブン)
⑵ 坂道(さかみち)
⑶ 美人(ビジン)
⑷ 役場(ヤクば)
⑸ 台所(ダイどころ)
⑹ 強気(つよキ)
⑺ 社会(シャカイ)
⑻ 納屋(ナや)
⑼ 敷布(しきフ)
⑽ 野宿(のジュク)

19

⑴ はつがしら ⑵ まだれ
⑶ にすい ⑷ ふるとり
⑸ あくび ⑹ つつみがまえ
⑺ れんが(れっか)
⑻ おおがい ⑼ りっしんべん
⑽ りっとう

20

⑴ 4画目，総画数9画
⑵ 7画目，総画数7画
⑶ 3画目，総画数5画
⑷ 1画目，総画数6画

解説

漢字の筆順の原則
大原則① 上から下へ…三・言
② 左から右へ…川・例
一般原則① 横書きが先…七・大
② 横書きがあと…田・由
③ 中が先…小・水
④ 外側が先…国・月
⑤ 左払いが先…人・文
⑥ 貫く縦画は最後…車
⑦ 貫く横画は最後…母・女
⑧ 短い左払いが先…右・有
⑨ 長い左払いがあと…左・存

21

① **部首索引**　② **音訓索引**
③ **総画索引**

解説

① 部首名がわかっているときに引く。
例：「倹」は「にんべん」で，つくりは8画
② 音か訓の読みがわかっているときに引く。
例：「倹」は「ケン」
③ 部首名も読み方もわからないときに引く。
例：「倹」は総画数が 10 画

22

(1) **ア．冒**　**イ．犯**
ウ．侵
(2) **ア．採**　**イ．執**
ウ．取
(3) **ア．断**　**イ．裁**
ウ．絶
(4) **ア．着**　**イ．就**
ウ．付
(5) **ア．映**　**イ．写**
ウ．移

23

(1) **エ**　(2) **イ**　(3) **オ**
(4) **オ**　(5) **ウ**

解説

(1) エは対義の意味の漢字を組み合わせたもの，その他は似た意味の漢字を重ねたものである。
(2) イは上と下の漢字が修飾・被修飾の関係にあるもの，その他は上と下の漢字が主語・述語の関係にあるものである。
(3) オは上の漢字が動詞で下の漢字が目的語となるもの，その他は対義の意味の漢字を組み合わせたものである。
(4) オは上と下の漢字が修飾・被修飾の関係にあるもの，その他は接尾語を付けたものである。
(5) ウは似た意味の漢字を重ねたもの，その他は打ち消しなどの接頭語を付けたものである。

24

(1) **ア．対照**　**イ．対象**
ウ．対称
(2) **ア．移動**　**イ．異動**
ウ．異同
(3) **ア．意義**　**イ．異議**
ウ．異義
(4) **ア．解放**　**イ．会報**
ウ．快方
(5) **ア．鑑賞**　**イ．干渉**
ウ．感傷
(6) **ア．行為**　**イ．更衣**
ウ．好意
(7) **ア．局地**　**イ．極致**
ウ．極地
(8) **ア．追及**　**イ．追求**
ウ．追究
(9) **ア．寛容**　**イ．観葉**
ウ．肝要
(10) **ア．保証**　**イ．補償**
ウ．保障

解説

同音異義語を書かせる問題は比較的多い。それぞれの意味の違いを覚えておく。間違いやすいものは，鑑賞・観賞，保証・補償・保障などである。
鑑賞……芸術作品などについてそのよさ

を味わうこと。

観賞……動植物などの美しさ・かわいらしさなどを味わいながら，見て楽しむこと。

保証……確かだ，間違いないと請け合うこと。

補償……与えた損害などを償うこと。

保障……危害がないように保護すること。

25

(1) 供給　(2) 拡大　(3) 内容
(4) 温暖　(5) 例外　(6) 浪費
(7) 合唱（斉唱）　(8) 消費
(9) 分析　(10) 主観

26

(1) 同→道　(2) 守→首
(3) 重→長　(4) 足→即
(5) 紛→粉

27

(1) 一石二鳥
(2) 三寒四温
(3) 五臓六腑
(4) 七転八倒（七難八苦）
(5) 半信半疑
(6) 四苦八苦
(7) 大同小異
(8) 日進月歩
(9) 夏炉冬扇
(10) 羊頭狗肉

28

(1) イ・一喜一憂　(2) ウ・東奔西走
(3) ア・傍若無人　(4) エ・臨機応変
(5) ア・順風満帆

29

①，④

解説

① 「空前絶後」とは非常に珍しいこと。

② 「快刀乱麻」は「面倒なことを的確に，すばやく処理すること」の意。ここでは「曖昧模糊」が適当。

③ 「一心不乱」は「一つのことに集中して他にそらさないようにすること」の意。ここでは「一日千秋」が適当。

④ 「手前味噌」とは，「自分で自分や自分の作ったものをほめること」の意。

⑤ 「悠悠自適」とは，「俗世間に煩わされることなく，のんびりと自由気ままに生活すること」の意。ここでは，「用意周到」が適当。

30

(1) 門　(2) 道理　(3) 真珠
(4) 朱　(5) 帯　(6) 水心
(7) 功名　(8) 腕　(9) 果報
(10) 青菜

解説

(1) いつもにこにこしている人の家には幸福がまわってくる。幸福は喜悦の門から入ってくる。

(2) 正しくないことが平気で行われているような世の中では，正しいことは行われなくなる。無理が権力や武力と結び付いているときには，正論を述べる者がいなくなる。

(3) 貴重な物でも持っている人がそれに何の関心もないような物だと，何の役にも立たないこと。

(4) 朱の中に交っていると朱に染まって赤くなるように，人も交わる友によって影響を受け，善くも悪くもなること。
(5) 一方には少し足りず，他方にはあまりすぎ，どちらつかずで役に立たないこと。中途半端。
(6) こちらが好意をもっていれば，あちらもまた好意をもつものだということ。また，向こうの出方次第でこちらにもそれに応ずる用意があること。
(7) やり損ないや困ったと思うことが偶然によい結果になること。「功名」は手柄を立てること。
(8) 腕相撲というものはほぼ対等の力があってこそ面白いというものだが，相手がのれんのようでは何の手ごたえもない。こちらに対抗しようとする意志もないものを相手にして，何か争おうとするときの張り合いのなさ，手ごたえのなさをたとえていう。
(9) 運は人の力ではどうにもならないから，焦っても無駄である。人事を尽くした後は，気長に運の来るのを待つより仕方がない。
(10) 元気なくしょげていること。青菜に塩をかけると水分が吸い出されてしおれることからいう。

31

②

解説

① 「ごまめの歯ぎしり」とは，力の及ばない者がいくら苛立たしく憤慨しても何にもならないということ。「ごまめ」とは，小さな鰯の煮干しのこと。
③ 「火のない所に煙は立たぬ」とは，噂が立つからにはなんらかの根拠があるという意。家計が苦しいことは「火の車」という。
④ 「馬子にも衣装」とは，立派な衣装を身にまとうと誰でも立派に見えること。
⑤ 「馬の耳に念仏」とは，言い聞かせようとしても聞き入れず，効果がないこと。

32

(1) 目薬　(2) 駒　(3) 小判
(4) 水　(5) 水

33

(1) エ　(2) イ　(3) ウ
(4) オ　(5) キ

解説

(1) 石橋をたたいて渡る……頑丈にできている石の橋でも，たたいてみてその安全を確かめてから渡るということで，用心の上にもさらに用心をすること。(慎重)
(2) 身から出た錆……自分のつくった原因や犯した過ちのために苦しむこと。(自業自得)
(3) 地獄で仏……危ないところで思わぬ助けにあったときのうれしさのたとえ。(幸運)
(4) 石の上にも三年……冷たい石の上にも三年座っているとあたたかくなる。世の中にはつらい仕事や慣れない作業など苦労がたくさんあるが，何事も辛抱が大切である。(忍耐)
(5) 月夜に提灯……無益・不必要なこと。(蛇足)

34

(1) 手　(2) 胸　(3) 鼻
(4) 口　(5) 目　(6) 頭

解説

(1) 協力して事にあたる。和解する。
(2) 心が動揺する。
(3) 自慢する。得意がる。
(4) 言ってはいけないことや余計なことをついうっかり言う。
(5) 欠点や過失を見ないふりをしてとがめない。知らないふりをする。
(6) 敬服しないではいられない。感服。

35

(1) ② (2) ① (3) ②
(4) ③ (5) ①

36

(1) 前後のつじつまが合わないこと。(15字)
(2) 一石二鳥

解説

矛盾……矛は手槍，盾は槍を受けとめる武器のこと。昔，楚の国で盾と矛を売り歩く男が，まず「この盾はどんな鋭い槍でも突き通せない」と言い，次に，「この矛はどんなかたいものでも突き通せる」と宣伝した。そこである人が「それでは，あなたのその矛で，その盾を突いたらどうなるのか」と質問したところ，男は返答に窮したという故事による。

一石二鳥……一つの石で二羽の鳥を捕えるということで，一度の骨折りで多くの利益をあげること。この場合は，「ジョギング」という一つの行為で，「体力をつける」「勉強の能率をあげる」という二つの効果をあげているということである。

37

(1) ② (2) ① (3) ③
(4) ① (5) ①

文法・敬語・文学史

38

「おばあさんと／アキラの／家は，／村はずれの／原っぱに／ありました。」

（6文節）

解説

文節とは，実際に使う場合，それ以上区切ると意味がわかりにくくなる言葉の単位である。文節の切れ目には「ね」などの助詞を入れてみると区切りがわかる。

「おばあさんと（ね），アキラの（ね），家は（ね），村はずれの（ね），原っぱに（ね），ありました。」

39

(1)　**動詞・連用形**
(2)　**形容詞・連体形**
(3)　**形容動詞・連用形**

解説

(1)　終止形は「楽しむ」。活用の仕方は五段活用。
(2)　終止形は「楽しい」。形容詞は活用の仕方は1種類のみ。
(3)　終止形は「楽しげだ」。形容動詞も活用の仕方は1種類のみ。

40

(1)　**動詞**　　(2)　**連体詞**
(3)　**連体詞**　　(4)　**形容詞**
(5)　**形容詞**　　(6)　**連体詞**

解説

連体詞は，自立語で活用のない言葉のうち，連体修飾語になるものである。動詞・形容詞・形容動詞と区別しにくいが，連体詞は体言の上におかれ，活用のない言葉ということで見分ける。

41

①

解説

例文の「笑う」は五段活用。①五段活用，②上一段活用，③カ行変格活用，④下一段活用，⑤上一段活用。

42

②

解説

②の「ない」は，「ぬ」に置き換えることができるので，打ち消しを表す助動詞「ない」である。その他の「ない」は，すべて形容詞の打ち消しの「ない」で，補助形容詞である。

「ない」には上記の2種類のほか，形容詞の「ない」（お金がない），形容詞の一部の「ない」（情けない）を問われることがある。

43

④

解説

例文の「られ」は自発の助動詞で，「意志を持たずとも自然にそのように感じる」の意。

④も，「自然に案じる」という気持ちがおきているのだから自発の助動詞である。①可能の助動詞，②尊敬の助動詞，③可能の助動詞，⑤受け身の助動詞である。

44

③

解説

例文は，推定（不確かな断定）の助動詞である。③も同様に推定である。

①・④　比況の助動詞。「まるで〜ようだ」になることが多い。

②・⑤　例示の助動詞

45

③

解説

例文の「の」は，体言の代用の格助詞である。「〜のもの」に置き換えられる。③も同様に，「兄のもの」と置き換えられる。

①　連体修飾語を示す格助詞である。体言の間にはさまれている。

②　主語を示す格助詞である。「が」に置き換えられる。

④　並立を示す格助詞で，「買う」「買わぬ」を並立させている。

⑤　接続助詞「のに」の一部である。

46

④

解説

例文の「で」は，接続助詞が撥音に続くために「て」の濁音化した語である。「よぶ」の連用形に付いている。④も同様に接続助詞で，「くむ」という動詞の連用形に付いている。

①　場所を表す格助詞

②　断定の助動詞「だ」の連用形

③　手段・方法を示す格助詞

⑤　「透明だ」という形容動詞の連用形の活用語尾

47

②

解説

例文の「に」は，形容動詞「さわやかだ」の連用形の活用語尾である。②も同様に形容動詞「静かだ」の連用形の活用語尾である。

①　作用の結果を示す格助詞

③　場所を示す格助詞

④　時を示す格助詞

⑤　動作の目的を表す格助詞

48

(1)　**〔解答例〕**

尊敬語：先生が私の料理を召し上がった。（15字）

謙譲語：私は先生のお料理をいただいた。（15字）

(2)　②

解説

(1)　「食べる」の尊敬語は「召し上がる（あがる）」，謙譲語は「いただく」である。尊敬語は動作主は自分以外の人で話の相手に敬意を表す言葉，謙譲語は話し手が自分の動作などをへりくだることによって，話の相手に敬意を表す言葉である。

(2)　①　「お会いになりました」（尊敬表現）ではなく，「お目にかかりました」（謙譲表現）が正しい。

③　「拝見して」（謙譲表現）ではなく，「ご覧（になって）」（尊敬表現）が正しい。

④　「いますか」ではなく，「いらっ

しゃいますか」(尊敬表現)が正しい。

⑤ 「お話しになる」(尊敬表現)ではなく,「お話しする」(謙譲表現)が正しい。「お～になる」は尊敬表現,「お～する」は謙譲表現である。

49

(1) **謙譲語**　(2) **尊敬語**
(3) **丁寧語**　(4) **尊敬語**
(5) **謙譲語**

解説

(1) 「書かせていただく」と「私」が自分の行為をへりくだっているので,謙譲語となる。
(2) 来るのは相手で,相手の行為を高めている。「お—なさる(くださる)」の形で尊敬表現となる。
(3) 常体の表現は「勧めている」だが,「勧めています」と丁寧に表現している。
(4) 言ったのは先生で,「おっしゃいました」と先生の行為を高めている。
(5) 訪問したいのは父で,身内であるからへりくだることにより相手を高めている。

50

(1) **ウ**　(2) **ア**　(3) **イ**
(4) **ウ**　(5) **ア**

解説

(1) 主語は「当社の課長」であるから,謙譲表現を使って相手を高める。
(2) 主語は「お客様」であるから,尊敬表現を用いる。
(3) 主語は「父」であるから,謙譲表現を用いる。
(4) 主語は「先生」であるから,尊敬表現を用いる。
(5) 相手に見てもらうのだから,尊敬表現を用いる。

51

(1) **私の父が,こう申しておりました。**
(2) **校長先生,いらっしゃいましたら職員室においで下さい。**
(3) **先生,どうぞ私の料理を召し上がって下さい。**
(4) **部長は,まだ会社に出勤しておりません。**
(5) **先生によろしくと母が申しました。**

解説

(1) 自分の身内である父親は「父」とする。父親の行為である「言う」は謙譲表現の「申す」を使う。
(2) 主語は校長先生であるから,「おる」「まいる」の謙譲表現ではなく,「いらっしゃる」「おいで下さい」と尊敬表現を使う。
(3) 料理は私に属するものであるから,接頭語「お」はつけない。食べるのは先生であるから,尊敬表現「召し上がる」を用いる。
(4) この言葉は,部長に対してではなく外部の者に言っているのであるから,部長の行為には身内と同じように謙譲表現を用いる。
(5) 身内である母親は「母」,母親の行為である「言う」は謙譲表現「申す」を用いる。

52

(1) **ウ**　(2) **ア**

解説

(1) 尊敬表現の「下さる」の主語は,「中島さん」。

(2) 尊敬表現の「見にいらっしゃった」の主語は,「鈴木さん」。

53

(1) **A．新古今和歌集**　**B．奈良**
C．紀貫之
(2) **②**

解説
(2) ①は紀友則, ③は寂蓮, ④は紀貫之, ⑤山部赤人の歌。①④は『古今和歌集』, ②③は新古今和歌集, ⑤は『万葉集』に収められている。②③は「三夕の歌」として知られている。

54

(1) **古今和歌集**
(2) **②, ④**
(3) **紀貫之,『土佐日記』**
(4) **今昔物語集**

解説
(1) 万葉集以後の優れた歌を集めた, 最初の勅撰和歌集。部立(構成)は, 後の勅撰和歌集の模範となった。
(2) ② 我が国最初の作り物語。「かぐや姫の物語」としても知られ, 美しいロマンに満ち, 風刺にも富んでいる。
③ 「をかし」の文学は『枕草子』に代表される。
⑤ 作者は未詳。菅原孝標女は『更級日記』の著者。
(3) 任地先の土佐を後に, 京への船旅の様子を綴った旅日記。紀貫之が自分を女性に仕立てて, 仮名文字で書かれている。
(4) インド・中国・日本の説話を千余り集める。当時の社会生活全般を題材に,「今は昔……」の書き出しで始まる。

55

A．源氏物語　**B．清少納言**
C．もののあはれ

解説
清少納言と紫式部はよく比較されるので, 整理しておこう。『枕草子』は清少納言が中宮定子に出仕し, 宮中で得た見聞や事物に関する評言などを綴った随筆である。一方, 紫式部は中宮彰子に出仕。貴族社会を舞台として織り成される愛の諸相を描いた長編物語『源氏物語』を著した。

56

(1) **鴨長明**　(2) **『平家物語』**
(3) **兼好法師(吉田兼好),『徒然草』**

解説
(1) 天災や大火など平安末期の混乱した世の中と, それを避けた山奥での生活の様子を流麗な文体で綴る。
(2) 平家一門の勃興から滅亡までを描いた軍記物語。
(3) 深い教養を身に付け, 世をのがれて暮らす作者が, 心に浮かぶ様々なことがらを, 格調高い文章で綴る。

57

(1) **松尾芭蕉,『奥の細道』**
(2) **井原西鶴**
(3) **① エ**　**② ウ**　**③ オ**
④ カ　**⑤ イ**

解説
(1) 『奥の細道』は, 江戸を出発して, 東北・北陸を経て大垣に至るまでの約150日間の記録。有名な句を多く収めた代表的俳諧紀行文。

(2) 代表的作品に『日本永代蔵』『好色一代男』などがある。

(3) 十返舎一九は『東海道中膝栗毛』（江戸時代）の作者。

58

(1) 石川啄木

(2) 坪内逍遙 『小説神髄』

(3) ① エ ② オ ③ ア
④ キ ⑤ イ

解説

(1) 歌集に『一握の砂』『悲しき玩具』がある。

(2) 近代文学最初の小説論。文学の独自性を主張し，後の文学に大きな影響を与えた。

(3) 島崎藤村は『若菜集』などで詩人として業績をあげ，のち『破戒』などの作品で小説家として知られる。幸田露伴は『五重塔』などの作品で知られる。

59

(1) 高村光太郎 (2) 芥川龍之介
(3) 川端康成 (4) 宮沢賢治
(5) 白樺派

解説

(1) 詩人，彫刻家。彫刻家高村光雲の子。他に詩集『智恵子抄』『典型』がある。

(2) 第三次・四次の『新思潮』同人。夏目漱石に師事し，様々な作風の短編小説を書いた。

(3) 横光利一らと雑誌「文芸時代」を創刊，新感覚派の代表作家として活躍し，1968年には日本人としてはじめてノーベル文学賞を受賞した。

(4) 自然と農民生活で育まれた独特の宇宙的感覚や宗教的心情に満ちた詩と童話を残した。

(5) 他に有島武郎らがいる。

60

(1) 『走れメロス』 (2) 『夕鶴』

(3) ① エ ② キ ③ ア
④ カ ⑤ ウ

解説

(1) 友との約束を果たすために，命を懸けて走るメロスが主人公。友情と信頼の美しさを描く名作。

(2) 命を助けられた鶴が恩返しをする美しくも悲しい戯曲の名作。

(3) 壺井栄は，『二十四の瞳』で，竹山道雄は，『ビルマの竪琴』で知られている。

61

(1) 宮沢賢治 (2) オ

解説

(2) ア，イ，エは宮沢賢治の童話。ウは詩集。オは中原中也の詩集。

62

③

解説

③の冒頭の文章は『方丈記』で，作者は鴨長明。紀貫之の代表作品は「男もすなる日記といふものを……」で始まる『土佐日記』。

①『夜明け前』，②『斜陽』，④『奥の細道』。

63

(1) エ　(2) ア　(3) イ
(4) カ　(5) キ

解説

(1) 『一握の砂』石川啄木の歌集
(2) 『若菜集』島崎藤村の詩集
(3) 『みだれ髪』与謝野晶子の歌集
(4) 『和解』志賀直哉の小説
(5) 『蟹工船』小林多喜二の小説

64

(1) 『大鏡』『今鏡』『水鏡』『増鏡』
(2) 『枕草子』『方丈記』『徒然草』
(3) 『万葉集』『古今和歌集』『新古今和歌集』
(4) ① ウ　② イ　③ ア
④ イ　⑤ ウ

解説

(2) 『枕草子』は平安時代の我が国初の随筆集。『方丈記』は鎌倉時代 1212 年の成立，『徒然草』は 鎌倉時代 1331 年頃の成立とみられている。
(3) 『万葉集』は，現存する我が国最古の歌集。奈良時代のものとみられる。『古今和歌集』は平安時代に，『新古今和歌集』は鎌倉時代に，それぞれ成立したとみられている。なお，三代集とは『古今和歌集』『後撰和歌集』『拾遺和歌集』を指す。
(4) 自然主義は，ありのままを客観的にとらえようとする考え方に基づくもので，19 世紀後半のフランスを中心に起こった。我が国では，人間や社会の暗い面をとらえようとする傾向が強い。田山花袋，島崎藤村らが中心。白樺派は，雑誌「白樺」に集まった人々を指す。明るい人道主義的理想主義・個性や自我の尊重を主張した。武者小路実篤・志賀直哉・有島武郎らが代表。新感覚派は昭和初期の文芸上のグループで，プロレタリア文学に対して，芸術至上主義の立場に立つ。思い切って新鮮な表現を試みた。横光利一・川端康成らが代表的。

4 読解

65

(1) ア
(2) **母とげんげを摘んだ思い出。(13字)**
(3) エ　(4) ア

解説

年老いた母と成人したその子(作者)が春の一日，汽車で旅行し，その車中で窓かられんげ畑を眺め，昔の思い出を回想しているのである。「いにしへの日はなつかしや」「とことはにすぎさりにけり」という句に筆者の感情が如実に表れている。「いにしへの日」と「けふの日」に関する句が折り重なっているので，よく注意して読み進めること。「ひと日旅ゆき」「汽車のまどべ」は今現在の行動を示している。

(1) 定型詩とは七五調，五七調などの一定の形をもつもの。ここでは，五七調の文語定型詩である。

(2) 冒頭の3行が母と子のれんげ摘みの回想シーンである。「ひとの世の暮るるにはやく」であるからこそ，夢はまぼろしなのである。「野にいでてげんげつませし」ことが「あとともなき夢のうつつ」なのである。

(3) ア．「悲しい気持ち」を表す描写はなされていない。
イ．「もう戻らない日々とわかっていながら」という点は確かにその通りである。しかし，切羽詰る思いで「過去の記憶を手繰り寄せ」ているのではなく，なつかしむ気持ちで思い出しているのである。
ウ．旅行をしているのは今現在の話である。
オ．汽車にのって語り合うのは「けふの日」(現在)のことである。

(4) イ．萩原朔太郎の詩集，ウ．斎藤茂吉の歌集，エ．石川啄木の歌集，オ．島崎藤村の詩集である。

66

(1) ① **怠**　② **妥協**　③ **既**
④ **普遍的**
(2) **集団に適応すること(9字)**
(3) a．ア　b．イ
(4) **一般的にも評価される(10字)**
(5) (c)

解説

(5) (a)「来られる」来る＋尊敬の助動詞，(b)「続けられる」続ける＋可能の助動詞，(c)「別れる」別れるという動詞のみ，(d)「評価される」評価する＋受け身の助動詞，(e)「奪われる」奪う＋受け身の助動詞。(c)の「別れる」だけが動詞で，他はみな動詞＋助動詞の組み合わせになっている。

67

(1) ① **隠居**　② **固有**　④ **矛盾**
(2) 〈読み〉　こうずか
〈意味〉　もの好きな人
(3) **秋の夕暮(れ)**
(4) オ　(5) ウ
(6) **鴫立沢**
(7) **出家した身であっても，しみじみと趣は感じられるものであり，鴫立つ沢の秋の夕暮の寂しさが一段と際立って身にしみるということ。**

解説

(3)・(5) 秋の夕暮を読んだ歌で以下の2つの歌と合わせて「三夕の歌」とよばれる。

3首ともに『新古今和歌集』に収められている。

・寂しさはその色としもなかりけり　まきたつ山の秋の夕暮　(寂蓮)

・見渡せば花も紅葉もなかりけり　浦のとまやの秋の夕暮　(藤原定家)

(4)　空欄の直前の「そういう」は前段落の西行の様子を指す。「矛盾だらけ」という点から逆説の意を表すオ．「パラドックス」が正しい。

(7)　出家した身であるならば，世俗から離れ雑念に惑わされるものではない。しかし，西行は出家してもなお世の情趣深さなどが身にしみるのである。つまり，矛盾した人生を自ら自覚し肯定していたということになる。

68

(1)　①　しぐれ　②　雰囲気
③　みぢか　④　放棄
⑤　警報

(2)　ア　(3)　C→B→A→D

解説

(2)　「砂漠はかすかにささやく」「砂漠の沈黙」は砂漠を人に見立てて，表現している。このような技法を，擬人法という。

(3)　段落の並び替えは最初から完璧に並べようとするのではなく，まず，部分的なつながりを見つけよう。例えば，Bの「こうした町々では」の「こうした」は何を指すのかを考えるとよい。

Cでは，町の名前が羅列されている。これを指すことがわかれば，C→Bのつながりが見える。次にAとDに着目しよう。「(砂漠の)ささやき」「砂のささやき」がキーとなる。Aで，筆者は砂漠のささやきに気付いたが，それが実は砂の降る音であったことがわかった。Dでもそのことに触れ「こうした砂が」「この砂の音こそ」とさらにつきつめている。したがってA→Dという流れが理解できる。次にCとDを比較してみよう。両者とも町の名前を列挙している。しかし，Cでは「イラクのバグダッド」などのように丁寧に，Dでは「バグダッド」というように簡単に述べていることからCの方がDより前の部分に相当することが理解できる。

69

(1)　a．教える　b．育てる

(2)　①　歪　②　回復　③　阻害
④　不断　⑤　摂取　⑥　恣意
⑦　畏敬

(3)　(a)　生命をもった個体
(b)　新しい，あるいはおさない生命

(4)　生命あるもの，生命への畏敬だけが，教育をこの退廃からすくってくれる。

解説

(1)　空欄の直前に「教育という文字そのものが，すでにそのことを示している」とあるのに着目しよう。「文字そのもの」が示すのは，「教…教える」「育…育てる」ということである。

(3)　指示語は基本的に直前に着目すること。そして，徐々に前の方へと探していけばよい。指示語にあてはめてみて意味が通じるかどうか確認すること。

(4)　最後の一文に「いま，このことを銘記する以上の緊急事はない」とかなり力強く主張されていることから，「このこと」の指す内容が筆者の一番訴えたいことと考えて間違いない。

70

(1) ① 純粋　② 誇張　③ 簡潔
④ 妥協
(2) 「ああ」感動詞，「富士」名詞，「が」助詞，「見える」動詞
(3) あまりにも棒状の素朴（10字）
(4) 簡潔で鮮明なもの，それを一挙動でつかまえて，そのまま紙にうつしとるような，単一表現の美しさに反するから。
（52字）
(5) 『人間失格』『斜陽』『走れメロス』
などから1つ

解説

(3) 「眼前の富士の姿」の後の部分に目を通そう。一見すると簡潔で鮮明であるが，「少し…妥協しかけて」いるということは，この富士にいささか疑問をもっていると考えられる。さらに読み進めると，「あまりにも棒状の素朴には閉口しているところもあり」とある。これが筆者の眼に映る富士の姿なのである。

(4) 「簡潔な鮮明なもの，そいつをさっと一挙動でつかまえて，そのままに紙に，うつしとる」という目で見れば，富士を「『単一表現』の美しさなのかもしれない」と考えるが，素朴な自然なままの富士はとても「いい表現」とは言えず，「やはりどこかまちがっている」と否定してしまうのである。このあたりの内容をヒントに考えよう。

71

(1) ① あずき　② かえり
(2) a．ウ　b．イ
(3) エ

解説

(2) 空欄補充問題は空欄の前後に着目してみよう。aは「ひどく荒れはてていた」と「それがかえって」がヒントである。「親しい感じをさせた」と前の内容からは逆説的な感想が生じているので，逆接の「しかし」を入れるのが適切。bは前後から判断して順接の接続詞が入る。

(3) 人と人との関係に疲れ切っていた謙作は，ひどく荒れはてた阿弥陀堂に親近感をもつが，蜻蜓や鶺鴒などの自然の動植物に触れるにつれて「自身の過去を顧み」，「広い世界が展けたように感じた」のである。主人公の心情と情景描写とを照らし合わせてみるとよい。人との関係で疲れ切っていた自分を最初は否定していたが，自然に触れるにつれ徐々に今の自分を肯定していることが読み取れる。エが正しい。ア・ウ・オは文中に述べられていないため，消去。イは自然の中で心身をリラックスさせたことは間違いないが，今後俗世間に戻らず動植物とともに生活していくかどうかについてまでは述べられていない。

72

(1) ア　(2) イ　(3) エ
(4) いちはつの花が咲き始めて，重病にたおれて死期の迫っている自分には，今年限りのこの春が，今過ぎ去ろうとしている。

解説

(1) Aは第三句の「桜月夜（さくらづきよ）」の部分が6文字で，字余りになっている。与謝野晶子の短歌。

(2) 「たらちねの〔垂（足）乳根の〕」は，「母」「みおも」「親」などにかかる枕詞。「ひさかたの」は，「天」「雨」「月」などにかかる枕詞。「あしひきの」は,「山」「峰」「岩」などにかかる枕詞。「ぬば玉の」は,「黒」「髪」「夜」などにかかる枕詞。斎藤茂吉の短歌。
(4) 正岡子規の短歌。

73

(1) A．与謝野晶子　B．石川啄木
(2) イ　(3) イ

解説

Aは与謝野晶子の短歌で色彩感に富んだ浪漫的な精神を歌にしている。一方,Bは石川啄木の短歌で,「故郷の北上の岸辺が見える」と,望郷の情を感傷的に歌い上げている。両者は倒置法を用いており,そこに筆者の強い気持ちが強調されている。

74

(1) A．松尾芭蕉　B．与謝蕪村
(2) D．[季語] 名月　[季節] 秋
E．[季語] 稲づま　[季節] 秋
(3) A, C, E

解説

それぞれの作者は,A・C．松尾芭蕉,B・E．与謝蕪村,D．小林一茶である。季語と季節は以下の通り。
A．五月雨(夏),B．春の海(春),C．蛙(春)。

75

②→③→①→④

解説

それぞれの作者と季語,季節は次の通り。①加賀千代女,朝顔(秋),②河東碧梧桐,椿(春),③石田波郷,噴水(夏),④高浜虚子,大根(冬)

76

(1) 万緑・夏　(2) 枯野・冬
(3) 夜寒・秋　(4) 菜の花・春
(5) 雪残る・春

解説

(1) 一斉に葉の繁る緑のまぶしい新緑の季節,我が子の歯もみずみずしく生えてきた。(中村草田男)
(2) 目の前には冬枯れの野が広がっているが,行く手はるか遠い山には日が当たっている。(高浜虚子)
(3) 晩秋の肌寒い夜,母親がせめてもの気持ちで幼児の床を引き寄せているのである。(中村汀女)
(4) 目の前には一面に菜の花が咲き,満月が東から顔を出し,向かい合うように西には夕日が沈んでいく。(与謝蕪村)
(5) 他の山は既に雪も消えているが,遠い県境のその高い山の頂には残雪が見える。(正岡子規)

77

① イ　② ア　③ オ

解説

高村光太郎「冬」(詩集『道程』より)
直喩法…「まるで」「ようだ」などを用いて,たとえられたものの性質や状態からイメージする。
隠喩法…「まるで」「ようだ」などを用いずに,それとなくたとえるつよい表現。
擬人法…人でないものを人にたとえる。
例:冬が駆け足でやって来た
倒置法…一般に文の最後にくる述語を文末

に置かないで，語順を逆にして強調する。

例：うっすらと明けていくよ空が

体言止め…文末・行末を体言で止め，強調したり，余韻を残したりする。

2 社会

1 学習指導要領

1

A．市　B．県
C．産業　D．グローバル化

2

A．民主的　B．公民
C．社会生活　D．調査活動
E．社会的事象　F．選択・判断
G．地域社会　H．国土

3

A．課題　B．表現
C．社会生活　D．地域社会
E．多角的　F．説明
G．議論　H．国土
I．産業　J．伝統
K．共に生きる

4

A．自然災害　B．具体的資料
C．消費生活　D．考え方
E．文化遺産　F．国際社会
G．基礎的資料　H．国民生活
(1)　第4学年
(2)　第3学年
(3)　第6学年
(4)　第5学年

5

第3学年：オ，ク
第4学年：ア，エ
第5学年：イ，キ，ケ
第6学年：ウ，カ

6

(1)　〈第3学年〉
身近な地域や市区町村
〈第4学年〉
都道府県
〈第5学年〉
我が国（日本）
(2)　A．先人の業績
B．優れた文化遺産

7

(1)　ごみ，下水のいずれかを選択して取り上げること。
(2)　①，③

解説

(2)　②　「神話・伝承」については，古事記，日本書紀，風土記などの中から適切なものを取り上げる。
④　政治の働きについては，国会などの議会政治や選挙の意味，国会と内閣と裁判所の三権相互の関連，裁判員制度や租税の役割などについても扱うようにする。
⑤　「国や地方公共団体の政治」については，社会保障，自然災害からの復旧や復興，地域の開発や活性化な

どの取組の中から選択して取り上げる。

8

(1) ○　(2) ○　(3) ×
(4) ×　(5) ○

解説

(3) 現代的ではなく，伝統的な技術を生かした地場産業が盛んな地域を，情報化が進展している地域ではなく，国際交流に取り組んでいる地域を取り上げる。

(4) 放送，新聞などの中から選択して取り上げる。

9

ウ

10

A．エ　B．ア　C．ク
D．サ　E．キ

11

〔解答例〕

・壁掛け地図や地図帳を常に用意し，ニュースや新聞などで見た都道府県を地図で確認するようにする。

・特産品や有名な人物などをもとにして，都道府県ごとに児童が親しみやすく覚えやすいニックネームをつける。それをカードに書き，クイズやかるた取りをする。

12

〔解答例〕

・児童の住む地域における消防署の位置や，消防車や救急車の台数，消防団，消火栓，防火用水などの数を調べて白地図などにまとめる活動。

・消防署に見学に行き，消防署で働く人にインタビューしたり，消防署の中の様子を調べたりして，絵や模型，新聞に表す活動。

・火事を引き起こさない生活の仕方や事故を起こしたり事件に巻き込まれたりしない行動の仕方について話し合う活動。

・火災の防止に関する標語やポスターなどを作成する活動。

2 地理

13

(1) **正距方位図法，イ**
(2) **メルカトル図法，ア**
(3) **モルワイデ図法，ウ**

解説

(1) 図の中心からの距離と方位が正しく，2点間の最短コースである大圏航路（大圏コース）が直線で示されることから，航空図に利用される。
(2) 経線と緯線が互いに直交し，常に経線と一定の角度をなす等角航路（等角コース）が直線で示されることから，航海図に利用される。
(3) 面積が正しく表され，ひずみが小さいことから，ドットマップなどの分布図に利用される。

14

(1) **②**　(2) **ウ**　(3) **③**
(4) **A．インド洋　B．太平洋**
C．大西洋

15

(1) **A．老人ホーム**
B．発電所等（発電所・変電所）
C．警察署　D．自然災害伝承碑
(2) **エ**

解説

(2) 2万5千分の1地形図では，計曲線は50mごと，主曲線は10mごとに示されている。5万分の1地形図では，計曲線は100mごと，主曲線は20mごとに示されている。

16

(1) **③**　(2) **④**
(3) **1.8km**

解説

(2) ① 付近に川（小野川）はある。
② この地形図からは扇状地であることは判断できないし，小野川は水無し川ではない。
③ 付近にあるのは発電所ではなく，工場である。また，小野川付近には水田がある。
④ 河岸段丘の段丘面であると思われる。
(3) （実際の距離）＝（地図上の長さ）×（縮尺の分母）で表されるから，
$7.2 \times 25{,}000 = 180{,}000$〔cm〕
$= 1.8$〔km〕

17

(1) **11月20日午前11時45分**
(2) **イ**

解説

(1) ロンドンと東京（日本）とでは経度差が135度あり，経度15度で1時間の時差が生じるので，$135 \div 15 = 9$より9時間の時差がある。ロンドンは東京より西にあるので，東京の時刻から9時間遅らせればよい。
(2) 太郎君のお父さんがある都市に到着したのは，日本の日時で11月26日午前8時である。そこで2時間仕事をしたときの日時が日本を出発した日時と同じであるので，ある都市は日本より14時間遅いことになる。経度15度で1時間の時差が生じるので，ある都市と日本との経度差は，15×14＝210（度）。日本は東経135度であることから，210－135＝75で西経75度となる。

なお，東経75度の都市の場合，（135－75）÷15＝4で4時間の時差しかないことになる。

18

ウ

解説

緯線Yは，秋田県の八郎潟干拓地付近を通る北緯40度線である。北緯40度線は，アメリカ合衆国のサンフランシスコやニューヨーク，スペインのマドリード，トルコのアンカラ，中国の北京などを通る。

アのカイロは北緯30度付近，イのロンドンは北緯51度付近，エのマルセイユは北緯43度付近に位置する。

19

(1) **B**　(2) **本初子午線**
(3) **イ**

解説

(1) 赤道は，アジアではインドネシア，南アメリカではエクアドル，ブラジル，コロンビア，アフリカではケニア，コンゴ民主共和国などを通る。なお，エクアドルはスペイン語で「赤道」を意味する。

(2) ロンドンの旧グリニッジ天文台を通る経度0度の経線を本初子午線という。

(3) 図はメルカトル図法なので，直線で示されているウは等角航路である。また，メルカトル図法は，高緯度ほど面積と距離のゆがみが大きいという欠点がある。

20

(1) **イ，f**　(2) **カ，a**　(3) **ウ，d**
(4) **オ，c**　(5) **ア，e**　(6) **エ，b**

解説

(1) 地中海性気候は，夏は高温で乾燥し，冬は温暖湿潤となる。

(2) 熱帯雨林気候は，年中高温多雨で，気温の年較差が極めて小さい。

(3) 氷雪気候は，最暖月でも0℃未満で，年中，氷雪にとざされる。

(4) 西岸海洋性気候は，夏涼しく冬温暖で，気温の年較差が小さく，一年を通じて降水がある。

(5) 砂漠気候は，降雨がほとんどみられない。

(6) 冷帯（亜寒帯）湿潤気候は，夏は比較的高温になるが，気温の年較差が大きく冬は低温となる。降水は年中ある。

21

(1) **A．フランス，ウ**
B．オランダ，ア
C．イタリア，エ
(2) **カ，ク**　(3) **白夜**

解説

地図中の国名は次の通り。
ア．オランダ　イ．スペイン
ウ．フランス　エ．イタリア
オ．ドイツ　カ．ポーランド
キ．ノルウェー　ク．スウェーデン

(1)・(2) EUの前身であるEC（ヨーロッパ共同体）結成当時の原加盟国は，旧西ドイツ（現ドイツ），フランス，イタリア，ベルギー，オランダ，ルクセンブルグの計6ヵ国。ノルウェーはEU非加盟国である。

2023年6月現在，EU加盟国でユーロを導入していない国は，ポーランド，スウェーデン，デンマークなど，27ヵ国中7ヵ国である。

22

(1) **a．⑤　b．④　c．③**
d．⑥　e．②　f．①
(2) **A．イ　B．ウ　C．オ**
D．ク
(3) **シリコンバレー**　(4) **サンベルト**

解説

(1) アメリカ合衆国の農牧業地域は，西経100度(年降水量500mmの等降水量線とほぼ一致)より東の湿潤な農業地帯，西の乾燥した牧畜地帯に大まかに分けられる。

(2) ア．フィードロットとは，アメリカ西部に多くみられる大規模な肉牛肥育場のことである。
エ．集約的農業とは，単位面積あたりの資本や労働力の投下の多い農業のことである。
カ．エスタンシアとは，アルゼンチンにみられる大土地所有制に基づく大農園のことである。
キ．ファゼンダとは，ブラジルにみられる大土地所有制に基づく大農園のことである。
ク．アグリビジネスとは，農産物の生産をはじめ加工・貯蔵・運搬・販売などまで携わる農業関連産業の総称で，農産物の買い取りなどを通して農民に大きな影響力をもつ。

(3) シリコンバレーという名は，半導体原料であるシリコンからとられている。

23

(1) **A．タイ，ア**
B．マレーシア，ウ
C．ベトナム，イ
(2) **b**　(3) **ASEAN**

解説

(1) A．米作では，浮稲の栽培が盛んである。
B．ルック・イースト政策は，東方の日本やアジアNIEsを見倣い工業化を図った政策である。
C．ドイモイ(刷新)政策は，社会主義市場経済への転換と対外開放化を柱としたものである。
エ．インドネシア　オ．フィリピン

(2) a．米は，中国，インド，バングラデシュ，インドネシア，ベトナムの順である(2020年)。
c．パイナップルは，フィリピン，コスタリカ，ブラジル，インドネシア，中国の順である(2020年)。
d．バナナは，インド，中国，インドネシア，ブラジル，エクアドルの順である(2020年)。

(3) 東南アジア諸国連合のことである。

24

(1) **A．ア　B．ウ　C．カ**
(2) **名称：経済特区**
目的：外国の資本や技術の導入のため。
(3) **c**　(4) **黄土(レス)**

解説

(1) イは南京(ナンキン)，エは広州(コワンチョウ)，オは黄河。

(2) ▲の都市は，厦門(アモイ)，汕頭(スワトウ)，深圳(シェンチェン)，珠海(チューハイ)，海南(ハイナン)島である。

(3) 長江流域で生産が盛んなのは米作である。

a．小麦の生産量も世界第1位(2020年)であるが，北部の黄土地帯を中心に生産されている。

b．大豆の生産量は世界第4位(2020年)。

d．とうもろこしの生産量はアメリカに次いで世界第2位(2020年)。

(4) 黄土が分布する地域では畑作が行われている。

25

(1) A．イラク
B．サウジアラビア
C．アラブ首長国連邦
D．イラン
原油：B
(2) イスラーム教　(3) カナート
(4) OPEC

解説

(1) 原油の産出量世界第1位はアメリカ合衆国であり，以下，サウジアラビア，ロシア，カナダ，イラク，中国と続く(2021年)。

(3) このような地下水路は，北アフリカではフォガラ，アフガニスタンではカレーズとよばれる。

(4) OPECとは石油輸出国機構のことである。なお，OAPEC(アラブ石油輸出国機構)とは，1968年にアラブ諸国が結成した機構である。

26

(1) エ
(2) A．シドニー，カ
B．メルボルン，エ
C．キャンベラ，オ
(3) ■：ア　▲：ウ
(4) A．ア　B．ウ

解説

(1) 経線Xは東経135度線で，兵庫県明石市などを通る日本の標準時子午線である。

(2) アはダーウィン，イはパース，ウはアデレードである。

(3) オーストラリアの鉱産資源の分布は東部に石炭，西部に鉄鉱石，北東部にボーキサイトが分布する。

27

(1) ブラジル　(2) カナダ
(3) インド　(4) ベルギー
(5) インドネシア
(6) 南アフリカ共和国

解説

(2) ある州とは，ケベック州のことである。

(4) 首都はブリュッセル。

(6) 人種隔離政策とは，アパルトヘイトのことである。

28

(1) A．キ　B．エ　C．サ
(2) a．国後島　b．色丹島

解説

(1) 与那国島は最西端，南鳥島は最東端に位置する。

(2) 他の2つの島は，日本の最北端である択捉島と歯舞群島である。

29

(1) ②　(2) ⑤

解説

(1) A．札幌。北海道の気候で，冬が長く梅雨がない。
B．秋田。日本海側の気候で，冬に降水量が多い。
C．岡山。瀬戸内の気候で，晴天が多く温暖である。
D．那覇。南西諸島の気候で，年間を通し気温が高く降水量も多い。
松本は内陸の気候であり，年間を通じて少雨である。仙台と東京，熊本は太平洋気候であり，夏に高温多雨となる。

(2) 内陸の気候は，気温の年較差が大きく，松本などの地域では最寒月は氷点下になることもある。

30

ア．ぶどう　イ．みかん　ウ．米
A．長野　B．山形　C．和歌山

31

①

解説

A．日本　B．アメリカ
C．イギリス　D．ドイツ
E．フランス　F．イタリア
日本の食料自給率は，主要先進国中最低の水準となっている。

32

(1) **太平洋ベルト**
(2) **イ，東京都**
(3) **A．ウ　B．イ**
(4) **産業の空洞化**

解説

(1) 日本の主な工業地帯・地域は，京浜から東海，中京，阪神，瀬戸内を経て北九州に至る帯状にのびた地域（太平洋ベルト）を中心に発達し，さらにそれ以外の地域にも広がりをみせた。その要因としては，1970年代の2度の石油危機を契機に，工業の重点が大規模装置型産業から高度組立型産業に移っていったこと，高速道路や空港の整備が進んだことなどが挙げられる。

(2) ア．宮城県。全国順位が第1位である主な生産物は，養殖ぎんざけ，養殖わかめ類などである（2020年）。
ウ．愛知県。全国順位が第1位である主な生産物は，電動工具，衛生陶器などである（2019年）。
エ．大阪府。全国順位が第1位である主な生産物は，自転車，魔法びんなどである（2019年）。
オ．福岡県。全国順位が第1位である主な生産物は，コークス，たけのこなどである（2019年）。

(3) 繊維の割合は低く，京浜工業地帯0.5％，中京工業地帯0.7％，阪神工業地帯1.3％である（2020年）。

33

(1) **ケ**　(2) **エ**　(3) **ウ**
(4) **オ**　(5) **サ**　(6) **ア**
(7) **イ**　(8) **キ**

34

(1) A．養殖（漁業）
B．真珠（またはカキ）　C．ウナギ
D．栽培漁業　E．サケ

(2) ①　ア
②　・石油危機による石油価格の上昇で，燃料費負担が増えたため。
・沿岸国の排他的経済水域の設定によって，多くの漁場で漁ができなくなったり，漁獲量が制限されたりしたため。

解説

(2) ①　イは遠洋漁業，ウは沿岸漁業，エは海面養殖業，オは内水面漁業・養殖業。
②　沖合漁業の不振の原因としては，漁獲量の制限や魚の減少が挙げられる。

35

(1) シリコンアイランド　(2) ア
(3) b
(4) ア．b　イ．c　ウ．f

解説

(1) ある工場とは，IC（半導体）工場である。
(2) Ⅱの地域はシラス台地である。シラス台地では，畜産業のほか，茶やたばこ，さつまいも（かんしょ）などの栽培が行われている。
(3) aは雲仙岳（普賢岳），cは霧島山，dは桜島（御岳）である。
(4) A．熊本県　B．大分県
C．宮崎県　D．鹿児島県
鹿児島県は，豚・肉用若鶏（全国第1位），肉用牛（全国第2位），採卵鶏（全国第3位）など，家畜頭数が多い（2022年）。
a．かぼちゃは，北海道（46.7％），鹿児島（4.1％）の順である（2021年）。
d．トマトは，熊本（18.3％），北海道（9.0％）の順である（2021年）。
e．採卵鶏は，茨城（8.4％），千葉（7.1％），鹿児島（6.5％）の順である（2022年）。

36

(1) かき，赤潮
(2) ア．讃岐　イ．ため池
ウ．吉野
(3) 促成栽培
(4) 島根県・松江市，愛媛県・松山市，香川県・高松市

解説

(3) Cの地域は高知平野である。出荷時期を早める促成栽培に対し，出荷時期を遅らせる栽培方法は抑制栽培という。

37

(1) A．リアス（式）海岸　B．原子力
C．志摩　D．吉野
E．近郊（園芸）
(2) D．和歌山県　E．兵庫県
(3) ③，⑤

解説

(2) Aは奈良県，Bは滋賀県，Cは京都府，Fは三重県，Gは大阪府。
(3) ①　他の工業地帯と比べ，金属工業の割合は高い。
②　京浜工業地帯についての記述である。
④　阪神工業地帯の工業製品出荷額は，中京工業地帯に次いで国内第2

位(2020年)である。

38

(1) **A．飛騨山脈　B．木曽山脈**
C．赤石山脈
3つの山脈の名称：日本アルプス

(2) **輪中**

(3) **① 浜松市，イ　② 豊田市，ア**
③ 富士市，ウ

解説

(1) 飛騨山脈は北アルプス，木曽山脈は中央アルプス，赤石山脈は南アルプスとよばれ，総称して「日本アルプス」とよばれる。

(2) D川は長良川で，この周辺には川面より低い土地があり，洪水を防ぐために堤防で囲まれている。

39

(1) **A．利根**
B．関東ローム(ローム層)
C．からっ風(空っ風)　D．砂浜
E．東海村
F．学園(筑波研究学園・学術・学術研究)

(2) **A．オ，埼玉県　B．エ，千葉県**
C．カ，東京都　D．キ，神奈川県

解説

(1) B．関東ロームは赤土で，富士山などの火山から出た火山灰が積もってできたものである。水はけがよいので水田には適さず，主に畑として利用されてきた。
C．からっ風は，冬の北西季節風が日本海側に雪や雨を降らせた後，乾燥した風となって関東地方に吹きおりてきたものである。
F．つくば市は，官民の研究機関や大学のほか，住宅を含む計画都市として発展している。

(2) Eは茨城県(ウ)，Fは栃木県(イ)，Gは群馬県(ア)である。
関東地方で東京都だけが流入超過になっている。そして，埼玉県は東京のベッドタウンになっているため人口の流出が最も多い。また，千葉県や神奈川県も，東京に近く交通事情もよいことから，人口の流出が多いことに注目。

40

(1) **やませ，冷害**

(2) **三陸海岸，リアス(式)海岸**

(3) **暖流の日本海流(黒潮)と寒流の千島海流(親潮)がぶつかるところ。**

(4) **シリコンロード**

(5) **E．りんご**
F．おうとう(さくらんぼ)，西洋なし
などから1つ

(6) **白神山地，ブナ**

解説

(1) やませが吹くと気温が下がり，濃霧が発生するなど農作物の生育に害をもたらす。

(2) リアス海岸は起伏の大きな山地が海面下に沈んでできた海岸のことである。

(3) 潮目(潮境)は魚のえさとなるプランクトンが多く，海流の流れに乗った魚も集まってくるため，好漁場となる。

41

(1) A．石狩　B．泥炭地
C．十勝　D．根釧
(2) ① 旭川，b　② 釧路，c
③ 室蘭，a
(3) ア

解説
(1) B．泥炭地は，沼地や低湿地の植物が，枯れても寒冷なために分解不十分のまま積み重なってできた土壌である。水はけが悪く，やせているため，そのままでは農業に適さない。
(3) イ．らっかせいは，千葉（84.5％），茨城（9.3％）の順である（2021年）。
ウ．じゃがいもは，全生産量の77.5％が北海道で生産されている（2021年）。
エ．だいこんは，千葉（11.8％），北海道（11.4％），青森（9.1％），鹿児島（7.4％）の順である（2021年）。

42

(1) ① 沖縄県，那覇市
② 滋賀県，大津市
③ 山梨県，甲府市
④ 群馬県，前橋市
(2) ア．C，三重県，津市
イ．A，岩手県，盛岡市
ウ．B，茨城県，水戸市

解説
(2) ア．三重県は，志摩半島で真珠の養殖も盛んに行われている。
イ．岩手県は，北海道の次に面積が広い県である。
ウ．茨城県は，はくさい，ピーマン，れんこん，メロンなども生産量第1位である（2021年）。また，地図中の霞ケ浦は琵琶湖に次いで日本で2番目に大きい湖である。

43

(1) A．オ　B．ウ　C．ア
(2) a．エ　b．ウ　c．イ

解説
(1) A．輸出額が多いこと，輸出品目に衣類があることから，中国とわかる。
B．輸出品目の鉄鉱石，肉類，コーヒーから，ブラジルとわかる。
C．輸出品目の原油，液化天然ガスなどエネルギー資源から，ロシアとわかる。
イ．韓国は，機械類（25.4％），石油製品（14.9％），鉄鋼（10.0％），有機化合物（4.4％）の順である（2021年）。
エ．オーストラリアは，石炭（32.7％），液化天然ガス（26.8％），鉄鉱石（18.8％），銅鉱（4.5％）の順である（2021年）。
カ．サウジアラビアは，原油（91.7％），石油製品（3.7％），有機化合物（1.5％）の順である（2021年）。
(2) b．フィリピンからは主にバナナを輸入している。
c．オーストラリアからは，石炭の輸入も多い。
アの石炭は，オーストラリア（67.2％），インドネシア（11.3％），ロシア（10.2％）の順，オの木材は，カナダ（29.8％），アメリカ（17.0％），ロシア（13.1％）の順である（2021年）。

44

(1) イ　(2) 地球サミット
(3) エ　(4) パリ協定

解説

(2) 国連環境開発会議のことである。

(3) ラムサール条約の正式名称は，「特に水鳥の生息地として国際的に重要な湿地に関する条約」である。ワシントン条約は，絶滅のおそれのある野生動植物の種の保護を図るための条約である。

(4) 2023年6月現在，パリ協定では先進国のみならず途上国も含めた全ての国・地域が参加し，2020年度以降排出量削減の枠組み（平均気温の上昇を産業革命以前から2℃未満に抑える）が合意された。

45

(1) ③，④
(2) A．屋久島，屋久杉
B．イ　C．エ
D．カ　E．ウ

解説

(1) ③の伊豆沼・内沼は宮城県，④の出水ツルの越冬地は鹿児島県。

3 歴史

46

(1) A．ア　B．エ　C．ウ
女王：卑弥呼
(2) ア．三内丸山遺跡　イ．登呂遺跡
ウ．吉野ヶ里遺跡

解説

(1) A．『後漢書』東夷伝には，倭の奴国の王が後漢に使者を派遣し，57年に光武帝から金印を授かったことが記されている。

B．『漢書』地理志によれば，紀元前後には100あまりの小国が分立していたとされる。

C．「魏志」倭人伝によれば，3世紀頃には邪馬台国の女王卑弥呼が30あまりの小国を従えていたとされる。また，卑弥呼は239年に魏に使者を派遣し，「親魏倭王」の称号と金印などを授かった。

47

(1) 十七条の憲法
(2) A．推古　B．蘇我馬子
C．冠位十二階　D．遣隋使
E．法隆寺

解説

(1) 十七条の憲法は，役人が守るべき心得を示したもので，天皇に対する服従を強調している。

(2) E．法隆寺は，現存する世界最古の木造建築物である。

48

(1) A．班田収授法
B．墾田永年私財法　C．公地公民
(2) 租：エ　雑徭：ア
(3) ・人口が増加したため。
・租・庸・調などの重い負担に苦しむ多くの農民が，口分田を捨てて逃亡したため。
(4) 史料名：貧窮問答歌
作者名：山上憶良

解説
(1) A．班田収授法は，唐の均田制とよばれる土地制度を模範としている。
C．公地公民の原則とは，土地・人民はすべて天皇のものとして直接支配することをいう。
(2) イ．調についての記述。
ウ．庸についての記述。
(4) 当時の貧しい農民の生活の様子が詠まれている。

49

(1) 聖武天皇　(2) 行基
(3) 国分寺，国分尼寺
(4) 逃亡・浮浪農民の増加，天災・飢饉・伝染病の流行など社会不安が拡大していたことから，仏教の力によって国家の安定を図ろうとしたため。

解説
(1)・(3) 聖武天皇は，光明皇后とともに仏教を深く信仰した。国ごとに国分寺・国分尼寺を建立し，総国分寺として奈良に東大寺を建て，その本尊として大仏を安置した。
(2) 行基は，各地で仏教の布教をし，社会事業に力を注いだ。大仏造立の際には，大僧正という高い位に任じられ，各地をまわって人々から寄付を集めた。

50

ア，ウ，オ，カ

解説
イ・エ・ク．平安時代（国風文化）のもの。
キ．室町時代（北山文化）のもの。

51

(1) ア→エ→ウ→イ
(2) A．天台　B．真言
C．弘法　D．平清盛
E．摂関政治　F．菅原道真
(3) 藤原道長

解説
(1) ア．空海が高野山に金剛峰寺を開いたのは816年。
イ．平治の乱（平清盛と源義朝の戦い）は1159年。
ウ．藤原頼通は1053年に平等院鳳凰堂を建立した。
エ．遣唐使の派遣の中止は894年。
(2) A．最澄は伝教大師ともよばれる。
B．空海は書道にも優れ，三筆の一人である。
D．平清盛は，大輪田泊（現在の神戸港）を改修し，日宋貿易を進めた。
E．摂関政治とは，天皇が幼いときは摂政，成人してからは関白として，天皇にかわって政治を行うこと。
F．菅原道真は，後に藤原氏によって大宰府に追放された。
(3) 藤原道長は1016年に摂政となり，その子頼通とともに摂関政治の全盛期を築いた。

52

④

解説

① 『枕草子』の作者は清少納言。

② 『新古今和歌集』は鎌倉文化の作品であり，編纂したのは藤原定家らである。紀貫之は古今和歌集を編纂した。

③ 『源氏物語』の作者は紫式部。

⑤ 『土佐日記』の作者は紀貫之。

53

(1) A．白河　B．保元の乱
(2) ウ　(3) 院政

解説

(1) A．本来，上皇になると政治から離れたが，白河天皇は上皇となった後も，院から「院宣」・「院庁下文」などを出して政治を行った。
B．勝った天皇方についていた平清盛と源義朝（頼朝の父）の勢力が強まり，貴族の力が衰えた。

(2) ア．1038年　イ．1206年
ウ．1096年　エ．395年
オ．907年　カ．843年

54

(1) A．源頼朝　B．御家人
C．後鳥羽　D．承久の乱
E．北条時宗
F．徳政令（永仁の徳政令）
(2) 侍所　(3) 封建制度
(4) 朝廷の監視，京都の内外の警備，西国の統轄　のうちから2つ
(5) 元寇（蒙古襲来）

解説

(2) 侍所のほかに，訴訟・裁判処理機関である問注所や，一般政務・財政を担う政所などがあった。

(5) フビライ＝ハンは，1274年と1281年に襲来し，それぞれ文永の役，弘安の役という。

55

(1) 御成敗式目（貞永式目），北条泰時
(2) ア

解説

御成敗式目は，1232年に制定された日本最初の武家法である。源頼朝の先例や武家社会の慣習を基準とし，所領の支配・相続に関する規定が最も多い。

56

(1) A．足利義満　B．足利尊氏（高氏）
C．応仁　D．後醍醐
(2) オ→イ→ウ→ア→エ
(3) 日明貿易（勘合貿易）
(4) 下剋上

解説

(1) A．足利義満は足利尊氏の孫で，室町幕府の全盛期を築いた。金閣を建てたことでも有名。南北朝時代は，建武の新政後，吉野に逃がれた後醍醐天皇の朝廷（南朝）と，足利尊氏がたてた光明天皇の朝廷（北朝）が対立し，全国の武士をそれぞれ味方につけて約60年間争った時代をいう。
B．足利尊氏は，北朝の光明天皇より征夷大将軍に任命され，幕府を開いた。

C．応仁の乱は京都を中心として11年間も続き，その戦乱が全国に波及した（戦国時代）。下剋上の風潮の中で，実力で一国の新しい支配者となった者を戦国大名という。

D．後醍醐天皇は，公家と武士を従えて自ら政治（建武の新政）を行うが，公家中心の政治であり，武士の不満が高まった。そのため，足利尊氏が挙兵し，京都に別の天皇をたてると，後醍醐天皇は吉野に逃がれ，新政はわずか3年あまりで終わった。

(2) ア．1392年　イ．1336年
ウ．1338年　エ．1467年
オ．1333年

(3) 義満は明と国交を結んで貿易を行ったが，中国沿岸で海賊行為をはたらく倭寇に苦しめられたため，これと正式な貿易船を区別するため割符（勘合）を用いた。

57

(1) **水墨画，雪舟**　(2) **エ，足利義政**
(3) **イ，オ**

解説

(1) 雪舟は水墨画の画家で，明に渡って学び，帰国後，日本独自の水墨山水画を完成させた。

(2) 史料Ⅱは銀閣（慈照寺）の東求堂同仁斎で，書院造で造られている。書院造は，床，棚，付書院などをもち，明障子，襖が多く用いられる。鎌倉時代末期に僧や武家の住宅となり，そして室町時代には住宅の様式となって形式が整った。

ア．天平文化で校倉造。
イ．鎌倉文化で大仏様（天竺様）。
ウ．国風文化で寝殿造。

(3) この頃に誕生した茶の湯（茶道）や生け花（華道），能は，現在の暮らしの中でも親しまれている。

58

(1) **イ**　(2) **E，F**

解説

(1) ア．1167年　イ．1274年
ウ．1232年　エ．1392年
オ．1334年　カ．1404年
キ．1192年　ク．935年
よって，ク→ア→キ→ウ→イ→オ→エ→カの順となる。

(2) A．1392年　B．1215年
C．907年　D．1096年
E．1541年　F．1492年

59

(1) **フランシスコ＝ザビエル**　(2) **ア**
(3) **<u>宗教改革</u>により信者が減ったカトリック教会が，アジア布教に乗りだすことで勢力を回復しようとしたため。**

解説

イエズス会の宣教師であるフランシスコ＝ザビエルは，1549年，鹿児島に来航して布教を開始した。鹿児島・山口・豊後府内で布教し，薩摩の島津貴久から布教の許可を得て，大内義隆の保護を受けた。大名の中には，洗礼を受けキリシタン大名となる者も現れた。

60

(1) **A．今川義元**　**B．足利義昭**
C．長篠　**D．楽市・楽座**
(2) **ア**

(3)　a．オ　　b．エ　　c．ウ

解説

(1)　A．今川義元は，駿河・遠江・三河3国を支配していた。

C．足軽鉄砲隊を使い，家康軍とともに甲斐（山梨県）の武田勝頼（武田信玄の子）軍を破った。鉄砲を大量かつ効果的に活用した戦いとして知られている。

D．座の商人が特権的に営業する制度を廃止して，誰でも自由に営業し市を開くことを認め，商品取引の拡大円滑化を図った。

(2)　武器は鉄砲で，1543年に種子島に漂着したポルトガル人によって伝えられた。各地の戦国大名の間に広がり，堺などで生産された。

(3)　イ．フランシスコ＝ザビエルの最初の来航地。

カ．長篠合戦の古戦場。

キ．1582年の天目山の戦（武田勝頼死亡）の古戦場。

61

(1)　**豊臣秀吉，③と④**

(2)　**・兵農分離（武士と農民を区別し，身分の固定化を図る）**

・一揆防止（百姓一揆を防ぐため）

(3)　**A．文禄　　B．慶長**

(4)　**太閤検地**

解説

(1)・(2)　史料は1588年に秀吉が発布した刀狩令である。一揆を防ぐため，農民や寺院からすべての武器を取り上げた。これにより，兵農分離が進み，封建的身分制度が整えられた。

(3)　明の征服を目指し，1592年（文禄の役［朝鮮名：壬辰倭乱］）と1597年（慶長の役［朝鮮名：丁酉倭乱］）の2度にわたり朝鮮に出兵したが，失敗に終わった。

(4)　検地の実施後，土地台帳を作成して土地・農民を支配し，年貢を徴収した。荘園が完全に崩壊し，封建的な土地所有制度が確立することとなった。

62

(1)　**千利休**　　(2)　**ア**

(3)　**出雲阿国**

解説

(1)　茶道は，侘び茶として村田珠光が創出し，千利休が大成した。

(2)　ア．狩野永徳作の「唐獅子図屏風」。

イ．「源氏物語絵巻」で，平安末期の国風文化。

ウ．喜多川歌麿の「ポッピンを吹く女」で江戸時代の化政文化。

エ．尾形光琳作の「紅白梅図屏風」で，江戸時代の元禄文化。

(3)　史料は「国女歌舞伎絵詞」。出雲阿国は出雲大社の巫女で，阿国歌舞伎という歌舞伎踊りを始めた。

63

(1)　**徳川家康**　　(2)　**征夷大将軍**

(3)　**③**

解説

(3)　③　第5代将軍徳川綱吉についての記述。徳川綱吉は，江戸幕府の将軍としては最も安定した強い権力をもち，独裁的な政治を展開した。

64

(1) 徳川家光

(2) ・大名の妻子を人質にし，反抗を防ぐため。
・大名に経済的負担をかけ，勢力を削ぐため。

解説

史料は，1635年に制度化された参勤交代についてのものである。これにより，街道や宿場町などが整備されたが，大名にとっては，江戸と領地の二重生活を強いられ，経済的な負担が大きかった。また，一年毎にしか領地に住めないことから，後継者問題などが生じた。

65

(1) A．益田時貞（天草四郎）
B．島原・天草一揆（島原の乱）
C．ポルトガル
D．出島　E．中国（清国）

(2) 絵踏，宗門改帳の作成，寺請制度
などから1つ

(3) イ

(4) ・キリスト教の禁止を徹底するため。
・貿易の利益を独占するため。

解説

(1) A・B．幕府は老中松平信綱を派遣し，九州諸藩から約12万の兵力を動員してこれを鎮圧した。これ以後，キリスト教への弾圧はさらに強まっていった。

(3) ア．1775年　イ．1640年
ウ．1600年　エ．1840年

66

(1) A．松平定信　B．新井白石
C．田沼意次　D．水野忠邦
E．徳川吉宗

(2) A．寛政の改革　D．天保の改革
E．享保の改革

(3) B→E→C→A→D

(4) 公事方御定書，E

解説

A．寛政の改革は，老中松平定信（在職1787～93年）によって行われた。棄捐令，寛政異学の禁のほか，囲い米（米価調整や飢饉に備えて米を貯蓄）を実施した。

B．新井白石は朱子学者であり，第6代将軍家宣・第7代将軍家継に用いられ（1709～16年），朱子学に基づく文治政治により財政の立て直しを図る。その政治は正徳の政治ともよばれた。

C．老中田沼意次（在職1772～86年）は株仲間の公認，長崎貿易の奨励などを行うが，商人の経済力が強まり，賄賂の公然化で政治が混乱し，加えて天明の大飢饉が発生したため，社会不安は増大した。

D．天保の改革は，老中水野忠邦（在職1841～43年）によって行われた。倹約令，株仲間の解散のほか，人返し令（江戸への流入者を強制的に帰村させ，農村の再建を図る）などを実施した。江戸・大坂周辺の天領化構想である上知令に対し，大名・旗本が反発したため失脚。

E．享保の改革は，第8代将軍徳川吉宗（在職1716～45年）によって行われた。上げ米，目安箱の設置のほか，足高の制（在職期間に限り不足の役料を支給し人材を確保）などを実施した。公事方御定書は，法令や判例を集めて編纂し，裁判や刑罰の基準を示したものである。

67

(1) **A．本居宣長　B．国学**
C．蘭学　D．杉田玄白
E．解体新書　F．蘭学事始
G．伊能忠敬
(2) **寺子屋**

解説
(1) A．本居宣長は，伊勢国（三重県）松坂の国学者で医者。
B．日本の古典を研究し，日本人固有の精神を明らかにしようとする学問。
C．オランダ語を通じて西洋の学術・文化を研究する学問。
D．杉田玄白は，蘭学者で，若狭小浜藩（福井県）の藩医。
G．伊能忠敬は，下総国（千葉県）佐原の酒造家出身で，50歳で江戸に出て西洋の天文学や測量技術などを学んだ。
(2) 寺子屋は庶民教育の施設であり，牢人，神職，医師，町人が主に読み・書き・そろばんを教授した。

68

(1) **元禄文化：ウ　化政文化：イ**
(2) **③**
(3) **元禄文化：A，B，F**
化政文化：C，D，E
A．e　B．c　C．a
D．b　E．f　F．d

解説
(1) ア．「法然上人絵伝」で，鎌倉文化。
イ．葛飾北斎作の「富嶽三十六景・神奈川沖浪裏」で，化政文化。
ウ．菱川師宣作の「見返り美人図」で，元禄文化。
エ．「三十六歌仙」の小野小町像で，国風文化の女房装束を表している。
(2) ①　化政文化　②　桃山文化
④　鎌倉文化

69

(1) **A．ペリー　B．日米和親条約**
C．ハリス　D．井伊直弼
(2) **新潟，神奈川（横浜），兵庫（神戸），長崎**
(3) **安政の大獄，松下村塾**
(4) **桜田門外の変**

70

(1) **横浜市**　(2) **坂本龍馬**
(3) **カ→オ→イ→ク→エ**
(4) **五箇条の御誓文，会議**

解説
(2) 薩長同盟（連合）は，坂本龍馬らの仲介により，薩摩藩の西郷隆盛，大久保利通と，長州藩の木戸孝允らが結んだ軍事同盟である。
(3) ③の大政奉還は1867年の10月。
ア．1862年　イ．1871年
ウ．1864年　エ．1873年
オ．1869年　カ．1867年（12月）
キ．1839年　ク．1872年
ケ．1890年
(4) 五箇条の御誓文は，王政復古の大号令により発足した明治新政府の方針を，明治天皇が神に誓う形で発布したものである。

71

(1) **A．国会開設の勅諭　B．1890**
(2) **板垣退助，自由民権運動**

(3) **大隈重信**　(4) **伊藤博文**
(5) **プロイセン(ドイツ)**　(6) **ア**

解説

(2) 板垣退助は，民撰議院設立の建白書を提出し，自由民権運動の指導者となった。立志社，愛国社をたて，自由党を結成して党首となった。自由党はフランス流の民権思想(急進的)をもつ。
(3) 大隈重信の結成した立憲改進党はイギリス流の立憲思想(穏健)をもつ。東京専門学校(後の早稲田大学)を設立。
(4) 伊藤博文は，プロイセン(ドイツ)憲法を参考に大日本帝国憲法草案を作成した。日露戦争後は，初代韓国統監を務めた。
(5) プロイセン(ドイツ)憲法は，君主権が強く，議会の力が弱かった。
(6) このときの有権者(選挙人)の資格は，25歳以上の男子で直接国税15円以上納める者であった。

72

(1) **A．岩倉具視**　**B．井上馨**
C．陸奥宗光　**D．1911**
E．小村寿太郎
(2) **・領事裁判権(治外法権)を認めたこと。**
・日本に関税自主権がないこと。
(3) **ロシアの南下政策を牽制するため。**

解説

(1) 1894年に締結された日英通商航海条約によって領事裁判権(治外法権)が撤廃され，1911年に改正された日米通商航海条約によって関税自主権を完全回復した。
(2) 治外法権とは，在留外国人の裁判をその本国の領事が行う特権のこと。通常，在留外国人の犯罪はその国の領事が裁く(領事裁判権)ことになっていた。関税自主権とは，輸出入品の関税率を自国で自主的に決定できる国家的権利のことである。

73

(1) **A．甲申**
B．甲午農民戦争(東学(党)の乱)
C．日英　**D．ポーツマス**
(2) **日本：伊藤博文(陸奥宗光)**
清：李鴻章
(3) **ロシア，ドイツ，フランスの3国が，遼東半島を清に返還するよう日本に強く要求した。**
(4) **ロシアの南下政策に対し，日本とイギリスの利害が一致したため。**
(5) **エ**

解説

(1) B．朝鮮の支配権をめぐって日本と清との利害の対立があり，朝鮮で行った甲午農民戦争(東学(党)の乱)に出兵した日清両国が，乱がしずまった後も対立し日清戦争となった。
D．ポーツマス条約は，アメリカのセオドア＝ローズヴェルト大統領の仲介により，日本全権小村寿太郎とロシア全権ヴィッテの間で結ばれた。賠償金が得られない条約の内容を不満として日比谷焼き打ち事件がおこった。
(2) 下関条約の主な内容は，清は朝鮮を独立国と認める，清は遼東半島・台湾などを日本に譲る，清は賠償金2億両を日本に支払う，などである。
(3) 3国の軍事力をおそれた日本は，賠償金の増額を条件に要求を受け入れ，遼東半島を清に返還するかわりに，還付代償金4,500万円を受け取った。

(5) 義和団事件(戦争)は，列強の中国進出に反対しておきた中国民衆の反乱で，反乱が拡大したことから，欧米・日本8ヵ国連合軍が出兵し，北清事変となった。この際，ロシアが鎮圧名目で満州を占領し，これが日露戦争の原因となった。

74

(1) A．三国同盟　B．三国協商
C．ヴェルサイユ
D．14カ条(14カ条の平和原則)
E．(対華)二十一カ条の要求

(2) サラエボ(サライェヴォ)事件

(3) 日英同盟　(4) ウ

解説

(1) A・B．三国同盟は1882年に，三国協商は1907年に結ばれた。
E．日本は中華民国の袁世凱政府に対して，山東省でのドイツの権益を日本が引き継ぐ，南満州や東部内モンゴルにおける鉱山の採掘権を日本に与えるなどの要求をし，軍事力を背景に大部分を認めさせた。これにより中国で1919年に五・四運動(排日運動)がおこった。

(4) 国際連盟は，当初アメリカやソヴィエトの大国が参加しなかったため，あまり機能しなかった。日本は常任理事国であった。

75

(1) アメリカ：ニューディール
イギリス・フランス：ブロック経済

(2) リットン調査団　(3) 犬養毅

(4) 盧溝橋事件

(5) ドイツ：ヒトラー
イタリア：ムッソリーニ

(6) サンフランシスコ平和条約

解説

(1) 世界恐慌は，アメリカのニューヨークで株価が大暴落したことに始まり，経済恐慌は全世界の資本主義国に広まった。ニューディールは，フランクリン＝ローズヴェルト大統領が実施したもので，公共事業の推進を意味する。ブロック経済は，植民地と本国の結びつきを強め，外国からの輸入品には関税をかける政策である。

(2) 満州事変は，日本軍が奉天郊外で鉄道を爆破(柳条湖事件)したことから始まり，日本は満州全域を占領して満州国を建国した。リットン調査団の報告により，1933年，国際連盟が満州からの撤退勧告を決議したが，これを不服とした日本は国際連盟を脱退した。

(4) 盧溝橋事件から全面戦争に突入した。1938年の国家総動員法により，戦時体制が強化された。

(5) ヒトラーはナチ党，ムッソリーニはファシスト党の党首で，全世界にファシズム(全体主義)と反ファシズムの対立が広がった。

(6) サンフランシスコ平和条約は1951年に締結された。翌年，連合国による日本占領が解かれ，日本は独立を回復した。

76

(1) (エ)→(ア)→(イ)→(ウ)

(2) 徳川慶喜

(3) a．3　b．地租改正反対一揆
c．2.5

(4) 樺太・千島交換条約　(5) 西郷隆盛

解説

(1) (ア) 1869年　(イ) 1871年
(ウ) 1872年　(エ) 1868年

(2) 前土佐藩主山内豊信(容堂)が第15代将軍徳川慶喜に大政奉還を建白し，慶喜がこれを受け入れた。政権を朝廷に返上し，江戸幕府が滅んだ。

(3) これと同じ年に，20歳以上の男子に兵役の義務を課す徴兵令が公布された。

(4) 樺太全島をロシア領，千島全島を日本領とした。

(5) 鹿児島の私学学校の生徒を中心とした士族が西郷隆盛を擁して挙兵したが，政府軍に鎮圧された。

77

(1) **A．平城京**　**B．桓武**
C．藤原道長
D．御成敗式目(貞永式目)
E．関ヶ原
F．大日本帝国憲法
G．関税自主権　**H．日本国憲法**
I．日中平和友好

(2) **百済**

(3) **中大兄皇子，中臣鎌足**

(4) **琉球(王国)**　(5) **五稜郭**

(6) **ア．加藤高明**　**イ．25**
ウ．男子　**エ．治安維持法**

(7) **日米安全保障条約**　(8) **国際連合**

解説

(2) 仏教の伝来後，聖徳太子が仏教を奨励して法隆寺，四天王寺などを建て，我が国最初の仏教文化である飛鳥文化を生み出した。

(3) 中大兄皇子(後の天智天皇)や中臣鎌足(後の藤原鎌足)らが蘇我氏を倒し，唐の律令制をもとに，公地公民の原則に基づく天皇中心の中央集権国家建設を目標とした。

(4) 琉球国王の即位を感謝する謝恩使と合わせ，200余年間に計18回派遣された。

(5) 五稜郭はヨーロッパ風の星型城塞。幕臣とは榎本武揚らを指す。

(6) 社会主義者の政治参加をおそれたことから，普通選挙法成立直前に治安維持法が制定された。

(7) 日本の防衛のための条約で，米軍の駐留，侵略や内乱の際の出動などについて規定。期限はなく，また片務的なものであった。

(8) 日ソの戦争終結宣言であり，将来の歯舞群島・色丹島の返還，日本の国際連合加盟支持などを内容とした。

78

(1) **⑤**

(2) **A．東大寺**　**B．国際連盟**
C．朝鮮　**D．ベトナム**

(3) **① c**　**③ d**　**⑥ e**
⑦ b

(4) **ウ**　(5) **原敬**

(6) **バンドン**

解説

(1) 史料は，『建武年間記』にある「二条河原落書」で，建武の新政時の社会の混乱した様子を表している。

(2) C．北緯38度線付近での武力衝突をきっかけに，朝鮮民主主義人民共和国と大韓民国の対立が戦争に発展。アメリカ軍を主とする国連軍が大韓民国側に立って参戦すると，ソ連が朝鮮民主主義人民共和国を支援した。日本経済は特需により好景気となった。

D．戦争終結後，南北ベトナムを統一したベトナム社会主義共和国が成立した。

(3) ① 金印は博多湾の志賀島(福岡県)で発見された。

③ 壇の浦の戦いは，現在の山口県下関市でおこった。

⑥ 応仁の乱は，現在の京都市でおこった。

⑦ 島原・天草一揆は，長崎県の島原半島でおこった。

(4) 宗派と開祖の組み合わせは次の通り。
浄土宗－法然　　臨済宗－栄西
曹洞宗－道元
法華宗(日蓮宗)－日蓮
浄土真宗－親鸞

(5) 原敬内閣は，陸軍・海軍・外務の3大臣以外はすべて立憲政友会の党員で組閣された。選挙法を改正し，納税資格を国税3円以上に引き下げ小選挙区制としたが，普通選挙には反対した。

(6) 開催地にちなんでバンドン会議ともいわれる。歴史上初めてのアジア・アフリカ諸国による国際会議であった。

79

(1) **ウ→イ→エ→ア**
(2) **ウ→エ→ア→イ**
(3) **ア→ウ→エ→イ**
(4) **イ→ア→ウ→エ**
(5) **ウ→エ→ア→イ**
(6) **イ→エ→ア→ウ**
(7) **イ→ア→エ→ウ**

解説

(1) ア．室町時代　イ．平安時代
ウ．奈良時代　エ．鎌倉時代
(2) ア．1221年　イ．1467年
ウ．672年　エ．1159年
(3) ア．701年　イ．1615年
ウ．1232年　エ．1588年
(4) ア．1742年　イ．1715年
ウ．1789年　エ．1843年
(5) ア．1941年　イ．1951年
ウ．1895年　エ．1905年
(6) ア．1808年　イ．1792年
ウ．1886年　エ．1804年
(7) ア．1688年　イ．1640年
ウ．1789年　エ．1775年

80

(1) **A．東海道中膝栗毛**
B．曲亭(滝沢)馬琴
C．歌川(安藤)広重
D．狩野永徳　　E．千利休
F．運慶・快慶
(2) **Ⅰ．エ　Ⅱ．ケ　Ⅲ．キ**

解説

Ⅰ．他に，俳諧の与謝蕪村や小林一茶，絵画の喜多川歌麿や東洲斎写楽，葛飾北斎などがいた。

Ⅱ．他に，出雲阿国の歌舞伎踊り，建築物としては天守閣や書院造の御殿をもつ姫路城などがある。

Ⅲ．他に，随筆の『方丈記』(鴨長明)，『徒然草』(兼好法師)，軍記物の『平家物語』，和歌の『新古今和歌集』(藤原定家ら編纂)などがある。

81

(1) **ウ**　(2) **キ**　(3) **ケ**
(4) **カ**　(5) **シ**　(6) **エ**
(7) **オ**　(8) **コ**

解説

(1) 北山文化　(2) 化政文化
(3) 国風文化　(4) 鎌倉文化
(5) 飛鳥文化　(6) 元禄文化

(7) 元禄文化　(8) 天平文化

ア．法相宗の僧。聖武天皇と光明皇后の皇女である孝謙上皇の病を癒し，信任を得て台頭した。

イ．浄土宗の開祖。

ク．信長・秀吉に仕え，安土城・大坂城などの障壁画を描き，狩野派の基礎を築いた。「唐獅子図屛風」で有名。（桃山文化）

サ．室町幕府第8代将軍。銀閣（慈照寺）を建立した。（東山文化）

ス．浮世絵師で，風景版画の「富嶽三十六景」で有名。（化政文化）

セ．俳人・画家で，優美で詩情豊かな俳諧を詠んだ。（化政文化）

ソ．浮世絵師で，風景版画の「東海道五十三次」で有名。（化政文化）

82

(1) キ　(2) エ　(3) ケ
(4) シ　(5) サ　(6) ア
(7) イ　(8) カ

解説

(1) 日露戦争の連合艦隊司令長官。日本海海戦でロシアのバルチック艦隊を破り，世界の三大提督といわれる。

(2) 咸臨丸の艦長として太平洋を横断。戊辰戦争の際，西郷隆盛と会見し，江戸城を無血開城させた。

(8) 1221年におこった承久の乱のときの執権。

ウ．1404年に足利義満によって開始された。

オ．野口英世の研究。

ク．聖武天皇の行った事業。

コ．当時の執権は北条時宗。

ス．豊臣秀吉の行った事業。

セ．中心人物は西郷隆盛。

83

(1) ③ーエ　(2) ⑥ーウ　(3) ⑤ーカ
(4) ④ーイ　(5) ①ーク　(6) ②ーオ

解説

(1) 板垣退助は土佐藩（高知県）出身。

(2) 福澤諭吉は豊前中津藩（大分県）出身。

(3) 鑑真は唐の僧。

(4) 伊藤博文は長州藩（山口県）出身。

(5) ペリーは浦賀（神奈川県）に来航した。

(6) 平清盛は日宋貿易を行うため，大輪田泊（現在の神戸港）を改修した。

84

(1) ア．立憲改進党　イ．目安箱
ウ．壇の浦　エ．邪馬台国
オ．壬申の乱
(2) 大隈重信　(3) ③
(4) イ　(5) ④
(6) D→E→C→B→A

解説

B．徳川吉宗　C．源義経

D．卑弥呼

E．天武天皇（大海人皇子）

(3) ①　参勤交代（1635年，徳川家光が発した武家諸法度・寛永令により創設）

②　今川仮名目録（今川氏の分国法）

③　公事方御定書（1742年，徳川吉宗）

④　（対華）二十一カ条の要求（1915年）

(4) ア．天平文化

イ．白鳳文化（大化の改新から平城京遷都までの文化）

ウ．国風文化　エ．江戸初期の文化

(5) 国会開設の勅諭は1881年である。

①　1861年　②　1917年

③　1840年　④　1882年

4 政治・経済・国際社会

85

(1) 三大基本原理：基本的人権の尊重
三大義務：子どもに普通教育を受けさせる義務，勤労の義務，納税の義務

(2) A．イ　B．カ　C．エ

解説

(1) 国民主権とは，政治を最終的に決定する権力（主権）が国民にあるとする考え方である。平和主義は，戦争の放棄，戦力の不保持，交戦権の否定のことを指す。基本的人権の尊重は，人間が生まれながらにしてもっている永久不可侵の権利を尊重することをいう。

86

(1) 経済　(2) イ，ウ

解説

(1) 精神的自由には，思想・良心の自由，信教の自由，集会・結社及び言論，出版その他一切の表現の自由，学問の自由がある。経済的自由には，居住・移転・職業選択の自由，財産権がある。人身の自由には，法定手続の保障，奴隷的拘束・苦役からの自由，拷問・残虐刑の禁止，黙秘権の保障などがある。

(2) ア．選挙権は参政権である。
エ．団体行動権は労働基本権の1つで，社会権である。
オ．請願権は受益（請求）権である。

87

(1) オ　(2) ウ，オ

解説

(1) 社会権のうち，生存権について規定した条文である。社会権には，生存権のほか，教育を受ける権利と労働基本権（勤労の権利，団結権・団体交渉権・団体行動権）がある。

(2) ウの住居の不可侵は自由権（人身の自由），オの国家賠償請求権は受益（請求）権として日本国憲法に規定されている。

新しい人権とは，日本国憲法に明文規定はないが，人権に対する考え方の深まりや社会・経済の変化に伴い，第13条の幸福追求権などを根拠に新たに主張されるようになった人権のことである。

88

A．公共の福祉　B．永久の権利
C．社会的　D．公務員
E．普通教育　F．義務教育

解説

(1) 第12条　(2) 第11条
(3) 第14条第1項　(4) 第15条第1項
(5) 第26条第2項

89

(1) 三権分立
(2) 行政権
(3) B．エ　C．イ　D．カ
E．ウ　F．ア　G．オ

解説

立法権は国会，行政権は内閣，司法権は裁判所に帰属する。三権分立のしくみは，

フランスの思想家モンテスキューが，その著書『法の精神』の中で唱えた。

90

(1) A．二院　B．国権
C．立法機関
(2) ア．通常国会（常会）
イ．特別国会（特別会）
ウ．臨時国会（臨時会）
(3) A．4　B．25
C．248　D．30
(4) オ

解説

(1) A．二院制がとられているのは，①国民の多様な意見を国政に反映できる，②予算・法律案などの審議を慎重に行うことができる，ためである。
B．「国権の最高機関」とは，国会は主権者である国民を直接代表する唯一の民主的な機関であり，立法権などの重要な権限をもつ機関なので，政治的に重要であることを意味している（政治的美称）。
(2) 通常国会は次年度の予算審議，特別国会は内閣総理大臣の指名，臨時国会は予算・外交など国政上緊急を要する議題が中心的課題となる。
(3) 2018年7月の改正公職選挙法により，参議院の議員定数は248名（比例代表100名・選挙区148名）となった。
(4) オの条約の締結は内閣の権限である。国会が行うのは条約の承認である。

91

(1) **衆議院は任期が短く解散制度もあることから，国民の意思を反映させやすいため。**
(2) イ，オ
(3) A．3分の2　B．60

解説

衆議院の優越について，議決上の優越としては，内閣総理大臣の指名，条約の承認，予算案の議決，法律案の議決が，権限上の優越としては，内閣不信任決議権，衆議院の予算先議権が挙げられる。

92

(1) **内閣が国会に対して責任を負い，国会の信任に基づいて内閣が存立するしくみ。**
(2) A．国会　B．天皇
C．文民　D．10
E．衆議院を解散　F．総辞職
（E・F　順不同）
(3) 閣議

93

ア，エ

解説

イ．条例を制定するのは地方公共団体であり，法律の範囲内において制定できる。内閣が制定するのは政令である。
ウ．弾劾裁判所の設置は，国会の権限である。
オ．最高裁判所長官の任命は天皇が行う。内閣は，最高裁判所長官の指名，最高裁判所長官以外の最高裁判所裁判官及び下級裁判所裁判官の任命を行う。

内閣の権限としては，その他，法律を誠実に執行し国務を総理すること，外交関係の処理，恩赦（減刑，刑の執行の免除など）の決定などが挙げられる。

94

⑴ **違憲立法（法令）審査権（違憲審査制，違憲審査権）**
⑵ **最上級裁判所として，憲法解釈の最終的な判断を決定する権限をもつため。**
⑶ **国民審査**

解説

⑶ 最高裁判所の裁判官は，任命後，最初の衆議院議員総選挙のとき国民審査に付され（その後は10年ごと），投票者の過半数が罷免を可とした場合，罷免される。
この国民審査以外に，①心身の著しい故障のため職務不能のとき，分限裁判により，②著しい職務違反や裁判官にふさわしくない非行があったとき，公の裁判（弾劾裁判）により，罷免される場合がある。

95

④

解説

① すべて司法権は，最高裁判所及び下級裁判所に属し，特別裁判所の設置は禁止されている。なお，下級裁判所とは，高等裁判所，地方裁判所，家庭裁判所，簡易裁判所を指す。
② 最高裁判所の裁判官は，弾劾裁判所による罷免以外にも，裁判により，心身の故障のために職務をとることができないと決定された場合と，国民審査により罷免が可とされた場合には罷免される。
③ 違憲立法（法令）審査権は，最高裁判所のみならず，下級裁判所も有する。
⑤ 上告と控訴が逆である。三審制とは，裁判を慎重に行うことによって誤審を防ぎ，人権保障を確実にするためのしくみであり，原則として1つの事件について3回まで裁判を求めることができる。

96

⑴ **情報公開制度**
⑵ **オンブズパーソン（オンブズマン，行政監察官）制度**
⑶ **A．国庫支出金**
B．地方交付税交付金

解説

⑶ 国庫支出金としては，義務教育費や生活保護費の国庫負担金などがある。地方交付税交付金は，地方公共団体間の財政格差の是正を目的としている。

97

⑴ **直接請求権**
⑵ **A．有権者の50分の1以上，首長**
B．有権者の3分の1（原則）以上，選挙管理委員会
C．有権者の3分の1（原則）以上，選挙管理委員会
D．有権者の50分の1以上，監査委員

解説

条例の制定・改廃の請求をイニシアティブ，議会の解散の請求や議員・首長の解職の請求，主要公務員の解職の請求のことをリコール，住民投票などをレファレンダムという。

98

A．小選挙区比例代表並立
B．候補者　　**C．政党**
D．比例代表　　**E．非拘束**

解説

参議院議員の比例代表選挙が非拘束（一部拘束）名簿式で行われるのに対し，衆議院議員の比例代表選挙では，各政党の提出した名簿の登載順位に従って当選者が確定する拘束名簿式が採用されている。

99

A．ウ　B．カ　C．ア

解説

日本国憲法は，憲法改正手続きが通常の法律よりも厳格な硬性憲法である。

100

(1) **市場**

(2) **A．上昇　B．需要**
C．供給　D．下落（低下）
E．供給　F．需要

(3) **価格の自動調節機能**

解説

(2) 価格が下がれば需要量は増大し，価格が上がれば需要量は減少することから，需要曲線（D）は右下がりとなる（需要の法則）。また，価格が上がれば供給者は利潤が増えるため供給量は増大し，下がれば利潤が減るため供給量は減少することから，供給曲線（S）は右上がりとなる（供給の法則）。

(3) 価格が高いときには超過供給が，価格が低いときには超過需要が発生するが，いずれ最適な価格（均衡価格）に落ち着く。均衡価格は需要曲線と供給曲線の交点で示される。

101

(1) **独占禁止法**

(2) **公正取引委員会**

解説

(1) 独占禁止法は，第二次世界大戦後の1947年に制定された。

(2) 行政委員会とは，国や地方公共団体の行政機構から独立して行政的規制を行う合議制の行政機関である。

102

④

解説

④ 国民所得は，国民総生産から減価償却費（固定資本減耗費）及び間接税を差し引き，補助金を加えたものである。「国民純生産＋補助金－間接税」でも求められる。なお，日本では2000年にGNPの指標が用いられなくなり，GNI（国民総所得）の指標に変更された。GNIはGNPを分配面からみたものであり，それぞれの総額は等しくなる。

103

③

解説

① 株主は会社に損失が発生した場合，出資額の範囲内でのみ責任を負う（有限責任）。

② 株主は会社に利益が出た場合のみ，配当を受け取ることができる。

④ 株主は株式会社の最高意思決定機関は株主総会である。

104

(1) **預金（支払）準備率操作**
(2) **公開市場操作（オープン＝マーケット＝オペレーション）**

解説

(1) 市中銀行が受け入れた預金のうち日本銀行に預け入れる割合のことを預金（支払）準備率という。預金（支払）準備率操作では，不況期には預金（支払）準備率を引き下げる。すると，市中銀行の手持ち資金が増え，市中に貸し出される通貨量が増加する。ただし，現在では，預金（支払）準備率操作が行われる頻度は低くなっている。

(2) 公開市場操作では，不況期には，有価証券を買い入れる買いオペレーションを行う。すると，市中に出回る通貨量が増加する。

105

(1) **A．ア，ウ，カ　B．オ，キ　C．イ，エ　D．ク**
(2) **累進課税制度**　(3) **財政投融資**
(4) **赤字（特例）国債**

解説

(1) 国税は国が徴収主体となる税，地方税は地方公共団体が徴収する税のことである。直接税は，実際に税を負担する租税負担者と税を納める納税者が同一である税，間接税は租税負担者と納税者が異なる税のことをいう。

なお，間接税は，所得の高低に関わらず同一の課税が行われることから，所得の低い者ほど相対的に大きな税負担が強いられるという逆進性が指摘されている。

(2) 累進課税制度は，所得税・相続税などで導入されている。

(3) 財政投融資は，その策定にあたり予算と一体のものとして国会の審議・議決を受ける。

(4) 赤字（特例）国債に対し，財政法上その発行が認められており，社会資本建設といった公共事業費などを賄うために発行される国債を建設国債という。

106

(1) **経常収支**
(2) **A．ウ　B．イ　C．ア　D．ウ　E．オ　F．エ　G．カ**

解説

(1) 国際収支は2014年1月に，大きく改定された。従来は，経常収支と資本収支，外貨準備増減に大きく分けられていたが，経常収支，資本移転等収支，金融収支に大きく分けられた。資本移転等収支は金銭の受け取りと支払いを伴わない資産の取得・処分に関する収支，金融収支は対外金融資産または対外金融負債の収支である。

(2) 我が国の国際収支が黒字のときは，一般にドル売り・円買いが行われるため，円高・ドル安になる。

107

A．団体行動（争議）　B．労働基準
C．男女雇用機会均等

解説

(1) 団結権は，労働者が団結して労働組合を結成する権利，団体交渉権は，労働者の労働条件や待遇の改善と向上のため，労働組合が使用者と交渉する権利，団体行動(争議)権は，団体交渉で労使の交渉がまとまらないとき，労働組合がストライキ，サボタージュ，ピケッティングなどの争議行為を行う権利のことである。

(2) 労働基準法は，日本国憲法第27条に基づき制定され，賃金・労働時間・休日などの労働条件の最低基準を定めている。労働組合法は，労働者の地位向上を目的として，使用者と労働組合との間における労働協約締結の保障，不当労働行為の禁止などを定めている。労働関係調整法は，労使関係の公正な調整と，労働争議の予防・解決を目的としている。

108

(1) 社会保険，公的扶助，公衆衛生
(2) ウ

解説

(1) 社会福祉は，児童，老人，障害者，母子家庭など保護を必要とする社会的弱者に対し，施設やサービスなどを国・地方公共団体などが無償もしくは軽負担で提供するものである。

社会保険は，疾病，老齢，失業などにより生活が困難になったとき，被保険者の保険料を中心として現金・サービス給付を行うものである。

公的扶助は，最低限度の生活を維持できない生活困窮者に，不足分を公費で給付するものである。

公衆衛生は，国民の健康維持・増進を目的として，環境整備や予防衛生を図るものである。

(2) ユニバーサルデザインとは，空間作りや商品の設計の際，誰もが利用しやすいデザインを初めからとり入れること，ノーマライゼーションとは，高齢者も子どもも，障害のある者もない者も，すべての人がともにノーマルな生活を送ることができる社会の実現を目指すべきであるとする考え方である。

109

(1) 消費者基本法
(2) 製造物責任法(PL法)
(3) クーリング・オフ(制度)

解説

(1)・(2) 消費者保護を図るための法律には，消費者契約法や2021年に改正された特定商取引法(旧訪問販売法)などがある。

(3) クーリング・オフ制度が適用される条件の一つに，「法定の契約書面が交付された日から一定期間以内であること」が挙げられ，この期間は訪問販売・割賦販売・電話勧誘販売などでは8日間，マルチ商法，内職・モニター商法などでは20日間となっている。通信販売については，返品の可否・条件を広告に記載していない場合に限りクーリング・オフの対象となる。

110

A．イ　B．エ
C．ア　D．オ

解説

ウ．環境開発サミットは，2002年に南アフリカ共和国のヨハネスブルグで開催された首脳会議である。ここでは，アフリカにおける持続可能な開発など，環境と開発の両立のための対策を盛り込んだ「ヨハネスブルグ宣言」が採択された。

カ．宇宙船地球号は，1965年の国連経済社会理事会で，アメリカの国連大使アドレイ・スティブンソンが「私たちは，全員が共に小さな宇宙船に乗って旅行している乗客で，わずかな空気と土に依存している」という演説を行い，発表したものである（国連人間環境会議で，アメリカのボールディングが述べた考え方，という説もある）。

111

(1) **A．国際連合憲章　B．1945**
C．ニューヨーク　D．経済社会
(2) **ロシア，フランス，中国**
(3) **イ．PKO　エ．NGO**
(4) **名称：国連教育科学文化機関**
目的：一般教育の普及，世界遺産の保存といった教育・科学・文化・情報流通などの面での協力を通じて，国際平和の推進を図る。

解説

(2) 常任理事国は拒否権をもっており，実質事項については，5常任理事国のうち1ヵ国でも反対すると議決できない（大国一致の原則）。
(3) イ．平和維持活動は，加盟国から自発的に提供された要員を停戦合意後の紛争現地に派遣して，PKF（平和維持軍）による停戦監視のほか，難民帰還支援，選挙監視などを行う。
エ．非政府組織とは，開発・人権・環境・平和問題などの地球的規模の諸問題の解決に向けて，非政府かつ非営利の立場から取り組む国際組織や国内組織のことをいう。

112

(1) **オ**　(2) **キ**
(3) **イ**　(4) **ク**
(5) **エ**　(6) **カ**

解説

ア．国際復興開発銀行（IBRD）は，発展途上国に対する長期融資を行うなど，発展途上国の経済構造改革を目的とする機関。
ウ．国際通貨基金（IMF）は，国際収支赤字国に対して短期融資を行うなど，国際通貨の安定と国際貿易の促進を目的とする機関。

113

(1) **ウ**　(2) **オ**

解説

(1) スウェーデンは1995年に，ギリシャは前身のEC（欧州共同体）時代の1981年に，チェコとポーランドは2004年に加盟している。EUには2004年にチェコ，ポーランドをはじめ，エストニア，ラトビア，リトアニア，スロバキア，ハンガリー，スロベニア，キプロス，マルタの東欧10ヵ国，2007年にブルガリアとルーマニア，2013年にクロアチアが新規加盟したことにより，28カ国となった。しかし，2020年1月にイギリスが離脱したため，2023年6月現在は27カ国となっている。
(2) ア．USMCA（米国・メキシコ・カナダ協定）は，1994年から続いた北米自由貿易協定（NAFTA）に代わる新しい貿易協定で、自動車産業などでは特恵関税の適用を受けるための条件である原産地規則が大幅に強化された。
イ．OECD（経済協力開発機構）は，2023年6月現在，38ヵ国が参加する経済協力組織で，加盟各国の経済発展と貿易の拡大，及び発展途上国援助の促進と調整を図ることを目的としている。

ウ．MERCOSUR（メルコスール，南米南部共同市場）は，2023年6月現在，アルゼンチン，ブラジル，パラグアイ，ウルグアイ，ベネズエラ（資格停止中）の関税同盟である。

エ．APEC（アジア太平洋経済協力〔会議〕）は，アジア・太平洋地域の自由貿易の拡大や経済協力を目的として設置された協議体である。2023年6月現在，日本，アメリカ，中国，ロシアなど21の国・地域が加盟している。

オ．東南アジア諸国連合のことである。2023年6月現在，東ティモールの加盟が原則合意されている。東南アジア10ヵ国が加盟しているが，正式な加盟が実現すれば，ASEANは11ヵ国体制となる。

114

(1) 発展途上国の経済開発や福祉の向上を目的として，先進国が発展途上国へ政府レベルで経済援助を行うこと。

(2) サミット（主要国首脳会議）

(3) フェアトレード

解説

(1) 我が国のODA実績（贈与相当額ベース）は，1991年から2000年まで10年連続第1位であったが，次第に低下し，2021年にはアメリカ，ドイツに次いで世界第3位となった。

(2) 2014年，ロシアがウクライナ南部のクリミアを併合したことから，ロシアはG8サミット参加停止となった。現在は7カ国でG7サミットとして開催されている。

115

ア，ウ，カ

解説

日本

排他的経済水域の面積	447万km^2
国土面積	38万km^2

インドネシア

排他的経済水域の面積	541万km^2
国土面積	191万km^2

ニュージーランド

排他的経済水域の面積	483万km^2
国土面積	27万km^2

オーストラリア

排他的経済水域の面積	701万km^2
国土面積	769万km^2

ブラジル

排他的経済水域の面積	317万km^2
国土面積	852万km^2

アメリカ合衆国

排他的経済水域の面積	762万km^2
国土面積	983万km^2

3 算数

1 学習指導要領

1

A．数学的　　B．統合
C．協働　　D．体系化

2

A．基礎的・基本的　　B．数理的
C．見通し　　D．筋道
E．柔軟　　F．生活

3

A．図　　B．性質
C．量　　D．簡潔
E．位置関係　　F．グラフ
G．多面的　　H．発展的
I．分析　　J．批判的

4

②

解説
①は第3学年，③は第6学年，④は第1学年，⑤は第5学年の目標である。

5

(1)　変化と関係，第6学年
(2)　数と計算，　第2学年
(3)　変化と関係，第5学年
(4)　図形，　　　第4学年
(5)　測定，　　　第3学年

6

②

解説
イ・エは第4学年，オは第2学年の内容である。

7

(1)　ア．第2学年　　イ．第5学年
　　ウ．第3学年　　エ．第3学年
(2)　②，④

解説
(2)　①・⑤の長方形と正方形の面積は第4学年，③の円の面積は第6学年で指導する。

8

B→C→A→D

9

(1)　第2学年　　(2)　第3学年
(3)　第6学年　　(4)　第4学年
(5)　第5学年

10

A．分数　　B．小数
C．割合　　D．単位量

11

〔解答例〕

(1)　・13－8を（10－8）＋3のように，まず10から8を引いて残りを加える方法（減加法）。

・13－8を，（13－3）－5のように，8を3と5に分け，順々に引いていく方法（減々法）。

(2)　包含除：12このあめを1人に4こずつ分けると，何人に分けられるでしょう。

等分除：12このあめを4人で同じ数ずつ分けると，1人分は何こになるでしょう。

解説

(2)　包含除は，ある数量がもう一方の数量の幾つ分であるかを求める場合，等分除は，ある数量を等分したときにできる一つ分の大きさを求める場合である。

これらは計算の仕方としては同一のものとみることができるので，除法としては一つのものとして捉えることができるようにする。

12

(1)　A．直接　　B．普遍

(2)　〔解答例〕

間接比較：机の縦と横の長さを紙テープの長さに置き換え，紙テープに写した長さを比較して大小判断をする。

任意単位による測定：机の縦と横の長さを鉛筆の長さの幾つ分かに置き換え，縦が四つ分，横が六つ分であれば，横は縦より鉛筆の長さの二つ分だけ長いなどと大小判断をする。

解説

直接比較は，二つの大きさを直接比較する方法，間接比較は，AとBの大きさをそれと等しい別のものに置き換えて，間接的に比較する方法である。任意単位による測定は，AとBの大きさを，それと同種の量の幾つ分という数値に置き換えて比較する方法，普遍単位による測定は，全国（世界）で共通の普遍単位を用いて比較する方法である。

13

A．基礎的　　B．計画的
C．反復　　D．表現する力
E．コンピュータ　　F．能率的
G．見積り

14

〈図を用いた説明〉

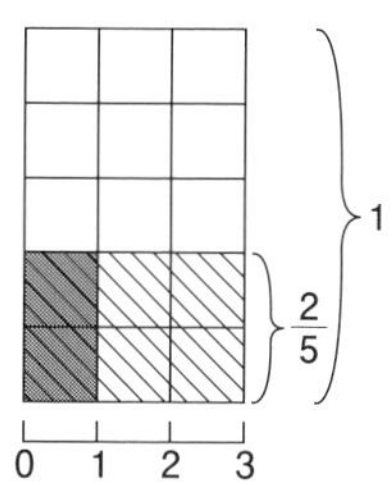

全体の大きさが1の長方形を考えると，横に5等分して▨の部分が $\frac{2}{5}$ になる。

それを3で割るのだから，縦に3等分すると，■部分になる。

それは $\frac{1}{5\times3}$ の2倍だから，$\frac{1}{5\times3}\times2$ となる。

よって，$\frac{2}{5}\div3=\frac{2}{5\times3}=\frac{2}{15}$

〈計算のきまりを用いた説明〉

割る数3は，$\frac{1}{3}$をかけて1になるから，

$$\frac{2}{5}\div 3=\left(\frac{2}{5}\times\frac{1}{3}\right)\div\left(3\times\frac{1}{3}\right)$$
$$=\left(\frac{2}{5}\times\frac{1}{3}\right)\div 1$$
$$=\frac{2}{5}\times\frac{1}{3}$$
$$=\frac{2}{15}$$

解説

図を用いた説明については，面積図を用いて横に5等分，縦に3等分した部分を視覚的にとらえさせる。

計算のきまりを用いた説明については，「わる数を整数の1にする」という計算法則を使って計算する。

15

〔解答例〕

①

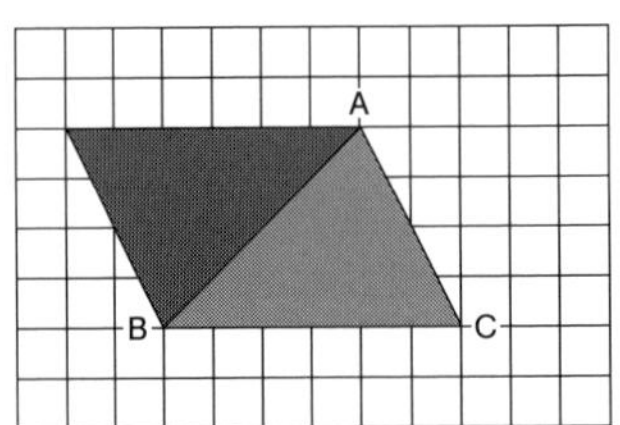

同じ形の三角形を合わせて平行四辺形にし，2で割って求める。

$6\times 4\div 2=12$〔cm^2〕

②

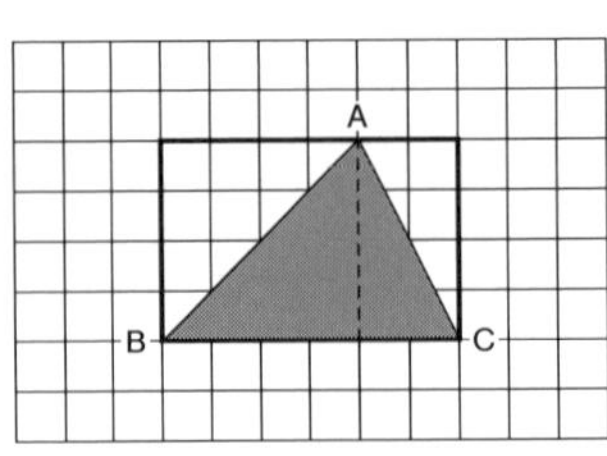

A，B，Cを通る長方形をつくる。AからBCに下ろした垂線の左右にできる長方形の半分が，それぞれ三角形の一部になっているので，長方形の面積の半分として求める。

$4\times 6\div 2=12$〔cm^2〕

③

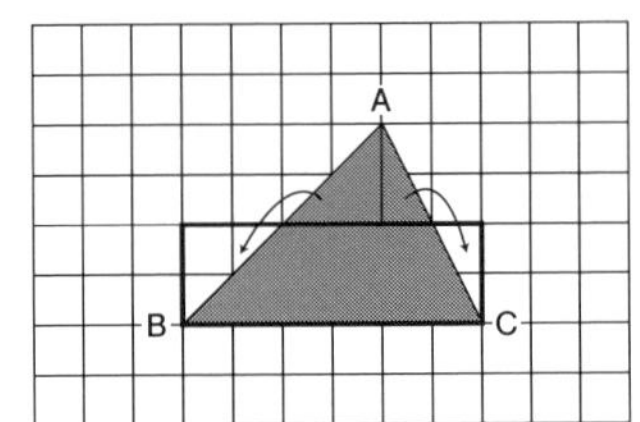

三角形の上半分を図のように2つに分けて，移動させ，長方形の形にして求める。

$6\times 2=12$〔cm^2〕

数や式と計算

16

(1) -2　(2) $\dfrac{8}{3}$

(3) -2　(4) $\dfrac{11a+10}{12}$

(5) $-6a^2b^2$　(6) $10x-51$

(7) 2　(8) $-8\sqrt{2}+11$

解説

(1) (与式) $= -\dfrac{1}{3}-\dfrac{5}{3}$

$= -\dfrac{6}{3} = -2$

(2) (与式) $=\dfrac{7}{2}\times\dfrac{5}{6}-\left\{12\times\left(\dfrac{1}{3}-\dfrac{3}{10}\right)-\dfrac{3}{20}\right\}$

$=\dfrac{35}{12}-\left(12\times\dfrac{1}{30}-\dfrac{3}{20}\right)$

$=\dfrac{35}{12}-\left(\dfrac{8}{20}-\dfrac{3}{20}\right)$

$=\dfrac{35}{12}-\dfrac{1}{4}=\dfrac{32}{12}=\dfrac{8}{3}$

(3) (与式) $=\dfrac{1}{9}\times\left(-\dfrac{1}{8}\right)\div\left(-\dfrac{1}{12}\right)^2$

$=\dfrac{1}{9}\times\left(-\dfrac{1}{8}\right)\times 144=-2$

(4) (与式) $=\dfrac{3(5a+2)-4(a-1)}{12}$

$=\dfrac{15a+6-4a+4}{12}$

$=\dfrac{11a+10}{12}$

(5) (与式) $=12\div(-6)\times 3a^{2-1+1}b^{1-1+2}$

$=-6a^2b^2$

(6) (与式) $=x^2+2x-35-(x^2-8x+16)$

$=10x-51$

(7) (与式) $=\dfrac{2\sqrt{2\times 3}\times 3\sqrt{3}}{9\sqrt{2}}$

$=\dfrac{18\sqrt{2}}{9\sqrt{2}}=2$

(8) (与式) $=2-6\sqrt{2}+9-\dfrac{4\sqrt{2}}{2}$

$=-8\sqrt{2}+11$

17

(1) $(x-4)(x+3)$　(2) $(2x-1)^2$

(3) $(x-2)(y+3)$

(4) $(a-b+c)(a-b-c)$

解説

(3) (与式) $=y(x-2)+3(x-2)$

$=(x-2)(y+3)$

(4) (与式) $=(a-b)^2-c^2$

$=(a-b+c)(a-b-c)$

18

26

解説

(与式) $=2a-5b$

$=2\times 3-5\times(-4)$

$=26$

19

6個

解説

各辺を2乗すると,

$9<n<16$

よって, nは10, 11, 12, 13, 14, 15の6個。

20

(1)　$8\sqrt{5}$　　(2)　18
(3)　$3+\sqrt{2}$

解説

(1)　$x^2-y^2=(x+y)(x-y)$

$=(\sqrt{5}+2+\sqrt{5}-2)(\sqrt{5}+2-\sqrt{5}+2)$

$=2\sqrt{5}\times 4=8\sqrt{5}$

(2)　$a-b=\sqrt{7}+\sqrt{5}-\sqrt{7}+\sqrt{5}=2\sqrt{5}$

$ab=(\sqrt{7}+\sqrt{5})(\sqrt{7}-\sqrt{5})=2$

$a^2+b^2-3ab=(a-b)^2-ab$

$=(2\sqrt{5})^2-2$

$=18$

(3)　$x^2-xy+y^2=(x-y)^2+xy$

$=(\sqrt{3})^2+\sqrt{2}$

$=3+\sqrt{2}$

21

7

解説

$175=5^2\times 7$
であるから，7をかければ2乗の形となる。

22

4個

解説

nは6の倍数かつ48の約数。
$n=6,\ 12,\ 24,\ 48$
よって，4個。

23

(1)　8個
(2)　最大公約数42，最小公倍数840

解説

(1)　公約数は，80と120の最大公約数40の約数に等しい。

$40=2^3\times 5$

2^3の約数は，1，2，2^2，2^3の4個
5の約数は，1，5の2個
よって，求める数は$4\times 2=8$〔個〕

(2)　それぞれの数をともに割り切れる素数で順に割っていく。

2)	168	210
3)	84	105
7)	28	35
	4	5

最大公約数は縦の数の積だから，
$2\times 3\times 7=42$
最小公倍数は縦横の数の積だから，
$42\times 4\times 5=840$

24

(1)　107　　(2)　1988

解説

(1)　求める数から2を引いた数は，3でも5でも割り切れるから，3と5の公倍数，つまり15の倍数である。
よって，求める整数は(15の倍数)＋2

$15\times 6+2=92$

$15\times 7+2=107$

92と107では，107の方が100に近い。

(2)　$5+3=8,\ 6+2=8$
5と6の最小公倍数は30だから，5で割ると3余り，6で割ると2余る整数は，30で割ると8余る数になる。

$2001\div 30=66$余り21　より，

$30\times 66+8=1988$

25

12回

解説

8と12の最小公倍数は24であるから，24分ごとに同時に発車する。

午前10時から午後3時までは，

60 × 5 = 300〔分〕　より，

300 ÷ 24 = 12余り12

よって，12回。

26

450枚

解説

正方形のタイルの1辺の長さは，200と144の最大公約数で8cmである。

200 ÷ 8 = 25，144 ÷ 8 = 18

よって，25 × 18 = 450〔枚〕

27

90個

解説

2) 6　10　5
5) 3　5　5
　　3　1　1

6，10，5の最小公倍数は，

2 × 5 × 3 = 30

立方体の1辺の長さは30cmになるから，

30 ÷ 6 = 5，30 ÷ 10 = 3，

30 ÷ 5 = 6　より，

求める個数は，

5 × 3 × 6 = 90〔個〕

28

(1)　**5個**　　(2)　**63個**

(3)　**35個**

解説

(1)　5と7の最小公倍数35で割り切れる数を求めればよい。

200 ÷ 35 = 5余り25

よって，5個。

(2)　(5の倍数の個数) + (7の倍数の個数) − (35の倍数の個数)

で求められる。

200以下の5の倍数の個数は，

200 ÷ 5 = 40　より，40〔個〕

200以下の7の倍数の個数は，

200 ÷ 7 = 28余り4　より，28〔個〕

よって，40 + 28 − 5 = 63〔個〕

(3)　(5の倍数の個数) − (35の倍数の個数) で求められる。

よって，40 − 5 = 35〔個〕

29

木曜日

解説

3月3日から次の年の2月3日までの日数は，

1年 − (2月4日から3月2日までの日数)

= 365　(28　1) − 338〔日〕

1週間は7日なので，

338 ÷ 7 = 48余り2

よって，火曜日の2日後の木曜日。

30

(1)　**10011**　　(2)　**26**

(3)　**2111**

解説

(1)
$$\begin{array}{r|l} 2 \,)\, \underline{19} & \text{余り} \\ 2 \,)\, \underline{\ 9} & \cdots 1 \\ 2 \,)\, \underline{\ 4} & \cdots 1 \\ 2 \,)\, \underline{\ 2} & \cdots 0 \\ 1 & \cdots 0 \end{array}$$
よって，$10011_{(2)}$

(2) $2^4 \times 1 + 2^3 \times 1 + 2 \times 1 = 26$

(3)
$$\begin{array}{r|l} 3 \,)\, \underline{67} & \text{余り} \\ 3 \,)\, \underline{22} & \cdots 1 \\ 3 \,)\, \underline{\ 7} & \cdots 1 \\ 2 & \cdots 1 \end{array}$$
よって，$2111_{(3)}$

31

196個

解説

1番目……$1 \times 1 = 1$〔個〕
2番目……$2 \times 2 = 4$〔個〕
3番目……$3 \times 3 = 9$〔個〕
となっているから，14番目の正方形のおはじきの数は，

$$14 \times 14 = 196〔個〕$$

32

120個

解説

一番下の段は，次のように増えていく。

1段　1〔個〕
2段　$1 + 2$〔個〕
3段　$1 + 2 + 3$〔個〕
⋮
n段　$1 + 2 + 3 + \cdots + n$〔個〕

よって，三角数の公式

$$1 + 2 + 3 + \cdots + n = \frac{1}{2}n(n + 1)$$

に，$n = 15$をあてはめると，

$$\frac{1}{2} \times 15 \times 16 = 120〔個〕$$

33

三角形：39個　マッチ棒：630本

解説

1段増えるごとに三角形は2個ずつ増えているから，初項1，公差2の等差数列である。

初項a，公差dの等差数列の第n項$\{a_n\}$は，

$$a_n = a + (n - 1)d$$

で求められるから，第20項の個数は，

$$a_{20} = 1 + (20 - 1) \times 2 = 39〔個〕$$

また，マッチ棒の本数は，1段目3本，2段目6本，3段目9本と1段増えるごとに3本ずつ増えているから，20段目のマッチ棒の本数は，

$$3 \times 20 = 60〔本〕$$

初項aから第n項までの和S_nは，末項をlとすると，

$$S_n = \frac{1}{2}n(a + l)$$

で求められるから，すべてのマッチ棒の本数は，初項3，末項60として，

$$S_{20} = \frac{1}{2} \times 20 \times (3 + 60) = 630〔本〕$$

34

$m + 4n - 4$

解説

左から1番目の縦の列は，1，2，3，…より，上からm段目の数はm，また，1段目の横の列は，1，5，9，13より，公差が4の等差数列である。

よって，上からm段目の左からn番目の数は，初項m，公差4の等差数列であるから，

$$m+4(n-1)=m+4n-4$$

35

117個

解説

〈一辺の碁石の数〉

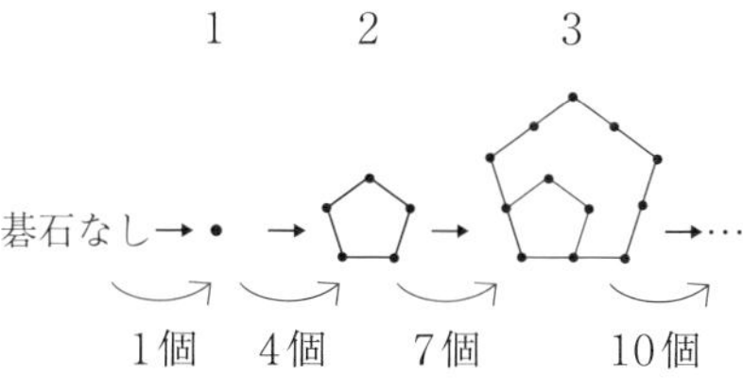

上図のように碁石を増やしたとき，まわりに増える碁石の数は，1，4，7，10…となることから，初項1，公差3の等差数列である。初項aから第n項までの和S_nは，

$$S_n=\frac{1}{2}n\{2a+(n-1)d\}$$

で求められるから，9番目までの和を求める。

$$S_9=\frac{1}{2}\times9\times\{2\times1+(9-1)\times3\}$$
$$=117〔個〕$$

3 方程式・不等式

36

(1) $x=1,\ -6$　(2) $x=1,\ 6$
(3) $x=-1,\ y=2$　(4) $x\leqq2$

解説

(1) $x^2-10x=3x^2-12$
$$-2x^2-10x+12=0$$
$$x^2+5x-6=0$$
$$(x-1)(x+6)=0$$
$$x=1,\ -6$$

(2) $x^2+6x+9-1=2x^2-x+14$
$$x^2-7x+6=0$$
$$(x-1)(x-6)=0$$
$$x=1,\ 6$$

(3) $\begin{cases}4x-5y=-14 & \cdots① \\ 6x+y-10=-14 & \cdots②\end{cases}$

②より，$y=-6x-4$　…③

これを，①に代入して，
$$4x-5(-6x-4)=-14$$
$$4x+30x+20=-14$$
$$x=-1$$

③に代入して，$y=2$

(4) $3-6+2x\geqq5x-9$
$$-3x\geqq-6$$
$$x\leqq2$$

37

$a=8$

解説

$x=-1$を与えられた方程式に代入する。
$$-a+3(a-1)=7+6$$
$$-a+3a-3=13$$
$$2a=16$$
$$a=8$$

38

(1) $-\frac{3}{2}$　(2) -4

解説

(1) $2x^2-ax-6=0$に$x=2$を代入する。

$$8-2a-6=0$$
$$a=1$$

これを方程式に代入する。

$$2x^2-x-6=0$$
$$(x-2)(2x+3)=0$$

よって，他の解は$-\frac{3}{2}$

(2) $x^2-6x-b=0$に$x=3-\sqrt{5}$を代入する。

$$(3-\sqrt{5})^2-6(3-\sqrt{5})-b=0$$
$$9-6\sqrt{5}+5-18+6\sqrt{5}-b=0$$
$$b=-4$$

39

50個

解説

子どもの人数をx人とすると，

$$6x-4=4x+14$$
$$2x=18$$
$$x=9〔人〕$$

みかんの個数は，

$$6\times9-4=50〔個〕$$

40

50円切手：8枚　80円切手：4枚

解説

50円切手をx枚，80円切手をy枚購入したとすると，

$$\begin{cases} x+y=12 & \cdots① \\ 50x+80y=720 & \cdots② \end{cases}$$

①より，$x=12-y\cdots①'$

これを②に代入して，

$$50(12-y)+80y=720$$
$$30y=120$$
$$y=4$$

これを①′に代入して，$x=8$

41

3分後

解説

兄がx分後に弟に追いついたとすると，兄と弟の進んだ距離は等しいから，

$$65(9+x)=260x$$
$$585+65x=260x$$
$$195x=585$$
$$x=3〔分〕$$

42

1980m

解説

出発してからAとCが出会うまでの時間をx分とすると，

$$(120+100)x=(80+100)(x+2)$$
$$40x=360$$
$$x=9〔分〕$$

よって，求める距離は，

$$(120+100)\times9=1980〔m〕$$

43

1080m

解説

最初の速さは，

$$\frac{1800}{30}=60〔m/分〕$$

毎分90mの速さで歩いた距離をxmとすると，毎分60mの速さで歩いた距離は$(1800-x)$m。

予定より6分早く着いたのだから，

$$\frac{1800-x}{60}+\frac{x}{90}=30-6$$

$$3(1800-x)+2x=24\times180$$

$$-3x+2x=4320-5400$$

$$x=1080〔m〕$$

44

72km/時

解説

列車の秒速をxm/秒，長さをymとすると，

〈図1〉

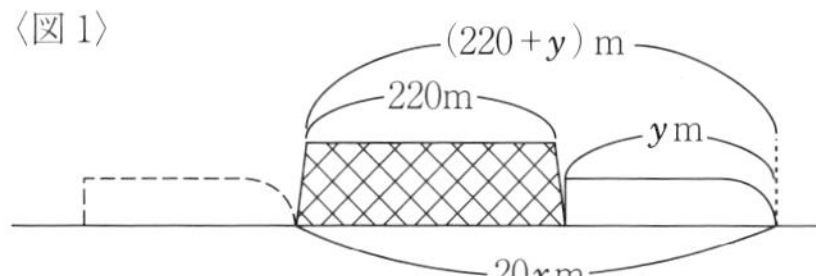

〈図2〉

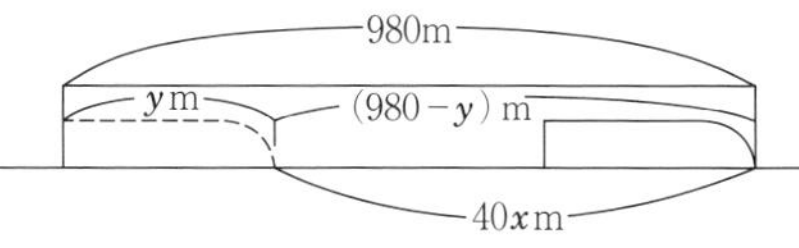

図1より，$220+y=20x$…①

図2より，$980-y=40x$…②

①＋②より，$1200=60x$

$$x=20〔m/秒〕$$

よって，列車の時速は，

$$20\times3600\div1000=72〔km/時〕$$

45

200g

解説

水をxg加えるとすると，その前後の食塩の重さは同じだから，

$$400\times\frac{15}{100}=(400+x)\times\frac{10}{100}$$

これを解いて，

$$400\times15=4000+10x$$

$$x=200〔g〕$$

46

50g

解説

20％の食塩水をxg加えるとすると，30％の食塩水は$(400-x)$gとなる。

$$100\times\frac{10}{100}+\frac{20}{100}x+\frac{30}{100}(400-x)=500\times\frac{25}{100}$$

これを解いて，

$$1000+20x+12000-30x=12500$$

$$10x=500$$

$$x=50〔g〕$$

47

8％

解説

最初のAの容器の濃度をx％とすると，1回目の混合後のBの食塩の量は，

$$600\times\frac{x}{100}=6x〔g〕$$

2回目の混合後のAの食塩の量は，

$$600\times\frac{x}{100}+200\times\frac{6x}{1200}=7x〔g〕$$

2回目の混合後のAの食塩水の濃度は7％だから，

$$(600+200)\times\frac{7}{100}=7x$$

$$x=8〔％〕$$

48

15日

解説

全体の仕事量を1とすると，A，Bの1日あたりの仕事量は，それぞれ$\frac{1}{30}$，$\frac{1}{20}$である。

Aの働いた日数をx日とすれば，Bの働いた日数は$(25-x)$日。

よって，

$$\frac{1}{30}x+\frac{1}{20}(25-x)=1$$
$$2x+75-3x=60$$
$$x=15〔日〕$$

49

4日

解説

全仕事量を1とし，A，B，Cそれぞれが1人ですると，a日，b日，c日かかるとする。

$$\begin{cases} 2\left(\frac{1}{a}+\frac{1}{b}\right)=\frac{1}{3} & \cdots① \\ 10\times\frac{1}{b}=\frac{2}{3} & \cdots② \\ 8\times\frac{1}{c}=\frac{2}{3} & \cdots③ \end{cases}$$

②より，$\frac{1}{b}=\frac{1}{15}\quad\cdots②'$

③より，$\frac{1}{c}=\frac{1}{12}\quad\cdots③'$

②′を①に代入して，

$$2\left(\frac{1}{a}+\frac{1}{15}\right)=\frac{1}{3}$$
$$\frac{1}{a}=\frac{1}{10}$$

この仕事を3人で始めからしてx日かかるとすると，

$$x\left(\frac{1}{15}+\frac{1}{12}+\frac{1}{10}\right)=1$$
$$x=4〔日〕$$

50

25

解説

十の位の数をx，一の位の数をyとすると，

$$\begin{cases} x+y=7 & \cdots① \\ 10y+x=2(10x+y)+2 & \cdots② \end{cases}$$

①より，$x=7-y\cdots①'$

②を整理して，$10y+x=20x+2y+2$

$$8y-19x=2$$

これに①′を代入して，

$$8y-19(7-y)=2$$
$$8y+19y=2+133$$
$$y=5$$

①′より，$x=2$

よって，求める正の整数は，25

51

2500円

解説

原価をx円とすると，定価は$1.2x$円。

$$1.2x\times(1-0.2)-x=-100$$
$$x-0.96x=100$$
$$x=2500〔円〕$$

52

2時43$\frac{7}{11}$分

解説

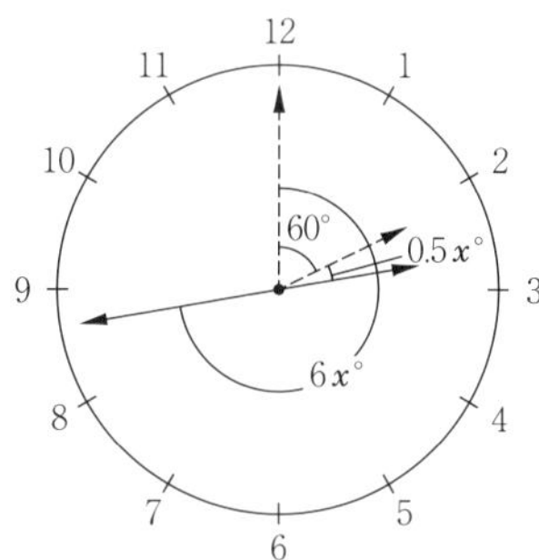

2時x分に長針と短針が一直線になるとする。長針は 60 分で 360° 動くからx分間では $6x°$，短針は 60分で 30° 動くからx分間では $0.5x°$ 動く。

2時の長針と短針の間の角度は60°，図より一直線は180° だから，

$$6x-(60+0.5x)=180$$
$$5.5x=240$$
$$x=\frac{480}{11}=43\frac{7}{11}\text{〔分〕}$$

53

270人

解説

昨年度の男子，女子の児童数をそれぞれx人，y人とすると，

$$\begin{cases} x+y=600 & \cdots① \\ \dfrac{8}{100}x-\dfrac{12}{100}y=-22 & \cdots② \end{cases}$$

①より，$x=600-y$…①′

②を整理すると，$4x-6y=-1100$

これに①′ を代入して，

$$4(600-y)-6y=-1100$$
$$10y=3500$$
$$y=350$$

これを①′ に代入して，$x=250$

よって，今年度の男子の児童数は，

$$\frac{108}{100}\times250=270\text{〔人〕}$$

54

80円：6本　　50円：10本

解説

1本80円の鉛筆をx本購入するとしたら，1本50円の鉛筆は$(16-x)$本だから，

$$80x+50(16-x)\leqq1000$$
$$30x\leqq200$$
$$x\leqq6.6\cdots$$

よって，xは最大で6本。

55

81人

解説

x人が入場するとすると，

$$500x>500\times100\times(1-0.2)$$
$$x>80$$

よって，81人以上の場合，安くなる。

56

13

解説

2桁の正の整数を$10a+b$とすると，入れかえた数は$10b+a$。題意より，

$$(10a+b)^2=(10b+a)^2-792$$
$$a^2-b^2=-8$$
$$b^2-a^2=8$$
$$(b-a)(b+a)=8$$

a，bは1桁の正の整数だから，

$$(b-a,\ b+a)=(2,\ 4)$$

よって，$a=1$，$b=3$

したがって，求める数は13

57

6, 7

解説

連続する自然数をn, $(n+1)$とすると,

$$n^2+(n+1)^2=85$$
$$n^2+n-42=0$$
$$(n+7)(n-6)=0$$

$n>0$より, $n=6$

よって, 求める数は6と7となる。

58

243

解説

連続する3つの奇数を$2n-1$, $2n+1$, $2n+3$とすると,

$$(2n-1)(2n+1)=(2n+1)(2n+3)-108$$
$$4n^2-1=4n^2+8n+3-108$$
$$8n=104$$
$$n=13$$

よって, 3つの奇数は25, 27, 29。

この和を3倍した数は,

$$3(25+27+29)=243$$

59

2m

解説

道の幅をxmとすると,

$$(20-x)(26-2x)=396$$
$$x^2-33x+62=0$$
$$(x-2)(x-31)=0$$

$x<20$より, $x=2$〔m〕

4 関数

60

$-12 \leqq y \leqq 8$

解説

yはxに比例するから, $y=ax$とおき, $x=-2$, $y=4$を代入すると,

$$4=(-2)\times a$$
$$a=-2$$

$y=-2x$に, $x=-4$, 6を代入して,

$$-12 \leqq y \leqq 8$$

61

(1) $y=-\dfrac{3}{2}x+\dfrac{13}{2}$

(2) $y=-\dfrac{1}{2}x-6$

解説

(1) 直線$y=-\dfrac{3}{2}x+4$に平行であるから,

傾きは$-\dfrac{3}{2}$である。

求める式を$y=-\dfrac{3}{2}x+b$とおくと,

点(3, 2)を通るから, これを代入する。

$$2=-\frac{3}{2}\times 3+b$$

$$b=\frac{13}{2}$$

よって, $y=-\dfrac{3}{2}x+\dfrac{13}{2}$

(2) $y-y_1=\dfrac{y_2-y_1}{x_2-x_1}(x-x_1)$より,

$$y-(-8)=\frac{-3-(-8)}{-6-4}(x-4)$$

$$y+8=-\frac{1}{2}x+2$$

$$y=-\frac{1}{2}x-6$$

62

$\frac{25}{3}$

解説

底辺をBCとして，三角形の面積を求める。

直線lの式は，傾きが$\frac{1}{2}$で点$(0,\ -3)$を通るから，$y=\frac{1}{2}x-3$

直線mの式は，2点$(1,\ 1)(3,\ -1)$を通るから，$y=ax+b$に$x=1$，$y=1$を代入して，

$1=a+b$　…①

$x=3$，$y=-1$を代入して，

$-1=3a+b$　…②

①－②より，$-2a=2$

$a=-1$

これを①に代入して，$1=-1+b$

$b=2$

よって，mの式は，$y=-x+2$

lとmの交点のx座標は，

$$\begin{cases} y=\frac{1}{2}x-3 \\ y=-x+2 \end{cases}$$

これより，$\frac{1}{2}x-3=-x+2$

$$x-6=-2x+4$$

$$3x=10$$

$$x=\frac{10}{3}$$

したがって，△ABCの底辺BCは，

$3+2=5$

高さは$\frac{10}{3}$だから，面積は，

$$\frac{1}{2}\times5\times\frac{10}{3}=\frac{25}{3}$$

63

(1)　A$(10,\ 5)$　B$(4,\ 8)$

(2)　$y=\frac{1}{8}x+\frac{15}{4}$

解説

(1)　点Aの座標は，

$$\begin{cases} y=\frac{1}{2}x \\ y=-\frac{1}{2}x+10 \end{cases}$$　より，

$$\frac{1}{2}x=-\frac{1}{2}x+10$$

$x=10$，$y=5$　よって，A$(10,\ 5)$

点Bの座標は，

$$\begin{cases} y=2x \\ y=-\frac{1}{2}x+10 \end{cases}$$　より，

$$2x=-\frac{1}{2}x+10$$

$x=4$，$y=8$　よって，B$(4,\ 8)$

(2)　点Aを通る直線がBOの中点を通るとき，△ABOの面積は2等分される。

BOの中点の座標は，

$$\left(\frac{4}{2},\ \frac{8}{2}\right)=(2,\ 4)$$

求める直線の式は，A$(10,\ 5)$と$(2,\ 4)$を通るから，

$$y-5=\frac{4-5}{2-10}(x-10)$$

$$y-5=\frac{1}{8}x-\frac{5}{4}$$

$$y=\frac{1}{8}x+\frac{15}{4}$$

64

$a=2$

解説

$y=3x+5$より，切片が5であるから，

$\mathrm{OA}=5$

C $(a,\ 0)$より，$\mathrm{OC}=a$，$\mathrm{BC}=3a+5$

よって，台形OABCの面積は，

$$\frac{1}{2}\times a\times(5+3a+5)=16$$

$$3a^2+10a-32=0$$

$$(a-2)(3a+16)=0$$

$a>0$より，$a=2$

65

$0\leqq y<8$

解説

$x=-4$のとき，

$$y=\frac{1}{2}\times(-4)^2=8$$

$x=3$のとき，

$$y=\frac{1}{2}\times3^2=\frac{9}{2}$$

$x=0$のとき，$y=0$

よって，$0\leqq y<8$

66

$a=-1$

解説

$$(\text{変化の割合})=\frac{(y\text{の増加量})}{(x\text{の増加量})}$$

で求められ，これが-3と等しいから，

$$\frac{a\times4^2-a\times(-1)^2}{4-(-1)}=-3$$

これを解いて，　$a=-1$

67

$y=\dfrac{1}{4}x^2$

解説

求める式を$y=ax^2$とし，$x=4$，$y=4$を代入すると，

$$4=a\times4^2$$

$$a=\frac{1}{4}$$

よって，$y=\dfrac{1}{4}x^2$

68

$y=x+4$

解説

A，Bのx座標を$y=\dfrac{1}{2}x^2$に代入する。

$x=-2$のとき，

$$y=\frac{1}{2}\times(-2)^2=2$$

$x=4$のとき，

$$y=\frac{1}{2}\times4^2=8$$

求める直線は，2点A $(-2,\ 2)$，B $(4,\ 8)$を通るから，

$$y-2=\frac{8-2}{4-(-2)}\{x-(-2)\}$$

$$y-2=x+2$$

$$y=x+4$$

69

$a=\dfrac{3}{2}$

解説

$y=-x+4$で，$x=-2$のとき

$$y=-(-2)+4=6$$

よって，点Aの座標は$(-2,\ 6)$

$y=ax^2$は点Aを通るから，これを代入すると，

$$6=a\times(-2)^2$$

$$a=\frac{3}{2}$$

70

$(-1,\ 2)$，$(2,\ 8)$

解説

点Rの座標を$(a,\ 0)$とすると，

$y=x^2$より，$Q(a,\ a^2)$

$y=2x+4$より，$P(a,\ 2a+4)$

よって，$PQ=2a+4-a^2$，$QR=a^2$

$PQ=QR$より，

$$2a+4-a^2=a^2$$

$$a^2-a-2=0$$

$$(a+1)(a-2)=0$$

$$a=-1,\ 2$$

よって，Pの座標は，$(-1,\ 2)$，$(2,\ 8)$

71

$a=\frac{1}{2}$

解説

$AP:PB=2:3$より，点Bのx座標は3である。

2点A，Bは放物線と直線上にあるから，それらを等式にして表すと，

$x=-2$のとき，$4a=-2b+3$…①

$x=3$のとき，$9a=3b+3$…②

①より，$4a+2b=3$…①′

②より，$3a-b=1$…②′

①′＋②′×2より，

$$\begin{array}{rr} & 4a+2b=3 \\ +) & 6a-2b=2 \\ \hline & 10a\qquad=5 \end{array}$$

$$a=\frac{1}{2}$$

72

(1) **$y=x+12$**　(2) **108**

解説

(1) 点Aのy座標は，

$$y=\frac{1}{2}\times(-4)^2=8$$

点Bのy座標は，

$$y=\frac{1}{2}\times6^2=18$$

よって，$A(-4,\ 8)$，$B(6,\ 18)$

$$y-8=\frac{18-8}{6-(-4)}\{x-(-4)\}$$より，

$$y=x+4+8$$

$$y=x+12$$

(2) 底辺をCOとする三角形の面積を考える。

$y=0$より，Cのx座標は-12だから，

$$CO=12$$

高さはBのy座標に等しいから18

よって，求める面積は，

$$\triangle BCO=\frac{1}{2}\times12\times18=108$$

73

(1) 6　　(2) (2, 4)

解説

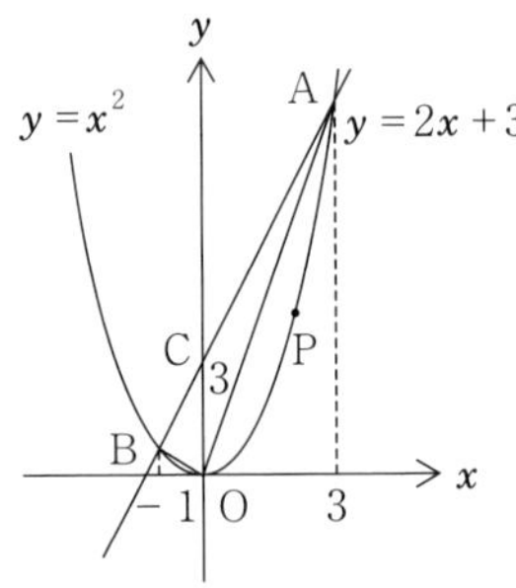

(1) OCを底辺とする△OCBと△OCAの面積を考える。

$y=2x+3$より，OC = 3

$y=x^2$と$y=2x+3$が交わっていることから，

$$x^2=2x+3$$

$$x^2-2x-3=0$$

$$(x-3)(x+1)=0$$

$$x=-1,\ 3$$

これより，△OCBの高さは1，△OCAの高さは3なので，

$$\triangle \mathrm{OAB}=\frac{1}{2}\times 3\times(1+3)$$

$$=6$$

(2) △OCPの面積が△OABの面積の半分なので，

$$\triangle \mathrm{OCP}=\frac{1}{2}\times 6=3$$

このときの点Pの座標を$(p,\ p^2)$とすると，

$$\triangle \mathrm{OCP}=\frac{1}{2}\times \mathrm{OC}\times p=3 \text{より，}$$

$$\frac{1}{2}\times 3\times p=3$$

$$p=2$$

よって，点Pの座標は，(2, 4)

74

$a=-3$, $b=12$, $c=-4$

解説

yが$x=2$のとき最大値8をとることから，この2次関数の頂点の座標は，(2, 8)である。

よって，$y=a(x-2)^2+8$と表せる。これが，点(4, −4)を通ることから，

$$-4=a(4-2)^2+8$$

よって，$a=-3$

$y=-3(x-2)^2+8$より，

$$y=-3x^2+12x-4$$

これが，$y=ax^2+bx+c$と同じだから，

$$a=-3,\ b=12,\ c=-4$$

75

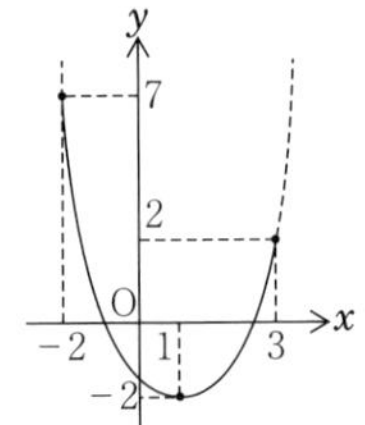

最大値7（$x=-2$のとき）
最小値−2（$x=1$のとき）

解説

$$y=x^2-2x-1$$

$$=(x-1)^2-2$$

よって，グラフの頂点は(1, −2)。

$x=-2$のとき，$y=4+4-1=7$

$x=3$のとき，$y=9-6-1=2$

したがって，

$x=-2$のとき，最大値7

$x=1$のとき，最小値−2

5 図形

76

48°

解説

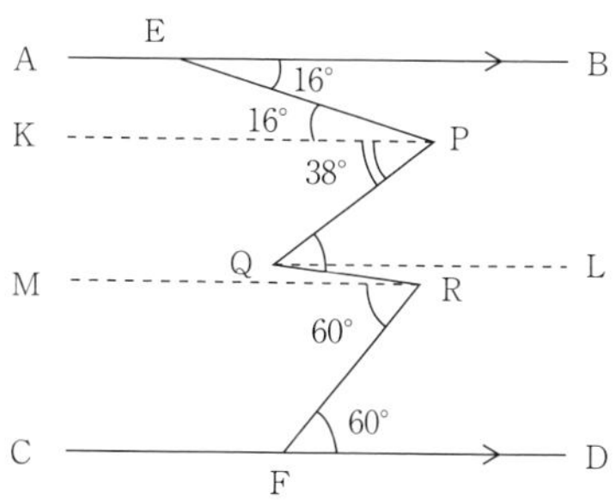

上の図のように，P，Q，R を通ってABとCDに平行な直線 KP，QL，MRをひく。

AB // KPより，∠EPK = 16°

よって，

∠KPQ = 54° − 16° = 38°

KP // QLより，

∠PQL = ∠KPQ = 38°

CD // MR // QLより，同様にして，

∠LQR = 10°

したがって，

∠PQR= ∠PQL + ∠LQR
= 38° + 10°
= 48°

77

39°

解説

△BCDにおいて，

∠BDC = 180° − (24° + 78°)
= 78°

よって，△BCDはBC = BDの二等辺三角形。

ここで，

BC = BD = AD

より，△ABDも二等辺三角形。

三角形の外角は，それと隣り合わない2つの内角の和に等しいので，求める角をxとおくと，

$x + x = 78°$
$x = 39°$

78

72°

解説

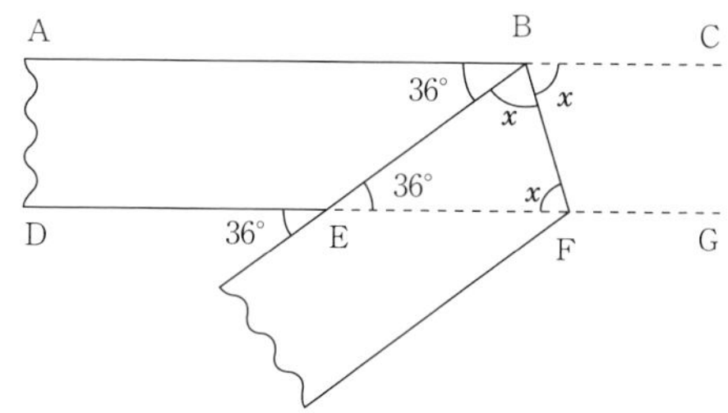

上の図で，AC // DGだから，

∠ABE= ∠BEF = 36°
∠CBF = ∠EFB = ∠x

また，紙の重なった部分だから，

∠EBF= ∠CBF = ∠x

よって，

$36° + x + x = 180°$
$x = 72°$

79

180°

解説

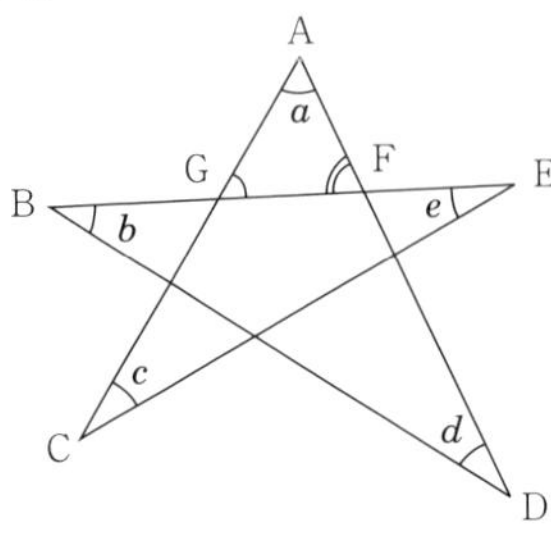

上の図の△FBDで，
外角と内角の関係から，

$\angle b + \angle d = \angle$AFG

同様にして，△GCEで，

$\angle c + \angle e = \angle$AGF

よって，

$\angle a + \angle b + \angle c + \angle d + \angle e$

$= \angle a + \angle$AFG $+ \angle$AGF

△AGFの内角の和は180°だから，求める角度は，180°

80

$\frac{18}{5}$ cm

解説

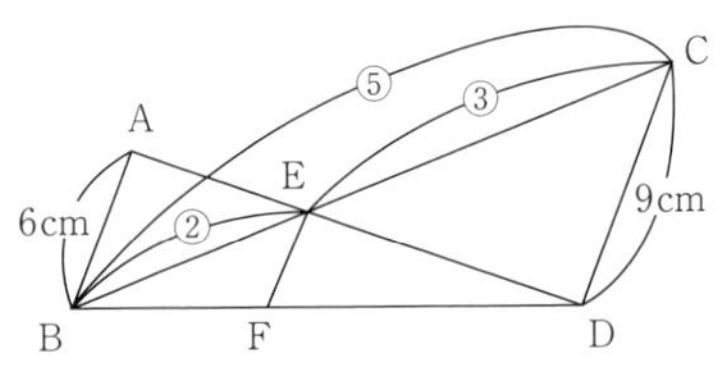

AB：CD＝2：3

AB∥CDより，BE：EC＝2：3

よって，BE：BC＝2：5

CD∥EFより，EF：CD＝2：5

よって，EF：9＝2：5

したがって，EF＝$\frac{18}{5}$〔cm〕

81

(1)

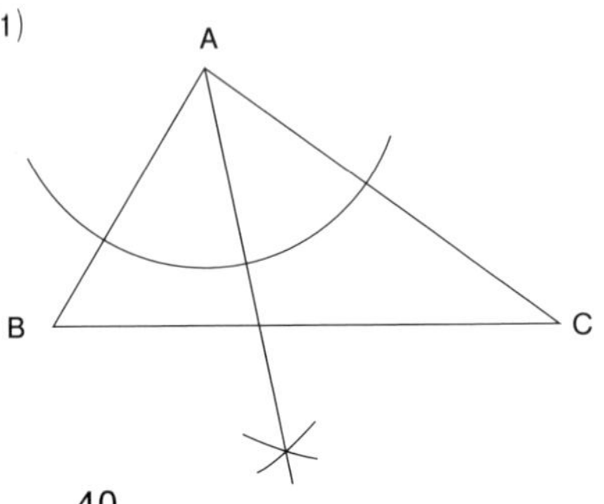

(2) $\frac{40}{13}$ cm

解説

(1) 〈作図の手順〉

① 頂点Aを中心とする円をかく。

② 円と辺との2つの交点を中心として，等しい半径の円をかく。

③ 2つの円の交点と頂点Aを結ぶ。

(2)

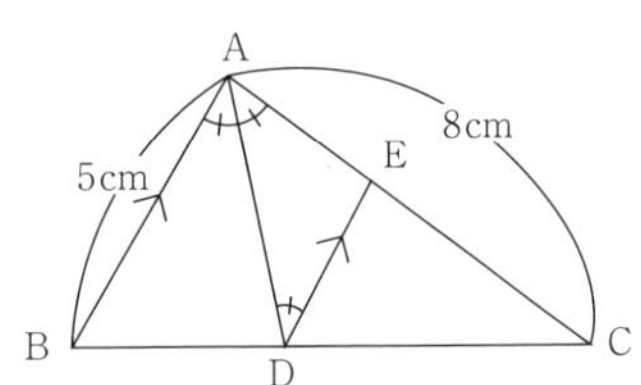

上の図で，ADは∠Aの二等分線なので，

∠EAD＝∠BAD

AB∥EDなので，

∠BAD＝∠ADE

よって，△EADは二角が等しいので二等辺三角形で，AE＝DE

AE＝DE＝x〔cm〕とすると，

EC＝$8-x$〔cm〕

△CED∽△CABより，

$(8-x):8=x:5$

$x=\frac{40}{13}$〔cm〕

82

(1) △BDC　(2) 6cm

解説

(1) △ABCと△BDCにおいて，

∠A＝∠DBC（仮定）…①

∠C＝∠BCD（共通）…②

①，②より，2組の角がそれぞれ等しいから，△ABC∽△BDC

(2) △ABC∽△BDCより，

対応する辺の比は等しいから，

AC：BC＝BC：DC

よって，

$BC^2 = AC \times DC$

$= 9 \times 4 = 36$

BC＝6〔cm〕

83

8cm

解説

AD＝BCで，$BM = \frac{1}{2}BC$だから，

AD：BM＝2：1

△ADP∽△MBPだから，

DP：BP＝AD：BM＝2：1

よって，

$DP = BD \times \frac{2}{2+1}$

$= 12 \times \frac{2}{3} = 8$〔cm〕

84

(1) 1：2　(2) $\frac{1}{9}$倍　(3) $2cm^2$

解説

(1) △GEF∽△GBCであるから，

EF：BC＝1：3より，

GE：GB＝1：3

よって，GE：EB＝1：2

(2) 三角形の面積比は，相似比の2乗に等しいから，

△GEF：△GBC＝$1^2 : 3^2$

＝1：9

よって，△GEFは△GBCの$\frac{1}{9}$倍。

(3) □ABCDの面積＝BC×高さ

台形EBCFの面積

$= \frac{1}{2} \times \left(\frac{1}{3}BC + BC\right) \times$高さ　より，

台形EBCF＝$\frac{2}{3}$□ABCD

$= \frac{2}{3} \times 24$

＝16〔cm^2〕

△GEF：△GBC＝1：9より，

△GEF：台形EBCF＝1：8

△GEF＝$\frac{1}{8}$×台形EBCF

$= \frac{1}{8} \times 16$

＝2〔cm^2〕

85

$40cm^2$

解説

△AED∽△BEFだから，

AD：BF＝2：1

よって，BF＝5〔cm〕

面積比は，相似比の2乗に等しいから，

△AED：△BEF＝2^2：1

40：△BEF＝4：1

よって，△BEF＝10〔cm^2〕

△EBCと△BEFは高さが等しい。

高さが等しい三角形の面積の比は底辺の長さの比に等しいから,

△EBC:△BEF＝20:5

△EBC:　10　＝4　:1

したがって，求める面積は,

$10\times4=40$〔cm^2〕

86

(1)　10cm　(2)　$3\sqrt{21}$cm

解説

(1)

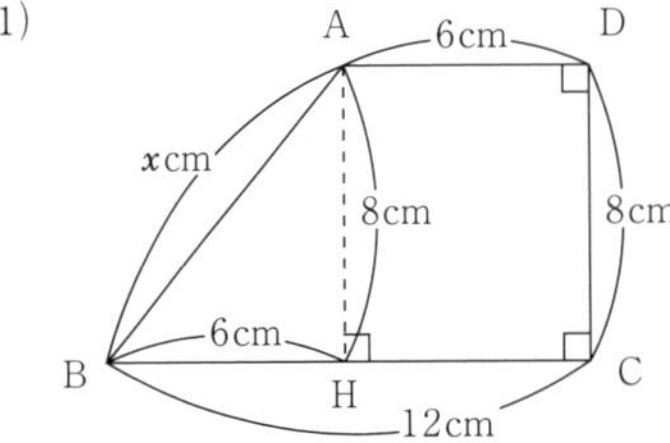

上の図のように，頂点 A から垂線を下ろし，辺 BC との交点をHとする。

四角形AHCDは長方形であるから,

AH＝DC＝8〔cm〕

HC＝AD＝6〔cm〕

よって，BH＝BC－HC＝12－6

＝6〔cm〕

$x^2=8^2+6^2=100$

$x>0$より，$x=10$〔cm〕

(2)　△ADCにおいて,

$AC^2=DC^2-AD^2$

$=9^2-6^2$

$=45$

△ABCにおいて,

$x^2=AB^2+AC^2$

$=12^2+45$

$=189$

$x>0$より，$x=3\sqrt{21}$〔cm〕

87

8cm

解説

PQを折り目としたから,

PC＝PA＝10〔cm〕

また，BC＝$x+8$〔cm〕より,

BP＝BC－PC

$=(x+8)-10$

$=x-2$〔cm〕

△ABPは直角三角形であるから,

$AP^2=AB^2+BP^2$より,

$10^2=x^2+(x-2)^2$

$x^2-2x-48=0$

$(x-8)(x+6)=0$

$x=-6,\ 8$

$x>0$より，$x=8$〔cm〕

88

$(8-4\sqrt{3})$ cm

解説

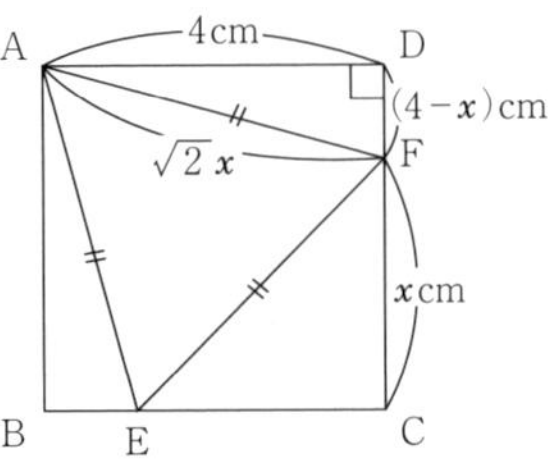

FC＝$x$cmとすると，DF＝$(4-x)$cm

△ECFは直角二等辺三角形であるから,

EF＝$\sqrt{2}x$，よってAF＝$\sqrt{2}x$

△ADFで三平方の定理より,

$4^2+(4-x)^2=(\sqrt{2}x)^2$

$x^2+8x-32=0$

$x>0$より，$x=-4+4\sqrt{3}$

DF＝$4-(-4+4\sqrt{3})$

$=8-4\sqrt{3}$〔cm〕

89

$\frac{75}{2}$ cm^2

解説

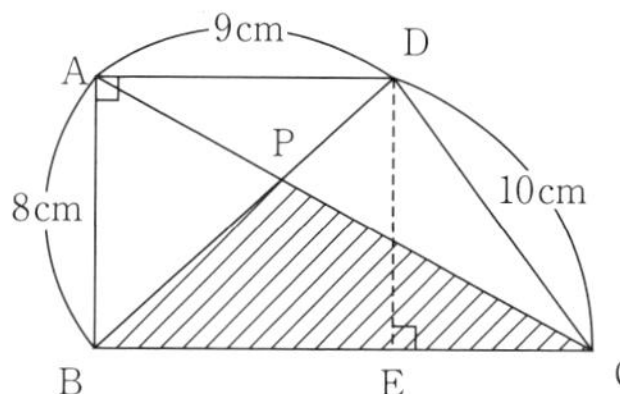

点DからBCに下ろした垂線の足をEとする。

△DECにおいて三平方の定理より，

$$EC^2 + 8^2 = 10^2$$

よって，EC = 6〔cm〕

BE = 9〔cm〕より，BC = 9 + 6 = 15〔cm〕

また，AD // BCより，

$$DP : BP = AD : BC = 9 : 15 = 3 : 5$$

したがって，

$$\triangle PBC : \triangle BCD = BP : BD = 5 : 8$$

$$\triangle PBC = \triangle BCD \times \frac{5}{8} = \frac{1}{2} \times 15 \times 8 \times \frac{5}{8} = \frac{75}{2}\text{〔cm}^2\text{〕}$$

90

$(36 - 12\sqrt{3})$ cm^2

解説

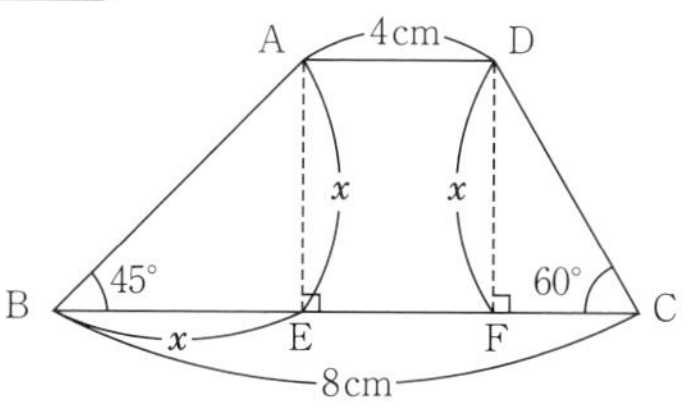

頂点A，DからBCに垂線を下ろし，交点をE，Fとする。

AE = DF = xとおくと，△DCFにおいて，∠C = 60°より，

$$DF : FC = \sqrt{3} : 1$$

$$x : FC = \sqrt{3} : 1$$

$$FC = \frac{\sqrt{3}}{3}x$$

△ABEにおいて，∠B = 45°より，

$$AE = BE = x$$

したがって，台形ABCDの底辺について考えると，

$$x + 4 + \frac{\sqrt{3}}{3}x = 8$$

$$x = 6 - 2\sqrt{3}\text{〔cm〕}$$

よって，求める面積は，

$$\frac{1}{2} \times (4 + 8) \times (6 - 2\sqrt{3})$$

$$= 36 - 12\sqrt{3}\text{〔cm}^2\text{〕}$$

91

$2\sqrt{3}$ cm^2

解説

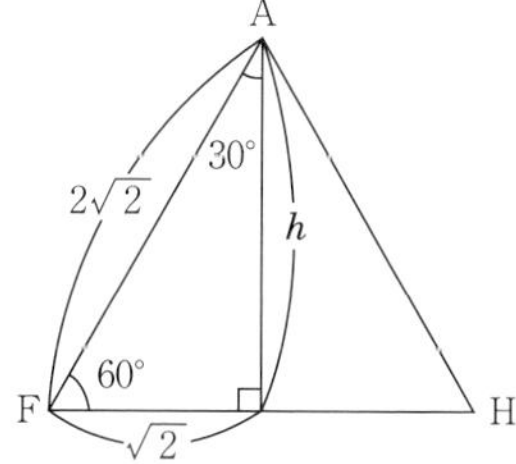

AF，FH，HAはそれぞれ正方形の対角線なので，

$$AF = FH = HA$$

すなわち，△AFHは正三角形で，その一辺の長さは，

$$\sqrt{2^2+2^2}=\sqrt{8}=2\sqrt{2}$$

△AFHの高さをhとすると，

図より，$1:\sqrt{3}=\sqrt{2}:h$

$$h=\sqrt{6}$$

よって，△AFHの面積は，

$$\frac{1}{2}\times 2\sqrt{2}\times\sqrt{6}=2\sqrt{3}\,〔\mathrm{cm}^2〕$$

92

72cm²

解説

$1:\sqrt{2}=8:\mathrm{AC}$ より，$\mathrm{AC}=8\sqrt{2}$

$1:\sqrt{2}=\frac{1}{2}\times 8:\mathrm{PQ}$ より，$\mathrm{PQ}=4\sqrt{2}$

$$\mathrm{AP}=\sqrt{8^2+4^2}=4\sqrt{5}$$

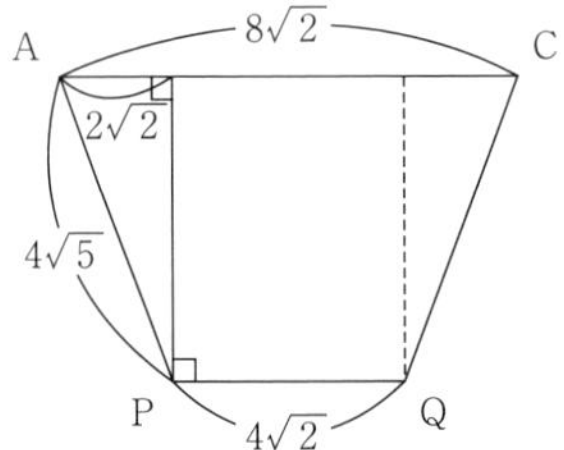

台形の高さは，三平方の定理より，

$$\sqrt{(4\sqrt{5})^2-(2\sqrt{2})^2}=6\sqrt{2}$$

よって，四角形APQCの面積は，

$$\frac{1}{2}\times(4\sqrt{2}+8\sqrt{2})\times 6\sqrt{2}=72\,〔\mathrm{cm}^2〕$$

93

45°

解説

PとCを結ぶと，$\angle\mathrm{APC}=\frac{1}{2}\angle\mathrm{AOC}$ より，

$$\angle\mathrm{APC}=\frac{1}{2}\times 150°$$
$$=75°$$

また，$\angle\mathrm{BPC}=\angle\mathrm{BQC}=30°$ より，

$$\angle\mathrm{APB}=\angle\mathrm{APC}-\angle\mathrm{BPC}$$
$$=75°-30°=45°$$

94

45°

解説

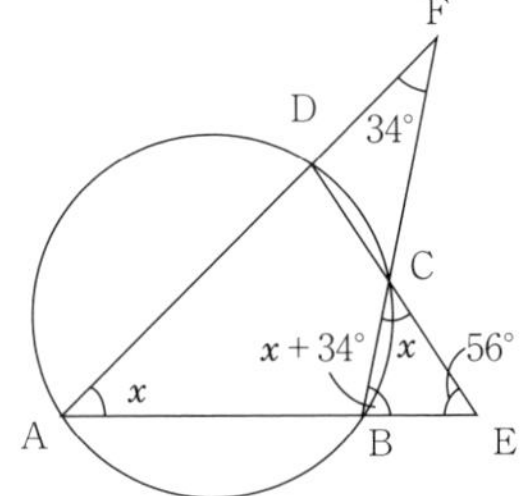

$\angle\mathrm{BAD}=x$ とすると，四角形 ABCD は円に内接しているから，$\angle\mathrm{BCE}=x$

$\angle\mathrm{BAD}+\angle\mathrm{AFB}=\angle\mathrm{EBC}$ より，

$$\angle\mathrm{EBC}=x+34°$$

よって，$x+x+34°+56°=180°$

$$x=45°$$

95

130°

解説

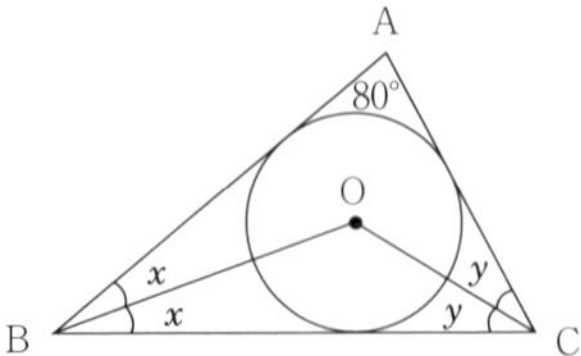

円Oは△ABC の内接円であるから，
$\angle ABO = \angle OBC$，$\angle ACO = \angle OCB$である。
$\angle ABO = x$，$\angle ACO = y$とすると，
$\angle BAC = 80°$より，

$$2x + 2y = 180° - 80°$$
$$x + y = 50°$$

よって，$\angle BOC = 180° - 50° = 130°$

96

6cm

解説

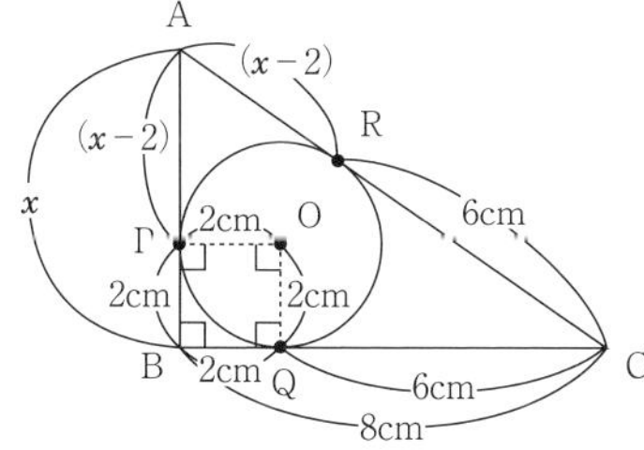

内接円の中心をO，AB，BC，CAとの接点をそれぞれP，Q，Rとする。四角形BQOPは正方形で，

$$BP = BQ = 2〔cm〕$$

円外の定点から引いた2本の接線の長さは等しいから，$AB = x$〔cm〕とすると，

$$AP = AR = x - 2〔cm〕$$
$$CQ = CR = 6〔cm〕$$

△ABCにおいて三平方の定理より，

$$x^2 + 8^2 = (x - 2 + 6)^2$$
$$x^2 + 64 = x^2 + 8x + 16$$
$$8x = 48$$
$$x = 6〔cm〕$$

97

$3(\sqrt{3}-1)$ cm

解説

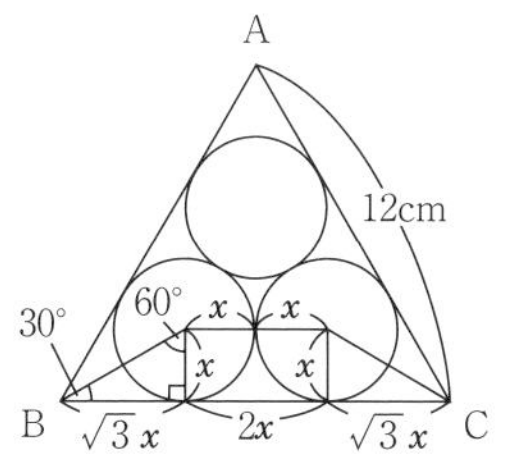

円の半径を$x$cmとすると，上図より，

$$2\sqrt{3}x + 2x = 12$$
$$2x(\sqrt{3} + 1) = 12$$
$$x = \frac{6}{\sqrt{3}+1}$$
$$= \frac{6(\sqrt{3}-1)}{(\sqrt{3}+1)(\sqrt{3}-1)}$$
$$= 3(\sqrt{3}-1)〔cm〕$$

98

$4\sqrt{15}$ cm

解説

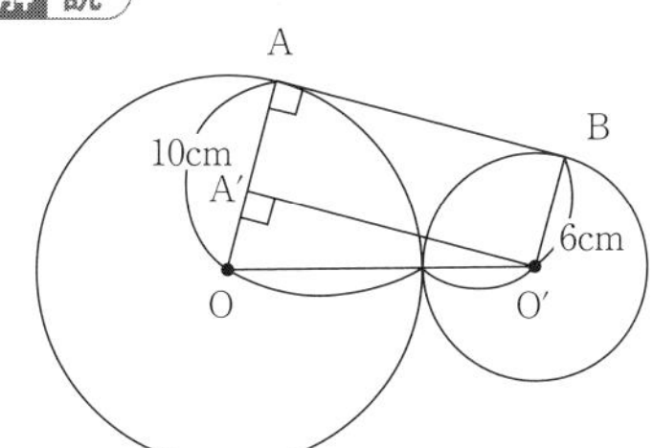

O′ からAOに垂線O′A′ を引き，
△A′OO′ で三平方の定理を用いると，

$$(O'A')^2 + (A'O)^2 = (OO')^2$$

ここで，OO′ はそれぞれの円の半径の和だから，

$$OO' = 10 + 6 = 16$$

また，AA′ = BO′ = 6であるから，

$$A'O = 10 - 6 = 4$$

よって，$(O'A')^2 + 4^2 = 16^2$

$$O'A' = 4\sqrt{15}$$

O′A′ = ABより，

$AB = 4\sqrt{15}$〔cm〕

99

6cm²

解説

△ABCと直径AB，ACの半円の面積の和から直径BCの半円の面積をひけばよい。

$$\frac{1}{2}\times4\times3+\pi\times2^2\times\frac{1}{2}+\pi\times\left(\frac{3}{2}\right)^2\times\frac{1}{2}-\pi\times\left(\frac{5}{2}\right)^2\times\frac{1}{2}$$

$$=6+2\pi+\frac{9}{8}\pi-\frac{25}{8}\pi=6\text{〔cm}^2\text{〕}$$

100

$16\sqrt{3}-\frac{16}{3}\pi$

解説

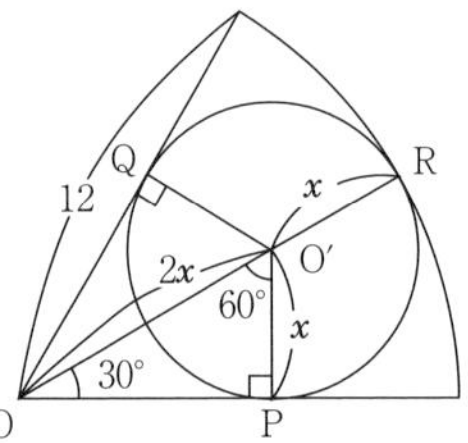

円と扇形の接点をP，Q，Rとし，円の半径をxとすると，∠POQ = 60°より，

∠POO′ = 30°

∠PO′O = 60°より，OO′ = $2x$

よって，$2x + x = 12$

$x = 4$

斜線部分は四角形OPO′Qの面積から，扇形O′PQの面積をひいたものである。

したがって，$OP = 4\sqrt{3}$，∠PO′Q = 120°より，求める面積は，

$$\frac{1}{2}\times4\sqrt{3}\times4\times2-\pi\times4^2\times\frac{120}{360}$$

$$=16\sqrt{3}-\frac{16}{3}\pi$$

101

20cm²

解説

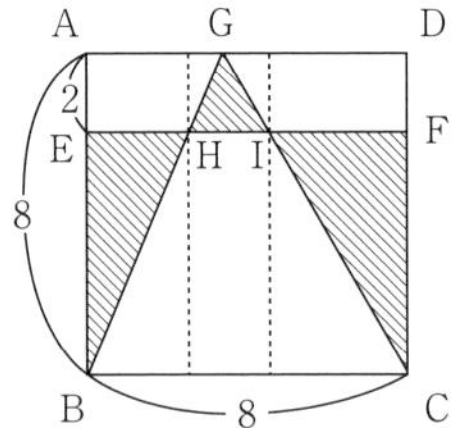

上図のように点G，H，Iを定める。

AE：AB = 2：8より，

HI：BC = 2：8

HI：8 = 2：8

HI = 2〔cm〕

したがって，△GHIは1辺が2cmの正方形の面積の半分である。

また，EH + IF = 8 − 2 = 6より，△EBH + △ICFは，1辺が6cmの正方形の面積の半分であるから，

$$(2^2+6^2)\times\frac{1}{2}=20\text{〔cm}^2\text{〕}$$

102

$20\sqrt{3}$cm²

解 説

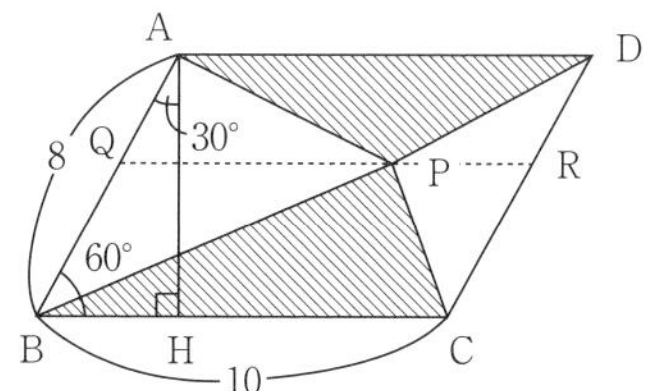

点Pを通り，ADに平行な直線と，AB, CDとの交点をそれぞれQ，Rとする。

$$\triangle \mathrm{APD} = \frac{1}{2}\square \mathrm{AQRD}$$

$$\triangle \mathrm{BPC} = \frac{1}{2}\square \mathrm{BQRC}$$

であるから，斜線部分は，□ABCDの半分である。

点Aから辺BCに垂線を下ろし，BCとの交点をHとすると，

$\mathrm{AB} = 8$より，$\mathrm{AH} = 4\sqrt{3}$〔cm〕

よって，求める面積は，

$$10 \times 4\sqrt{3} \times \frac{1}{2} = 20\sqrt{3}\text{〔cm}^2\text{〕}$$

103

(1) 24秒後　(2) 96cm^2

解 説

(1) 点PがABの中点からCDに垂線を下ろした位置にあるとき，PA = PBとなる。

よって，BC上で12cm，CD上で12cm進むから，

$$(12 + 12) \div 1 = 24\text{〔秒後〕}$$

(2) 32秒後には32cm進んでいるから，

$32 - 12 - 15 = 5$〔cm〕より，

点Pの位置は，点Dから5cmのところにある。

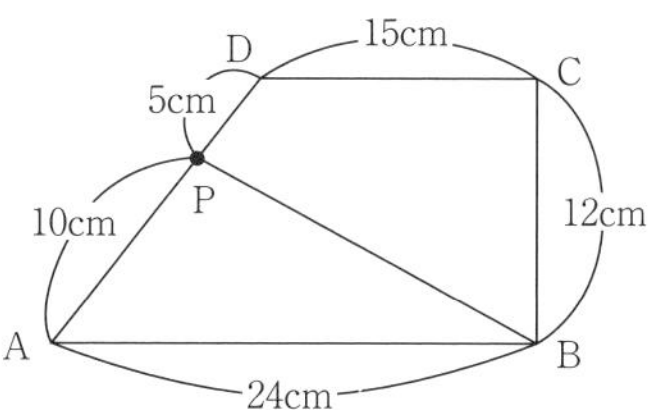

高さが等しいとき，面積の比は底辺の長さの比に等しいから，

$$\triangle \mathrm{ABP} = \triangle \mathrm{ABD} \times \frac{10}{15}$$

よって，求める面積は，

$$\frac{1}{2} \times 24 \times 12 \times \frac{10}{15} = 96\text{〔cm}^2\text{〕}$$

104

(1) 120°　(2) 16π cm^2

解 説

(1) 底面の円周と扇形の弧の長さが等しいので，扇形の中心角をx°とすると，

$$2\pi \times 6 \times \frac{x}{360} = 2\pi \times 2$$

$$x = 120°$$

(2) 表面積は，側面積と底面積の和で求められる。

$$\pi \times 6^2 \times \frac{120}{360} + \pi \times 2^2 = 16\pi\text{〔cm}^2\text{〕}$$

105

(1) 9cm

(2) 高さ：3$\sqrt{7}$cm
体積：81$\sqrt{7}\pi$ cm^3

解 説

(1) 扇形の弧の長さと底面の円周が等しいので，底面の半径を$r$cmとすると，

$$2\pi \times 12 \times \frac{270}{360} = 2\pi r$$

$$r = 9〔\mathrm{cm}〕$$

(2)

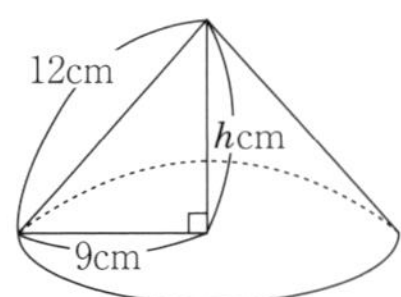

上の図のように，円すいの高さを$h$cmとすると，三平方の定理より，

$$h^2 + 9^2 = 12^2$$

$$h = 3\sqrt{7}〔\mathrm{cm}〕$$

よって，求める体積は，

$$\frac{1}{3}\pi r^2 h = \frac{1}{3} \times \pi \times 9^2 \times 3\sqrt{7}$$

$$= 81\sqrt{7}\pi〔\mathrm{cm}^3〕$$

106

(1)　$6\sqrt{7}$cm　　(2)　$288\sqrt{7}$cm^3

(3)　$288\sqrt{2}$cm^2

解説

(1)　四角形ABCDは正方形であるから，

△ABHにおいて，

$$\mathrm{AB} : \mathrm{AH} = \sqrt{2} : 1$$

$$12 : \mathrm{AH} = \sqrt{2} : 1$$

$$\mathrm{AH} = 6\sqrt{2}$$

△OAHで，$\mathrm{OH}^2 + \mathrm{AH}^2 = \mathrm{OA}^2$

$$\mathrm{OH}^2 + 72 = 18^2$$

$$\mathrm{OH} = 6\sqrt{7}〔\mathrm{cm}〕$$

(2)　体積は，

$$\frac{1}{3} \times 12 \times 12 \times 6\sqrt{7} = 288\sqrt{7}〔\mathrm{cm}^3〕$$

(3)　側面は，右の形の二等辺三角形が4つある。

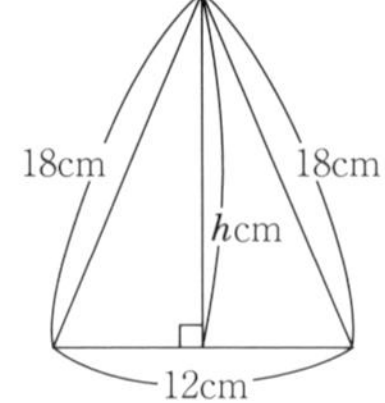

高さを求めると，

$$h^2 + 6^2 = 18^2$$

$$h = 12\sqrt{2}$$

よって，側面積は，

$$\frac{1}{2} \times 12 \times 12\sqrt{2} \times 4 = 288\sqrt{2}〔\mathrm{cm}^2〕$$

107

$3\sqrt{10}$cm

解説

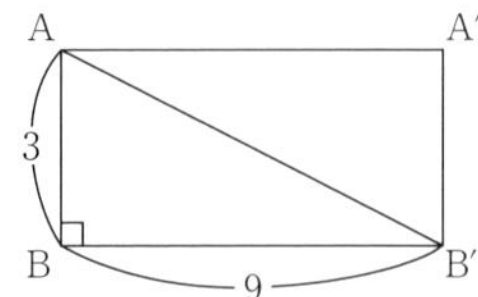

上図のように円柱を切り開くと最短距離は直線AB′である。

三平方の定理より，

$$\mathrm{AB'} = \sqrt{3^2 + 9^2} = 3\sqrt{10}〔\mathrm{cm}〕$$

108

(1)　$\frac{7}{8}$倍　　(2)　$\frac{35}{2}$cm

解説

(1)　水の入っていない部分の直円すいと，全体の直円すいの相似比は，

$$30 : 60 = 1 : 2$$

よって，体積比は，$1^3 : 2^3 = 1 : 8$

したがって，水を入れた部分と全体の直円すいの体積比は，

$(8-1) : 8 = 7 : 8$より，　$\frac{7}{8}$倍

(2)　水を入れた部分の，直円すいの体積をV_1，直円柱の体積をV_2，底面の半径をr，直円柱の水面の高さをhとすると，

$$V_1 = \frac{1}{3}\pi r^2 \times 60 \times \frac{7}{8}$$

$$= \frac{35}{2}\pi r^2$$

$V_2 = \pi r^2 h$, $V_1 = V_2$ より，

$$\pi r^2 h = \frac{35}{2}\pi r^2$$

$$h = \frac{35}{2} \text{〔cm〕}$$

〔別解〕

底面積を S，直円柱の水面の高さを h とすると，

$$\frac{1}{3} \times S \times 60 \times \frac{7}{8} = S \times h$$

$$h = \frac{35}{2} \text{〔cm〕}$$

109

1：5

解説

三角すいBCDGの体積を求めて，比較すればよい。

立方体ABCD－EFGHの体積は，

$4^3 = 64$〔cm^3〕

三角すいBCDGに関して，底面を△BCD，高さをCGとしてみると，体積は，

$$\frac{1}{3} \times \frac{1}{2} \times 4^2 \times 4 = \frac{32}{3} \text{〔cm}^3\text{〕}$$

したがって，求める体積の比は，

$$\frac{32}{3} : \left(64 - \frac{32}{3}\right) = \frac{32}{3} : \frac{160}{3} = 1 : 5$$

110

$3\sqrt{2}$ cm

解説

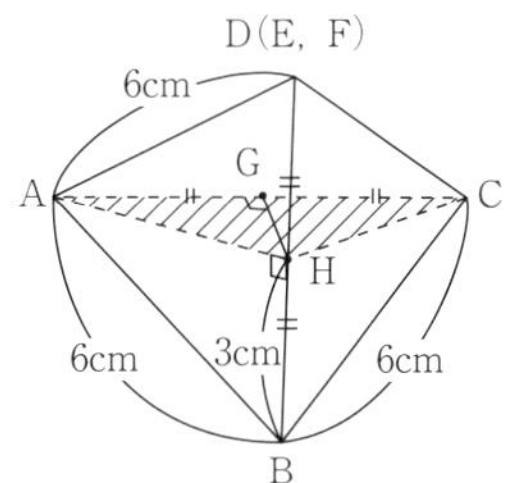

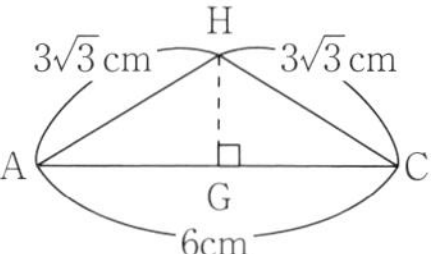

△ABHにおいて，

AH：BH：AB $= \sqrt{3} : 1 : 2$　より，

AH $= 3\sqrt{3}$〔cm〕

△HACにおいて，

AH = CH $= 3\sqrt{3}$〔cm〕の二等辺三角形だから，HG⊥AC，AG = 3〔cm〕

したがって，$AG^2 + HG^2 = AH^2$

$$HG^2 = (3\sqrt{3})^2 - 3^2$$

$$HG = 3\sqrt{2} \text{〔cm〕}$$

111

⑤

解説

立方体（正六面体）の展開図において一列に並んだときの1つおいた2面は組み立てたとき互いに向かい合う（平行面）。

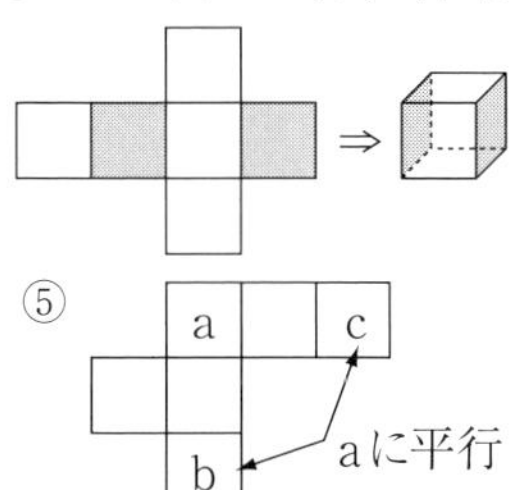

aの面に対し，bとcの面が平行面となり，組み立てるとbとcの面が重なってしまうので組み立てられない。

①～④を組み立てたとき，互いに平行となる面に同じ記号を記入しておくと，次の図のようになる。

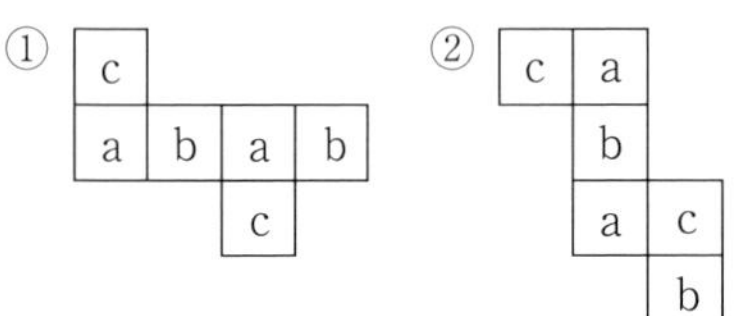

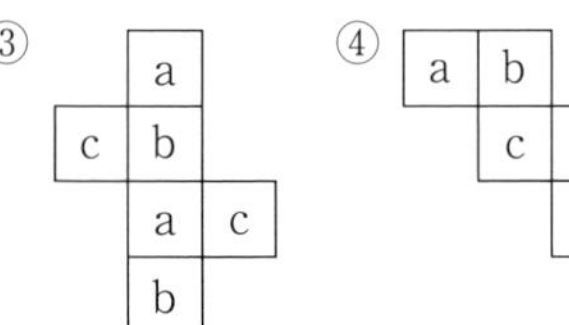

112

辺CF，頂点L

解説

面GHKJを底面とした見取り図を書くと，次のようになる。

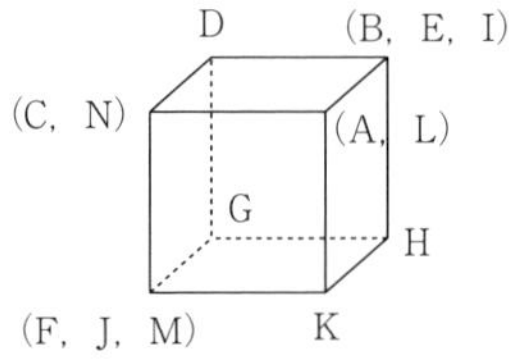

113

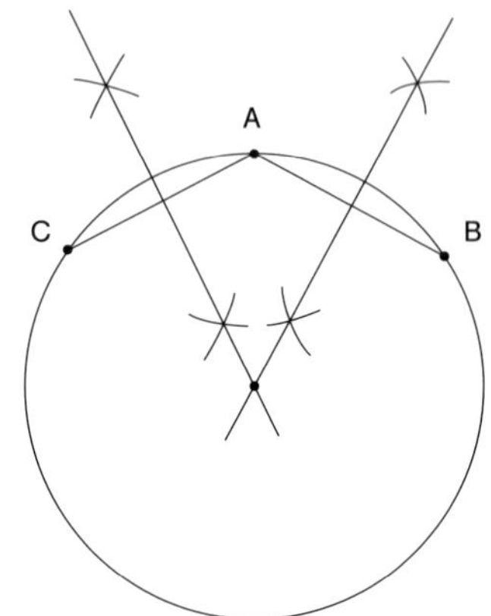

解説

AB，ACそれぞれの垂直二等分線の交点が円の中心となる。

確率・データの活用

114

23通り

解説

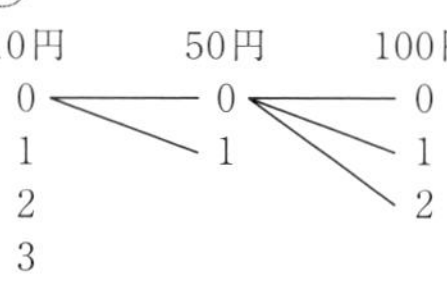

上の樹形図により，

$4 \times 2 \times 3 = 24$〔通り〕

しかし，0円は金額とならないので，

$24 - 1 = 23$〔通り〕

115

35通り

解説

7人から3人を選び出す組み合わせだから，

$${}_7C_3 = \frac{7 \cdot 6 \cdot 5}{3 \cdot 2 \cdot 1} = 35〔通り〕$$

116

72通り

解説

男子3人の並び方は，

${}_3P_3 = 3 \times 2 \times 1 = 6$〔通り〕

男子を○とすると，女子どうしが隣り合わないためには下の▲のいずれか2カ所に女子が入ればよい。

▲○▲○▲○▲

よって，女子2人の並び方は，

${}_4P_2 = 4 \times 3 = 12$〔通り〕

したがって，全部で$6 \times 12 = 72$〔通り〕

117

30個

解説

偶数になるのは，一の位が偶数のときである。

(i)　一の位が0のとき

百の位は，0を除く4通り

十の位は，0と百の位の数字を除く3通り

よって，$4 \times 3 = 12$〔個〕

(ii)　一の位が2のとき

百の位は，0と2を除く3通り

十の位は，2と百の位の数字を除く3通り

よって，$3 \times 3 = 9$〔個〕

(iii)　一の位が4のとき

一の位が2のときと同様で，9〔個〕

したがって，$12 + 9 \times 2 = 30$〔個〕

118

24個

解説

3桁の各位の数字を順にa，b，cとおくと，3桁の数字が3の倍数となるのは，

$100a + 10b + c$

$= (a + b + c) + 3(33a + 3b)$　より，

各位の数字の和が3の倍数のときである。

よって，5つの数の中で和が3の倍数になるのは6，9，12であり，その組み合わせは，

(1，2，3)，(1，3，5)

(2，3，4)，(3，4，5)

の4組で，各組についてそれぞれ3桁の整数は，${}_3P_3 = 3!$通りずつできる。

よって，3の倍数となる並べ方は，

$4 \times 3! = 24$〔個〕

119

6通り

解説

図1
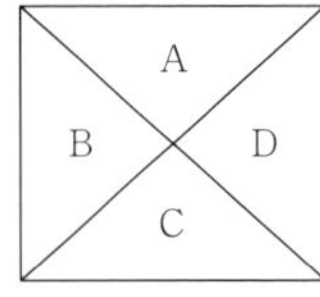

図2
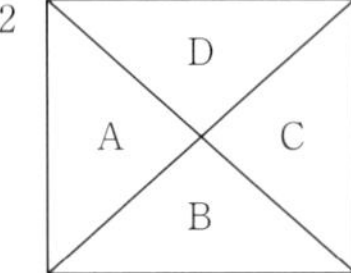

4色をA，B，C，Dとすると，図1と図2は，回転すると同じものと考えられるから，異なる4色を並べる円順列なので，

$(4-1)!=3!=3\times2\times1=6$〔通り〕

120

18通り

解説

各部分を下図のようにア～エとする。

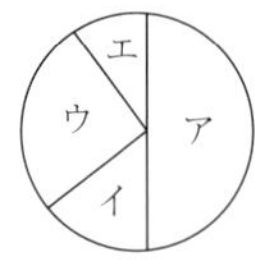

(i)　2色を使うとき

3色から，使う2色を選ぶので，${}_3C_2$

アとウ，イとエは同じ色であり，その入れ替えがあるので，

${}_3C_2\times2=6$〔通り〕

(ii)　3色を使うとき

アとエに使う色を決めたあと，ウとイには，図①，②のように2通りの選び方がある。

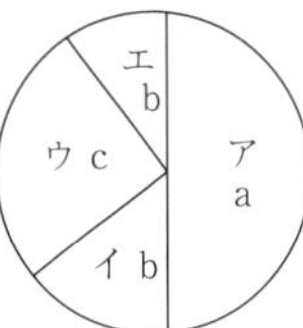

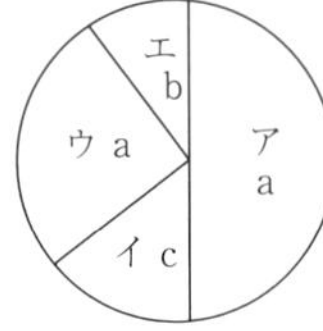

アには3通り，エには2通りの選び方があり，アとエを決めたあと，ウとイの組で，2通りの選び方がある。

$3\times2\times2=12$〔通り〕

よって，(i)(ii)より，$6+12=18$〔通り〕

121

60通り

解説

aが3個，bが1個，cが2個の計6個を1列に並べる順列であるから，

$$\frac{6!}{3!1!2!}=\frac{6\cdot5\cdot4\cdot3\cdot2\cdot1}{3\cdot2\cdot1\cdot1\cdot2\cdot1}$$
$$=60\text{〔通り〕}$$

122

(1)　$\frac{1}{8}$　　(2)　$\frac{3}{8}$

解説

3枚の硬貨にa，b，cと区別があるとみなして考えると，表裏の出方は下のようになる。

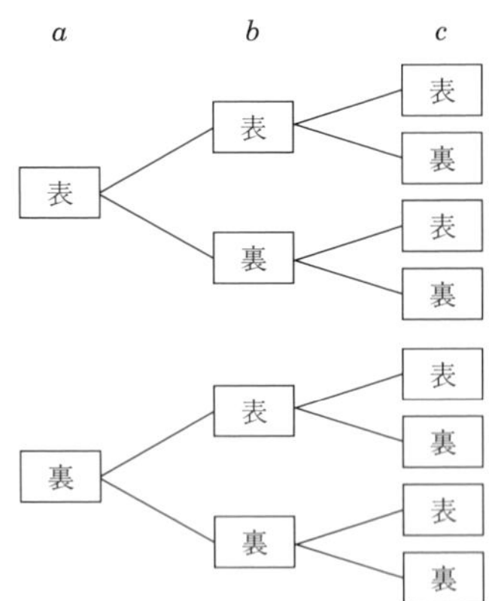

〔別解〕

コインの出方の総数は表裏の2面から3つをとる重複順列で考えられるから，

$2^3 = 8$通り

⑴ 3枚とも表になるのは1通り

よって，求める確率は，$\dfrac{1}{8}$

⑵ 1枚が表で，2枚が裏になるのは3通り

よって，求める確率は，$\dfrac{3}{8}$

123

⑴ $\dfrac{1}{6}$ ⑵ $\dfrac{7}{36}$

解説

2個のサイコロを同時に投げたときのすべての目の出方は，

$6 \times 6 = 36$〔通り〕

⑴ 出た目の和が7になるのは，

(1，6)，(2，5)，(3，4)，(4，3)，(5，2)，(6，1)の6通り

よって，求める確率は，$\dfrac{6}{36} = \dfrac{1}{6}$

⑵ 出た目の和が5の倍数になるのは，和が5または10の場合である。

5の場合は，(1，4)，(2，3)，(3，2)，(4，1)の4通り

10の場合は，(4，6)，(5，5)，(6，4)の3通り

よって，求める確率は，$\dfrac{4+3}{36} = \dfrac{7}{36}$

124

$\dfrac{5}{6}$

解説

2個のサイコロを同時に投げたときのすべての目の出方は，

$6 \times 6 = 36$〔通り〕

2つの目が同じになるのは，6通り。

よって，その確率は，$\dfrac{6}{36} = \dfrac{1}{6}$

2つの目が同じ場合以外は必ず一方が他方より大きくなるので，求める確率は，

$1 - \dfrac{1}{6} = \dfrac{5}{6}$

125

$\dfrac{7}{8}$

解説

3個のサイコロを同時に投げたときのすべての目の出方は，

$6^3 = 216$〔通り〕

出た目の積が奇数になるのは，3つとも奇数のときだから，

$3^3 = 27$〔通り〕

よって，求める確率は，

$1 - \dfrac{27}{216} = 1 - \dfrac{1}{8} = \dfrac{7}{8}$

126

$\dfrac{1}{6}$

解説

球は全部で9個あり，この中から2個の球を取り出す場合の数は，

${}_9C_2 = \dfrac{9 \cdot 8}{2 \cdot 1} = 36$〔通り〕

赤球，白球がそれぞれ1個である場合の数は，

$_2C_1 \times {}_3C_1 = 2 \times 3 = 6$〔通り〕

よって，求める確率は，$\dfrac{6}{36} = \dfrac{1}{6}$

127

$\dfrac{31}{364}$

解説

球は全部で14個あり，この中から3個の球を取り出す場合の数は，

$$_{14}C_3 = \frac{14 \cdot 13 \cdot 12}{3 \cdot 2 \cdot 1} = 364 \text{〔通り〕}$$

3個とも同じ色である場合の数は，

$$\begin{aligned} &{}_6C_3 + {}_5C_3 + {}_3C_3 \\ &= \frac{6 \cdot 5 \cdot 4}{3 \cdot 2 \cdot 1} + \frac{5 \cdot 4 \cdot 3}{3 \cdot 2 \cdot 1} + 1 \\ &= 20 + 10 + 1 = 31 \text{〔通り〕} \end{aligned}$$

よって，求める確率は，$\dfrac{31}{364}$

128

$\dfrac{37}{42}$

解説

球は全部で9個あり，この中から3個の球を取り出す場合の数は，

$$_9C_3 = \frac{9 \cdot 8 \cdot 7}{3 \cdot 2 \cdot 1} = 84 \text{〔通り〕}$$

3個とも赤球である場合の数は，

$$_5C_3 = \frac{5 \cdot 4 \cdot 3}{3 \cdot 2 \cdot 1} = 10 \text{〔通り〕}$$

「少なくとも1個が白球である」という事象は，「3個とも赤球である」という事象の余事象であるから，求める確率は，

$$1 - \frac{10}{84} = 1 - \frac{5}{42} = \frac{37}{42}$$

129

$\dfrac{3}{5}$

解説

6人の中から2人を選ぶ方法は，

$$_6C_2 = \frac{6 \cdot 5}{2 \cdot 1} = 15 \text{〔通り〕}$$

A，B以外の4人から2人を選ぶ方法は，

$$_4C_2 = \frac{4 \cdot 3}{2 \cdot 1} = 6 \text{〔通り〕}$$

よって，A，B以外から2人を選ぶ確率は，

$$\frac{6}{15} = \frac{2}{5}$$

それ以外は，AかBが選ばれるので，求める確率は，

$$1 - \frac{2}{5} = \frac{3}{5}$$

130

$\dfrac{3}{10}$

解説

(i)　Aが当たってBも当たる場合

$$\frac{3}{10} \times \frac{2}{9} = \frac{1}{15}$$

(ii)　AがはずれてBが当たる場合

$$\frac{7}{10} \times \frac{3}{9} = \frac{7}{30}$$

よって，Bが当たる確率は，

$$\frac{1}{15} + \frac{7}{30} = \frac{3}{10}$$

131

(1)　3　　(2)　0.25

解説

(1)　求める度数をx人とすると，

$$\frac{x}{20}=0.15$$
$$x=3〔人〕$$

(2)　8.0秒以上8.5秒未満の度数をx人とすると，

$$2+3+x+7+2+1=20$$
$$x=5$$

よって，求める相対度数は，

$$\frac{5}{20}=0.25$$

132

171.6cm

解説

$$170+\frac{1}{5}(-5+0+10+6-3)$$
$$=170+\frac{1}{5}\cdot 8$$
$$=171.6〔cm〕$$

133

(1)　10本　　(2)　③

解説

(1)　$10-0=10$〔本〕

(2)　平均値は，

$$\frac{1}{25}(0\times1+1\times2+2\times0+3\times4+4\times3+5\times5+6\times4+7\times2+8\times1+9\times2+10\times1)$$
$$=\frac{1}{25}(0+2+0+12+12+25+24+14+8+18+10)$$
$$=\frac{1}{25}\cdot125$$
$$=5〔本〕$$

中央値は，クラスの人数が25人なので大きさの順で数えて13番目の本数である。よって，5本

最頻値は最も度数の多い本数なので5本

134

(1)　0.3

(2)　平均値：15.4m　　最頻値：15m
中央値：14m以上16m未満

解説

(1)　$\frac{9}{30}=0.3$

(2)　平均値は，

$$\frac{1}{30}(11\times3+13\times6+15\times9+17\times7+19\times4+21\times1)$$
$$=\frac{1}{30}(33+78+135+119+76+21)$$
$$=\frac{1}{30}\cdot462$$
$$=15.4〔m〕$$

最頻値は最も度数の多い階級の階級値なので，15m

中央値は，大きさの順で数えて15番目と16番目の平均であるが，ともに14m以上16m未満の階級に入る。

135

(1)　7点　　(2)　7点　　(3)　8点

解説

このデータを大きさの順に並べると次のようになる。

2, 2, 4, 4, 6, 6, 6, 7, 8, 8, 8, 8, 10, 12, 14

(1) $\frac{1}{15}(2\times2+4\times2+6\times3+7\times1+8\times4+10\times1+12\times1+14\times1)$

$=\frac{1}{15}(4+8+18+7+32+10+12+14)$

$=\frac{1}{15}\cdot105$

$=7$〔点〕

(2) 大きさの順に並べたときの8番目の得点なので7点

(3) 最も回数が多い得点なので8点

136

平均値：23.7cm　中央値：23.75cm
最頻値：24.0cm

解説

平均値について，仮の平均を23.5として求めると，

$23.5+\frac{1}{24}(-1.5\times1-1.0\times2-0.5\times3+0.5\times7+1.0\times4+1.5\times1)$

$=23.5+\frac{1}{24}(-1.5-2.0-1.5+3.5+4.0+1.5)$

$=23.5+\frac{1}{24}\cdot4$

$=23.66\cdots$

$\fallingdotseq 23.7$〔cm〕

中央値は大きさの順で数えて12番目と13番目のデータの平均値なので，

$\frac{23.5+24.0}{2}=23.75$〔cm〕

最頻値は最も度数の多いデータなので24.0cm

137

②

解説

仮の平均を75点として，平均値をそれぞれ求めると，

A：　$75+\frac{1}{35}(-30\times4-20\times5-10\times6+10\times8+20\times3)$

$=75+\frac{1}{35}(-120-100-60+80+60)$

$=75+\frac{1}{35}\cdot(-140)$

$=71$〔点〕

B：　$75+\frac{1}{35}(-30\times3-20\times3-10\times9+10\times7+20\times5)$

$=75+\frac{1}{35}(-90-60-90+70+100)$

$=75+\frac{1}{35}\cdot(-70)$

$=73$〔点〕

中央値は，点数順に並べたときの18番目なので，Aクラス，Bクラスとも70点以上80点未満に属する。

最頻値は最も度数の多い階級の階級値なので，Aクラスは75点，Bクラスは65点である。

138

③

解説

最小値は30～60分なので，①②は不適。

最大値は180～210分なので，②⑤は不適。

中央値は90～120分なので，②④は不適。

よって，③があり得る。

4 理科

1 学習指導要領

1

A．ウ　B．キ
C．イ　D．オ

2

⑤

3

(1) 児童が自然に親しむことによって見いだした問題に対して，予想や仮説をもち，それらを基にして観察，実験などの解決の方法を発想すること。
(2) 児童が自ら目的，問題意識をもって意図的に自然の事物・現象に働きかけていく活動。

4

・物質・エネルギー
・生命・地球

5

(1) 第3学年　(2) 第4学年
(3) 第6学年　(4) 第5学年

6

A．連続性　B．気象現象
C．仮説　D．光と音
E．差異点　F．主体的
G．電流　H．水溶液
I．電気　J．妥当
(1) 第5学年　(2) 第3学年
(3) 第4学年　(4) 第6学年

7

②

8

①

解説
② 平成10年12月告示の学習指導要領に示されている記述である。
③ おしべ，めしべ，がく及び花びらを扱う。
④ 風や昆虫などが関係していることにも触れる。「人や河川」という語句は書かれていない。

9

(1) 第6学年　(2) 第3学年
(3) 第5学年　(4) 第4学年

解説
小学校学習指導要領解説「理科編」(平成29年7月)に具体的なものづくりの例が示されている。

10

A．指導内容
B．情報通信ネットワーク
C．土地　D．体験的
E．自然環境　F．問題解決
G．制御　H．充実
I．博物館　J．事故防止
K．環境整備

2 物質・エネルギー（物理分野）

11

(1) ウ　(2) 虚像

解説

(1)

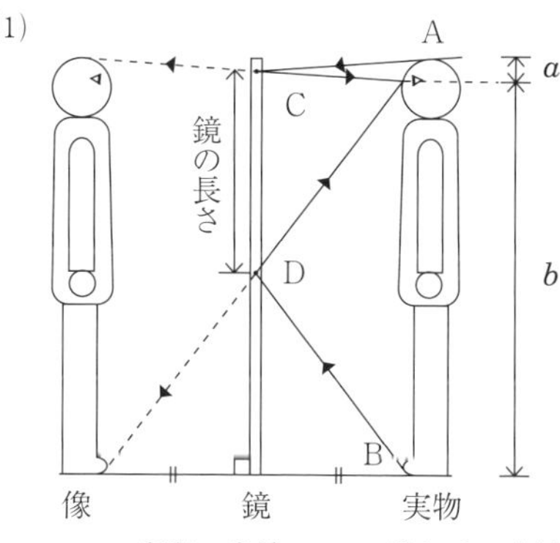

頭の上Aから出た光は，Cで反射して目に届き，足の先Bから出た光は，Dで反射して目に届く。したがって，全身をうつすための鏡は，CDの長さがあればよい。像は鏡に対して対称の位置にあり，光の反射では入射角と反射角は等しいので，C，Dはそれぞれ，a，bの中点である。よって

$$\mathrm{CD} = \frac{a}{2} + \frac{b}{2} = \frac{\text{身長}}{2}$$

(2) 鏡にうつる像は，実際に光が交わってできる像ではないから，虚像である。

12

(1) 実像
(2) 距離：30cm　倍率：2倍

(3)

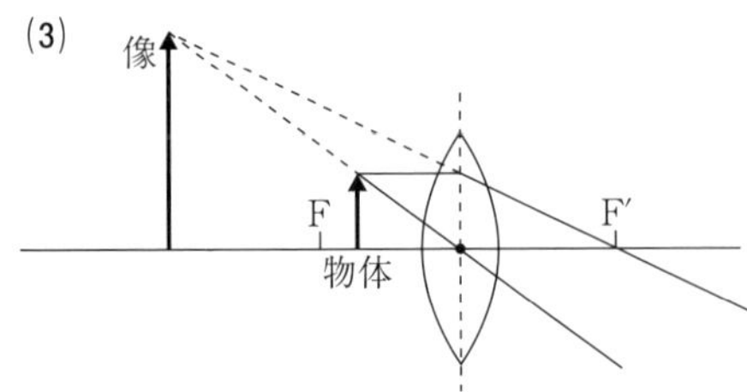

(4) **虚像**

解説

(1) 物体を焦点距離の2倍と焦点の間に置いたとき，実物より大きい倒立の実像ができる。

(2)

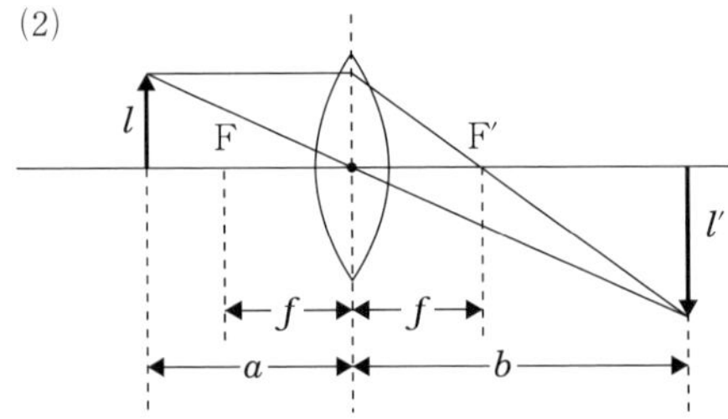

焦点距離をf，凸レンズから物体までの距離をa，凸レンズからスクリーンまでの距離をbとすると，

$\dfrac{1}{f}=\dfrac{1}{a}+\dfrac{1}{b}$であるから，

$f=10$，$a=15$より，$b=30$〔cm〕

倍率は，

(物体の大きさl)：(実像の大きさl')

$=a:b$より，

$$\frac{l'}{l}=\frac{b}{a}=\frac{30}{15}=2〔倍〕$$

(3) 物体を凸レンズの焦点の内側に置くと，スクリーンをどこに置いても像はうつらない。物体の反対側からレンズを通して物体を見ると，物体より大きな正立の像が見える。

(4) 実際に光が交わるのではなく，光を逆向きに延長して実際に物体があるように結ばれる像であるから，虚像である。

13

612m

解説

(距離)＝(音の速さ)×(かかった時間)より，

$$340\times(4.5-2.7)=612〔m〕$$

14

(1) **A．重　B．P**
C．N　D．作用反作用
E．すべて等しい

(2) **98N**

解説

(1) 重力Wと物体にはたらく力(垂直抗力)Nは，つり合いの関係にある。

(2) 質量m〔kg〕の物体にはたらく重力Wの大きさは，mg〔N〕($g=9.8\text{m/s}^2$で重力加速度)であり，垂直抗力Nは重力mgとつり合うから，

$N=mg=10\times9.8=98$〔N〕

15

(1) **物体が滑り降りようとする力：エ**
垂直抗力：ア

(2) **43N**

(3) **力の大きさ：25N，力の向き：イ**

解説

(1) 垂直抗力とは，接触している面が物体に垂直に及ぼす力のことである。

(2)

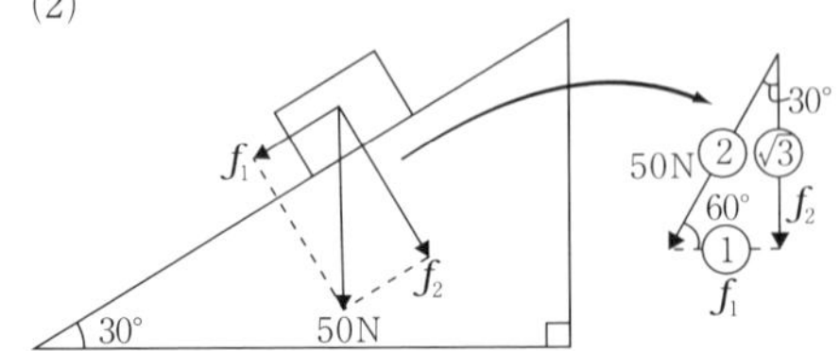

図のように，物体にはたらく重力50Nを，斜面に平行な分力f_1と斜面に垂直な分力f_2に分解して考える。垂直抗力はf_2とつり合う力であるから，三角比より，

$$f_2 = 50 \times \frac{\sqrt{3}}{2}$$
$$= 50 \times \frac{1.73}{2} \fallingdotseq 43〔N〕$$

(3) f_1とつり合う力を加えればよいから，向きは斜面と平行上向き（イ）で，その大きさは，

$$f_1 = 50 \times \frac{1}{2} = 25〔N〕$$

16

(1) **10cm**　(2) **2.5cm**

解説

(1) ばねを直列につなぐと，上下のばねにそれぞれ等しい大きさの力が加わる。この場合，上下のばねに10Nずつ加わるので，ばねはそれぞれ5cmずつのびる。よって，

5 + 5 = 10〔cm〕

(2) ばねを並列につなぐと，おもりが引く力は2本のばねに等分されて加わる。この場合，おもりが引く力はそれぞれのばねに5.0Nずつ加わるから，ばねののびは2.5cmとなる。

17

(1) **75g**　(2) **0.6N**

解説

(1) グラフより，おもりの質量が60gのときばねののびは4cmである。ばねののびが5cmのときのおもりの質量をx〔g〕とすると，

$60 : 4 = x : 5$
$4x = 300$
$x = 75$〔g〕

(2) ばねの両端に滑車をつけ，おもりを下げたとき，ばねが静止しているならば，両側から同じ大きさで引いている。これより，下図のように一方の端を壁とみなして考える。

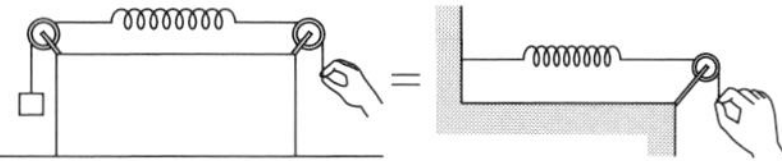

ばねが4cmのびたので，図2より，60gのおもりをつるしたことと同じである。よって，手がひもを引いている力は0.6Nとなる。

18

(1) **イ**

理由：支点からより遠い距離に力点があるものほど力は小さくてすむから。

(2) **支点：B　力点：E　作用点：C**

(3) **ア，ウ**

解説

(1) 作用点ではたらく力を大きくするためには，支点から力点までの距離を，支点から作用点までの距離より長くすればよい。

(2) 支点は，てこを支えている動かない点（回転の中心となる点），力点は，てこに力を加える点，作用点は，加えた力が物にはたらく点である。せんぬきは，支点と力点の間に作用点がある。

(3) イのピンセットとオのパンばさみは，力点が支点と作用点の間にある。エのステープラーは，作用点が支点と力点の間にある。

19

(1) **20g**
(2) **B：50g　C：76g　d：6cm**

解説

てこが水平につり合っているときは，「右あるいは左にかたむけるはたらき（おもりの質量）」×「支点からの距離」が支点を中心にして等しくなっていることから考える。

(1) 求めるAの質量をx〔g〕とすると，

$$x \times 5 = 10 \times 4 + 5 \times 12$$
$$x = 20\,〔\mathrm{g}〕$$

(2) 〈Bの質量〉

求めるBの質量をy〔g〕とすると，

$$y \times 8 = 80 \times 5$$
$$y = 50\,〔\mathrm{g}〕$$

〈Cの質量〉

求めるCの質量をz〔g〕とすると，

$$z \times 10 = (50 + 80 + 60) \times 4$$
$$z = 76\,〔\mathrm{g}〕$$

〈dの長さ〉

$$60 \times 13 = (50 + 80) \times d$$
$$d = 6\,〔\mathrm{cm}〕$$

20

(1) **4N**　(2) **C**　(3) **800N/m^2**

解説

(2) 圧力はふれ合う面の面積に反比例するため，面積が小さいほど圧力がかかり，沈みが大きくなる。

(3) C面の面積は，

$0.1 \times 0.05 = 0.005$〔m^2〕であるから，

$$圧力〔\mathrm{N/m^2}〕 = \frac{力の大きさ〔\mathrm{N}〕}{面積〔\mathrm{m^2}〕}$$

より，

$$\frac{4}{0.005} = 800\,〔\mathrm{N/m^2}〕$$

21

7.2N

解説

図において，板は上向きの浮力を受けている。

円筒の断面積は24cm^2，水に沈んだ高さは30cmであるから，円筒とプラスチック板により押しのけられた水の質量は，

$$1.0 \times 24 \times 30 = 720\,〔\mathrm{g}〕$$

この水の重さは7.2Nであり，アルキメデスの原理よりこれが浮力の大きさである。浮力の大きさより重いおもりをのせると板は円筒から離れるので，求める重さは7.2Nである。

22

(1) **水中：0.20N　　食塩水中：0.22N**
(2) **1.1g/cm^3**

解説

(1) （浮力）＝（空気中での物体の重さ）－（液体中での重さ）

であるから，

水中での浮力：$0.60 - 0.40 = 0.20$〔N〕

食塩水中での浮力：$0.60 - 0.38 = 0.22$〔N〕

(2) 浮力は，その物体と同体積の液体の重さに等しいから，おもりと同体積の水の重さは0.20N，食塩水の重さは0.22Nである。水の質量は20g，密度は1.0g/cm^{3}だから，この物体の体積は20cm^{3}である。これと同体積の食塩水の質量が22gだから，

$$密度 = \frac{食塩水の質量}{体積}$$

より，$\frac{22}{20} = 1.1$〔g/cm^3〕

23

⑴ **力の大きさ：200N**
仕事：2000J
⑵ **1500J**

解説

⑴ 物体を動かすのに必要な力の大きさは，物体にはたらく重力に等しい。質量20kgの物体にはたらく重力は，200N。

200Nの力で10m引き上げるので，このときの仕事は，

$200 \times 10 = 2000$〔J〕

⑵ （仕事）=（力の大きさ）×（動いた距離）であるから，

$100 \times 15 = 1500$〔J〕

24

⑴ **0.90m** ⑵ **1.4J**
⑶ **0.14W**

解説

⑴ 定滑車と動滑車それぞれの力のかかり方と，動かすひもの長さは，次のようになる。

〔定滑車〕

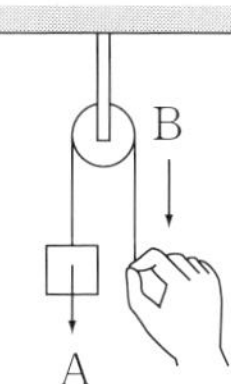

・A＝Bのとき，つり合う。
・おもりを50cm引き上げるときは，Bの方向に50cm引く。

〔動滑車〕

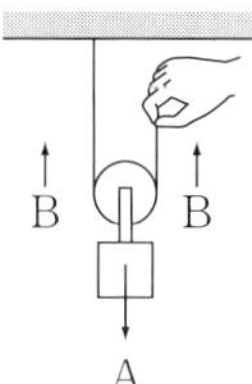

・A＝B×2のとき，つり合う。
・おもりを50cm引き上げるときは，Bの方向に100cm（50cmの2倍）引く。

よって，動滑車の場合，おもりを動かす高さの2倍の長さのひもを引くことになる。

グラフでは，実験開始から5.0秒で，高さが0cmから45cmになっているので，

$0.45 \times 2 = 0.90$〔m〕

⑵ 実験開始から6.0秒で，高さが0cmから50cmになっているので，

（仕事）=（力の大きさ）×（動いた距離）より，

$2.8 \times 0.5 = 1.4$〔J〕

⑶ 4.0秒から8.0秒の間に，高さが40cmから60cmになっているから，

（仕事）=（力の大きさ）×（動いた距離）より，

$2.8 \times 0.2 = 0.56$〔J〕

$\text{仕事率} = \dfrac{\text{仕事〔J〕}}{\text{かかった時間〔秒〕}}$ より，

$\dfrac{0.56\text{〔J〕}}{4.0\text{〔秒〕}} = 0.14$〔W〕

25

⑴ **位置エネルギー：増加する**
運動エネルギー：減少する
⑵ **30J増加する**
⑶ **A．和　B．力学的エネルギー**
C．力学的エネルギー保存

解説

⑴ C点のとき，位置エネルギーが最大，運動エネルギーが0，A点・D点のとき，位置エネルギーが0，運動エネルギーが最大となる。

⑵ 質量m〔kg〕の物体が基準点からh〔m〕の高さにあるとき，その物体のもつ重力による位置エネルギーU〔J〕は，$U = mgh$（g：重力加速度）であるから，物体の質量200g＝0.2kg，高さ15mより，

$0.2 \times 10 \times 15 = 30$〔J〕

A点からC点にいくにしたがって，位置エネルギーは増加する。

26

(1) 位置エネルギー：A
運動エネルギー：C

(2) エ

解説

(1) 振り子の位置エネルギーと運動エネルギーの移り変わりは次の通り。

① おもりがA点から動き始めるにつれて，位置エネルギーが次第に運動エネルギーに変わっていく。

② C点では，位置エネルギーが0に（C点を位置エネルギーの基準面とする），運動エネルギーは最大になる。

③ C点を過ぎると，運動エネルギーが次第に位置エネルギーに変わっていく。

④ 摩擦や空気の抵抗がなければ，A点と同じ高さのD点の位置を往復し，振り子の運動はいつまでも続く。

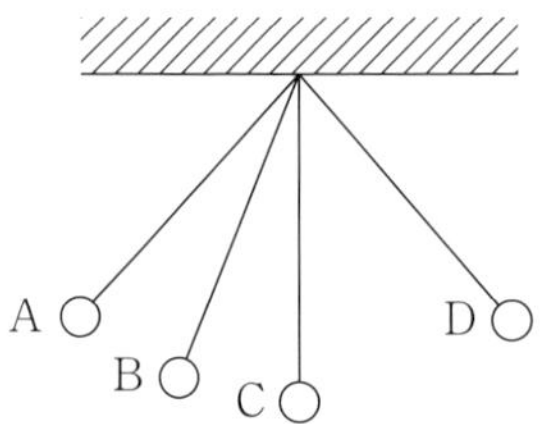

(2) 振り子の周期は振り子の長さで決まり，おもりの質量や振幅を変えても周期は変化しない。

27

(1) ① A：0.75A　　B：0.75A
② A：3V　　B：9V

(2) ① 3A
② C：4Ω　　D：2Ω

解説

(1) ① 抵抗の直列回路では，各々の抵抗を流れる電流は等しく，合成抵抗は各々の抵抗の和となる。

合成抵抗の値をR〔Ω〕とすると，

$$R = 4 + 12 = 16 \text{〔Ω〕}$$

電圧が12V，抵抗値が16Ωだから，オームの法則より，

$$I = \frac{V}{R} = \frac{12}{16} = 0.75 \text{〔A〕}$$

② 抵抗Aに流れる電流は0.75A，抵抗値は4Ω，また，抵抗Bに流れる電流は0.75A，抵抗値は12Ωであるから，それぞれにオームの法則を使って，

抵抗A：

$$V = RI = 4 \times 0.75 = 3 \text{〔V〕}$$

抵抗B：

$$V = RI = 12 \times 0.75 = 9 \text{〔V〕}$$

(2) ① 抵抗の並列回路では，回路全体に流れる電流の大きさは，各抵抗に流れる電流の和になるから，抵抗Dを流れる電流は，

$$4.5 - 1.5 = 3 \text{〔A〕}$$

② 各々の抵抗にかかる電圧は等しい。抵抗Cにかかる電圧は6V，流れる電流は1.5A，また，抵抗Dにかかる電圧は6V，流れる電流は3Aであるから，それぞれにオームの法則を使って，

$$\text{抵抗C}：R = \frac{V}{I} = \frac{6}{1.5} = 4 \text{〔Ω〕}$$

$$\text{抵抗D}：R = \frac{V}{I} = \frac{6}{3} = 2 \text{〔Ω〕}$$

28

(1) B：2A　　C：1A
(2) 3A　(3) 8Ω

解説

(1) BとCは並列であり，各抵抗にかかる電圧は等しいことから，BとCにかかる電圧は12V。よって，Bに流れる電流はオームの法則より

$$I = \frac{V}{R} = \frac{12}{6} = 2〔\mathrm{A}〕$$

また，Cに流れる電流はオームの法則より，

$$I = \frac{V}{R} = \frac{12}{12} = 1〔\mathrm{A}〕$$

(2) Aと（B，C）は直列なので，Aに流れる電流IはBとCの電流の和に等しいので，並列回路全体を流れる電流の大きさは，各々の抵抗に流れる電流の和になり，

$$I = 2 + 1 = 3〔\mathrm{A}〕$$

(3) 回路を流れている電流は3Aなので，回路全体の抵抗はオームの法則より，

$$R = \frac{V}{I} = \frac{24}{3} = 8〔\Omega〕$$

29

(1)

－ ＋　－＋
電圧計　電流計
電熱線
－ ＋
電源装置　スイッチ

(2)

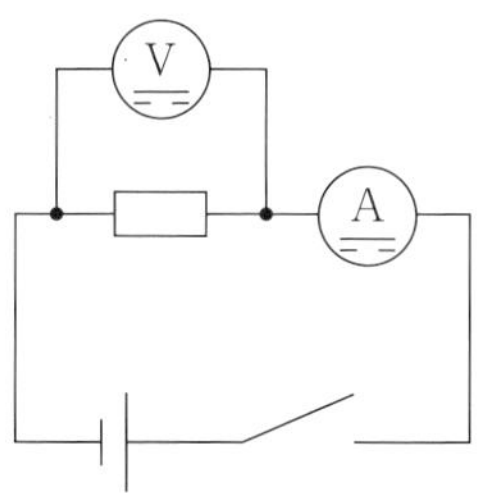

解説

(1) 〈電流計のつなぎ方〉
- 測りたい部分に対して直列につなぐ。
- 導線の－側は－端子のうち最も強い電流が測れる端子（右端）につなぐ。
- 直接電源につないではいけない。

〈電圧計のつなぎ方〉
- 測りたい部分に対して並列につなぐ。
- 導線の－側は－端子のうち最も大きな電圧が測れる端子（左端）につなぐ。
- 直接電源につないではいけない。

〈スイッチのつなぎ方〉
- 電流は電源の＋極から出ていると考えて，スイッチは＋側に置くのが一般的である。

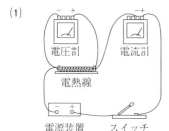

30

(1) 8.5V　(2) 170mA　(3) 50Ω

解説

(1) 15Vの端子を使用しているから，上の目盛りを見る。右端が15Vを表し，1目盛り0.5Vである。

(2) 500mAの端子を使用しているから，上の目盛りを見る。右端が500mAを表し，1目盛り10mAである。

(3) 170mA＝0.17Aであるから，オームの法則より，

$$R = \frac{V}{I} = \frac{8.5}{0.17} = 50〔\Omega〕$$

31

(1) エ　(2) キ

解説

豆電球の明るさは，規格が同じ場合，電圧が大きいほど明るい。それぞれの場合，次のようになる。

〈電球2個を直列につないだ場合〉

電圧は$\frac{1}{2}$倍となるため，明るさは暗くなる。

〈電球2個を並列につないだ場合〉

回路全体の電流は2倍になるが，1個の電球に流れる電流は変化しない。また，電源と同じ電圧がかかるから，明るさは変化しない。

〈電池2個を直列につないだ場合〉

電圧が2倍になるので，明るさは明るくなる。

〈電池2個を並列につないだ場合〉

電圧は変化しないが，寿命が長くなる。

(1) それぞれの豆電球にかかる電圧は，アを基準とすると，次の通り。

ア：1倍　イ：1倍　ウ：$\frac{1}{2}$倍

エ：2倍　オ：1倍　カ：1倍

キ：$\frac{1}{2}$倍

よって，最も明るい豆電球はエ。

(2) 電池が並列につないであり，電球が直列につないである，消費電力が小さい回路を選ぶ。

32

(1) 500W　(2) 512W

解説

(1) 消費電力$P=VI$より，

$$100\times5=500〔\mathrm{W}〕$$

(2) まず，この電熱器の電気抵抗を求める。消費電力$P=VI$より，

$$800=100\times I$$

$I=8$〔A〕だから，オームの法則より，

$$R=\frac{V}{I}=\frac{100}{8}=12.5〔\Omega〕$$

80Vの電源につないだとき，流れる電流は，

$$I=\frac{V}{R}=\frac{80}{12.5}=6.4〔\mathrm{A}〕$$

よって，消費される電力は，

$$6.4\times80=512〔\mathrm{W}〕$$

33

(1) 35Ω　(2) 840J　(3) 22℃

解説

(1) 200mA = 0.2Aだから，オームの法則より，

$$R=\frac{V}{I}=\frac{7.0}{0.2}=35〔\Omega〕$$

(2) 電力をP〔W〕，時間をt〔秒〕とすると，10分＝600秒であるから，

発熱量$\boldsymbol{Q}$〔J〕$=Pt$（ジュールの法則），

$P=VI$より，

$$\boldsymbol{Q}=7.0\times0.2\times600=840〔\mathrm{J}〕$$

(3) 求める温度をx〔℃〕とすると，

$$4.2\times100\times(x-20)=840$$

$$x=22〔℃〕$$

34

(1) イ　(2) エ，電磁力

解説

(1) コイルに電流を流すと電磁石になる。

右手を，手のひらから指先へ電流が流れるように円形の導線にあてたとき，親指のさす向きがコイルの内側の磁界の向きを示す。

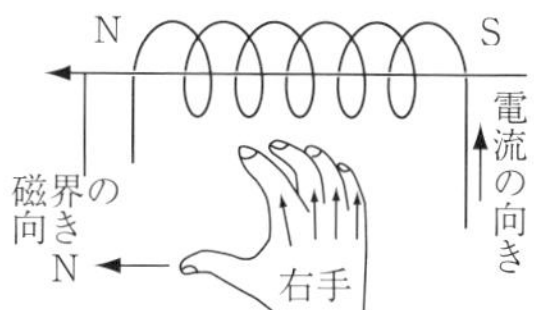

(2) フレミングの左手の法則を使うと，中指を電流の流れる向き，人さし指を磁界の向き（N→S）にしたときの親指の向きに力を受ける。

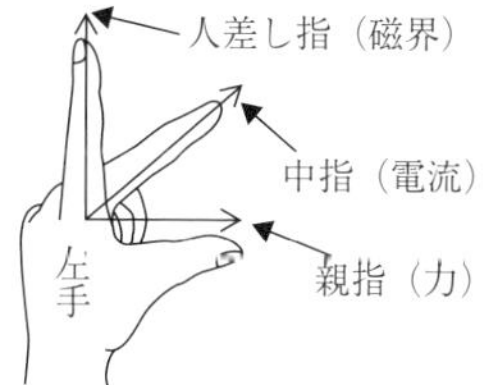

35

(1) 電磁誘導　(2) N極，A

(3) 磁石の出し入れを速くする。

(4) ウ

解説

(2) 誘導電流の向きは，外部からの磁界の変化を妨げる向きに生じる（レンツの法則）。

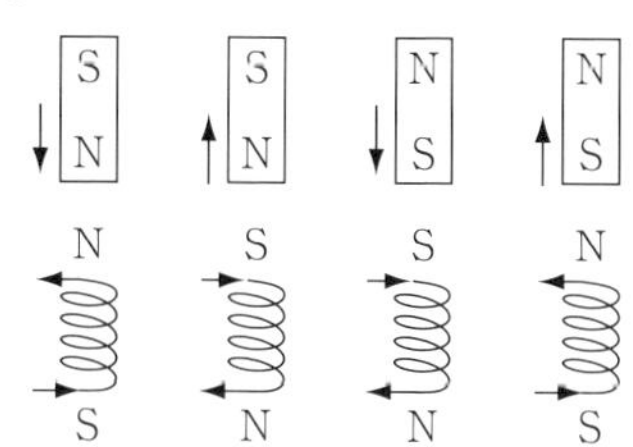

N極を近づけると，コイルの端がN極になるような向きに誘導電流が流れる。つまり，コイル内の下向きの磁界が強まるため，上向きの磁界をつくる向きに誘導電流が流れる。

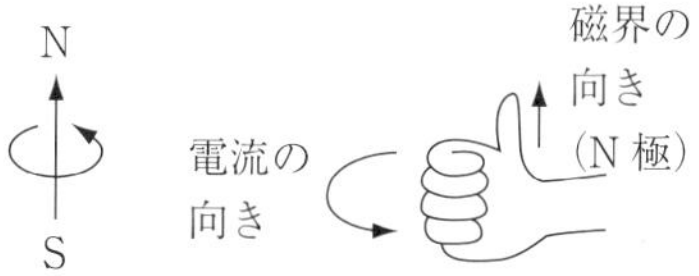

(3) コイルについては巻き数を多くする，磁石については強い磁石を利用すると，より大きな誘導電流が流れる。

(4) 発電機は，コイルの間の磁石の回転による電磁誘導を利用して，連続的に電流を取り出す装置である。

3 物質・エネルギー（化学分野）

36

③

解説

イは空気調節ねじ，ウはガス調節ねじである。マッチの炎をバーナーの口に近づけてから，ガス調節ねじをゆるめる。

37

ア．○　　イ．×，重い
ウ．×，ピンセット　　エ．×，両方の皿
オ．○

解説

ウ．分銅が酸化したり，他の物質が付着して分銅の重さがかわってしまうことがあるので，必ずピンセットでつまむ。

38

②

解説

① 余分にとりすぎた薬品は薬品びんに戻さない。

③ 薬さじで試料をかきまぜて溶解しない。

④ メスシリンダーは加熱すると容積が変わるおそれがあるため，加熱乾燥は避け自然乾燥させる。

⑤ アルコールランプの火を消すときは，横からふたをかぶせる。

39

③

解説

① 液もれによって，ラベルが汚れるのを防ぐため，薬品のラベルの側を持って，ビーカーに入れる。

② 実験に使う水溶液は，実験に使う量だけ作っておく。

④ 水酸化ナトリウムはガラスを溶着することがあるので，ゴム栓でふたをする。

⑤ 皮膚に付着した場合は直ちに流水で洗い，2％酢酸水溶液かホウ酸水溶液で中和したのち，水洗いする。

40

(1) T_1：融点　　T_2：沸点

(2) 100℃

(3) t_2～t_3：液体だけの状態
　t_3～t_4：液体と気体が混じりあった状態

(4) ア．融解　　イ．蒸発　　ウ．昇華

解説

加熱時間0～t_1では氷（固体）で存在する。t_1で氷が水に変化しはじめる。t_1～t_2では加えた熱は氷が融解し水になるために使われるので，温度が変化しない。t_2では氷はすべて水になったので，t_2～t_3は水（液体）で存在する。t_3で水が水蒸気に変化しはじめる。t_3～t_4では加えた熱は水が蒸発し水蒸気になるために使われるので，温度が変化しない。t_4では水はすべて水蒸気になったので，t_4以降は水蒸気（気体）として存在する。

41

A，C

解説

グラフの原点とそれぞれの物質を結び，同じ直線上にある物質が密度の等しい物質である。

42

10g

解説

$$200 \times \frac{5}{100} = 10〔g〕$$

43

120g

解説

8％の食塩水200gに溶けている食塩の量は，

$$200 \times \frac{8}{100} = 16〔g〕$$

このとき，5％の食塩水の全量は，

$$16 \times \frac{100}{5} = 320〔g〕$$

加える水の量は，320 − 200 = 120〔g〕

44

(1) **イ**

(2) **液がはねないようにするため。**

(3) ① **ア**　② **ウ**

解説

(1) 水10gにミョウバン2.5gを入れたので，水100gにはミョウバン25gを入れたことになる。

水の温度が20℃のとき，ミョウバンは溶けずに一部が残ったので，水の温度が20℃のとき，100gの水に溶ける物質の量が25gより小さいイまたはエがミョウバンのグラフと考えられる。

また，50℃にすると，ミョウバンは全部溶けたので，水の温度が50℃のとき100gの水に溶ける物質の量が25gより大きいアまたはイまたはウがミョウバンのグラフと考えられる。水の温度が20℃のとき，50℃のときのどちらにもあてはまるイがミョウバンのグラフである。

45

(1) **46.2％**　(2) **34.9g**　(3) **11g**

解説

(1) 飽和溶液とは溶質が最大限溶媒に溶けている溶液である。

50℃の飽和溶液では水100gに溶けている硝酸カリウムは86gである。50℃における飽和溶液の質量パーセント濃度を求めると，

$$\frac{86}{100+86} \times 100 \fallingdotseq 46.2〔\%〕$$

(2) 硝酸カリウムは水100gに50℃では86g, 10℃では21g溶けることができる。50℃における飽和溶液186gを10℃に冷やすと，65gの硝酸カリウムが溶けることができなくなり，結晶として析出する。50℃における飽和溶液100gを10℃に冷やすと析出する結晶をx〔g〕とすると，

$$186 : 65 = 100 : x$$

$$x = \frac{65 \times 100}{186}$$

$$\fallingdotseq 34.9〔g〕$$

(3) 50℃の水100gに溶けることのできる硝酸カリウムは86gであるので，水50gでは43gの硝酸カリウムが溶けることができる。40℃の水50gに硝酸カリウム32gが溶けた溶液を50℃にすると，さらに溶けることのできる硝酸カリウムは，

$$43 - 32 = 11〔g〕$$

46

(1) ・温度計の球部の位置を，枝付きフラスコの枝の位置にする。
・枝付きフラスコの液量を，フラスコの$\frac{1}{3}$～$\frac{1}{2}$にする。

(2) 枝付きフラスコ内の液体の突沸を防ぐため。

47

エ

48

(1) CO_2 (2) HCl (3) O_2
(4) CO_2 (5) NH_3 (6) H_2
(7) CO_2

解説

(1) $CaCO_3 + 2HCl \rightarrow CaCl_2 + H_2O + CO_2$
(2) $NaCl + H_2SO_4 \rightarrow NaHSO_4 + HCl$
(3) $2H_2O_2 \rightarrow 2H_2O + O_2$
二酸化マンガンは触媒としてはたらく
(5) $2NH_4Cl + Ca(OH)_2 \rightarrow CaCl_2 + 2H_2O + 2NH_3$
(6) $Zn + 2HCl \rightarrow ZnCl_2 + H_2$
(7) $2NaHCO_3 \rightarrow Na_2CO_3 + H_2O + CO_2$

49

A．酸素　B．二酸化炭素
C．アンモニア　D．水素
E．二酸化硫黄

解説

A．空気よりやや重く，水に溶けにくいので，酸素O_2である。
B．無臭で空気より重く，水に溶けると酸性を示すので，二酸化炭素CO_2である。
C．空気より軽く水に溶けるとアルカリ性を示すので，アンモニアNH_3である。
D．無臭で空気より軽く水に溶けにくいので，水素H_2である。
E．刺激臭をもち空気より重く，水に溶けると酸性を示すので，二酸化硫黄SO_2である。

50

(1) ウ (2) ウ
(3) 変化はない。

解説

(1) 発生する気体は酸素である。
$$2H_2O_2 \rightarrow 2H_2O + O_2$$
二酸化マンガンは触媒としてはたらく。
(2) ア．下方置換法。塩化水素など水に溶けやすく空気より重い気体を集めるときに用いる。
イ．上方置換法。アンモニアなど水に溶けやすく空気より軽い気体を集めるときに用いる。
ウ．水上置換法。水素，酸素など水に溶けにくい気体を集めるとき用いる。
(3) 二酸化炭素CO_2が集気びんに入っていたならば，石灰水は白く濁る。しかし，集気びんに入っているのは酸素O_2だから変化がみられない。

51

アンモニアが，スポイトから入ってきた水に溶けて，フラスコ内の圧力が低くなるため。

解説

アンモニアは，水に非常によく溶ける性

質をもっている。

52

(1) ア．C，F　　イ．D，E
ウ．A　　エ．C，D，E，F
オ．D　　カ．B
キ．A，B，E
(2) 炭酸カルシウム
(3) $BaSO_4$　(4) H_2

解説

(1) ア．リトマス紙は中性では変化しない。
イ．赤色リトマス紙はアルカリ性で青色に変化する。
ウ．水溶液をあたためると気体が発生するのはAで，発生する塩化水素は刺激臭がある。
オ．石灰水に二酸化炭素を吹き込むと，炭酸カルシウム$CaCO_3$が生じ，水溶液が白く濁る。

$$Ca(OH)_2 + CO_2 \rightarrow CaCO_3 + H_2O$$

カ．希硫酸に水酸化バリウム水溶液を加えると，硫酸バリウム$BaSO_4$の白色の沈殿が生じる。

$$H_2SO_4 + Ba(OH)_2 \rightarrow BaSO_4 + 2H_2O$$

キ．亜鉛は，酸・強塩基のいずれの水溶液に入れても水素H_2を発生して溶ける。

$$Zn + 2HCl \rightarrow ZnCl_2 + H_2$$
$$Zn + H_2SO_4 \rightarrow ZnSO_4 + H_2$$
$$Zn + 2NaOH + 2H_2O \rightarrow Na_2[Zn(OH)_4] + H_2$$

53

(1) a．ウ　b．ア　c．エ
(2) 水を蒸発させて白い粉末が残るか残らないか調べる。

解説

(1) a．アンモニア水，石灰水はどちらもアルカリ性を示すので，水溶液をリトマス紙にたらしても，分離できない。
c．炭酸水は二酸化炭素が水に溶けたものなので，石灰水を加えると，炭酸カルシウム$CaCO_3$が生じ，水溶液が白く濁る。

$$CO_2 + Ca(OH)_2 \rightarrow CaCO_3 + H_2O$$

(2) 食塩水の水を蒸発させると，食塩の白い粉末が残る。

54

(1) Na^+，OH^-，Cl^-　(2) $2.5cm^3$

解説

(1) 塩酸と水酸化ナトリウム水溶液の中和を化学反応式で示すと

$$HCl + NaOH \rightarrow NaCl + H_2O$$

図より，塩酸$5cm^3$と反応する水酸化ナトリウム水溶液は$2.5cm^3$だから，反応させた水酸化ナトリウム水溶液$10cm^3$のうち，$2.5cm^3$は反応し，$7.5cm^3$は反応していない。中和によって生じた水H_2Oはイオンにならないので，水溶液中に含まれるイオンを多い順に示すと，Na^+，OH^-，Cl^-である。
(2) うすめた塩酸に含まれる，うすめる前の塩酸は$5cm^3$である。図より，うすめる前の塩酸$5cm^3$を中和するのに必要な水酸化ナトリウム水溶液は$2.5cm^3$である。

55

③

解説

水酸化ナトリウム水溶液と塩酸の中和を化学反応式で示すと，

$NaOH + HCl \rightarrow NaCl + H_2O$

反応前の水酸化ナトリウムNaOHも反応によって生じる塩化ナトリウムNaClも電離するので，混合溶液に含まれるナトリウムイオンの数は一定である。

56

④

解説

①② マグネシウムと酸素が結合してできた酸化マグネシウムは白色の粉末である。

③④ マグネシウムMgと酸素O_2が結合し，酸化マグネシウムMgOができたので，加熱後の質量が重くなっている。

$2Mg + O_2 \rightarrow 2MgO$

⑤ この反応ではマグネシウムに酸素が結合したので，酸化反応である。

57

(1) 10g (2) $2CuO + C \rightarrow 2Cu + CO_2$

(3) 還元

解説

(1) グラフより銅4gを得るために必要な酸化銅（Ⅱ）は5gである。したがって，銅8gを得るために必要な酸化銅（Ⅱ）は10gである。

(3) 酸化銅（Ⅱ）CuOは酸素を失って銅Cuに変化したので，還元反応である。

58

(1) ④ (2) イ (3) エ

解説

(2) グラフから，銅1.6gからは2.0gの酸化銅（Ⅱ）ができる。4.0gのうち2.0gが酸化銅（Ⅱ）なら残る2.0gは酸化マグネシウムであり，それに必要なマグネシウムは，グラフから1.2g（このとき酸素は0.8g使われた）。

(3) 酸化銅（Ⅱ）2.0gは，銅1.6gと酸素0.4gからなる。同量の酸素と結び付くマグネシウムは，(2)の結果から0.6gである。よって，銅の質量はマグネシウムの質量の$\frac{1.6}{0.6} \fallingdotseq 2.7$倍。

59

(1) 硫化鉄（Ⅱ） (2) $Fe + S \rightarrow FeS$

(3) 磁石にくっつかず，希塩酸を加えると腐卵臭をもつ気体が発生する。

(4) 鉄と硫黄が反応するとき，多量の熱が発生するため。

解説

(3) 硫化鉄（Ⅱ）FeSに希塩酸を加えると硫化水素H_2Sが発生する。

$FeS + 2HCl \rightarrow FeCl_2 + H_2S$

60

(1) 加熱により生じた水が逆流して，試験管が割れるのを防ぐため。

(2) ア

(3) ① 分解 ② 炭酸ナトリウム

解説

(1) 実験aで行った化学反応を化学反応式であらわすと，

$2NaHCO_3 \rightarrow Na_2CO_3 + H_2O + CO_2$

(2) ア．二酸化炭素CO_2が発生する。

$$CaCO_3 + 2HCl \rightarrow CaCl_2 + H_2O + CO_2$$

イ．水素H_2が発生する。

$$Zn + 2HCl \rightarrow ZnCl_2 + H_2$$

ウ．四酸化三鉄Fe_3O_4が生じる。

$$3Fe + 2O_2 \rightarrow Fe_3O_4$$

61

(1) ア　(2) 塩化物イオン　(3) ウ

解説

塩化銅（Ⅱ）$CuCl_2$は水溶液中で銅イオンCu^{2+}と塩化物イオンCl^-に電離している。

$$CuCl_2 \rightarrow Cu^{2+} + 2Cl^-$$

陰極である炭素棒Aの表面には銅Cuが析出する。

$$Cu^{2+} + 2e^- \rightarrow Cu$$

陽極である炭素棒Bのまわりでは塩素Cl_2が発生する。

$$2Cl^- \rightarrow Cl_2 + 2e^-$$

62

(1) 陽極：酸素　陰極：水素
(2) 陽極：陰極＝1：2
(3) $2H_2O \rightarrow 2H_2 + O_2$

63

(1) 電解質　(2) ア
(3) ③　(4) H_2

解説

(2) 電気を通すのは，電離がおきているものなので，ここでは食塩水のみ。

(3) 陰極には陽イオン，陽極には陰イオンが引きよせられる。

(4) $HCl \rightarrow H^+ + Cl^-$より，陽イオンは$H^+$（水素イオン）なので，たまった気体は$H_2$（水素）。

64

(1) $CH_4 + 2O_2 \rightarrow CO_2 + 2H_2O$
(2) 54g　(3) 33.6L

解説

(2) 生成した水の物質量は，

$$\frac{24}{16} \times 2 = 3〔mol〕$$

水3molは，$18 \times 3 = 54$〔g〕

(3) 生成した二酸化炭素の物質量は，

$$\frac{24}{16} \times 1 = 1.5〔mol〕$$

二酸化炭素1.5molの標準状態における体積は，$22.4 \times 1.5 = 33.6$〔L〕

65

10g

解説

水酸化ナトリウムNaOH＝40より，

$$40 \times \frac{250}{1000} = 10〔g〕$$

4 生命・地球（生物分野）

66

(1) **ウ→エ→イ→ア→オ→カ**
(2) **イ**　(3) **ア**

解説

(1) 顕微鏡は，直射日光が当たらない窓際などの明るい水平なところに置いて使用する。
ウ．接眼レンズから取りつけるのは，ほこりが鏡筒内に入り，対物レンズの内側に付くことを防ぐためである。
カ．プレパラートを破損しないように，対物レンズを遠ざけながらピントを合わせるようにする。
(2) 光学顕微鏡で見える像は，上下左右が逆になっている。
(3) ア．ミドリムシ　イ．ミジンコ
ウ．ゾウリムシ　エ．アメーバ

67

③

68

(1) **エ**
(2) **核（染色体）を染色するため。**
(3) **a→e→b→d→c**

解説

(1) 植物は，根や芽の先端近くにある成長点で細胞分裂を行い，ふえた細胞が大きくなって長く伸びる。
(3) 〈植物の体細胞分裂〉
間期…核内の染色体が2倍にふえる。
前期…染色体が太く短くなりひも状になる。
中期…染色体が細胞の中央に並ぶ。
後期…各染色体が2つに分かれ，両極に移動する。
終期…染色体が糸状になり，2つの核及び中央に細胞板ができ，2つの細胞となる。

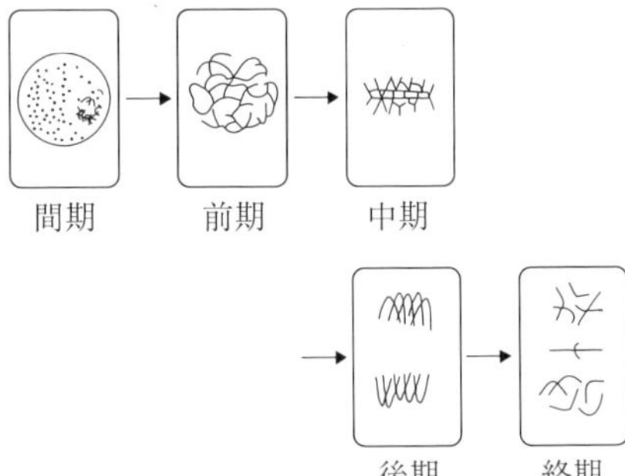

69

(1) **受粉**　(2) **ウ**　(3) **子房**

解説

タンポポなどのキク科の植物の花は，問題の図のような1つの花が多数集まってできている。
(2) ア．花びら　イ．めしべ
エ．がく
(3) タンポポのように胚珠が子房で包まれている種子植物を被子植物という。胚珠は成熟すると種子になる。

70

(1) **A．道管　B．師管　C．形成層**
(2) **A**　(3) **イ**

解説

(1) Aの道管とBの師管が集まって束のようになっている部分を維管束という。Cの形成層の細胞は分裂してふえ，茎を太らせる。

(2) 師管は，葉で光合成によってつくられた栄養分を運ぶ管である。

(3) 双子葉類の維管束は輪状配列，単子葉類の維管束は散在配列である。

71

(1) 気孔　(2) 蒸散(作用)　(3) 裏
(4) ① CO_2　② H_2O
③ $C_6H_{12}O_6$　④ O_2

解説

気孔は葉の表皮にある孔辺細胞に囲まれたすきまで，酸素，二酸化炭素，水蒸気の出入り口になっている。

(4) 光合成では，二酸化炭素と水からブドウ糖(有機物)と酸素が合成される。

72

(1) ① 根や茎
② 子葉　発芽後：ふた葉
(2) 水を含ませた脱脂綿の上に，インゲンマメの種子を置いた同じ容器を2つ用意する。一方は冷蔵庫の中に入れ，もう一方は箱をかぶせて光が当たらないようにし，室温(20℃くらい)に置く。

解説

(2) 温度以外の条件はすべて同じにして，比較する。

73

(1) 葉緑体　(2) 緑色
(3) ウ　(4) イ，ウ，オ

解説

(1) 光合成は葉緑体の中で行われる。葉緑体には葉緑素という緑色の色素が含まれている。

(2) エタノールに葉緑素を溶かして葉を脱色することで，ヨウ素デンプン反応の色の変化を見やすくする。

(3) ヨウ素液はデンプンの検出に用いられ，デンプンが存在すると青紫色になる。ふの部分には葉緑体がないため，また，アルミニウム箔の部分には日光が当たらないため，それぞれ光合成は行われず，デンプンはできない。

74

(1) ア　(2) 酸素(O_2)　(3) エ
(4) 呼吸により生じた二酸化炭素が水に溶けて炭酸となり，溶液が酸性を示すため。

解説

BTB溶液はアルカリ性で青色，中性で緑色，酸性で黄色となる。

(1) 実験1では，溶け込んでいた二酸化炭素が光合成で消費されたため，溶液がアルカリ性になった。

75

(1) ⓒ　(2) ⓕ
(3) ⓗ　(4) 種子植物

解説

(1) 大腸菌は細菌類，コウボ菌はからだが菌糸でできており，シイタケやアオカビと同じ真菌類で，ともに寄生生活を行う従属栄養の植物である。ケイソウ，コンブはソウ類で，黄色，褐色または緑色の色素をもち，光合成を行う独立栄養の植物である。

(3) サクラは胚珠が子房で覆われている被子植物で，イチョウは胚珠がむき出しになっている裸子植物である。

(4) コンブ，スギゴケ，ワラビは胞子でふえ，イチョウ，サクラは種子でふえる。

76

イ，カ，キ，ケ，コ

解説

被子植物は，双子葉類と単子葉類に分けられる。

〈双子葉類の特徴〉

子葉は2枚。葉脈は網状。維管束は輪状配列。根は太い主根と細い側根。

〈単子葉類の特徴〉

子葉は1枚。葉は細長く，葉脈は平行。維管束は散在配列。根は同じ太さのひげ根。

	子葉の数	葉脈	茎の維管束
双子葉類	2枚	網状脈	輪状配列
単子葉類	1枚	平行脈	散在配列

77

(1) **C，D，E**　(2) **ウ，キ**
(3) **ウ，オ**　(4) **ア，エ**

解説

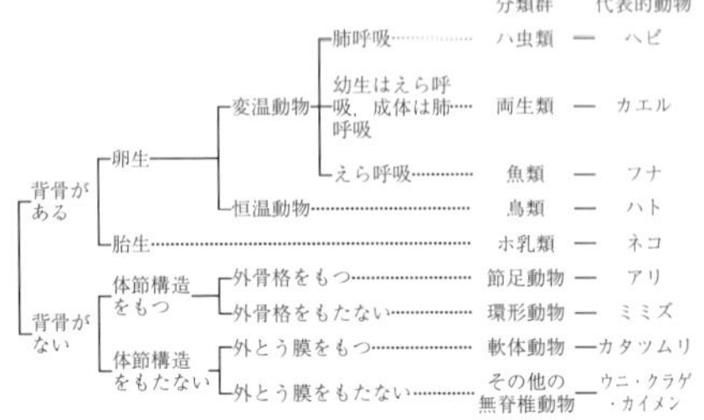

78

(1)

(2) **ア**　(3) **ウ，エ**

解説

(1) 前羽・後羽・前あし・中あし・後あしはすべて胸部にある。

(2) モンシロチョウはキャベツなどアブラナ科の植物の葉の裏に卵を産む。ミカンの葉に卵を産むのはアゲハチョウである。

(3) 完全変態：卵→幼虫→さなぎ→成虫。
不完全変態：さなぎの時期がない。

79

背びれ：ア　尻びれ：ウ

解説

メダカのオスの背びれは切れ込みがあり，尻びれはメスより大きく平行四辺形に近い。

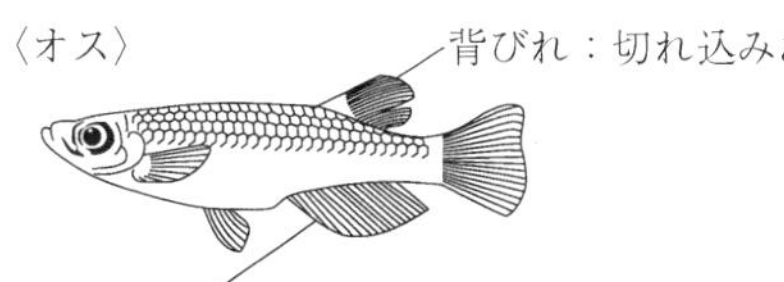

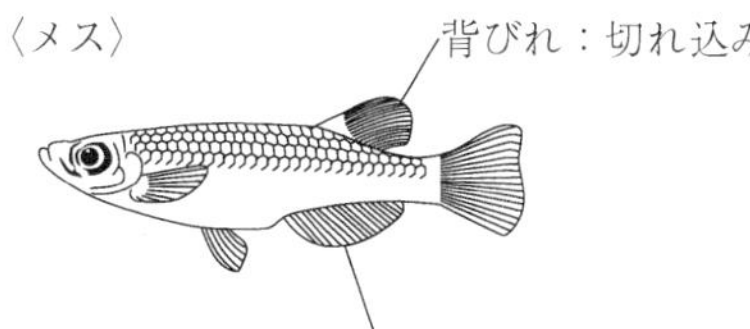

80

(1) **イ**　(2) **肝臓**　(3) **エ**
(4) **左心室**

解説

(1) 肺では，血液中の二酸化炭素を放出し，酸素を供給するので，イが最も酸素が多い。

(2)・(3) 栄養分は小腸で吸収され，エの肝門脈（小腸から出て肝臓に入る血管）を通ってBの肝臓に運ばれるので，エが最もブドウ糖が多い。

(4) ヒトの心臓は2心房・2心室の4つの部屋に分かれている。心室は，心房からきた血液を強い圧力で動脈に送り出す。

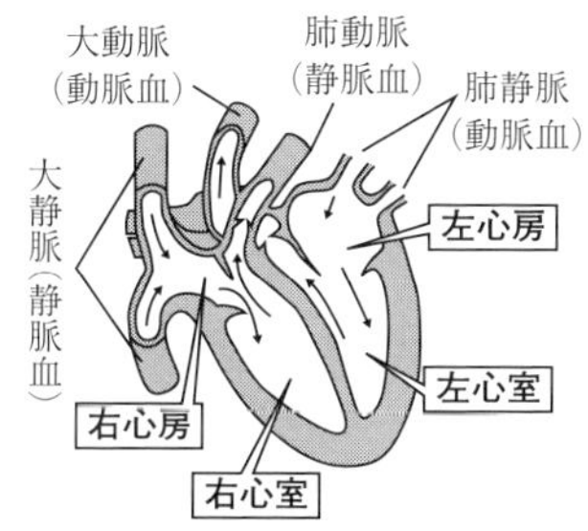

81

(1) **B．胃**　**C．肝臓**
D．すい臓　**E．十二指腸**
F．大腸　**G．小腸**

(2) **デンプンを糖（麦芽糖）に分解する。**

(3) **B，E，G**　(4) ① **G**　② **C**

解説

(1) 口から取り入れられた食物は，食道→胃→小腸→大腸→肛門の順で消化管を通っていく。

(3) 十二指腸ではすい液が分泌され，デンプン，タンパク質，脂肪が分解される。小腸では腸液が分泌され，デンプン，タンパク質が分解される。

(4) 小腸の柔毛から吸収された栄養分は，肝門脈を経て肝臓に運ばれる。ブドウ糖の一部は，肝臓でグリコーゲンとして貯蔵される。

82

(1) **A**
理由：だ液に含まれるアミラーゼのはたらきでデンプンが麦芽糖に分解されるため。

(2) **A**

解説

(1) ヨウ素液はデンプンと反応して青紫色になる（ヨウ素デンプン反応）。試験管Bの中ではデンプンが変化しないため，時間を経過してもヨウ素デンプン反応がみられ，溶液は青紫色になる。

(2) 麦芽糖などの糖にベネジクト液を加え加熱すると，赤褐色の沈殿が生じる（ベネジクト反応）。

83

②，③

解説

① 尿酸ではなく尿素を合成する。

④ 肝臓では消化酵素を含まない胆汁が生成される。

⑤ 腎臓についての記述である。

84

(1) **D．脊髄**　**E．感覚神経**
F．運動神経

(2) **a**　(3) **A→E→D→F→B**

解説

神経系は中枢神経（脳・脊髄）と末梢神経（感覚神経・運動神経）に分けられる。外部からの刺激は感覚神経によって脳に伝えられ，大脳からの命令が運動神経によって筋肉に伝えられ行動をおこす。

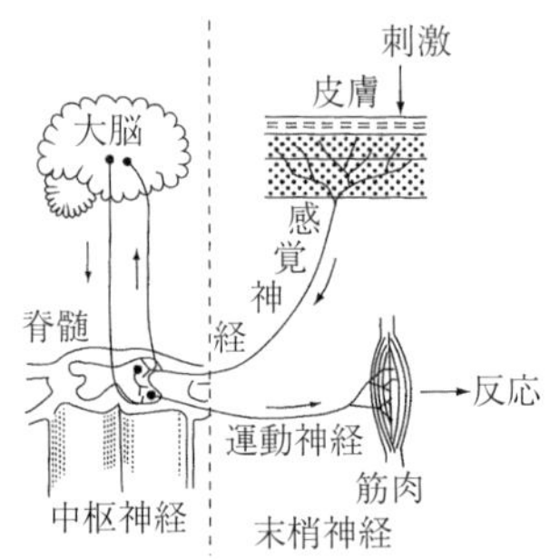

(2) 感覚神経とつながっているので，興奮を大脳の方向へ伝える。

(3) 無意識におこる反射は大脳が関与しない。

85

(1) **エ**　(2) **オ**　(3) **ア**

解説

顕性（優性）の親AAと潜性（劣性）の親aaを交配すると，その雑種第1代（F_1）ではAaの遺伝子をもった子ができ，顕性（優性）の形質を表す。F_1はすべて（黄・丸）であったことから，黄と丸が顕性（優性）で，緑としわが潜性（劣性）であることがわかる。よって，子葉の色の遺伝子型は，A（黄），a（緑）で，種子の形の遺伝子型はB（丸），b（しわ）となり，親（P）の遺伝子型は，（黄・しわ）はAAbb，（緑・丸）はaaBBと表される。

P　黄・しわ×緑・丸
　AAbb　aaBB

F_1　黄・丸
　AaBb

F_2

	AB	Ab	aB	ab
AB	AABB	AABb	AaBB	AaBb
Ab	AABb	AAbb	AaBb	Aabb
aB	AaBB	AaBb	aaBB	aaBb
ab	AaBb	Aabb	aaBb	aabb

黄・丸：黄・しわ：緑・丸：緑・しわ
＝　9　：　3　：　3　：　1

86

(1) **生物A：②**　**生物B：①**
生物D：③

(2) **ア，ウ，エ，オ**

(3) **食物連鎖**　(4) **生物B**

解説

炭素は大気中の二酸化炭素や有機物に含まれている。すべての生物は呼吸を行い，二酸化炭素を大気中に放出している。さらに植物は，光合成により二酸化炭素を取り入れ，酸素を放出している。光合成により無機物から有機物をつくり出すことのできる緑色植物を生産者，有機物を食べる動物を消費者，生物の遺体や排出物を無機物に分解する菌類，細菌類を分解者という。生物Bは植物を食べる草食動物，生物Cは肉食動物にあたる。図中のイは光合成，カは燃焼を表す矢印である。

5 生命・地球（地学分野）

87

(1) A　(2) 18℃　(3)

(4) ① イ　② エ
③ ク　④ キ

解説

(1) 晴れの日の方がくもりの日に比べて，最高気温と最低気温の差が大きい。

(2) 目盛りの間に液面があるとき，小学3年生では，液面に近い方の目盛りを読ませる。

88

(1) イ　(2) イ　(3) ウ

解説

明石（日本の標準時間）では，太陽は12時に南中する。その頃，地温も最高になり，気温はその後高くなる。

89

(1) 百葉箱　(2) 北
(3) 67％　(4) 7.6g/m^3

解説

(2) 扉を開けたときに，中に日光が差し込まないようにするため。

(3) 乾球温度が13℃，湿球温度が10℃なので，表より湿度は67％になる。

(4) $湿度 = \dfrac{空気1\mathrm{m}^3中の水蒸気量}{その気温での飽和水蒸気量} \times 100$

より，

空気1m^{3}中の水蒸気量

$= 11.3 \times 0.67 \fallingdotseq 7.6$〔g/m^3〕

90

(1) **74.9%**　(2) **20℃**
(3) **7.9g**

解説

(1) $湿度 = \dfrac{空気1\mathrm{m}^3中の水蒸気量}{その気温での飽和水蒸気量} \times 100$
であるから，

$$\frac{17.3}{23.1} \times 100 \fallingdotseq 74.9〔\%〕$$

(2) 空気中の水蒸気量と飽和水蒸気量が等しくなったときの気温が露点である。
(3) 10℃における飽和水蒸気量は$9.4\mathrm{g/m^3}$なので，

$$17.3 - 9.4 = 7.9〔\mathrm{g}〕$$

91

30℃

解説

この空気のかたまりは水蒸気で飽和しているので，上昇し始めると気温が下がって雲が生じ，雨を降らせる。AからBまでは100mにつき0.5℃ずつ温度が下がるから，Bでの温度は，

$$20 - 2000 \times \frac{0.5}{100} = 10〔℃〕$$

BからCまでは雲が生じていないので，100mにつき1℃ずつ温度が上昇する。

$$10 + 2000 \times \frac{1}{100} = 30〔℃〕$$

このように，湿った空気が山を越えたとき，風下側では高温で乾燥した空気になる現象をフェーン現象という。

92

(1) **温暖前線**　(2) **ア**　(3) **エ**

解説

(3) A地点では，まもなく寒冷前線が通過する。

93

(1) **冬**　(2) **西高東低**
(3) **寒冷前線**
(4) **快晴，北西の風，風力3**

解説

代表的な天気記号は記憶しておくこと。

快晴	晴れ	くもり	雨	雪
○	⦶	◎	●	⊗

94

(1) **B**　(2) **太陽の日周運動**
(3) **イ**　(4) **56°**　(5) **地軸**

解説

(3) 春分・秋分の日には太陽は真東から昇り，真西に沈む。
(4) 春分・秋分の日の南中高度
　$= 90° - 観測地点の緯度$
　$= 90° - 34° = 56°$

95

(1) **46.8°**　(2) **C**　(3) **35.0°**

解説

(1) 春分，秋分の日の太陽の南中高度を$h = (90° - 緯度)$とすると，夏至の太陽の南中高度$= h + 23.4°$が最も高く，冬至の太陽の南中高度$= h - 23.4°$が最も低くなる。よってその高度差は，

$$23.4° \times 2 = 46.8°$$

(3) 北極星の高度＝観測地点の緯度

96

(1) **上弦の月**　(2) **南**　(3) **オ**

解説

(2) 観測者と太陽の位置関係から求める。

上弦の月

地球の自転方向

太陽が南中しているとき(12時頃)東から上弦の月が昇る。

上弦の月

太陽が西に沈むとき(18時頃)上弦の月が南中する。

上弦の月

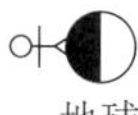

真夜中(0時頃)上弦の月が西に沈む。

(3) 月の形の変化は，上弦の月→満月→下弦の月→新月→上弦の月となる。約29.5日が1周期なので，上弦の月が満月になるのに約7日かかる。

97

(1) **A．東**　**B．北**
　C．西　**D．南**

(2) **A．a**　**B．b**
　C．b　**D．b**

(3) **ウ**

解説

星の動きは基本的に太陽と同じ，つまり東から出て南を通って西に沈む。北側にある星は北極星を中心に反時計回り。

98

(1) **b**　(2) **B**

(3) **星座：オリオン座**
　αの星：ベテルギウス

(4) **エ**

(5) **地球の地軸が公転面に対して傾いており，太陽を中心に公転しているため，太陽の高度が季節によって変化する。太陽の高度が大きいときが夏で，小さいときが冬である。**

99

(1) **夏**

(2) **A．はくちょう座，デネブ**
　B．こと座，ベガ
　C．わし座，アルタイル

(3) **① 2**　**② 早**

解説

夏の大三角である。冬の大三角とともに覚えておくこと。俗にベガはおりひめ星，アルタイルはひこ星と呼ばれている。

100

(1)

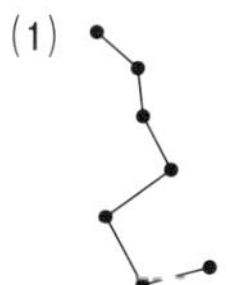

(2) **73.4°**

解説

(2) 北半球では，北極星の高度と観測地の緯度は等しい。よって，この地域の緯度は40°となる。太陽の南中高度は季節によって変わるが，夏至では「90°－緯度＋23.4°」で求められる。

90°－40°＋23.4°＝73.4°

101

(1) ペガスス座　(2) 31.6°
(3) B　(4) 表面温度

解説

(1)

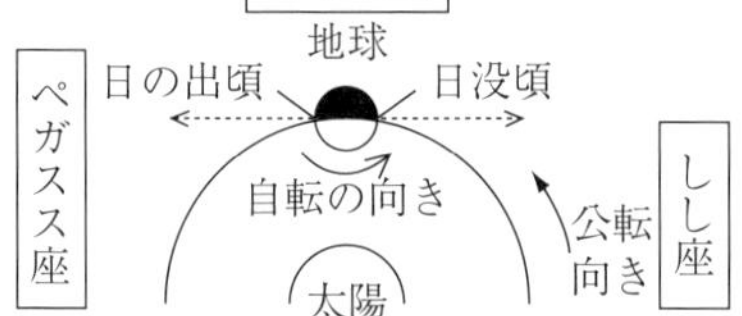

上図のように地球は自転・公転している。日の出前，南の空に見えるのはペガスス座で，日没頃に南の空に見えるのはしし座である。

(2) 地球がCの位置にあるとき，夜にオリオン座が南中するので，季節は冬である。太陽の南中高度は季節によって変わる。冬至では，

90°－緯度－23.4°
＝90°－35°－23.4°＝31.6°

(3) 日没頃に東の空に見えるのは，太陽と逆の方向にある星座である。

102

(1) D
(2) 金星のある方向が太陽と重なるため。
(3) 水星

解説

(1) Dが夜明けに東の方角に見える明けの明星，Bが夕方に西の方角に見える宵の明星である。

(3) 内惑星(地球の内側に軌道をもつ惑星)は，月のように満ち欠けが観測できる。

103

(1) ① 侵食　② 運搬　③ 堆積
(2) ① A　② A　③ A
④ B　⑤ A　⑥ B
(3) 粘土→砂→小石→大きな石

解説

(2) 外側のA地点では，水の流れが速く侵食作用が強い。そのため川底が深くなりやすく，崖になりやすい。

104

(1) 断層　(2) 不整合
(3) エ→カ→ウ→オ→イ→キ→ア

解説

地層は下から上に重なっていくことと，断層により，ずれている地層に注目する。ずれている地層は断層の前に堆積し，ずれていない地層は断層の後に堆積したことになる。

Bはマグマが貫入してきでた火成岩で，C，D層及びE－E′，F－F′を断ち切っているので，E－E′形成後，G－G′形成前に貫入したと考えられる。

105

(1) ア
(2) ・化石，岩石などの採取は必要範囲にとどめる。

・採取後は露頭を元の状態に戻し，整地しておく。
・がけくずれ，斜面での転倒，転落などに気を付ける。
・交通事故，天気や天候に注意し，不慮の事故を防ぐ。

などから2つ

解説

(1) サンヨウチュウ・フズリナ・リンボクは古生代，ホ乳類・被子植物は新生代の示準化石。

106

(1) ウ
(2) ① A ② C
(3) ① A ② C ③ B
(4) ① C ② C ③ A ④ A ⑤ C ⑥ A ⑦ B
(5) 長石

解説

火成岩についてはしっかり整理しておくこと。

107

(1) A．P波，X　B．S波，Y
(2) 初期微動継続時間
(3) 30秒
(4) 震度とは，ある観測点での地震によるゆれの大きさの程度を0，1，2，3，4，5弱，5強，6弱，6強，7の10階級に分けて表したもの。マクニチュードは，地震が放出するエネルギーの大きさを表す尺度。

解説

(3) 表より，P波の速度は，

$$\frac{140〔km〕}{20〔秒〕}=7〔km/秒〕$$

S波の速度は，

$$\frac{120〔km〕}{30〔秒〕}=4〔km/秒〕$$

初期微動継続時間〔秒〕

$$=\frac{震源からの距離}{S波の速度}-\frac{震源からの距離}{P波の速度}$$

より，

$$\frac{280}{4}-\frac{280}{7}=30〔秒〕$$

108

(1) ②　(2) ⑨　(3) ⑩
(4) ④　(5) ①　(6) ④
(7) ⑦，⑧　(8) ②　(9) ⑦
(10) ③

5 生活

1 学習指導要領

1

A．自立　B．身近な人々
C．自然　D．習慣や技能
E．自分自身　F．意欲

2

・学習上の自立　・生活上の自立
・精神的な自立

3

A．身近な人々　B．自分との関わり
C．愛着　D．遊び
E．可能性

4

A．イ　B．カ　C．ウ

5

A．学校生活　B．通学路
C．家族　D．自分の役割
E．健康　F．成長の様子
G．生命　H．生き物
I．交流　J．感謝の気持ち
K．成長への願い　L．意欲的

6

④

解説
①・⑤　自然や物を使った遊び
②　自分の成長
③　公共物や公共施設の利用

7

(1)　エ　(2)　カ　(3)　ウ

解説
選択肢のア～カ以外に，健康で安全な生活，身近な自然との触れ合い，時間と季節，成長への喜び，基本的な生活習慣や生活技能がある。生活科では，9項目の内容をこれら11の「具体的な視点」から構成している。

8

A．一体的　B．言葉
C．劇化　D．比べる
E．コンピュータ　F．生活科の特質
G．高齢者　H．技能

9

①　○　②　×
③　×　④　○

解説
②　「環境を整えて，できるだけ校内で安全に活動を行うようにする」ではなく，「校外での活動を積極的に取り入れる」が正しい。
③　「国語科」ではなく，「生活科」を中心とした合科的・関連的な指導や，弾力的

な時間割の設定を行うなどの工夫をする，が正しい。

10

①，③，⑤

解説

② 「学校内外の教育資源の活用を図ること」が正しい。

④ 「活動や体験に合わせて授業時数を適切に割り振ること」が正しい。

11

①，③，④

解説

② 活動のそれぞれに目標があるため，楽しいだけで終わってはいけない。「伝え合い交流する場を工夫する」ことが重要である。

⑤ 生活科においては，人々・社会・自然とかかわる方法を身に付けることが重要であり，科学的な知識は要求されない。

12

A．安心感　　B．成長

C．自立

2 学習活動

13

④

解説

④ 学校探検は，屋内のみでなく，屋外の活動を取り入れることも大切である。飼育小屋や校庭なども学校探検の対象となる。

14

〔解答例〕

・事前に探検コースへ出向き，危険な箇所がないか確認する。

・店の人から話を聞く場合は，事前に活動の趣旨などを説明し協力を依頼する。

・道路の歩き方，横断歩道の渡り方など交通安全指導を行う。

・決まったコース以外は歩かないことや，地域の人々への対応の仕方，緊急時の連絡方法など，探検する際の約束ごとを指導しておく。

・他の教職員や保護者，地域の人々などの協力を得て，安全に十分配慮して活動する。

などから3つ

15

(1) ④

(2) 〔解答例〕

・グループの構成員を途中で交代させる。

・遊びのルールを変えてみる。

・子どもがした以外の遊びを紹介する。

・公園の遊具に頼った遊びに偏らないよ

うに，自然物を使ったり，生き物に触れたりする活動をするよう助言する。

解説

(1) ④ 遊びにルールは不可欠である。集団遊びの中で基本的なルールを身に付けて，一人ひとりが自分の思いをコントロールできるようにすることが重要である。

16

(1) **おしばな，いろみずづくり，たたきぞめ　などから2つ**

(2) **おしべやめしべまでとると種ができないから。**

解説

(1) いろみずづくりは，ビニール袋に花と水(スプーン1～3杯くらい)を入れよくもむ。その後，袋のすみを切ってよく絞り，汁を出す。その汁で絵を描いたり，しぼり染めにしたりする。

17

(1) ④

(2) 〔解答例〕

- **生き物探しをする場所について，危険箇所がないか，安全を確認する。**
- **事前に校長などと連絡をとり，学校全体の協力を得る。**
- **救急箱の用意をするなど，生き物を媒介とした感染症等に注意する。**

などから2つ

(3) ④

解説

(1) ④ ザリガニやおたまじゃくしなど教室で飼うのに適した生き物もあるため，飼育小屋に限定する必要はない。

(3) ④ 子ザリガニも共食いをするため，複数の水槽に分けて飼育することが望ましい。

18

(1) ③

(2) 〔解答例〕

「毎日，いろんな子に触られるから，ウサギはもしかしたら驚いているのかもしれないね。やさしく触れば大丈夫だから，背中をゆっくりとなでてあげようか。きっと喜んでくれるよ。」

解説

(1) ① 野草は害があるものが多いので，むやみやたらと与えないこと。ウサギのえさとしては，キャベツや人参などの野菜がよい。

② ウサギは暑さにも弱い生き物である。また湿気にも弱いので，梅雨時には，風通しをよくすることが求められる。

③ ウサギは夜行性ではあるが，昼も人間と同じように動くことはできる。

④ ウサギを他の動物とともに飼うことは，非常に危険である。

⑤ ウサギは耳ではなく，首すじの皮をつかみ，もう一方の手でしりを抱え込むようにする。

(2) 生き物に親しみ，生き物のいろいろなことに気付き，それらを大切にすることがねらいである。そのねらいに基づいて，生き物の好みや習性を知り，成長の様子などから世話の仕方や関わり方に気付かせることが大切である。

19

①，③，④

解説

② 毎日記録を書くことは，目標にはなり得ない。児童の興味・関心を高め，意欲をかきたてるような取り組みが必要である。

⑤ 理科における目標である。

20

(1) 〔解答例〕

アサガオも生き物であるから，成長の様子はそれぞれに異なることや一斉に同じように成長するわけではないことを教える。そして，願いをもって栽培に取り組めるように励ましながら，発芽の様子や成長ぶりを楽しんで観察するように指導する。

(2) 〔解答例〕

「あなたのアサガオはゆっくり太陽の光をあびて，たくさんお水をすってじわじわと力を蓄えているんだよ。あまり大きくなっていないように見えても，少しずつ変わってきているんだよ。じっくりと観察してごらん。」

解説

(1) 活動のねらいとしては，願いをもって栽培などを継続的に行うことができるようにすることである。子どもは誰しも順調にアサガオが成長するものと思っているが，発芽のタイミングや成長の在り方は異なる。児童の負担にならない程度に要因を考えさせ，アサガオと意欲的に関わることができるように，適切な対応をすることが求められる。

(2) 児童が自信や安心感をもって，栽培活動に取り組めるように前向きな姿勢で励ますことが大切である。また，常日頃から，授業の際，成長差があることを考慮して，指導にあたることが重要である。

21

(1) ①，④，⑤　　(2) ①，④

解説

(1) ②・③は秋まきに適した植物である。春まきの植物は選択肢のほかに，オシロイバナ，コスモス，サルビア，ヒマワリなどがある。

(2) ② 春まきに適した植物である。
③ 連作は可能である。
⑤ 追肥は葉が6～9枚になるまでに行う。

22

(1) A．②　　B．⑦
C．④　　D．⑥

(2) A．水平（舟底）　　B．追肥

23

(1) 〔解答例〕

単元名は「手づくりのおもちゃで遊ぼう。」この単元において，地域の老人に竹とんぼやおはじきなど，昔のおもちゃの作り方や遊び方を聞き，児童が自分で作る際の援助をしてもらう中で，お互いに触れ合うことができる学習活動にする。

(2) 〔解答例〕

消極的な児童と，積極的に話をしている児童が一緒に作業するようにし，老人と話しやすい雰囲気を作る。

(3) 〔解答例〕

おもちゃを使ってどのような遊びをしたかについて手紙を書いたり，老人の住んでいる近くに出かけて学習したりする機会を作り，授業に参加してもらう。

解説

(1) 単元はいずれの単元でもよい。その単元で，老人ならではの知識や経験を児童に示せるような活動を取り上げる，老人に対する労りの心がもてるような活動を取り上げるなど，ねらいに応じた学習の場を提案することがポイントである。

(2) 身近に老人がいない，人見知りが強いなど，触れ合いに消極的な児童にはそれなりの理由がある。その理由を児童の行動から推測し，楽しい活動になるように言葉を掛けたり，学習形態を変えたりすることが挙げられる。児童に対し，老人が積極的に話し掛けるように協力を求めることも考えられる。

(3) 特別に単元を設けなくても，生活科及び他の教科において，児童が製作した作品の発表会に来てもらうなど，様々な機会が考えられる。

24

(1) 〔解答例〕

- **公園に出かけ，遊具や自然に親しんだり，遊びを工夫したりしながら友達と楽しく遊ぶことができる。**
- **公共物や公共施設はみんなのもの，みんなのために役立っているものであることに気付く。**
- **公園でのルールやマナーを身に付け，正しく利用できるようにする。**

から2つ

(2) 〔解答例〕

- **「ブランコ上手にこげるね。お友達にもかわってあげようか。順番にブランコこいでみよう。」**
- **「みんなのところへ行って遊んでみようか。楽しそうだよ。」　など**

解説

友達やそこへ来ている人々とうまく関われるように言葉掛けをすることが大切である。ねらいに即して適切な言葉掛けを考えよう。

6 音楽

1 学習指導要領

1

A．表現　B．曲想
C．愛好する　D．感性
E．情操

2

A．感性　B．要素
C．イメージ

3

(1) 第5学年及び第6学年
(2) 第1学年及び第2学年
(3) 第3学年及び第4学年

4

A．歌唱　B．音楽づくり
C．意図　D．味わって
E．進んで　F．楽しさ
G．音楽経験

5

A．暗唱　B．リズム譜
C．ハ長調　D．副次的
E．即興的　F．ハ長調及びイ短調
G．全体の響き

6

(1) 第5学年及び第6学年
(2) 第1学年及び第2学年
(3) 第3学年及び第4学年

7

第1学年及び第2学年：ア，オ
第3学年及び第4学年：イ，ウ
第5学年及び第6学年：エ，カ

8

A．主体的・対話的　B．協働
C．一連の過程　D．共通事項
E．工夫　F．歌えるよう
G．他教科　H．生活科
I．イメージ　J．共感
K．コミュニケーション
L．一体感　M．体を動かす
N．著作者　O．尊重
P．継承　Q．素地
R．郷土　S．伴奏
T．唱歌　U．わらべうた
V．移動ド唱法

9

②

解説

① 諸外国に伝わる楽器は，第5学年及び第6学年。
③ 電子楽器は，第5学年及び第6学年。

④　リコーダー，鍵盤楽器は，第3学年及び第4学年。

10

⑴　**合唱，合奏**

⑵　**〔解答例〕**

- **自分の受け持つ旋律をきちんと歌ったり演奏したりするようにする。**
- **全員で一つの音楽をつくっているという協同する喜びを感じることができるようにする。**

解説

共通教材である「ふるさと」についてはよく出題されている。「音の重なり」を重視した場合，上記のような指導上の留意点が挙げられるが，その他の留意点として，次のようなことがある。

- 歌詞の内容をよく読み，情景や気持ちをより豊かに感じ取るなどして共通理解を深める。
- この曲には数多くの編曲があるので，児童の曲想に合ったものを選び，表現を深めていく。

11

⑴**〈特徴〉**

声がかすれたり，高音が出しにくかったりする。

〈指導〉

- **変声期以前に身に付けた歌い方を意識しながら，声帯に無理のない歌い方で歌うようにする。**
- **変声が落ち着く頃から児童に合った音域で歌うようにする。**

⑵　**〔解答例〕**

舌を使って「トゥ」や「ト」と発音するようにして音を出すように指導する。その際，「封筒(ふうとう)」(フートー)と言いながらリコーダーを吹いて，タンギングをしない音(フー)とタンギングをした音(トー)の違いを感じさせるようにする。

2 音楽一般

12

(1) ト音記号（高音部記号）
(2) フラット
(3) 縦線
(4) シャープ
(5) ナチュラル

13

(1)　(2)　(3)　(4)　(5)

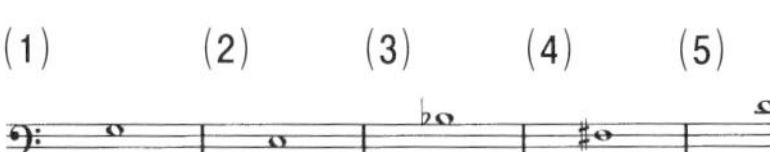

音名：ト　ホ　変ロ　嬰へ　二（一点二）

14

(1) ア　(2) オ　(3) エ
(4) ウ　(5) イ

15

(1) $\frac{3}{4}$

(2)

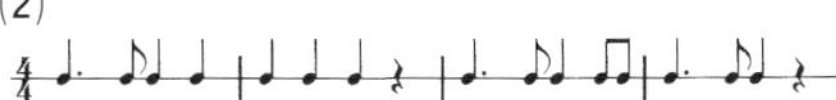

(3) A. ♩.　B. ♪　C. ♩

16

(1) 完全5度　(2) 長3度
(3) 完全8度　(4) 短2度
(5) 完全4度

17

ソソラソミドドラソドミレドシド

解説
楽譜の旋律はヘ長調であるため，主音のヘ音がドとなる。

18

(1) ♪　(2) 転調
(3) イ短調　(4) 二部形式
(5) ア　(6) **Allegro**
(7)

解説
(5) イ，エは弦楽器，ウ，オは金管楽器である。

19

ア

20

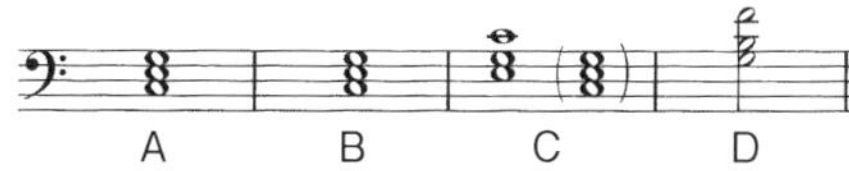

21

オ

22

(1) メッゾ・ピアノ，少し弱く
(2) クレシェンド，だんだん強く
(3) ピアノ，弱く
(4) ディミヌエンド，だんだん弱く
(5) フォルテ，強く

23

(1) A　(2) C
(3) A　(4) C
(5) B　(6) C
(7) B　(8) A

24

(1) アンダンテ，ゆっくり歩くような速さで
(2) アレグロ，速く
(3) アダージョ，ゆるやかに
(4) モデラート，中ぐらいの速さで
(5) アレグレット，やや速く
速い順：(2)→(5)→(4)→(1)→(3)

25

オ

26

(1) イ　(2) オ　(3) エ
(4) ア　(5) ウ

27

(1) エ
(2) ウ→エ→ア→イ
(3) ウ

解説

(1) アは鍵盤楽器，イは打楽器，ウは弦楽器，オは木管楽器である。
(3) アは管楽器・打楽器による合奏，イは五重奏，エは四重奏，オは三重奏である。

28

(1) 独唱　(2) 斉唱
(3) 重唱　(4) 合唱
(5) ア・カペラ

29

(1) イ　(2) オ　(3) エ
(4) ウ　(5) ア

30

(1) イ　(2) オ　(3) ア
(4) ウ　(5) エ

31

A. ウ　B. エ　C. ア
D. オ　E. イ

32

(1) 国民楽派　(2) 9曲
(3) J.S.バッハ　(4) シューベルト
(5) 古典派

33

ウ

解説

雅楽（管絃）で用いられる楽器は，次のとおりである。
管楽器：篳篥，竜笛，笙
弦楽器：楽琵琶，楽箏
打楽器：鞨鼓，楽（釣）太鼓，鉦鼓
尺八は，竹で作られる縦笛である。奈良時代に原型が伝わり，江戸時代には禅宗の一派である普化宗の僧（虚無（こむ）僧）が読経の

代わりに尺八を吹くようになり，明治時代には一般にも広まった。

34

A．イ　B．オ　C．キ
D．ケ　E．エ

解説

長唄「勧進帳」は，能「安宅」を素材に作られたものである。長唄で用いられる楽器は，三味線（細棹），大鼓，小鼓，締太鼓，笛（能管，篠笛）であるが，締太鼓と笛は曲によって使い分ける。長唄「勧進帳」では，締太鼓は使われず，笛は能管を使う。

3 表現－歌唱・器楽－

35

(1) 「うみ」
(2) ト長調
(3) うみはひろいなおおきいな

36

(1) 「かたつむり」
(2) 4分の2拍子 $\left(\frac{2}{4}\right)$
(3)

37

(1) 「ひらいたひらいた」
(2) エ
(3) 2番

解説

(2) 歌詞の「れんげ」は，蓮（はす）のことである。

38

(1) 「春がきた」
(2) 作詞者名：高野辰之
作曲者名：岡野貞一
(3) 4分の4拍子 $\left(\frac{4}{4}\right)$
(4) オ
(5) はながさくはながさく

39

(1) 第2学年

(2)　4分の2拍子 $\left(\frac{2}{4}\right)$

(3)　A：𝄾

B：𝄽

40

(1)　「夕やけこやけ」　(2)　草川信
(3)　エ　(4)　𝄾
(5)　こどもがかえったあとからは

解説
この曲の作詞者は，中村雨紅である。
(3)　各楽譜の形式は，次のとおりである。
ア．一部形式　イ．一部形式
ウ．一部形式　エ．二部形式

41

(1)　「春の小川」　(2)　イ
(3)　「おぼろ月夜」「ふるさと」
(4)　♩
(5)

解説
この曲の作詞者は高野辰之，作曲者は岡野貞一である。

42

(1)　「ふじ山」　(2)　ウ
(3)　ハ長調　(4)　ウ
(5)　しほうのやまをみおろして

43

(1)　「まきばの朝」　(2)　ハ長調
(3)　第4学年
(4) 
(5)　ア

44

(1)　D→A→B→C
(2)　「こいのぼり」
(3)　ヘ長調　(4)　二部形式
(5)　第5学年

45

(1)　「スキーの歌」　(2)　イ
(3)　とぶとぶおおぞらはしるだいち
(4)　ト長調
(5)　名称：タイ
意味：同じ高さの2つの音符をつなぐ

解説
この曲の作詞者は，林柳波である。

46

(1)　「冬げしき」　(2)　冬
(3)　港のある入り江
(4)　エ　(5)　ウ

47

(1)　A．ア　B．オ　C．ウ
(2)　律音階
(3)　「うさぎ」「さくらさくら」「子もり歌」のうちから1つ

48

(1) 「おぼろ月夜」
(2)
(3) 弱起の曲
(4) 「越天楽今様」「ふるさと」「われは海の子」　のうちから1つ
(5) ウ

解説
この曲の拍子は，4分の3拍子である。また，指導学年は，第6学年である。

49

(1) 作詞者名：高野辰之
　作曲者名：岡野貞一
(2) 第6学年
(3) 4分の3拍子 $\left(\frac{3}{4}\right)$
(4)
(5) 二部合唱

50

(1) 「われは海の子」　(2) 第6学年
(3) イ
(4)
(5) われはうみのこしらなみの

51

(1) A.「かくれんぼ」
　B.「うさぎ」
　C.「さくらさくら」
(2) 陰音階　(3) C

52

(1) バロック(イギリス)式，ジャーマン(ドイツ)式
(2) A. タンギング
　B. サミング

解説
(1) リコーダーには，運指法によって，バロック(イギリス)式とジャーマン(ドイツ)式がある。違いは，4，5の指穴(トーンホール)の大きさから判断でき，バロック式は，5が4よりも大きく，ジャーマン式は，逆である。

53

(1) 曲名：「メヌエット」
　作曲者名：クリーガー
(2) イ
(3) ⑨

54

(1) 
(2) 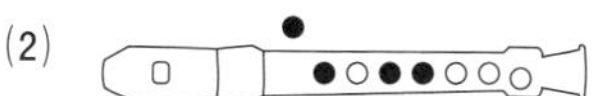
(3) ⑥→⑧→⑩→⑪

解説
この曲は，デニーランデル編作曲「ラバースコンチェルト」である。
(1) より高い音を出す場合には，サミングをする。

4 鑑賞

55

(1) イ　(2) エ　(3) オ
(4) ウ　(5) ア

56

(1) エ　(2) イ　(3) エ

57

(1) 山田耕筰　(2) ア，エ
(3) イ

58

(1) グリーグ　(2) ア
(3) 8分の6拍子 $\left(\frac{6}{8}\right)$

59

(1) 「春の海」　(2) 宮城道雄
(3) 箏，尺八

5 総合

60

(1) A．名称：メッゾ・フォルテ
意味：少し強く
B．名称：アクセント
意味：その音を特に強く
(2) へ長調　(3) イ

61

(1) 「茶つみ」
(2) 「うさぎ」「春の小川」「ふじ山」のうちから1つ
(3) エ
(4) ソソソミレドレ　(5) イ

62

(1) 「とんび」　(2) エ
(3) 1分間に♩を 88 から 96 打つ速さを示す
(4) イ̇（一点イ）
(5)
(6) 付点2分音符
(7) 〔解答例〕

63

(1) 「もみじ」
(2) 作詞者名：高野辰之
作曲者名：岡野貞一
(3) 秋

(4)　4分の4拍子 $\left(\frac{4}{4}\right)$

(5)
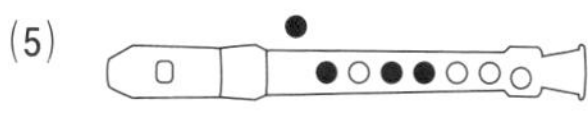

(6)

(7)　終止線

64

(1)　ホルン協奏曲　(2)　モーツァルト

(3)　4分の4拍子 $\left(\frac{4}{4}\right)$

(4)　ウ

(5)

65

(1)　ピアノ五重奏曲「ます」

(2)　オ　(3)　変奏

(4)　弱起の曲

(5)

解説

楽譜は，シューベルト作曲ピアノ五重奏曲「ます」の第4楽章を，アンサンブル用に編曲したものである。

66

(1)　作曲者名：滝廉太郎
補作編曲者名：山田耕筰

(2)　(3)　ロ（一点ロ）

(4)　完全5度　(5)

67

(1)　「花」

(2)　4分の2拍子 $\left(\frac{2}{4}\right)$

(3)　ウ

(4)　バス→テノール→アルト→ソプラノ

(5)　A．名称：メッゾ・フォルテ
意味：少し強く
B．名称：フェルマータ
意味：その音符をほどよくのばす
C．名称：リタルダンド
意味：だんだん遅く

68

(1)　「浜辺の歌」　(2)　ヘ長調

(3)　ウ　(4)　*mp*

(5)　8分音符を1拍として，6拍で1小節になる6拍子。

解説

この曲の，作詞者は林古溪，作曲者は成田為三である。

7 図画工作

1 学習指導要領

1

A．鑑賞　B．造形
C．創造　D．つくりだす
E．情操

2

A．感性　B．価値

3

③，④

解説
①，②は第1学年及び第2学年，⑤は第5学年及び第6学年の目標である。

4

A．ク　B．ケ　C．イ　D．キ
E．ア　F．ウ

5

A．感覚　B．イメージ
C．造形的

6

A．自然物　B．形や色
C．感じたこと　D．手
E．体全体　F．表し方
G．身の回りの作品

7

③

解説
アは第1学年及び第2学年，エ，オは第3学年及び第4学年の内容である。

8

(1) 第3学年及び第4学年
(2) 第5学年及び第6学年
(3) 第1学年及び第2学年

9

低学年：ウ，オ，カ
中学年：イ，エ，キ，ク
高学年：ア

解説
学年別の用具・材料は次の通り。

	用具	材料
低学年	・クレヨン，パス ・はさみ，のり ・簡単な小刀類	・土，粘土，木，紙
中学年	・水彩絵の具 ・小刀，使いやすいのこぎり ・金づち	・木切れ，板材，釘
高学年	・糸のこぎり	・針金

10

A．独立して　B．表現及び鑑賞
C．工作　D．つくりだす活動
E．幼児期　F．生活科
G．道徳科

11

①，②

解説

① 「上回る」ではなく，「およそ等しくなる」ように計画する。

② 「A表現」及び「B鑑賞」の指導については相互の関連を図るようにする。ただし，「B鑑賞」の指導については，指導の効果を高めるため必要がある場合には，児童や学校の実態に応じて，独立して行うようにする。

2 表現

12

(1) ①

(2) ・絵の具を溶くための水を含ませる所
・汚れた筆を洗う所
・筆をすすぐ所

(3) ・下の色が乾いてから，上に別の色を重ねる。
・暗い部分は色を重ね，明るい部分はあまり重ねないようにする。

解説

(1) ② パレットは筆を使って洗う。
③ 混色するときは，混ぜすぎると色が濁ってしまうため，あまり多くの色を使わず，様子を見ながら少しずつ混ぜていくようにする。
④ 筆洗（水入れ）の水は，汚れたらこまめに替えるようにしないと，色が濁る原因となる。
⑤ 平筆についての記述である。丸筆は，太い線や細い線など，変化のある線を描くときに用いる。

13

筆：色を変えるときはよく洗い，前の色と次の色が混ざらないようにする。
筆洗：水をこまめに替える。付け水をきれいにしておく。
パレット：絵の具を置く所と混色する所を分ける。混色するときには，色を多く使いすぎないようにする。　など

解説

色が濁らないようにするための絵の具の

塗り方としては，薄い色の部分から塗るようにすること，重色するときは完全に乾いてから塗ることが挙げられる。

14

(1) イ　(2) ア　(3) エ
(4) オ　(5) ウ

解説

その他の主な描画材料としては，パスが挙げられる。パスは，軟質で塗りやすく，クレヨンより発色がよい。また，混色や重色がしやすく，線の太さや濃淡など変化が出しやすい。

15

A．にじみ　B．ぼかし
（A・B順不同）
C．素描（デッサン）　D．クロッキー

解説

(1) 水彩画の基礎技法としては，にじみ・ぼかしの他に，透明描法，不透明描法，点描法などがある。透明描法は水の量を多くして薄く溶き，下の色が透けるようにして描く方法，不透明描法は水の量を少なめにして濃いめに溶き，下の色を隠すようにして描く方法，点描法は筆の穂先を使い，色の点で描く方法である。

16

〔解答例〕

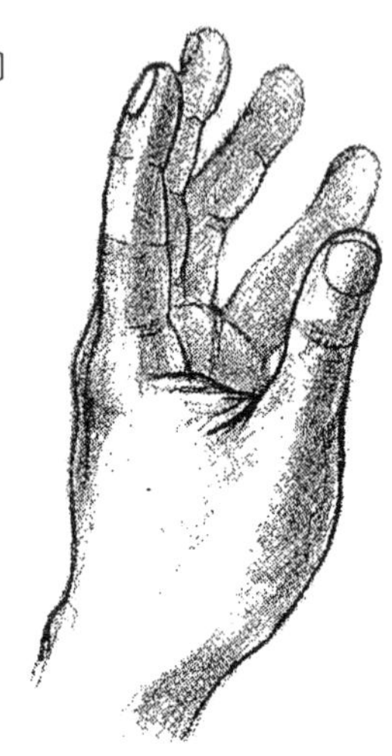

解説

手を描く場合のポイントは次の通り。
・全体を大きなかたまりとしてとらえる。
・指は基本的に円筒形に描く。
・明暗は線の粗密で表現する。

17

〔解答例〕

18

(1) 二点透視図法　**(2) 三点透視図法**
(3) 一点透視図法

解説
透視図法とは，線の方向で空間を表現する方法であり，消失点（線の集まる点）の数により，表現法が異なる。

19

(1) ⑤
(2) A．レントゲン描法
B．展開図描法

解説
(1) ② レントゲン描法についての記述。
③ 展開図描法についての記述。
⑤ 前写実期についての記述であり，中学年～高学年児童にみられる特色である。
(2) いずれも5～8歳頃の図式期にみられる描法である。レントゲン描法は下の基底線をひいてある点が特徴である。描画の発達はおよそ次の順で進んでいく。
1） なぐり描き期（スクリブル期，錯画期）：1歳半～2歳半頃
2） 象徴期（命名期）：2歳半～4歳頃
3） 図式期：5～8歳頃
4） 前写実期（黎明期）：8～11歳頃
5） 写実期：11～14歳頃

20

(1) 丸刀　**(2) 切り出し刀（切り出し）**
(3) 平刀　**(4) 三角刀**

解説
(1) 丸刀は，半円形の溝状に彫れ，太い線や柔らかい線，広い部分を彫るのに用いる。
(2) 切り出し刀は，板に切り込みを入れ，細かい溝や輪郭，文字などを彫るのに用いる。
(3) 平刀は，浅く平らに彫れ，不要な部分を彫ったり，ぼかしたりするときに用いる。
(4) 三角刀は，鋭く細い線が彫れ，細かな部分や輪郭線などを彫るのに用いる。

21

・彫る際に，刃の進む方向に指や手を置かない。
・刃の切れる彫刻刀を使わせる（使用する前に，刃の切れ味や破損していないかを確認する）。

解説
彫る際には，平刀，丸刀，三角刀は，利き手で鉛筆を持つようにして握り，反対の手の人差し指と中指を彫刻刀の柄の先に置いて，刃の動きを調整しながら彫るよう指導する。

22

(1) ドライポイント
(2) リトグラフ
(3) エッチング
(4) シルクスクリーン

解説
版画の種類としては，凹版のドライポイントとエッチング，孔版のシルクスクリーンとステンシル，平版のリトグラフの他，凸版の木版画，紙版画がある。

23

(1) ③
(2) **彫り進み法，塗り分け法**

解説

(1) ① 陰刻と陽刻についての記述が逆である。陰刻は背景を黒く残すため，全体的に暗い感じになる。一方，陽刻は対象を黒いかたまりで表し背景を彫るため，全体的に白っぽい感じになる。

② スケッチは柔らかい鉛筆が適切である。

④ ローラーには力を入れずに，軽く動かす。

⑤ ばれんは中心から外へ向けて均一の圧力で円を描くように動かす。

(2) 一版多色木版画は，版は1枚で，部分的に違う色をつけて刷る方法であり，刷り方には彫り進み法と塗り分け法とがある。彫り進み法は，彫り進める過程を何回かの段階に分け，違う色を刷り重ねていく方法で，塗り分け法は，一枚の作品を各部分に分け，違う色を組み合わせたり，刷り重ねたりする方法である。

24

A．ウ　B．カ　C．エ
D．オ　E．ク

解説

レリーフは，盛り上げによる半立体で，正面からのみ鑑賞できる。丸彫りと絵画の両方の要素をもち，光のあたる方向によって，明暗の美しさをもつ。レリーフを立体的に表現するためには，立ち上がりの角度が重要となる。「立ち上がり」とは，肉づけの角度のことである。奥行きを表現するためには，立ち上がりの角度を垂直にするとよい。

アの塑造はモデリングともいい，粘土や石膏などの可塑性のある材料を，中心から外側につけ加えたり，型に流し込んだりして形にする方法。イの彫造はカービングともいい，木や石などの固形材料を，外から彫り刻む方法のことである。

25

(1) **紙粘土**
(2) **乾燥しないように，固くしぼった布でくるみビニール袋で包んでおく。**
(3) ②，⑤

解説

(1) 紙粘土は，自由に成形したり，部品をつけたり貼ったりすることができるが，一定時間経過すると固まってしまう。一方，油粘土は，成形後時間が経っても固くならないため，形を自由に作りかえることができる。

(2) 硬くなった粘土を使う場合は，できるだけ細かく粉末状にした後，水を少しずつ加えて小さなかたまりにまとめ，ビニール袋に入れて保管するとよい。

(3) ① 立体を作るときには，様々な角度からスケッチをする必要がある。

② 麻ひもを水でぬらすのは，乾いた後，ひもがしまってしっかりと巻けるためである。

③ 芯棒は粘土がつきやすいよう表面に凹凸がある方がよいため，布を巻く必要はない。

④ 肉づけは，指の一本一本を順番にしていくのではなく，全体をかたまりでとらえ，荒づけ→仕上げというように同時に進めていくものである。

26

②

解説

ア．急に乾燥させるとひび割れの原因となるため，日陰干しにして完全に乾燥させる必要がある。
イ．完全に乾燥させてから焼成するため，布でくるんで焼く必要はない。
ウ．テラコッタ用粘土や陶芸用粘土が適している。
エ．焼いているときに割れないようにするためである。
オ．テラコッタは，約800℃で焼成する。

27

(1) A．ひもづくり　B．板づくり
C．手びねり
(2) ②，④

解説

(1) A．ひもづくりは，粘土で直径1～3cm程度のひもをつくり，それを巻きあげて成形する技法である。
B．板づくりは，たたら板を使って粘土で適当な厚さの板を作り，曲げたり，どべで接着したりして成形する技法である。
C．手びねりは，粘土に穴をあけて押し広げ，粘土を回しながら厚みが等しくなるように形を整える技法である。
(2) ② 日陰で，内部や下側までゆっくり乾かす。
④ 平らではなく，凹凸のある方がよく接着する。そのため，接着面をへらなどで傷つけておくとよい。

28

(1) 縦びき刃　刃先：B
(2) ア．B　イ．A
ウ．A　エ．A

解説

(1) 縦びき刃はのみのような刃先をもつ。横びき刃は，目を断つようにして切るときに使い，小刀が左右に向き合ったような刃先をもつ。
(2) やわらかい材料，薄い材料の場合は，ひき込みの角度をやや低くする。その他ののこぎりの使い方の留意点としては，刃全体でゆっくりひいて切るようにすること，ひく時に力を入れ，戻す時に軽く押し出すようにすることが挙げられる。

29

(1) A
(2) きりで穴をあけ，その穴に糸のこぎりを通して切る。
(3) ・刃の進む方向に手を置かない。
・両手で板をしっかり押さえ，ゆっくり板を押し出して切る。
・刃を取り換える時や使わない時はスイッチを切り，コードのプラグを抜いておく。
などから2つ

解説

電動糸のこぎりの刃は手前に向け，下向きに取り付ける。また，刃の下側をしっかり止めてから，上側を止めて刃をピンと張る。

角張った形をひく時は，ひき始めから角までひき，ゆっくりと次の方向へ板を回して，のこぎりの刃が無理なく切れることを確認し，次の方向へとひいて切るようにする。

30

(1) **板目板**　(2) **けがき**
(3) **目止め**　(4) **細かくなる**

解説

(1) 柾目板は，木目がほぼ平行で，表裏の材質が似ており，くるい(曲がったりそったりすること)が少ない。板目板は，木目に変化があり，表裏の材質が異なるため，くるいや逆目が出やすい。

(3) 目止めは，木材表面の小穴や傷などを埋めて平らにするために行う。目止め剤をへらやはけですり込み，半乾きの状態でふき取る。

31

③

解説

① はさみで紙を円形に切り取るときは，紙を回しながら切る。

② 三つ目ぎりについての記述である。四つ目ぎりは，主にくぎを打つときの下穴あけに使う。

④ 千枚通しについての記述である。目打ちは，針が短く，元が太くなっており，厚みがあるものの穴あけに適している。

⑤ くぎの打ち始めは，げんのうの平らな面を使い，打ち終わりは丸い面を使う。

32

A．**色相**　B．**明度**　C．**彩度**
D．**三要素**　E．**黄色**　F．**黒**
G．**無彩色**　H．**清色**

解説

(1) A．色相は，色の寒暖の感じを表現するのに関係の深い要素である。同じ色相の色でも，薄い色，鮮やかな色，暗い色などがあり，このような色の調子をトーンという。

B．明度は，色の軽重感を表現するのに関係の深い要素である。すべての色の中で，白が最も明度が高く，黒が最も低い。

C．各色相の中で最も彩度の高い色を純色という。

(2) 色の三原色の赤紫・緑みの青・黄に対し，光の三原色は赤・青・緑の三色である。この三色を混合すると白色光になる。

(3) 無彩色は色相，彩度はなく，明度をもつ。無彩色以外の色を有彩色といい，色の三要素をすべてもつ。

(4) 清色に対し，純色や清色に灰色(黒＋白)を混ぜた色のことを濁色という。

33

(1) **色相環**　(2) **補色**　(3) **純色**

34

⑤

解説

① 逆に，高彩度の色どうしを組み合わせると，派手でにぎやかな感じになる。

③ 明度対比についての記述である。

⑤ 同じ大きさの色面でも，収縮したり後退したりして見えるのは，明度や彩度が低い寒色系(青系統)の色である。暖色系の色は，膨張して大きく感じたり前に進出したりして見える。

35

(1) **ドリッピング**　(2) **コラージュ**
(3) **デカルコマニー**　(4) **バチック**
(5) **マーブリング**
(6) **フロッタージュ**
(7) **スパッタリング**　(8) **スクラッチ**

解説

それぞれの日本語での名称は次の通り。
(1) たらし，吹き流し　(2) 貼り絵
(3) 転写，合わせ絵　(4) はじき絵
(5) 墨流し
(6) こすり出し
(7) 霧吹き，ぼかし　(8) ひっかき

36

(1) **オ**　(2) **ウ**　(3) **ア**

解説

ア．シンメトリーは対称のことで，点や線，面を中心にして，左右・上下・放射などが対応する形の構成。
イ．コントラストは対比・対立のことで，性質が反対の形や色を組み合わせることによって，強い感じの効果を出す構成。
ウ．プロポーションは比例・割合のことで，形や大きさ，長さなどの割合のこと。
エ．リピテーションはくり返しのことで，同じ形（単位になる形）を規則的にくり返す構成。
オ．グラデーションは階調のことで，形や色が一定の割合で段階的に変化する構成。

この他の美の秩序（構成美の要素）には，アクセント（強調。形や色の効果によって，画面の中の一部分を視覚的に強調し，全体の感じを引きしめる構成），バランス（つり合い。上下左右などで形や色の組み立ては異なるが，見た目に受ける感じのつり合いがとれている構成），リズム（律動。形や色などの連続的な変化やくり返しから受ける動きの感じを表す構成）がある。

37

(1) **明朝体**　(2) **ゴシック体**

38

A．エ　B．ア　C．イ

解説

レタリングとは，視覚的効果を考慮して文字を図案化することで，ロゴとは，会社名・商品名などを，文字を組み合わせて個性的な書体に図案化したものをいう。

ポスターの条件としては，次のようなことが挙げられる。

・内容が一目ではっきりわかること。
・誰に何を伝達するのか，対象や主題が明確であること。
・デザインや色の構成，美しさに工夫を凝らし，独創的であること。
・見る人に強い印象を与え，人の心に訴えるものであること。
・正しい伝達ができること。

39

④

解説

① 七宝焼についての記述である。張子は，木型に紙をのりで貼り重ねて乾燥させた後，木型から抜き取り，との粉を塗って彩色した工芸品である。
② ドライポイントは凹版である。平版にはリトグラフがある。

③ 「どべ」は粘土と粘土を接着するためのものである。

⑤ コラージュについての記述である。フロッタージュは，ものの表面や地肌の感じを，紙の上から鉛筆やコンテ，パステルなどでこすり，写し取る技法である。

⑥ 切り出し刀についての記述である。三角刀は，鋭く細い線が彫れ，細かな部分や輪郭線などを彫るのに用いる。

3 鑑賞

40

(1) 黒田清輝　(2) 葛飾北斎
(3) 俵屋宗達　(4) 東洲斎写楽
(5) 高村光雲

解説

(1) 作品名は「湖畔」。黒田清輝は，フランスで印象派的な外光表現の手法を学んだ。他に「読書」がある。

(2) 作品名は富嶽三十六景の「凱風快晴」。葛飾北斎は，狩野派や洋画の遠近法などを取り入れ，変化のある構図を特色とする独自の画風を開いた。

(3) 作品名は「風神雷神図屏風」。俵屋宗達は，大和絵の伝統をもとにして，華麗な色彩，豊かな量感といった新しい絵画形式を築き，琳派の祖とされる。

(4) 作品名は「三代目大谷鬼次の奴江戸兵衛」。東洲斎写楽は，顔や手の表情を誇張して役者の個性を表現する役者大首絵を大成し，役者絵を多く描く。他に「市川鰕蔵の竹村定之進」がある。

(5) 作品名は「老猿」。高村光雲は，伝統的な木彫技法を受け継ぎながら，熟練した技術と写生を加味し，独自の新しい彫刻をつくり出した。

41

(1) オ　(2) ウ　(3) ク
(4) エ　(5) コ

解説

ア．尾形光琳は「紅白梅図屏風」で有名。
イ．長谷川等伯は「松林図屏風」で有名。
カ．狩野芳崖は「悲母観音」で有名。

キ．鈴木春信は「雨の夜詣で」で有名。
ケ．横山大観は「無我」で有名。

42

(1) **雪舟**　(2) **尾形光琳**
(3) **喜多川歌麿**　(4) **歌川（安藤）広重**
(5) **青木繁**　(6) **岡本太郎**

43

A．**法隆寺**　B．**東大寺**
C．**阿修羅**　D．**書院造**
E．**枯山水**　F．**姫路城**

44

A．**オ**　B．**イ**
C．**ウ**　D．**エ**

解説

ビザンツ様式は，丸屋根や半円形のアーチ，窓があるのが特徴で，代表的な建築物として聖ソフィア寺院がある。

45

(1) **モネ**　(2) **ミレー**
(3) **ゴッホ**　(4) **ピカソ**
(5) **ムンク**　(6) **ロダン**

解説

(1) 作品名は「睡蓮」。モネは，太陽の光によって刻々と変化する色をとらえ，見えるままの印象を明るい色彩で描いた。日本の大衆芸術を好んだことでも有名。他に，印象派の名称の由来となった「印象－日の出」や「ラ・ジャポネーズ」などがある。
(2) 作品名は「落穂拾い」。ミレーは，農村で働く人々の姿を生き生きと描き，敬虔な信仰に満ちた風景画に秀で，現代絵画の先駆けとなった。他に，「晩鐘」「羊飼いの少女」などがある。
(3) 作品名は「アルルの跳ね橋」。ゴッホは，心が感じた印象を，明るい色彩と激しいタッチで情熱的に描いた。他に，「タンギー爺さん」「星月夜」「種まく人」などが有名である。
(4) 作品名は「ゲルニカ」。ピカソは，キュビズムを創始して衝撃的な手法を展開した後，シュールレアリスムを取り入れ，独自の多彩な画風を発展させた。他に，「アヴィニョンの娘たち」などがある。
(5) 作品名は「叫び」。ムンクは，強烈な色彩表現と流れるようなタッチで，個人的で感情的な世界観を創出した。
(6) 作品名は「考える人」。ロダンは，「近代彫刻の生みの親」といわれ，鋭い写実的技法を駆使して，人間のもつ情念や情熱を様々なモチーフによって表現した。他に，「青銅時代」「バルザック像」「地獄の門」「カレーの市民」などがある。

46

(1) **カ**　(2) **ア**　(3) **エ**
(4) **イ**　(5) **ク**　(6) **オ**

解説

ウの「ひまわり」はゴッホ，キの「美しい女庭師」はラファエロの作品である。
(1) レンブラントは，光と影を効果的に表現する明暗法を用い，幻想を細密に描いた作風で知られ，肖像画家として活躍した。
(2) 「最後の審判」は，ローマのシスティナ礼拝堂の祭壇に描かれ，天井画「天地創造」とともに感動をよぶ大壁画。旧約聖書を題材にした彫刻「ダヴィデ像」「モーセ像」も有名である。

(3) ルノワールは，パリの中流階級の都会的な楽しみや余暇の余裕に溢れた人々を，やわらかな筆触で描いた。女性の肖像・浴女に傑作が多い。代表作としては「舟遊びをする人々の昼食」「ピアノに向かう二人の若い娘」などもある。

(4) ボッティチェリは，繊細で流麗な線で描かれた女性像が特徴で，宗教的・神秘的な幻想に満ち溢れた作品を残した。代表作としては「ヴィーナスの誕生」などもある。

(5) 「民衆を率いる自由の女神」は，7月革命をテーマとする。ドラクロワは，キリスト教的主題や神話的主題を独自の空想，輝くような色彩により壮大なスケールで描いた。

(6) レオナルド＝ダ＝ヴィンチの代表作としては，一点透視遠近法を用いた「最後の晩餐」も有名である。

47

(1) **シャガール**　(2) **マネ**
(3) **スーラ**　(4) **アンリ＝ルソー**
(5) **セザンヌ**

48

(1) **エ**　(2) **ア**　(3) **カ**
(4) **ウ**　(5) **キ**

解説

ロマン主義ではドラクロワ，ジェリコーが，抽象派ではモンドリアン，カンディンスキーが有名。

(1) 後期印象派には他に，セザンヌ，ゴーギャンがいる。

(2) 自然主義とは，鋭い観察力でありのままの素朴な自然の姿を詩的に表現するものである。ミレーは代表人物である。

(3) キュビズム（立体派）には他に，レジェがいる。

(4) 印象派には他に，マネ，モネ，ルノワールがいる。

(5) シュールレアリスム（超現実派）には他に，マグリットがいる。

49

A．**エル＝グレコ**　B．**クールベ**
C．**マグリット**　D．**印象**
E．**カンディンスキー**

8 家庭

1 学習指導要領

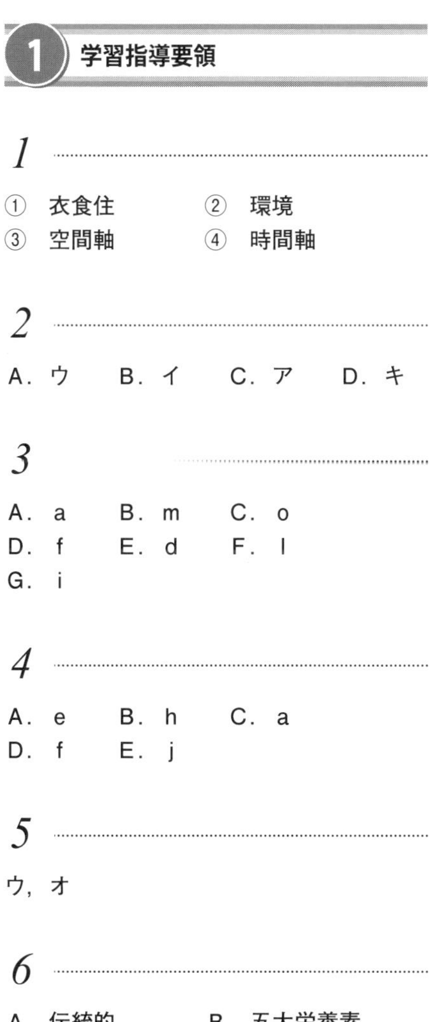

1

① 衣食住　② 環境
③ 空間軸　④ 時間軸

2

A．ウ　B．イ　C．ア　D．キ

3

A．a　B．m　C．o
D．f　E．d　F．l
G．i

4

A．e　B．h　C．a
D．f　E．j

5

ウ，オ

6

A．伝統的　B．五大栄養素
C．食育　D．採光
E．実習材料　F．実践的

7

A．熱源　B．事故防止
C．服装　D．保管
E．生の魚や肉　F．安全・衛生

8

第5学年：60単位時間
第6学年：55単位時間

2 衣生活

9

(1) 保健衛生上の働き，生活活動上の働き，社会生活上の働き

(2) ・保温性に優れ，空気を多く含む素材を用いた服を着る。
・そで口やえりなどの開口部の小さい服を着る。
・重ね着をする。

など

(3) ・品質表示をよく見る。
・サイズが合うか確かめる。
・仕立てがしっかりしているか確かめる。
・デザインが自分に合っているか，目的に合っているか，手持ちの衣服と組み合わせられるか考える。
・予算内であるか，適正価格かを考える。

などから1つ

解説

(1) 保健衛生上の働きとしては，寒さ暑さを防いだり，皮膚を清潔に保ったり，ほこりや害虫，けがなどから身体を守ったりすることが挙げられる。生活活動上の働きとしては，身体の動きを妨げずに，運動や作業など活動をしやすくすることが挙げられる。社会生活上の働きとしては，個性を表現する，職業や所属集団を表す，気持ちを表す（社会的習慣）ことが挙げられる。

なお，「日常着の着方」については，保健衛生上，生活活動上の着方を中心に取り上げるようにし，社会生活上の着方については中学校で扱う。

(2) 暑さに対しては，吸湿性，通気性のよい布地で，開口部や露出面積の大きい服を着るなどの工夫をする。

10

(1) 朱子織：ウ

(2) 平織：ア，オ

(3) 斜文織（綾織）：イ，エ

解説

(1) 朱子織は，たて糸またはよこ糸が布表面に浮かしてある。光沢が美しく感触がよいが，耐久性に乏しい。

(2) 平織は，たて糸とよこ糸が1本ずつ交差しているので，地合がかたく，耐久性がある。

(3) 斜文織（綾織）は，斜め方向にうねがあらわれるのが特徴で，地合はやわらかく伸びやすい。

11

(1) ウ　(2) ク　(3) キ
(4) カ　(5) イ　(6) エ

解説

ア．アクリルは，丈夫で軽く，保温性に富み，毛に似た風合いをもつが，毛玉ができやすい。

オ．ナイロンは，摩擦や引っ張りに強く，軽くて弾力性に富むが，熱に弱く，塩素系漂白剤や紫外線で黄変する。

12

(1) B→D→A→C

(2) A．エ　B．ア
C．イ　D．ウ

解 説

洗剤の主成分である界面活性剤は，水になじみやすい親水基と，油になじみやすい親油基をもち，繊維の間に浸透し，汚れと混じり合って繊維から汚れを取り除く。その具体的な働きには，①浸透作用，②乳化作用，③分散作用，④再付着（再汚染）防止作用がある。

13

(1) 汚れがよく落ちる最小限の必要量のこと。それより多く使っても，汚れの落ち方はほとんど変わらない。

(2) ウ　(3) 漂白

(4) ・標準使用量以上の洗剤を使用しない。
・すすぐときには，必要以上に水を使わない（ためすすぎをする）。
・風呂の残り湯を利用する。
などから1つ

(5) 液性：中性洗剤
干し方：すのこの上などにのせ，日陰で平干しする。

解 説

(2) 洗濯機洗いの場合の水の量は，洗濯物の重さの15～20倍が適切である。なお，洗濯物の重さと水の量（洗濯液）の重量比率のことを浴比という。

(3) 酸化型の漂白剤には塩素系と酸素系とがある。塩素系漂白剤は，漂白力が強く，除菌，除臭効果が高い。色・柄物に使用するとシミ汚れだけでなく衣類の色まで脱色してしまうものもあるため，白物に用いる。酸素系漂白剤は，漂白力がやや劣る場合もあるが，色・柄物にも使用することができる。

(5) 押し洗いやつかみ洗いをする。

14

(1) 家庭用品品質表示法

(2) A．液温は40℃を限度とし，洗濯機で洗濯ができる。
B．液温は30℃を限度とし，洗濯機で弱い洗濯ができる。
C．酸素系漂白剤のみ使用できる。
D．底面温度150℃を限度としてアイロン仕上げができる。
E．日陰のつり干しがよい。

15

カレー：ウ　ガム：オ
墨汁：エ　血液：ア

解 説

このほか，しょうゆ，ソース，茶，コーヒー，ジュースがついたときには，歯ブラシや綿棒に水または湯を含ませ，軽くたたく。

16

(1) イ　(2) ウ　(3) ア

解 説

アクリルは底面温度110℃，毛，絹，ポリエステルは底面温度150℃，綿，麻は底面温度200℃を限度としてアイロン仕上げができる。

17

(1) 半返し縫い　(2) なみ縫い
(3) 本返し縫い

解 説

なみ縫いは，5mmぐらいの間隔で，針

を前後に動かして縫う。本返し縫いは，手縫いの中で最も丈夫な縫い目になる。

18

(1) ウ
(2) A．端ミシン．イ
B．まつり縫い．ア
C．三つ折り縫い．ウ

解説

(1) まち針は，縫い上がり線に対して直角に，外向きにとめる。その他の留意点として，布と布とがきちんととまり，ずれないようにすること，縫うときにじゃまにならないようにとめることなどが挙げられる。まち針のとめ方の順序についても確認しておく必要がある。

19

布の厚さ

解説

ボタンつけは，まず，布の厚さだけ糸をゆるめ，3～4回穴に通す。そして，ボタンと布の間に糸を出し，3回ぐらい固く糸を巻く。

20

(1) ・使用前と使用後に針の数を必ず確認する。
・折れた針は，空きビンなどふたのある容器に入れるなどして管理を徹底する。
・針先は人に向けない。
・使った針は，きちんと針刺しに戻す。
(2) ・受け渡しのときは刃先を人に向けない。
・使用しない場合は，サックを付け，すぐに片付けるようにする。
(3) ・縫うとき以外は，足をコントローラーからはずしておく。
・使用中は，針先から目を離さないようにする。
・針の下に手を入れない。
・コントローラーは急に強く踏まない。
・ミシンで縫っている人の体にさわったり，ミシンにさわったりしない。
・針を取りかえるときや手入れをするとき，使い終わったときは，必ず電源をぬく。

などからそれぞれ1つ

21

(1) エ
(2) エ→ア→イ→オ→ウ
(3) A．天びん
B．上糸調節装置（上糸調整ダイヤル）
C．はずみ車
D．送り調節ダイヤル
(4) 小
(5) A．ア　B．エ　C．ク
D．カ　E．オ　F．エ
G．キ

解説

(1) うす地の場合は9番，ふつう地の場合は11番のミシン針を用いる。
(4) 図は上糸の調子が強い様子を示しているので，上糸調節装置をゆるめるため，左に回す（図参照）。なお，ボビンケースのあるミシンの場合，ボビンケースの調節ねじで下糸を調節することもできる。

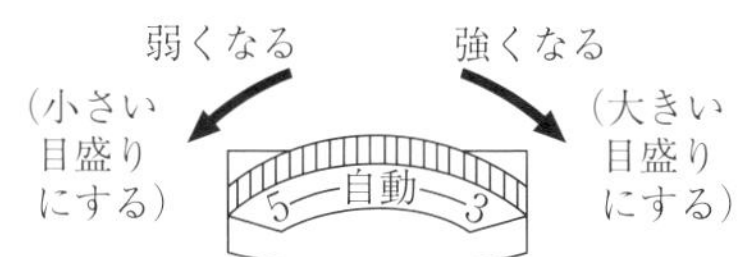

22

(1) オ　(2) ア　(3) ウ

解説

イ・エは布地が進まないとき，カは下糸が切れるときの主な原因である。

23

(1) ア．縦の布目　イ．わ
ウ．縫い代
(2) 型紙はなるべく布が無駄にならない位置に置く。
(3) ア→エ→イ→オ→カ→ウ
(4)
・しるしが付けやすい，裁ちやすい，ほつれにくい，縫いやすいなど，児童が取り扱いやすい布を選ぶ。
・洗濯に対して丈夫な布にする。
・家庭にある布や不用な衣服を活用する。
・気に入った模様，好きな色の布を選ぶ。

などから3つ

解説

(1) 型紙を，布の縦目の方向に合わせて布の上に置くのは，伸びが少なく，製作中にずれが生じにくいためである。

3 食生活

24

(1) エネルギー
(2) (A) イ，ウ，オ
(B) ア，カ，ク
(C) エ，キ，ケ

25

(1) 脂質（脂肪）　(2) 炭水化物
(3) ビタミン　(4) 無機質
(5) たんぱく質

26

(1) 主に体の組織をつくる
(2) 無機質　(3) ア

解説

(1) ハムに含まれている栄養素は，たんぱく質である。
(2) 炭水化物は白米に，脂質はバター・フレンチソースに，たんぱく質はみそ・豆腐・油揚げ・ハム・卵に，ビタミンはねぎ・トマト・レタスに，それぞれ含まれている。
(3) 無機質は，わかめのほか，チーズ・ヨーグルト・こんぶ・のり・ひじき・煮干し・しらす干しなどに含まれている。

27

・栄養のバランスを中心として，色どりや味のバランスのとれた食事。
・いろいろな種類の食品を用いて作った食事。

28

(1) **A．エ，無機質**
B．ウ，たんぱく質
C．ア，カロテン
D．ウ，脂質（脂肪）

(2) **⑤**

解説

(1) A．かまぼこの原料は魚のすり身なので，主な栄養素はたんぱく質。
B．米の主な栄養素は炭水化物。
C．きゅうりの主な栄養素はビタミンC。
D．チーズの主な栄養素は無機質。

(2) たんぱく質は卵・豚肉・みそに，脂質はみそ炒めの油に，無機質はひじきに，ビタミンCはキャベツに，それぞれ含まれている。

29

(1) **ウ－d－夜盲症，発育障害**
(2) **ア－a－くる病，骨軟化症**
(3) **エ－e－脚気，神経障害**
(4) **オ－b－口角炎，発育障害**
(5) **イ－c－壊血病**

解説

ビタミンAとビタミンDは脂溶性ビタミン，ビタミンB_1とビタミンB_2，ビタミンCは水溶性ビタミンである。

30

A．エ　B．ア
C．イ　D．ウ

解説

〈和食の配膳例〉

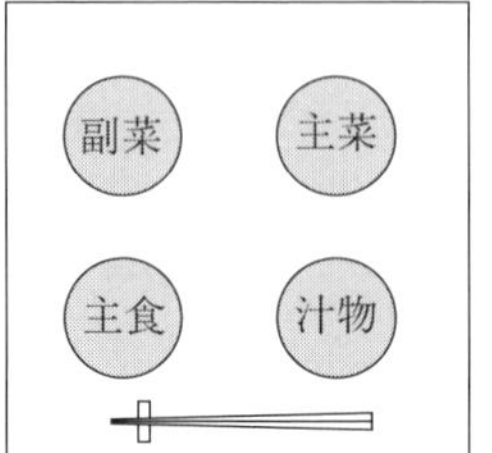

31

(1) **A．炭水化物　B．玄米**
C．ぬか　D．B_1
E．糊化（α化）　F．老化（β化）

(2) **120mL**

(3) **時間：30分以上**
理由：しんのないふっくらとした炊き上がりにするため。

(4) **A．強　B．中**
C．弱　D．10

解説

(1)

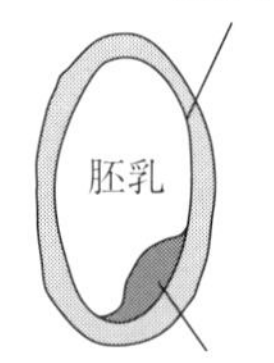

(2) 米を炊くときの水加減は，米の重量の1.5倍，米の体積の1.2倍が適切。

(4) 消火後，蒸らすのは余分な水分をとばすためである。

32

(1) **こうじ，食塩**

(2) **A．50　B．10**

(3) **ウ→ア→カ→イ→エ→オ→キ**

解説

(1) みそは，蒸した大豆にこうじ，食塩を混ぜて発酵，熟成させてつくる。

(3) 煮干しだしを使ったみそ汁の調理法のポイントは次の通り。

・煮干しは，水から入れて沸騰したら中火にし，3～5分煮てこす。

・材料は，火の通りにくいものから順番に入れ，火が通ったらみそを溶き入れる。

・再び加熱し，ひと煮立ちしたらすぐ火を止める。これは，煮立たせすぎるとみその香りや旨味が損なわれるためである。

・青菜など，煮すぎると色が悪くなったり，旨味が損なわれたりする材料は，みそを加え，ひと煮立ちしてから入れる。

33

(1) **緑黄色野菜，ビタミンA**

(2) **・油とともに摂取することで，カロテンが体に吸収されやすくなる。**

・水を使わず，高温で短時間に加熱するため，水に溶けやすく熱に弱いビタミンCの損失が少ない。

(3) **・沸騰したたっぷりの湯に少量の塩を入れ，ふたをせずにゆでる。**

・ゆであがったらすぐ水につけ，冷ます。

(4) **A．ア　B．イ　C．イ**

解説

(2) ゆでる調理法のよさとしては，やわらかくなり食べやすく消化がよくなる，生食に比べてかさが減り，多くの量を食べることができる，などが挙げられる。

(3) ゆであがったらすぐ水につけるのは，色鮮やかにゆで上げるためと，余熱でゆで過ぎないためである。

(4) A．根菜は水から，葉菜は湯からゆでる。

B．野菜炒めは，強火で短時間で炒める。弱火で炒めると，調理時間も長くなり，水っぽくなるためである。

C．すぐにあえると，材料から水が出てきて水っぽくなるためである。

34

(1) **炭水化物**　(2) **ソラニン**

(3) **④**

解説

(2) じゃがいもの芽は，包丁の角を使ってえぐり取る。

(3) ① 塩水ではなく，水につけておく。

② 粉ふきいもに適しているのは，男しゃくいもである。メークインは粘りがあるため煮物に適している。

③ じゃがいもに含まれているビタミンCは，比較的熱に強く，貯蔵時における減少も少ない。

⑤ じゃがいもの廃棄率は約10％である。

35

(1) **50～60g**

(2) **オ**

(3) **時間：10～12分**

理由：・殻をむきやすくするため。

・余熱でゆで過ぎになるのを防ぐため。

(4) **マヨネーズソース：乳化性**

メレンゲ：起泡性（泡立ち性）

解説

(3) ゆで卵の調理法のポイントは次の通り。

・卵がかぶる程度の水と，酢か塩を入れ，水からゆでる。水からゆでるのは，殻が割れないようにするためである。

・黄身がかたよらないようにするため，沸騰するまで卵をころがしながら加熱する。

・沸騰後，3〜5分で半熟，10〜12分でかたゆで（全熟）になる。

・ゆであがったら，水につけ冷ます。

(4) 卵の性質には，乳化性，起泡性（泡立ち性）のほか，熱凝固性がある。この調理例としてゆで卵，目玉焼き，プリンなどがある。

36

(1) ×　(2) ×
(3) ○　(4) ×

解説

(1) 日本人に最も不足しがちな栄養素はカルシウムである。

(2) カロテンは体内でビタミンAに変わる。

(4) 米を炊く場合の水加減は，米の重量の1.5倍，米の体積の1.2倍が適切。

37

(1) A．200　B．15　C．5
(2) ④

解説

(2) ④ 計量カップで1カップの白米は170gである。

38

(1) イ　(2) エ　(3) ケ

39

(1) **まな板に食品の水分や色，においなどをつきにくくするため。**
(2) ⑤

解説

(2) ガスの不完全燃焼に気を付ける必要があるため，換気扇の電源のスイッチは，ガスこんろを使用し始めたときから入れておくべきである。また，ガス漏れに気付いたときは，電気のスイッチやコンセントには触れないようにする。電気の火花がガスに引火し，爆発するおそれがあるためである。

ガス漏れに気付いたときの初期対応としては，他に，器具栓とガス栓を締める，窓や戸を開け換気することが挙げられる。

40

(1) A．イ　B．ウ
C．ア　D．エ

(2) **・水や洗剤を必要以上に使用しないようにする。**

・油汚れのついた食器類は，紙や古布で油を拭き取ってから洗う。

・生ごみは，水をしっかり切ってから捨てる。

・廃油は，ぼろ布や紙に吸収させるか，凝固剤で固めてから捨てる。

・ごみは分別し，それぞれ所定の場所に捨てる。

などから2つ

解説

(1) フッ素樹脂加工のフライパンをスポンジで洗うのは，傷がつかないようにするためである。鉄製のフライパンを火にかけて乾かすのは，錆びないようにするためである。

41

(1) ア，イ，エ，キ，ケ
(2) ジャスマークや品質表示，期限表示をよく確かめるとともに，食品添加物の少ないものを選ぶようにする。
(3) 食品添加物
(4) 消費期限

解説

(1) アとエは乾燥食品，イとキはくん製品，ケは練り製品。

(2)・(4) 食品の期限表示には，消費期限のほかに賞味期限というものがある。これは，定められた保存方法によって保存した場合，おいしく安全に食べられるとされる期限であり，期限を超えても，直ちに食べられなくなるわけではない。

42

(1) JASマーク（ジャスマーク），イ
(2) 有機JASマーク，ウ

解説

(1) JASは日本農林規格の略称で，JASマーク（ジャスマーク）は，「農林物質の規格化及び品質表示の適正化に関する法律」に基づき，日本農林規格に適合した農林水産食品につけられる任意マークである。

(2) 有機JASマークは，有機農産物および加工品の日本農林規格に合格したものにつけられる任意マークである。有機農産物とは，化学的に合成された肥料や農薬を一切使わずに作られる農産物のことをいう。

なお，アは特定保健用食品マークの対象品目である。特定保健用食品マークは，継続的に摂取することで体調を整える効果をもつ食品に，「保健，用途，効果」を具体的に表示することが許可された食品のことである。

エはJISマーク（ジスマーク）の対象品目である。JISマークは，産業標準化法に基づきJIS（日本産業規格）に適合した製品につけられる任意マークである。

4 家族の生活と住居

43

イ，ウ，オ，キ，ケ，コ，サ

44

(1) JISマーク（ジスマーク），イ
(2) STマーク，エ
(3) SGマーク，オ

解説
(1) JISマーク（ジスマーク）の対象となるのは，マスク，自動車，電化製品，情報処理，サービスなどである。
(2) STマークには賠償制度がある。
(3) SGマークの対象となるのは，乳幼児用製品，家具・家庭用品，台所用品，スポーツ・レジャー用品などで，賠償制度がある。
ア．PSEマークについての記述である。対象となるのは，ケーブル，コンセント，電子レンジ，テレビ，電気こたつ，電気冷蔵庫など。
ウ．PSCマークについての記述である。対象となるのは，乳幼児用ベッド，家庭用の圧力なべ及び圧力がま，乗車用ヘルメットなど。

45

A．プリペイド　B．デビット
C．クレジット

解説
A．プリペイドカードは前払いのカードで，テレホンカードや図書カードなどがある。
B．デビットカードは，銀行口座に残金がないと利用できない。
C．クレジットカードは後払いのカードで，分割払いをする場合には手数料がかかり，紛失や盗難の心配がある。

46

(1) A．イ　B．ア　C．オ
(2) 消費生活センター

解説
(1) ウはアポイントメントセールス（呼び出し販売），エは士（さむらい）商法（資格商法）についての記述である。

47

(1) 製造物責任法（PL法）
(2) 特定商取引法
(3) 消費者基本法
(4) 消費者契約法

解説
(1) 1995年施行の製造物責任法（PL法）では，製造業者に「過失」がなくても，製品に「欠陥」があれば賠償責任を負わせることができるとしている。
(2) 2001年施行の特定商取引法には，クーリング・オフ制度についても規定されている。
(3) 2004年施行の消費者基本法には，国際消費者機構（CI）で定めている「8つの消費者の権利」が明記されている。
(4) 2001年施行の消費者契約法では，事業者の一定の言動によって消費者が事実を誤認したり，困惑したりして契約を結んだ場合には，契約を取り消すことができるとしている。

48

(1) クーリング・オフ
(2) ④

解説
(2) ① 訪問販売の場合，割賦販売と同様に8日以内である。20日以内であるのはマルチ商法である。
② 店頭で購入した場合は適用されない。訪問販売や街頭販売など，営業所以外の場所での契約である必要がある。
③ 10,000円ではなく，3,000円未満。

49

A．排出　B．収集　C．消費者
D．エアコン　E．洗濯機
（D・E順不同）
F．（自動車の）所有者
G．グリーンコンシューマー

50

A．エコマーク
意味：環境への負担が少なく環境保全に役立つと認められた商品。
B．グリーンマーク
意味：古紙を再利用した紙製品。
C．紙製容器包装識別マーク

解説
A．対象品は，古紙を用いたトイレットペーパー，廃食用油利用の再生石けんなど。
B．古紙の利用拡大を通じ，環境緑化をはかることを目的とする。対象品は，トイレットペーパー，ノートなど。

51

リデュース：生産や消費の過程から，ごみとして排出されるものを減らすこと。
リユース：不要になったものを，中古品として再び使用すること。

解説
リデュース（Reduce）は減量（発生抑制），リユース（Reuse）は再使用，リサイクル（Recycle）は再生利用のことである。3Rに，リフューズ（Refuse：断る）を加えて4R，さらにリペア（Repair：修理する）を加えて5Rとすることもある。

52

(1) 明るさ，換気，音　から2つ
(2) 衛生効果，明るさ，熱効果
(3) 住宅：カ　教室：エ

解説
(2) 衛生効果は紫外線によるものであり，強い殺菌作用があるほか，人体の新陳代謝を促す。明るさは可視光線によるものであり，昼間，室内に明るさをもたらす。熱効果は赤外線によるものであり，建物を暖めて室温を高めるほか，乾燥効果や湿気防止の効果がある。

53

(1) イ　(2) ウ　(3) エ

54

A．結露　B．換気
C．一酸化炭素
D．シックハウス症候群　E．塩素

9 体育

1 学習指導要領

1

A．体つくりの運動遊び
B．投　C．浮いて進む

2

A．心　B．資質
C．安全　D．伝える
E．体力の向上　F．明るい

3

A．スポーツライフ
B．喜び　C．知る

4

(1) 第3学年及び第4学年
(2) 第1学年及び第2学年
(3) 第5学年及び第6学年

5

A．運動遊び　B．基本的な動き
C．意欲的　D．楽しさや喜び
E．発育・発達　F．課題
G．最後まで努力して
H．大切さ　I．保持増進
J．病気の予防　K．特性
L．グループ
M．自己の最善を尽くして

6

A．体つくり運動　B．水遊び
C．ゲーム　D．表現運動

7

A．特徴　B．即興的
C．ステップ
D．発表・交流の仕方
E．場の安全

8

A．ア　B．エ　C．ウ
D．カ　E．ケ　F．サ

9

(1) ○　(2) ○　(3) ×
(4) ×　(5) ×

解説

(3) フォークダンスを加えて指導できるのは，「Eゲーム」ではなく「F表現運動」の領域である。
(4) 学校の実態に応じて「背泳ぎ」を加えて指導することができることが示されている。
(5) 第5学年及び第6学年の「G保健」の内容のうち，「心の健康」「けがの防止」は第5学年で，「病気の予防」は第6学年で指導するものとする。

10

(1) 体つくりの運動遊び，器械・器具を使っての運動遊び，走・跳の運動遊び，水遊び，ゲーム，表現リズム遊び
(2) 第3学年
(3) ゴール型，ネット型，ベースボール型
(4) 背泳ぎ

11

(1) A．続けて長く
B．水泳運動の心得
(2) ・水中からのスタートを指導するものとする。
・学校の実態に応じて背泳ぎを加えて指導することができる。

解説
適切な水泳場の確保が困難な場合には「水遊び」及び「水泳運動」を取り扱わないことができるが，これらの心得については，必ず取り上げることとされていることも押さえておこう。

12

(1) A．身近な生活
B．リズムダンス
C．ひとまとまり
D．フォークダンス
(2) A．カ　B．イ　C．エ

13

A．集合　B．安全
C．A体つくり運動

14

④

解説
④　「体つくり運動」と「水泳運動」は第3学年から指導する。

15

ア．第5学年　イ．第4学年
ウ．第5学年　エ．第6学年
オ．第3学年

16

A．休養　B．清潔
C．思春期　D．異性への関心
E．危険　F．安全
G．抵抗力　H．生活習慣病
I．口腔

17

③，⑤

解説
①　第3学年及び第4学年は2学年間で8単位時間程度，第5学年及び第6学年は2学年間で16単位時間程度。
②　保健については，効果的な学習が行われるよう適切な時期に，ある程度まとまった時間を配当する。
④　保健の内容のうち運動，食事，休養及び睡眠については，食育の観点も踏まえつつ，健康的な生活習慣の形成に結び付くよう配慮するとともに，保健を除く第3学年以上の各領域及び学校給食に関する指導においても関連した指導を行うようにする。

18

A．ウ　B．エ　C．サ
D．カ　E．ス

2 器械運動

19

(1) ③
(2) ・つまずかないように，マットの耳をマットの下に入れる。
・前の人が終わったら合図をするなどし，間隔をあけて行う。
・自己の能力に応じた練習を行うようにする。
などから2つ

解説
(1) ① 両足で強く踏み切る。また，膝を伸ばして前転する。
② 頭を越えて立つまで膝を伸ばして行う。
④ 頭を起こして，マットを見るようにする。
⑤ 両手で突き放して着地する。

20

(1) 開脚前転
(2) ・膝を伸ばしてから大きく足を開く。
・起き上がる際に体を前に曲げて，マットをしっかり押す。
・回転のスピードをうまく利用する。
など
(3) ・ゆりかごで起きあがりのタイミングをつかむ練習をする。
・2つ折りマットなど段差を利用した練習をくり返し行う。
・あごを引き，しりの下に手を押し込み，上体を勢いよく前へ倒すよう助言する。
・回転力を失わないようにするため，足がマットに着く瞬間にすばやく足を開くよう助言する。

など

解説

(1) 足を開いて前転していることから，開脚前転とわかる。

(3) うまく回転できない児童に対しては，踏切板などで傾斜をつくったマットを利用した練習をくり返し行うよう指導する。また，うまく足が開かない児童に対しては，90cm幅のマットを利用し，マットの外にかかとから着地するよう指導する。

21

(1) 側方倒立回転

(2) 足の振り上げ，立ち上がり

(3) 膝を伸ばし，あごを上げ，マットをしっかりと見る。

など

解説

(1) 側方倒立回転の指導のポイントとしては，次のようなことが挙げられる。

・手と足が一直線上を進む。

・足の振り上げを大きくして，回転のスピードを高める。

・手を突き放して立ち上がる。

(2) 足の振り上げについては，壁に向かって，あるいは壁を背にして振り上げ倒立の練習を行う。立ち上がりについては，振り上げ倒立から足を替えて横向きに立つ練習や，壁倒立から1/4ひねりをして下り，立つ練習を行う。

22

(1) ア　(2) オ

解説

親指を下にして握るのは順手で，ほとんどの技で使う握り方である。逆に，親指を上にして握るのは逆手である。順手と逆手で握るのは片逆手といい，転向前下り，片足踏み越し下りで使う。

23

(1) ・手の幅は肩幅と同じ程度とし，脇をしめて肘を曲げる。

・あごを引き，膝を伸ばして足を上の方向に大きく振り上げる。

・足を振り上げたら，鉄棒に腹部を引き寄せる。

・上体を後方へ一気に倒し込む。

・手首を返し，頭を起こして手のひらで支える。

などから3つ

(2) 跳び箱，逆上がり練習器，跳び箱と踏切板，ゴムのチューブ，柔道帯，ロープ

など

解説

(2) 補助具によって，足を振り上げたり，体を鉄棒に引きつけやすくしたりする。

24

(1) 膝掛け上がり　(2) 前方支持回転

(3) 片足踏み越し下り

(1)のポイント：

・振れ戻りの勢いで，鉄棒に膝を掛ける。

・鉄棒に掛けていない足の膝を伸ばして振る。

・肘を伸ばして手首を返しながら上体を起こす。

など

解説

前方支持回転のポイントは，背筋を伸ばしたまま上体を前に倒すように回転する，腰の角度をせまくして頭を持ち上げる，手首を返して腕を立てる，などである。

片足踏み越し下りのポイントは，片逆手で順手の近くに足を乗せる，逆手に体重をかけ腰を上げ鉄棒を踏む，足を後ろから回し，順手を離して前に下りる，などである。

25

②

解説

② 肘は曲げず，伸ばしたままにする。

26

(1) **かかえ込み跳び**

(2) **イ→ウ→エ→ア→オ**

解説

かかえ込み跳びのポイントは，次の通り。

・助走のスピードを落とさずに体を前に投げ出しながら踏み込む。

・手はできるだけ跳び箱の前の方に着く。

・手の突き放しは，短く鋭く行う。

・手の突き放しと同時に膝を素早くかかえ込む。

・着地は上体を起こして行う。

27

(1) **台上前転**

(2) **・跳び箱にマットをかぶせる。**

・跳び箱の両側に補助者をつけ，落ちないように補助する。

・最初は跳び箱1段から練習する。

・跳び箱の両側と着地場所に厚いマットをひく。

などから2つ

解説

台上前転のポイントは，次の通り。

・スピードのある助走から，勢いを止めずに強く踏み切る。

・跳び箱の手前に着手し，腰をできるだけ高く引き上げる。

・頭を入れ，背中を丸めてまっすぐに回る。

・膝をかかえ込み，足から立つ。

28

(1) **頭はね跳び**　(2) **首はね跳び**

(3) **開脚跳び**

解説

開脚跳びのポイントは，次の通り。

・手は後から前に振り，跳び箱の前方に着くようにする。

・手の突き放しと足の開きのタイミングを合わせて跳び下りる。

3 陸上運動

29

A．スタンディング　B．クラウチング
C．ピッチ　D．ストライド
E．フライング（不正スタート）
F．セパレート　G．オープン

30

(1)　A．バトンの受け渡しを行う区域のこと。長さは30m。
　B．リレーで次走者がバトンを受け取るために待つ位置を決める方法。オープンレーンの定められた地点を前走者が通過した順に，次走者がテークオーバーゾーン内に内側から並ぶ。
(2)　前走者：バトンをパスするまで，走るスピードを落とさない。
　次走者：前走者が目標ポイントに達したら全力でダッシュする。

解説

リレーについては，バトンパスの失格も押さえておく必要がある。次のような場合，失格となる。
・バトンパスがテークオーバーゾーンの外で行われたとき。
・バトンを投げ渡したとき。
・前走者が落としたバトンを次走者が拾って走ったとき（パスの最中は除く）。

31

②

解説

②　ハードルから遠くで踏み切り，近くで着地する。遠くから踏み切ることによって，越えた後にハードルの近くに着地できる。フォームの指導よりも，まずは踏み切る位置の指導が大切である。

32

(1)　〔解答例〕
　ア．自分に合った高さのハードルを見つけて，素早く走り越すことができるようにする。
　イ．自分に合ったインターバルを見つけて，リズミカルに速く走ることができるようにする。
(2)　〔解答例〕
・インターバルの地面に歩幅のマークをつけ，ミニハードルや低いハードルを用いて練習させる。
・2台のハードルで児童の歩幅に合わせたインターバルをつくり，慣れてきたら，インターバルを広げたりハードル数を増やしたりする。
などから1つ

解説

(2)　ハードルをうまく走り越せない児童に対しては，次のような指導を行うとよい。
・ハードルから遠くで踏み切り，近くで着地する（ハードルを低く跳び越す）よう助言する。
・地面にハードリングの姿勢で座り，腕振り動作と上体の前傾動作を反復練習させる。
・立った姿勢のまま，ハードル上で抜き脚だけ練習させる。
・低いハードルで，振り上げ足・踏み切り足・腕振りの動作をゆっくり練習させる。

33

(1) A．助走　B．踏み切り
C．空間動作　D．着地
(2) 踏切板
(3) そり跳び，はさみ跳び

解説
走り幅跳びの主な技能は，助走，踏み切り，空間動作，着地の4つに分けられる。

34

(1) ⑤
(2) ・踏み切り前の助走スピードを落とさない。
・踏み切りのタイミングをつかませる。
・助走のリズムをつかませる。
などから2つ
(3) c

解説
(1) ① 助走は，最初は楽に走り出し，徐々にスピードを上げる。
② 踏み切り前は，スピードを落とさない。
③ 踏み切りでは，踏み切り足の反対の足の素早い振り上げと腕の動作によって，高く踏み切る。
④ そり跳び，はさみ跳びのいずれにおいても，空中では胸を反らすようにする。
(3) 踏切線（踏切板の砂場に近い端）と砂場に残った最も近い痕跡の最短距離を直角に測る。なお，aの踏み切りは踏切線より先の地面に触れているため，eの踏み切りは踏切板の両端より外側のため，無効試技（失敗）となる。

35

(1) A．はさみ　B．広
C．3　D．低
(2) オ

解説
(2) 図のような練習方法を「2重バー高跳び練習」という。抜き脚の開きが足りない場合に行うものである。
リズミカルな助走ができない場合は，踏み切り位置に目印をつけ，3歩助走から始めて次第に5歩，7歩と遠くしていき，助走のリズムをつかませるようにする。
踏み切りが弱い場合は，バスケットボールリングへの踏み切り・跳躍の練習をさせる。

4 水泳運動

36

(1) 面かぶりクロール (2) だるま浮き
(3) け伸び (4) バブリング
(5) 伏し浮き

解説

(3) け伸びでは，両手先，両足先はそろえて伸ばし，頭部は髪の生え際まで水中に入れる。

(5) 伏し浮きの指導のポイントは，次の通り。

- 頭部はまっすぐ伸ばした両腕で耳を挟む程度にし，水面上に出し過ぎたり，水中に入れ過ぎたりしない。
- 体をまっすぐ伸ばすとき，力を入れすぎない。
- 息を大きく吸い，安定するまでじっと待つ。

37

〔解答例〕

まず，壁につかまっての伏し浮きから立ち上がる練習をし，足の動きをつかませる。その上で，補助者や補助具を利用し立ち上がりを体感させる。

解説

「伏し浮きからの立ち上がり」の指導のポイントは，次の通り。

- 頭部を水につけたまま，伸ばした両手を後方にかき，同時に腰や両膝を前方にもってくる。
- 両脚を曲げて胸に引き寄せ，上体が水面と垂直になったら，頭部を起こし両足を静かに伸ばして立つ。

38

(1) × (2) ×
(3) ○ (4) ○

解説

(1) 左右の足の幅は，親指が触れ合う程度に開く。また，膝は柔らかくしてしなやかに伸ばし，太ももから徐々に足先へ力が加わるようにばた足を行う。

(2) 手のひらを斜め外向きにする。

39

〔解答例〕

(1) 足を伸ばして足首の力を抜いた状態をとらせ，膝上の部分を支えて上下に動かすなど補助し，太ももからの動きを覚えさせる。

(2)
- **頭部を髪の生え際まで沈め，吸気時には「右向け右」の要領で顔を横に上げ，下になる耳が水面から離れないようにさせる。**
- **ビート板を使って，まず片手クロールを行い，前に伸びている腕の肩に耳をつけて呼吸をするよう助言する。これができるようになったら，両手クロールでの息継ぎを練習する。**

解説

クロールのキックの練習法としては，腰かけキック（プールサイドに腰掛けて行う），壁キック（プールサイドの壁につかまって行う），板キック（ビート板を利用），サイドキック（体を横にしたまま行う），面かぶりキック（片腕を前に伸ばし，他の腕を体側につけて行う）がある。

40

②

解説

② 足の甲ではなく，足の裏で水を押し出すようにする。

41

〔解答例〕

① 洗面器の水に顔をつけたり，シャワーの水を顔にかけたりする。このとき目は開かせ，顔の水を手でぬぐわないようにし，水に顔をつけることに慣れさせる。

② 壁つたわり歩行，壁つたわり潜水，水中歩行，鬼ごっこ，石拾い，水中じゃんけん，ボール遊びなどの遊戯で水に慣れさせる。

③ プールに入って肩まで水につかり，歩きながら顔をつけたり，上げたりする。

④ その場で膝を縮めて頭まで水に入り，膝を伸ばして顔を出すことをくり返す。このとき，水中で「ンー」，顔を上げて「パッ」と声を出させ，「パッ」で息つぎができることを身に付けさせる。

以上のことに十分時間をかけ，水に対する恐怖感を段階的に取り除いていくようにする。

5 ボール運動

42

(1) ④

(2) A．ジャンプボール　B．ピボット　C．チェスト

解説

(1) ① ダブルドリブルについての説明。

② トラベリングについての説明。

③ ホールディングについての説明。チャージングはボールのコントロールにかかわらず，無理に進行して突き当たるファウルである。

⑤ プッシングについての説明。ブロッキングは相手の進行を不当に妨げるファウルである。

43

〈マンツーマンディフェンス〉

それぞれが防御する相手を決めて，1対1の形で守る方法。

〈ゾーンディフェンス〉

マークする相手を決めずに5人のプレーヤーが協力しあって，ボールを中心に決められた場所を守る方法。

解説

マンツーマンディフェンスの長所は，シュートされにくいこと，相手を選んで防御できること，短所はファウルをおかしやすいこと，速攻が出にくいことなどである。

ゾーンディフェンスの長所は，抜かれてもカバーしやすいこと，体力の消耗やファウルが少ないこと，短所は速いパスや左右の揺さぶりに弱いこと，相手にじっくり攻めさせることになることなどである。

44

(1) オ　(2) エ
(3) イ　(4) ウ
(5) ア

解説

これらの反則をおかした場合，相手側に直接フリーキックが与えられる。カのストライキングは，相手を打つ反則である。

45

A．タッチ　B．ハーフウェー
C．ヘディング　D．インステップ
E．トラッピング　F．キックオフ
G．ゴールキック　H．コーナーキック

解説

(3) 足の内側で蹴るキックはインサイドキック，足の甲の外側で蹴るキックはアウトサイドキックという。
(6) ゴールキックは，守備側がゴールエリア内からキックする。コーナーキックは，攻撃側がボールの出た地点に近いコーナーアークからキックする。

46

(1) 下手投げ
(2) タイブレーカーシステム
(3) 指名選手（DP）

解説

(1) 下手投げのステップは1歩のみ，腕の回転も1回転と決められている。

47

(1) A．3　B．15
C．ラリーポイント
D．ダブルコンタクト（ドリブル，ダブルドリブル）
E．オーバーネット（ペネトレーションフォルト）
(2) 〔解答例〕
・返球回数を多くする（または，制限なし）。
・ワンバウンドでも可とする。
・ネットの高さを低く，コートを狭くする。
・軽いボールを使用する。
などから2つ

解説

(1) D．オーバーネットとパッシング・ザ・センターライン（センターラインを踏み越したとき）を合わせて，ペネトレーション・フォルトという。

48

(1) ×　(2) ○
(3) ○　(4) ×
(5) ×

解説

(1) ボールを持って4歩以上動くと反則となり，これをオーバーステップという。
(4) ドリブルではなく，ダブルドリブルという反則となる。
(5) 3秒を超えてボールを持ったときオーバータイムという反則になる。

6 保健

49

(1) 二次性徴

(2) 男子：精巣　　女子：卵巣

解説

思春期になると，脳の下垂体前葉から性腺刺激ホルモンが分泌され，精巣や卵巣の働きが活発化するようになる。男子は精巣から男性ホルモン，女子は卵巣から女性ホルモンが分泌されて，それぞれ男女の体らしく変化し，二次性徴が現れる。

50

(1) 濡れタオルや冷湿布で冷やしてから，副木を当てて突き指した指と隣の指とを一緒に包帯で巻いて固定する。

(2) 頭を前傾させ，鼻翼の部分を指ではさむようにして奥に向かって圧迫する。

(3) 流水で，痛みや熱さを感じなくなるまで冷やす。

(4) 傷口を流水でよく洗った後，消毒をし，清潔な布やガーゼで傷口を覆って，包帯やばんそうこうを巻く。

(5) 濡れタオルや冷湿布で冷やしてから，関節を三角巾や包帯などで固定する。

解説

(1) 突き指をした場合，患部を引っ張ることは，症状を悪化させることになるので，絶対にしない。

(2) 鼻血が出た場合，上を向かせたり首の後ろをたたいたりしない。

(3) やけどをした部分に薬品などを用いない。

(4) すり傷の場合も同様である。

(5) 捻挫したところを，もんだり引っ張ったりしない。

51

A．熱中症　　B．熱射病

C．直射日光　　D．水分

解説

熱中症とは，直射日光や高温多湿の環境下において激しいスポーツや労働をおこなった場合に，脱水や電解質バランスの乱れから，けいれん，めまい，頻脈，意識混濁などを起こす症状のことである。

52

(1) 主として食習慣・運動習慣・休養・喫煙・飲酒など生活習慣が，その発病や症状の進行に関わる病気。

(2) ① ○　　② ×　　③ ×

解説

(2) ② 生活習慣病のがん（悪性新生物）・心臓病（心疾患）・脳卒中（脳血管疾患）だけで，日本人の死亡原因の半数近くを占めている。

③ 我が国の成人の死因の第1位は，がん（悪性新生物）である。

53

①

解説

① 「オーバーシュート」は「爆発的患者急増」という意味であり，正しくは「ロックダウン（都市封鎖）」である。

54

A．ニコチン　B．ヘモグロビン
C．一酸化炭素　D．タール
E．主流煙　F．副流煙
G．受動喫煙

55

(1)　肝臓　(2)　アセトアルデヒド
(3)　アルコール依存症

56

A．薬物乱用　B．有機溶剤
C．中枢　D．鈍く（抑制）
E．依存性

10 外国語活動・外国語

学習指導要領

1

A．やりとり　　B．素地
C．書くこと　　D．基礎

2

A．コミュニケーション
B．体験的　　C．音声
D．慣れ親しむ　　E．伝え合う
F．配慮　　G．表現
H．基礎的

3

A．感謝　　B．身の回り
C．動作　　D．質問
E．依頼　　F．日常生活
G．実物　　H．整理

4

A．活字体　　B．語順
C．基本的な表現　　D．例文

5

(1) 外国語活動：第3学年及び第4学年
外国語科：第5学年及び第6学年
(2) 外国語活動：35単位時間
外国語科：70単位時間

6

④

解説
国語科や音楽科，図画工作科など，他教科等で児童が学習したことを活用したり，学校行事で扱う内容と関連付けたりするなどの工夫をすること，とされている。

7

A．主体的・対話的　　B．目的
C．表現　　D．五つの領域
E．興味・関心　　F．音楽科
G．ネイティブ・スピーカー

8

(1) 聞くこと，話すこと，読むこと，書くこと
(2) 聞くこと，話すこと

解説
話すことは，［やりとり］と［発表］に区分されている。

9

A．体験　　B．発達の段階
C．学習負担　　D．補助
E．ジェスチャー　　F．友達
G．ペア・ワーク　　H．特性
I．視聴覚教材
J．情報通信ネットワーク
K．状況　　L．学習の見通し

10

A．語順　　B．まとまり
C．効果的　　D．用法

11

④

解説

④　「地域の行事」は，「児童の身近な暮らしに関わる場面」の例として挙げられている。

英語

12

(1)　イ　(2)　ア　(3)　ウ
(4)　イ　(5)　エ

13

(1)　assistance　(2)　height
(3)　foot　(4)　widower
(5)　dangerous［unsafe］

14

(1)　折り紙　(2)　七夕
(3)　足袋　(4)　初詣
(5)　座布団

15

(1)　ウ　(2)　ア　(3)　エ
(4)　エ　(5)　ウ

16

(1)　up　(2)　account
(3)　into　(4)　part
(5)　right

17

(1)　（He）should have finished the report by（noon, but he couldn't.）
(2)　（The population of Tokyo is）three times as large as that（of our prefecture.）

(3)　(He was) the last person that I had (expected to see there.)
(4)　(The manager) told us not to enter (the building during the renovation work.)
(5)　(People in the developed countries do not know) what it is like to be (desperately hungry.)

解説

(5) what it is like to be ～「～であることがどういうことか」

18

(1) オ　(2) ウ　(3) ア
(4) イ　(5) エ

19

(1) エ　(2) オ　(3) ア
(4) イ　(5) ウ

20

(1) エ　(2) オ　(3) ウ
(4) ア　(5) イ

21

(1) ア　(2) ウ　(3) エ
(4) イ　(5) イ

22

(1) ウアエイ　(2) アウエイ
(3) エイアウ　(4) イエアウ
(5) イアエウ

23

(1) from　(2) out
(3) hard

24

(1) エ　(2) カ　(3) ウ
(4) オ　(5) イ

25

(1) Put　(2) Raise
(3) Make　(4) did, job
(5) How, say

26

(1) essential　(2) individual
(3) marry　(4) employers
(5) permanent

解説

〈全訳〉

ある社会の家族制度を知ることは，その社会を理解するために不可欠である。日本の場合，個人ではなく家族が社会の基本単位とみなされているので，家族制度の理解は特に重要である。家族に対する責任が個人の希望より優先され，家族関係はあらゆるレベルにおける社会的統合のモデルとなっている。

大人になれば結婚して子どもを持つことは当然だと考えられているため，未婚の人間は社会的に許容しがたいとみなされ，仕事に最適な候補者とはみなされない。日本人はまた，完全な構成の家庭で育つことが成熟した人格形成を促進すると想定している。そのため，他の条件がすべて等しければ，雇い主は二人親世帯で育った人を雇いたがるのが一般的である。

安定した家族制度は日本の「経済的奇跡」の基礎となった。性別や年齢に基づいて労働力を分別した結果，女性や退職者というパートタイム・一時雇用労働者の人だまりができて，日本企業は「終身雇用」を全労働力のわずか3分の1に対してのみ提供するようになった。

27

ウ

解説

〈全訳〉

最近，ピカソの傑作「青い部屋」の下に別の絵があることが発見された。4つの大手美術収集機関が5年間かけて，長い間存在が疑われてきた第二の絵の存在を証明するため協力して作業を進めてきた。

同一キャンバスに2枚の絵があることへの最初の手がかりは，「青い部屋」の筆遣いの不自然さだった。筆遣いが「青い部屋」の絵にきちんと合っていなかった。

科学者はハイテク機器を使用して第一の絵を透過すると，椅子に腰かけ，頬杖をついている，蝶ネクタイ姿であごひげを生やした男の絵を見出すことができた。

それは興奮をもたらす発見だった。その蝶ネクタイの男が誰なのか，ピカソがなぜこの男を描いたのか，誰もが知りたがっている。

蝶ネクタイの絵は，「青い部屋」の絵の少し前に完成した可能性が高い。パブロ・ピカソは非常に多作の画家だった。金を節約するため，彼は，アイデアのために新しいキャンバスを購入するのではなく，他の絵の上に絵を描くことがしばしばあった。

専門家は，ピカソの傑作の下にある第二の絵をもっと多く発見できるだろうと考えている。現代の技術は，そういった作業にかけては，これまでよりはるかに有効だからである。

28

(1) to study what species they are

(2) were able to

(3) as［so］much, as

(4) neither, nor

解説

〈全訳〉

科学者たちは381種類の生物を調べて，それがどの「種」に該当するかを研究した。科学者たちは生存種と絶滅種を検証した。木と同じように「年輪」を持っている古い骨を調べることにより検証を行った。また，多くの骨の測定も行った。それから成長率を，その生物が生きていくのに使うエネルギーの量（代謝率という）と比較して，その生物の年齢と，その生物が体重を増やす速度とを判断した。

科学者は，骨の寸法から得られた情報を代謝率と結びつけることにより，その種が温血動物か冷血動物かを判別できた。

恐竜はエネルギーや脳の働きを得るのに哺乳類ほど多くの食糧を必要としないが，爬虫類や他の冷血種より多くの食糧を必要とすることが判明した。恐竜は爬虫類でも哺乳類でもない，新しい種である可能性があると科学者たちは結論づけた。

この研究により，科学者たちは他の種についても疑問を抱き始めた。例えばマグロ，一部のサメ，オサガメなどは恐竜と似ている。エネルギーのためそれほど多くの栄養を必要としない。

この新たな中間層の種は，すべての生物が温血か冷血のいずれかに属するのかという謎に，新たな情報をもたらすものである。

29

エ

解説

〈全訳〉

彼は人ではない。けれども彼は賢くて，訓練を受ければ仕事ができるし，他の誰よりも安上がりに仕事をこなせる。彼は赤いロボットBaxterである。Baxterは，アメリカのボストンにあるRethink Roboticsという会社によって作られた。最近トロントのハンバーカレッジがBaxterを購入した。

Baxterにはプログラミングは必要ない。人間が，どうすればよいのかやって見せるだけで，彼に仕事を教えることができる。ソフトウェアをアップグレードすれば，彼ができるタスクを追加できる。彼はある仕事から別の仕事へ楽々移行することができ，人のすぐ隣に立って安全に作動できる。

ロボットは通常数十万ドルであるが，Baxterはわずか25,000ドルなので，小さな会社でもなんとか購入することができる。

ロボットが仕事を引き受ける際，必ず議論が起きる。ロボットを支持する者は，ロボットが退屈な仕事をたくさん片付けてくれれば，人間はもっと安全で興味深い仕事に取り組めるようになる，という。ところがロボットを批判する者は，ロボットは有給の仕事を必要とする人間から職を奪ってしまう，という。

30

(1)　A．エ　B．オ　C．カ
(2)　(休暇を取らず) 常に仕事をしている
(3)　イ

解説

〈全訳〉

カナダの労働者は休暇を取っていない。最近のアンケート調査によると，労働者の4分の1が休暇を完全には消化しておらず，その理由は，休暇から戻った時に仕事が溜まり過ぎていてこなせないことを恐れているからだという。たいていの人々は，常に仕事に携わり続けている方が優秀な労働者であると考えている。しかし，他の調査によると，休憩したり休暇を取る労働者の方がストレスが溜まらず，仕事にも満足していることがわかっている。

人事の専門家によると，管理職はこの状況を深刻に受け止めるべきだという。管理職は部下に，休暇を完全に消化するよう促すべきである。その方が，休暇から戻ってきた時，実際に，より熱心に働くようになるからだ。

管理職はまた，自分の休暇も取るべきである。上司が常に仕事をしているのを目にするスタッフは，自分たちも同じようにすることを期待されているのだと考える。

米国では休みを取るのはそれよりさらに難しい。米国は，従業員への有給休暇の付与を雇用主に義務付ける法律のない，世界で唯一の裕福な国である。そのことは結果として表れている。2010年～2011年の最も競争力のある経済ランキングで米国は4位だった。労働者に5週間の有給休暇を与えているスウェーデンはランキング2位だった。

31

(1)　A．with　B．to
　　C．of　D．from
(2)　オ

解説

〈全訳〉

Vilas Pol教授とその研究助手が新しい研究室の立ち上げをしているとき，機材を運び込むための箱に，パッキングピーナツと呼ばれる小さなポリスチレンが何百個も詰められているのに気づいた。

パッキングピーナツは，テレビから皿まであらゆる種類の壊れやすい物を移動，保管，配達する際，一般的かつ有効な保護方法である。あいにくパッキングピーナツの大半は最終的にごみ処理場へ送られ，何十年間もかかって分解することになる。分解し終えたとしても，化学物質や洗剤で土壌や水を汚染する。

Pol教授は化学技師なので，古いパッキングピーナツを処理するもっと良い方法を見つけるようチームに依頼した。科学者たちは，そのピーナツを超高温炉（摂氏500度から900度）で加熱すると，平らにして非常に薄いシートにできる炭素系材料に変わることを発見した。そういったマイクロシートは，充電リチウムイオン電池の主要部品である陽極を作るのに利用できる。

陽極は通常，黒鉛で作る。しかし，リサイクルしたパッキングピーナツで陽極を作る方が安上がりであり，環境への害も少なく，従来の黒鉛製の陽極より性能も良い。

11 特別の教科　道徳

1 学習指導要領

1

②

2

①

3

③

解説

③　「主として地域社会との関わりに関すること」ではなく,「主として集団や社会との関わりに関すること」が正しい。

4

①, ④

解説

②・③　第1学年及び第2学年の内容項目。
⑤　第5学年及び第6学年の内容項目。

5

A. ウ　B. イ　C. ク　D. カ

解説

「C　主として集団や社会との関わりに関すること」の「公正, 公平, 社会正義」の指導の要点である。

6

③

7

②

8

A. ウ　B. オ　C. ク

9

A. 学習状況　B. 数値

10

①, ③

解説

②　「教務主任」ではなく「道徳教育推進教師」である。
④　「課題追及的な学習」ではなく「問題解決的な学習」である。

11

③

解説

③　数値による評価は行わない。

12 その他

1 総合的な学習の時間

1

A．オ　B．エ　C．ア　D．ウ

2

A．オ　B．キ　C．イ　D．エ

3

③

4

②

5

分類する

解説

「考えるための技法」とは，考える際に必要になる情報の処理方法を，例えば「比較する」「分類する」「関連付ける」など，技法のように様々な場面で具体的に使えるようにするものである。技法を意識的に活用させることによって，児童の思考を支援すると同時に，別の場面にも活用できるものとして習得させることが重要である。

6

①

2 特別活動

7

A．ウ　B．キ　C．エ
D．オ　E．ク

8

②

解説

①は「(2)　日常の生活や学習への適応と自己の成長及び健康安全」，③・④は「(1)学級や学校における生活づくりへの参画」の内容である。

9

A．同好　B．計画
C．楽しむ　D．発表

10

③

11

儀式的行事，文化的行事，健康安全・体育的行事

教員採用試験対策　オープンセサミシリーズ
問題集　専門教科　小学校全科

発　行　2023年10月20日　第1版第1刷

編　著　東京アカデミー
発行人　佐川泰宏
発行所　株式会社ティーエーネットワーク
〒450-6306 名古屋市中村区名駅1-1-1
ＪＰタワー名古屋６Ｆ
電話 ：052-586-7805㈹
FAX：052-563-2109
発売元　東京アカデミー七賢出版株式会社
〒171-0021 東京都豊島区西池袋1-11-1
メトロポリタンプラザビル13F
電話 ：03-6852-0803
FAX：03-6852-0180

ISBN978-4-86455-633-0　C7337

●出版案内，テキストの追補等の情報については東京アカデミー七賢出版のホームページをご覧ください。

https://www.shichiken.co.jp